七星之
七星汇

王言涵 著

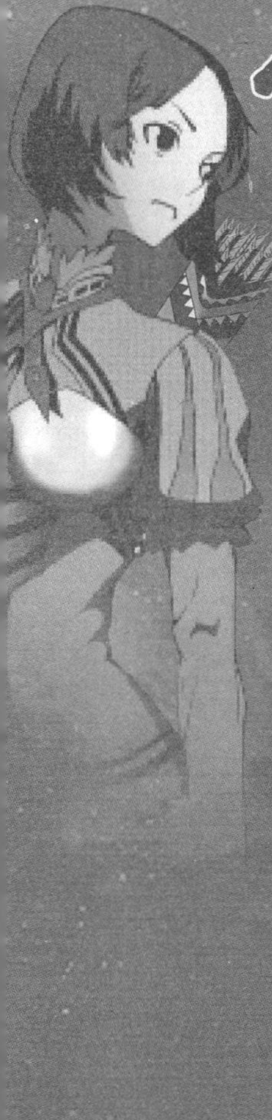

三辰影库音像电子出版社
北京

图书在版编目（CIP）数据

七星之七星汇 / 王言涵著. -- 北京 : 三辰影库音像电子出版社，2019.5
ISBN 978-7-83000-364-7

Ⅰ. ①七… Ⅱ. ①王… Ⅲ. ①长篇小说－中国－当代
Ⅳ. ①I247.5

中国版本图书馆 CIP 数据核字（2019）第 045900 号

QIXING ZHI QIXING HUI

责任编辑：和玉庭　张晓天
责任校对：刘丹丹
插　　画：毋天琦
出版发行：三辰影库音像电子出版社
社址邮编：北京市朝阳区焦化路甲 18 号，100124
咨询电话：（010）67476652
印　　制：北京市玖仁伟业印刷有限公司
开　　本：787 mm×1092mm　1/16
字　　数：517 千字
印　　张：25
版　　次：2019 年 5 月北京第 1 版
印　　次：2019 年 5 月北京第 1 次印刷
定　　价：58.00 元
书　　号：ISBN 978-7-83000-364-7

孤独的人是幸福的

顾 博

说起人生的节奏，王言涵要比同龄人快很多。他 1985 年出生于中国北京，十五岁独自去新西兰奥塔哥大学留学，现在一个人留在澳大利亚教书，过着两点一线的生活。望着蓝天哼着歌，澳大利亚慢节奏的生活滋养了王言涵，家距离学校只有几分钟的路程，他将更多业余时间放在了阅读上。

哲学、理学、兵法、武侠、神话……均在王言涵的阅读范围之内，还有几乎伴随着 80 后成长的动漫。他把所有想到的和看到的，东方的或西方的，都凝结在文字中，写成了一部带有东方哲学韵味的西方童话。他写书的初衷很简单：只要你走进内心世界，世界上任何人都可以在书中找到自己的影子。

《七星》这部书的第一部《七星汇》，王言涵完成于大学期间，他将两个好朋友的形象融入七位主角之中，带着他大学时期的记忆与经历。故事情节不难理解，七个小伙伴汇聚到一起拯救另外一个世界，他们的探险更像是寻梦之旅，找寻现实生活中难以得到的真诚与梦想。《七星》并不是一部华丽的童话。华丽是给小孩子看的，在成人的世界里，童话更具有童话性——诙谐、世故、背叛。

出人意料的是，写出这样一部作品的王言涵，生活中却是个带有一丝羞涩的男子，甚至偶尔会让人从他身上感受到孤独。孤独的人往往是最好的观察者，观察者往往有着丰富的内心世界。王言涵在澳大利亚过着让人羡慕的简单生活，而他的内心世界却丰富多彩。目前，他正在写第二部《英雄会》。

我很期待，这个生活在澳大利亚的东方男子，会在下一部作品中给读者呈现出怎样的精彩故事。

当然，你要先读完这一部作品，才能理解和喜欢上作者，以及他以后的作品。

目录

第一章
一切开始的地方

岁月如梭，光阴似箭；魔法圣域，祸乱连天；
罪恶滋生，奸邪萌动；七星汇聚，混沌之中；
至善帝王，仁爱弘扬；破曦亮芒，扬帆起航；
……

广阔无垠的夜空中，有无数的星星在闪烁，每一颗星星都代表一个人。每当地球上诞生一个新的生命，浩瀚的天空中就多了一颗星。在人生的旅程中，我们会陷入未知的困境，历经艰难的磨炼，星光会随着每一个人的命运变化。最终，代表我们的星星会化作流星，伴随我们从天空陨落，为人生画上璀璨的句点。这是爷爷告诉我的故事。

一颗星星就是一个人吗？我相信爷爷的话，我相信在遥远的天边有一颗属于我的星星，它会和我一起欢笑，一起悲伤。一想到这些，我就感到无比兴奋。爷爷把他的故事传给了我，而我的心里也有一个关于星辰的故事，确切地说，是关于七颗星星的故事。七个少年用爱和勇气穿越时间和空间，徜徉在陌生的魔法世界中，在黑暗的角落里放出光芒。

故事发生在一个宁静的小村庄，只因村子的位置十分隐蔽，里面住的都是逃兵、强盗和杀人犯，小偷在这里已经算是好人。村庄隐藏在与世隔绝的深山中，住了不到百户人家，但是山谷里旖旎的风光和肥沃的土地，让村民很容易丰衣足食，作恶不过是他们的消遣。这里唯一的警察局管得最多的是孩子，我们的小主人公之一——菲利普就是一个经常受到管辖的孩子。

十四岁的菲利普吃“百家饭”长大，他和村庄内其他穷孩子一样，从来都不知道穿上鞋子是什么感觉。他身上只有一件整年不换、破洞无数的衣服，好在这里并没有冬天。没有人知道菲利普的父母是谁，他自己也不知道。据说菲利普的父母遇到强盗，父亲拼死抵抗，他的母亲急中生智，把小菲利普藏到了一个破旧的麻袋中。后来他的父母双双毙命，而小菲利普则随着麻袋到了这个村庄。

那一天，天上有两颗星星陨落，而小菲利普却奇迹般地活了下来。在一个还算良善的人家长到六岁，他就和一群孩子离家出走，在村庄边缘搭建了一个树屋，里面除了一张简陋的床，什么都没有。树屋有十米高，从屋内能看到整个村庄。菲利普最喜欢夜晚赖在树屋里，低头可以看到村庄的灯光，抬头可以看到满天星斗。无数个夜晚，菲利普就这样躺着数星星，毫无倦意。

菲利普是一名小偷。既然“职业”是小偷，偷东西就是他每天要做的事，但是他和他的小伙伴们不偷钱，只偷食物。在这样一个村庄里，偷窃并不是一门很难学到的技术，更多时候，村民对这些少年们的偷窃行为是睁一只眼闭一只眼，有时候还将其视作一种小游戏。当菲利普把偷窃技能和他与生俱来的狡猾结合在一起时，他就理所当然地成了这群孩子的“王”。

菲利普常做的事情就是带领他的小偷团队“逛街”，一边找乐子，一边寻找下手时机。在我们的故事即将开始的那天下午，菲利普同两个队友走在路上，耳朵里不时传来队友对于接下来要做的事情的牢骚。比菲利普高半个头、年纪也略大一些的叫马科斯，他穿着一套已经看不出颜色的又破又大的绿军装，光头上有不少小伤口。帮他剃头的“理发师”就在旁边，名叫奥克斯。显然他是三个人中年纪最小的：头顶刚到菲利普的肩膀，总是躲在菲利普的背后，好像菲利普是座大山。

“总会有办法的，马科斯，你担心得太多了。”听烦牢骚的菲利普用故作轻松的口吻安抚队友。

“要是你的话有足够的说服力，我才不会担心呢！”马科斯在他背后答道，“你干吗非要和罗恩打赌？如果你在明天早上之前，没有办法把詹姆斯从杰森警官的牢房里救出来，你就得把我们全部的食物送给那个混蛋！这也太多了吧？你以前被关进去过几次，可你连一次都没能逃出来。”

“错！我只是不想逃而已。”菲利普不耐烦地挥舞着双臂，“相信我！我有一个计划，保证万无一失。”

“嗯……别怪我多嘴，你的那些计划，我们可不敢打包票。”奥克斯跟在菲利普身后小声地说。

马科斯点点头，然后指着自己的光头：“你还记得我的头发上哪儿去了吧？”

“那个啊……”菲利普不怀好意地摸着马科斯的头嘿嘿一笑。

上个星期，菲利普突发奇想：在偷窃时是否可以用滑溜反光的头皮晃对手的眼睛？但是，他可不想用自己的头发做试验，而且他那直如松针的棕发也不容易修剪。软硬兼施下，马科斯同意做“小白鼠”。没想到的是，马科斯那光亮的脑袋太引人注目了，以至于他们每次靠近厨房就会立刻被发现。

“所有的科学研究都得益于小白鼠。”菲利普辩解道。

“给我剃光头哪部分属于科学？”

“嗯，‘光头’那部分？”

菲利普诙谐的回答让奥克斯哈哈大笑，但他随即很认真地说：“我听说詹姆斯被抓是因为混蛋罗恩举报他偷了一只鸡。我敢打赌，要是能把咱们仨都关进牢里，罗恩是什么都愿意做的，尤其是把你，菲利普，给关进去。”

“嘿嘿！想把我关进牢里，罗恩还嫩了点儿。”菲利普心想，同时哼了一下鼻子。

罗恩比菲利普大两岁，体格却是菲利普的两倍。他虽然体形硕大，但头脑简单，好打架，被称为“混蛋”一点也不过分。当菲利普刚开始独立生活的时候，他被罗恩殴打简直是家常便饭。据说罗恩的暴力倾向缘于他的父亲，他父亲以前是某个很有势力的犯罪团伙老大的打手，子承父业，罗恩血液里遗传的严刑拷打本领可以说是青出于蓝。

菲利普相当确定，在全村所有孩子之中，自己绝对是罗恩黑名单的榜首。因为罗恩每次打人，对方都不敢还手，唯独菲利普在被打后往往设计出很巧妙的骗局引罗恩入瓮，让他上当受骗，气得罗恩暴跳如雷。

“倘若罗恩抓住了你，你就有得受啦！”奥克斯打断了菲利普的思绪。

“哇，感谢你对我如此信任。”菲利普摸摸奥克斯的脑袋，“你们这些家伙，什么时候能学聪明点儿？罗恩有勇无谋，只是块头大罢了，他的脑子比石头还钝。他怎么可能赢得了我？”

“他要是抓不住你，我们可又要做出气筒了。”两个男孩异口同声地说。

“那些是细节问题。”菲利普咧嘴一笑。他转身面向自己的伙伴，背着身子向前走，继续说：“你们看着吧，我会把詹姆斯救出来，这是毋庸置疑的。何况，我已经答应了罗恩，我一向……”

“说话算话！”两个男孩立刻接过菲利普这句口头禅，“是是是，我们都知道。”

菲利普之所以能成为孩子王，也是因为他说话算话的特质。说实话，菲利普身材瘦削，在孩子堆中毫不起眼，实在不像当头儿的料。同时，菲利普善于运用权谋，以自我为中心，傲慢自负、冷漠无情，从不信任他的队友。但可贵的是，菲利普浅绿色的眼睛深邃似潭，仿佛一肚子主意。他最让人信服的是遵守承诺，虽然他很少承诺。俗话说得好：“既然来当贼，就别立牌坊。”菲利普只希望自己说过的话，能比花言巧语多一些分量。

“很好，我们走吧。”菲利普发现两人的抗议已经被压制，就立刻见机行事，继续自己的计划。但是，他刚一转身，就一头撞上了一个熊一样的身躯。由于转身太急，菲利普被“熊”撞倒在地。马科斯和奥克斯看到这个熊一样的男人，脸立刻就白了。

这个男人头上戴着大盖帽，身穿蓝制服，脚上是乌黑发亮的皮靴。他肥硕的身材说明他的工作并不繁忙，甚至很清闲。宽大结实的腰带勉强扣在他圆滚滚的腰上，沉重的警棍在他的胖手里显得很纤细。“杰森警官，今天您看起来气色真好。”跌坐在地的菲利普玩世不恭地招呼道。

“少跟我来这套！你们几个臭小子，鬼鬼祟祟的干吗？如果让我抓到你们哪个偷东西，我就让你们和牢里的詹姆斯做伴，尤其是你。”杰森用他的警棍指着菲利普的鼻子，“马上给我滚。”

被一双冰冷的眼睛死死盯着，男孩们赶紧从杰森身边溜走，躲进小巷里。当他们确定自己已经安全之后，奥克斯才长长地吁了一口气：“你看，杰森警官正盯着我们几个，我们这下绝对没办法救出詹姆斯。”

“你知道我最喜欢你哪点吗，奥克斯？——你的乐观。”菲利普哈哈大笑。

奥克斯先是因菲利普的表扬而高兴，但下一秒，奥克斯就发现自己并不明白菲利普在说什么。

突然，菲利普摊开手掌，露出两把钥匙。“这个该不会是……”奥克斯一脸惊奇。

“不错。这就是能打开警察局所有房门的钥匙，包括牢房。”菲利普印证了奥克斯的猜测。此时，菲利普挥舞着手里的钥匙，就像挥舞着胜利的旗帜。

在这个小村庄里，锁是没有意义的用具，因为住的都是破门而入的坏人，锁与警察都形同虚设。村庄中仅存的两把锁在警察局，一个在正门，一个在牢房。牢房只是用来把小孩子们关上几天，就像在学校里关禁闭一样，不同的是，在牢房里没有饭吃。

“你刚才是故意撞到杰森警官的？这点我早就猜到了。”奥克斯不失时机地对菲利普大献殷勤。

马科斯本打算也说点什么，但是躲在一栋房子后的黑影吸引了他的注意。“谁在那儿？”话音未落，那影子便无处可寻了。“奇怪，我发誓我真的看到有人躲在那里。难道是我眼花了？”

菲利普露出一个意味深长的笑容，他回答道：“不用担心，不过是块‘石头’而已。”

警察局内的陈设很简单，进门左手边是杰森睡觉的床和一个堆满了收缴物品的架子；右边是一张写字台，上面散乱地放着纸笔和一个没吃完的三明治，写字台后面是一个档案架。牢房就在正前方。在牢房里的干草堆上，躺着一个身穿灰衬衫、满脸污垢和瘀伤的小男孩。“你们怎么才来？快救我出去！”詹姆斯喊道。

菲利普打开房门后，本以为能立刻离开警察局，但是其余三人却开始搜刮整个警察局：詹姆斯抓起桌上的三明治就吃，马科斯和奥克斯东摸摸西翻翻，不放过任何有价值的东西。菲利普叹息一声：江山易改，本性难移。

“嘿！我们该走了，你们在磨蹭什么！要是一会儿杰森那头肥猪回来，看到我们在这里，一定会把我们都关起来，然后和平时一样在我们面前大吃大喝……”在面向队友叉腰训话的时候，菲利普看到队友的脸色越来越白，每个人都停下动作，僵直地站在那里。渐渐地，他感受到了背后沉重且带有酒气的喘息声。

“我不得不承认，在你们面前大吃大喝是个相当不错的主意。”慵懒又冰冷的声音从菲利普背后传来。听到这句话，菲利普觉得他的心跳到了嗓子眼儿。他缓缓地转过身，杰森正倚靠着门框，臃肿的脸上露出满足的微笑，就像刚捕获了几条大鱼的渔夫。

“您……您好……”菲利普发出颤抖的声音，往后退了几步，心里希望杰森别对“肥猪”这个说法耿耿于怀，“我们只是……只是来还钥匙的，这是我在路上偷……不，不是，这是我拿……不，我捡，对，这是我捡到的……”

杰森幸灾乐祸地笑着说：“噢，你们真是好孩子！我一定要好好感谢你们。不如我请你们在这里住几个晚上？”

“谢谢您的好意，不过我们真的不想打扰您。”

“不，一点都不打扰。”杰森带着肥腻的微笑，把四个孩子丢进了牢房。“希望你们住得愉快。”杰森大笑一声就出去了。

牢房里，菲利普跷着二郎腿仰躺在干草堆上，其他三个孩子则蜷坐在干草堆上发愁。突然，奥克斯哭了起来：“我就知道会这样……呜呜……到这里来……呜呜……是个坏主意……呜呜……”

“杰森警官为什么这么快就回来了？我们离开他的时候，他走的是完全相反的方向。”马科斯沮丧地挠挠头皮。

“不管怎么说，如果你们几个能够管住自己的话，我们是绝对不会被抓到的！”菲利普怒气冲冲地斥责道，顺势做了个掐死他们的手势，随后把脸转向墙壁。

☆　☆　☆　☆　☆　☆　☆

夜幕降临后，杰森带了一只肥大的烤鸡回来，此时孩子们的肚子已经咕咕叫了很长一段时间。那只烤鸡油光锃亮、香气扑鼻，三个大人也吃不完。杰森故意将烤鸡放在距离牢房比较近的桌子上，让男孩们咬着牙克制自己不流口水。杰森一直等到连自己都按捺不住烤鸡的诱惑时，才把叉子戳进肥美的鸡肉里。

突然，刺耳的警笛划破寂静的夜空，杰森立即跳了起来。作为警察，杰森的职责就是管理街道上发生的各种事故，而最让他忙碌的就是火警。杰森前脚刚离开，菲利普后脚就跳了起来，径直走向门锁。在众目睽睽之下，菲利普手指一翻，露出一根铁丝，轻轻拨弄了几下，牢房的门就打开了。

“喂，你们几个该动一下了吧？那个肥猪不可能永远待在外面不回来。”听到菲利普的话，被刚才一幕惊得目瞪口呆的三个男孩赶紧跑出牢房，直接向大门冲去。这次他们没有对屋里的任何东西有流连之意。

“嘿！你们急急忙忙去哪里？忘记这只大烤鸡了吗？”菲利普微笑着喝住三个男孩，说话的同时手也没停，几秒钟的时间便将桌子上的东西扫荡一空，当然包括那最诱人的烧鸡。

当四个男孩奔回树屋后，奥克斯才终于有机会提出心中的疑问：“你从哪里弄到那根铁丝的？”

菲利普一边嚼着烧鸡，一边慢条斯理地解释：“我进过那个牢房很多次了，有一次我顺手在里面藏了一根铁丝。我不是说过嘛，我只是不想逃走而已。”

“那你怎么不早点儿把我们弄出来？”马科斯接话。

这时，一个瘦得皮包骨头的小个子男孩从树屋上跳下来，他上身赤裸，衣服系在腰间。

“我们得手啦！”瘦男孩对菲利普说，“看来火警的把戏管用了——这只鸡闻起来真香！”男孩毫不客气地拿起烤鸡，扯下一大块肉。

“这是怎么回事？”其他三个男孩一脸疑惑。

瘦男孩答道：“菲利普和罗恩打赌之后，他叫我在看到杰森带着大餐回警察局时，就去把离警察局最远的火警弄响。”

“就像我说的，万无一失。”菲利普自豪地说。他撕下两小块鸡肉，然后抓住詹姆斯的手臂，命令道：“跟我来，我还有一个赌约要解决。”

在皎洁的月光下，两个男孩沿着村子边缘的小路奔跑，很快到了罗恩的地盘。村庄里最大的农场就是罗恩家的，在罗恩被父母看作大人后，他就搬到了马厩里睡觉，这样他既能照料家畜，又能躲过父母的监视。菲利普和詹姆斯一进马厩，一股混杂着马臊味、腐草味、炸薯片和肉丸味道的气息扑鼻而来。一个肥硕的少年躺在门边的床上，伸手可及的小桌上放着几盘食物。“你们逃出来了？”他看着菲利普和詹姆斯，一脸诧异。

“有这么惊奇吗？我答应过你，我会把詹姆斯救出来的，瞧，他这不是出来了吗？”菲利普说话时，詹姆斯怒气冲冲地瞪着罗恩。

“那又怎么样？你们现在赶紧走，否则我要踹得你们屁股开花。”

“你这儿吃得不错。”菲利普拍了一下一脸愤怒的詹姆斯，目光则一直盯着桌上的食物。

“关你什么事？”

“这可和我有很大关系。这些吃的是杰森给你的吧？”菲利普移向桌前，“他给你奖励是因为你告密，告诉他我们去救詹姆斯的计划。我们碰到杰森后，在房子后闪动的人影就是你！杰森这么快能赶回来，就是因为你告诉他，我偷了他的钥匙。”继而他的脸上露出一丝嘲弄的轻笑：“我很了解你，你势必会这么干。我想我不能奢望一个石头的脑子里能生出太多新颖的想法。”

罗恩猛地站了起来，用一种愤怒而诡异的表情看着菲利普。菲利普却对他的举动视若无睹，问道：“你听到火警了吗？”

“听到了。那又怎样？”

“火警一响，我们就逃跑了，因为杰森警官得出去察看火灾情况。但实际上，他不可能找到一丝着火的痕迹，而且我确信，当他发现他的晚餐也不翼而飞的时候，他一定会气得暴跳如雷。那是一只非常美味的烤鸡，如果你想知道的话。”

“一旦杰森发现是怎么回事，你们都会倒大霉的，我敢保证——”

“你的保证对我来讲毫无意义。”菲利普针锋相对，“杰森下次逮住我的时候，我会告诉他，这一切都是你让我干的。其实是你骗他去抓我们，这样你才能得到奖赏，然后你再弄响警报，在救我们的同时，还把他的晚餐偷走了。哈哈，罗恩，你干得太漂亮了。”他竖起拇指称赞道。

马厩里鸦雀无声，但没过一会儿，罗恩像一头发疯的野兽，握紧拳头，破口大骂：“你这个混蛋！”

菲利普闪过了罗恩的拳头，让罗恩扑了个空，几乎跌倒。随后，罗恩倒也冷静了下来：“你想怎么样？”

“我们说好的，如果我能成功救出詹姆斯的话，我要什么你都得答应。”菲利普边说边环顾四周，“现在我想要的就是，骑你马厩里的马。”

“只是骑马？”罗恩虽然疑惑，但他怕菲利普改变主意，立刻应声道：“好！不过你必须在天亮前把马送回来。还有，如果马有什么损伤……”

“拜托，在这里我可算不上坏人。”菲利普微笑着说，并嘱咐詹姆斯先回树屋。当马厩里只剩下菲利普和罗恩两个人的时候，菲利普用非常严肃的语气说：“这次只是一个警告，罗恩，永远不要再招惹我的朋友们。要是你真的觉得自己很了不起的话，那就冲我来好了！听明白了吗？”

罗恩没有回答，但是菲利普能够从他的眼神中看出，至少在一段时间内，罗恩会全力对付自己，不会再惦记他的伙伴了。对菲利普而言，这样就足够了。

罗恩把一切打点好之后，菲利普爬上马背，大声宣布：“合作愉快。”随后，菲利普飞驰到旷野之中，只有明月、星光、草地和他的影子与他为伴。

☆ ☆ ☆ ☆ ☆ ☆ ☆

菲利普费尽心思却只想换来一次骑马的机会？在旷野中骑马带给菲利普一种自由的感觉——他觉得如果自己能骑得再快一点，也许他的背上就会长出翅膀，带他展翅高飞。当他驰骋在一览无余的夜空下，在马背上抬起头，星星仿佛也在随着他流动，向他招手。“哪一颗星星是我呢？”菲利普总是会想到这个问题，但是他从来没有找到答案，星星也没有回答他这个问题。

不知过了多久，菲利普终于觉得有些累了，他选择了一个观赏星星的绝佳位置停了下来。这是一个小山丘，山坡被柔软的草覆盖，正好形成了一个床铺。青草温柔地抚摸他的背脊，暖风轻轻地吹拂他的发梢。这一切实在是太美妙了。银白色的月光微微洒下，而几颗星星就像无忧无虑的孩子那样，围绕着月亮欢呼雀跃。对菲利普来说，这群孩子的快乐象征着他从未拥有过的幸福童年。

就在这个时候，一道亮光划破天空。“流星！”菲利普立刻坐起身来，脑海里涌现出各式各样的愿望。在流星消失前要从几千个愿望里挑选一个，这可不是件容易的事。但他这次的愿望比较简单——这辈子每顿晚餐都有烤鸡吃。许完愿后，他睁开眼，流星不仅没有消失，还离他越来越近……

这一切发生得太快了，在菲利普毫无准备的情况下，流星飞向了他，同时一股无比强劲的力量把他压向地面，而地面却变成了一个黑洞。菲利普无法抵抗，坠入黑洞中，他眼前闪过马在地面吃草的影像，惊恐的声音被急速下降的身体封在喉咙里不能发出。在急速下降的过程中，菲利普不知道发生了什么，也没有时间思考，几秒之后他坠落在一堆软绵绵、毛茸茸的东西上。这虽没有预期的那么痛苦，不过他还是感到屁股上一阵撕裂般的剧痛。他的头被突如其来的变化搞得开始发痛。若是平常，他会平躺着休息一下，缓解痛苦，可身子下面却好像有什么东西正在扭动。他唯恐自己压到了野狗之类的动物，所以连忙强迫自己站起身来，回头一看，却吓了一跳。

这绝对不是一条狗，而是一只比野狗还要巨大、凶猛的怪物，长着狼一样的脸和毛发浓密的人形躯干。它的双手双脚都有非常锋利的爪子。根据身形骨骼推断，它肯定可以双脚直立行走。菲利普心想，是不是自己摔坏脑子了，世间怎么可能真有“狼人”？

他留意到至少有三根断箭深深地扎在狼人的背上，伤口血如泉涌，把皮毛都浸湿了。看来，菲利普掉下来的时候，一定是压在这些箭上，这就可以解释他屁股上的疼痛了。

菲利普打了自己一巴掌，心里的尴尬多于害怕：我的屁股挺厉害嘛，竟然连狼人都让我坐倒了，今天的大新闻肯定是“菲利普与狼人对决——屁股英雄”。

当菲利普看到狼人挣扎着想要爬起来时，他大脑里掌管自我保护的部分急速将各种关于狼人的传说回想起来。狼人是一个强大而又邪恶的种族，白天是人类猎杀他们，晚上却是他们猎杀人类。狼人性情粗暴，体格粗壮，是臭名昭著的怪物。

“你受伤了吗？”一个柔弱的声音从菲利普身后传来。

“没事，我的屁股生痔疮也不过如此了。”菲利普不假思索地回答。然而当他转过身时，脸不禁红了。

说话的是一位十四岁左右的少女，棕红色的头发长及肩膀，光洁的脸庞上镶着一对蓝色的眸子，眼波里满是聪慧，红衣黑裤衬得她优雅大方。

“谢谢你救了我。”少女感激地说，“我迷路了，然后那个怪物——啊——”少女的话还没说完就发出一声尖叫，手指指向菲利普身后。

狼人已经重新站了起来，它的身躯虽摇摇晃晃，但照样渴望着少年的鲜血，它嘴里的腐臭气息刺激着少年的鼻子。菲利普在心底大喊“快跑”，可是他的腿却像灌了铅似的，丝毫动弹不得，喉咙也发不出声音，眼看着它的爪子伸向自己的额头。

幸亏少女及时抓住菲利普的胳膊，猛地一拉，让他躲过了致命一击。接着，她把菲利普拖到树后，训斥道：“醒醒！你待在那里干吗？不要命了吗？”

虽然菲利普不喜欢被人责骂，但他感到身体开始恢复控制了。他抬头一看，正好看到受伤的狼人再次冲到他们面前。他立刻捡起地上的一根树枝，使出全身的力气向那野兽的额头砸去。尽管树枝只是从它的皮毛上弹开了，但是这出其不意的一击，让那只狼人退了几步，愤怒地冲两个少年咆哮着。

“你干吗惹毛它？这样做是白费力气！”女孩焦虑地躲在他身后。

“管它呢，打打看嘛！”菲利普再次用树枝攻击狼人，谁知狼人随手一挥，树枝就在它的利爪下断成两截。“好吧，刚才的话我收回。”菲利普倒退几步，抓住女孩的手，“但我打赌我的腿还是有用的，快逃！”他把剩下的半截树枝丢向那饥饿的捕食者，两人在林子里奔跑起来。

菲利普一边跑，一边留意四周。从枯老的树枝和阴冷的月光来看，菲利普显然已经不在自己熟悉的村庄里。身处这样一片深山老林，后面有狼人的追赶，他第一次感觉夜晚是如此可怕。每一棵树，每一个洞穴，每一丛灌木，仿佛都是有生命的，它们冷眼旁观，看着他们在林间穿梭，耐心地等待两个孩子精疲力竭，然后吞噬他们。

菲利普不知道要跑向哪里，在这样崎岖的山路上奔跑，他根本分不清方向，脚掌和地面直接接触，让他觉得很疼。但是，只要他们一直跑，不停下来，受伤的狼人最终会

放弃追捕他们。事实上,菲利普在这方面颇有心得,毕竟他每天都要使用这项"疯狂逃跑"的技能。

最终，两个人的奔跑路线被一道鸿沟阻拦，在菲利普紧急刹车的一刹那，女孩却不知前方变故，直接撞到了菲利普的身上。接下来是一段夹杂着凄凉和痛苦的旅程，两个人你拉我扯地从坡上一直滚落下来。"哎哟！"菲利普呻吟了一声，整个脸都埋进了泥土里。"哎——哟！"菲利普又重重哀号了一声，女孩摔落在他的背上。

"哦，我的腿！"女孩抱着右腿含泪呜咽。

"哦,我的背！"菲利普含着一嘴泥回应道,"能……请……你……爬起来……吗……"

女孩从他身上缓缓爬起,坐在地上轻抚扭伤的脚踝。菲利普硬撑着站起身,问道:"你还能走吗？我们得继续前进，如果想摆脱那家伙的话。"

"你怎么连一点同情心都没有？我受伤了，这全是因为你像个没头苍蝇似的到处乱跑。"

"因为只有这样我们才避开那个怪物,别忘了当初是我救了你。"菲利普不禁抱怨道。

"如果不是有我在，你现在已经被撕成碎片了。而且，你不过是恰巧一屁股摔在狼人身上，根本不能算是'救'。"

"嘿！这是我选的武器，不行吗？"

"有哪个英雄会用屁股当武器？"

"英雄？你在说什么呀？"

女孩抬头望着天空，用银铃般的声音回答:"你难道没听过童话故事吗？那里面不是常出现这样的情节:一个盔甲骑士经历了无数磨难，杀死了无数怪物，最后勇敢地从一个恐怖的恶魔手里救出了一位遇难的少女……"

菲利普一拍脑门，有气无力地呻吟一声:"小姐，想必你过着非常有趣的生活。"

"我的名字叫安娜。这可能是我们活在这个世界上的最后一刻，难道你非要毁了一个少女的梦想吗？"

"对不起，"菲利普刚打算道歉，却忽然停了下来，"等一下！这可不是我的错！那只狼人是在追你，然后莫名其妙地，我被你拖下水了。"

"难道这全部都是我的错？你算是哪门子英雄啊？"安娜愤怒地吼了回去。

"我是一个随时准备跑路的英雄。"菲利普边说，身体边向后撤。

"你不能把我一个人留在这里。我救了你,记得吗？"安娜的声音中带着一丝惊慌。

"我救你一次,你救我一次,我们已经两清了。"菲利普干净利索地回答。坦白地讲，他不是真的打算离开她，只是他不肯嘴上吃亏。不管怎么样，他早就计划好了，先走开几步，接着说自己是个绅士，会留下来陪她的，或者说些诸如此类的话。但是，他还没能执行这个别出心裁的计划，就发现安娜的眼神从愤怒、惊慌变为恐惧。怎么？菲利普不禁悲叹，今天早些时候已经玩过这个把戏了，有着似曾相识的亲切……

这种亲切只一瞬间而已，少年猛一转身，使尽全力挥出一拳。“哎——哟——喂！暂停！暂停！”菲利普抱着拳头惊愕地喊道，原来他一拳打在野兽胸口，却被反震得直哆嗦。天晓得狼人的皮肤居然和铁皮一样硬！接着，比杰森警官强壮凶残几倍的狼人就向菲利普的头一挥，之后他只知道自己摔倒在地上，鼻血控制不住地往下淌，眼前的金星比天上的星星还要多。

“现在该怎么办？这下我可死定了！”这是菲利普倒在地上时的第一个念头。就在这个时候，他听到安娜在呼唤他，随后，几块石头从他头上飞过，正好打在狼人身上。菲利普咬紧嘴唇，一股不知哪来的勇气和力量升起，他一头撞向狼人的胸口，手臂死死地拉住它：“安娜！快跑！快！”他一边大声吼着，一边在心里想，就算我死了，也不会让它吃了她。

菲利普听到狼人宽大的背后有些微嘈杂声，随后那怪物全身一抖。“我算玩儿完了！”这是菲利普告诉自己的结论，他紧紧地闭上眼睛，等待致命一击。时间好像过去了很久，狼人并没有任何动作，菲利普睁开双眼，狼人的血盆大口就在他头上，但是动作已经停止了。菲利普本能地松开手，退到安娜身边。

一阵冷风吹过，狼人的脸痛苦地扭曲着。它就像是被戳破的气球，皮毛逐渐消失，巨大的身躯连同它的狼嘴、狼眼、狼爪，都迅速地萎缩了。不久，狼人变成了一名男子。他一头栽倒在地上。在他的背上，一支新箭深深扎进他的后心窝。

“你没事吧？”一个手持弓弩的男子从灌木丛中冲了出来。菲利普开始以为这话是对他说的，不过他很快意识到，这人是在问安娜。

“父亲！”安娜扑进男人的怀里，好像永远都不会放手似的。当她终于从之前的恐慌中恢复过来，回头看着菲利普，告诉她的父亲：“刚才他试着要救我来着。”

“非得加‘试着’二字吗？”菲利普在心里抱怨着，但嘴上什么都没说。

“非常感谢你救了我的女儿，我欠你一个人情。”安娜的父亲对救了自己女儿的男孩很是感兴趣，“你真的很勇敢。你住在哪里？我以前不知道有人住在这一带。”

“该死！”菲利普咕哝一声。他完全忘记了自己是在一片未知的森林中，现在他想起了一件很重要的事——回家。看着眼前这对父女，他一时说不出话来。风咆哮着穿过林间，他在寒风中瑟瑟发抖：我在哪儿？

“你肯定是迷路了，如果你愿意的话，今天晚上可以和我们一起住，也是为了感谢你救了我女儿。”

“太棒了！”安娜抓着菲利普的手，“我们走吧！这里真是太冷了。”

菲利普茫然地点点头。迷路？他从没离开过村子到三千米以外的任何地方，所以迷路还是破天荒第一次 。“那他呢？”菲利普指着已恢复人形的狼人问。

“他的灵魂已经从诅咒中得到解放，也的身体是他一切恶行的坟墓。让大自然埋葬他吧，他已经得到最后的安宁了。”安娜的父亲连看都不看，就回答了菲利普的问题。

菲利普不知道该说什么。他觉得这样处理尸体好像有些残酷，但现在，他不想耗费脑细胞去想那些问题。菲利普最后看了一眼死去的狼人，跟着父女二人走向森林的深处。

第二章
梦想之国

步入密林深处，菲利普的内心被恐惧感所占据。月色清冷，树影奇诡，道路阴森，他陷于这一切的包围之中，怎么可能保持冷静？一阵阵冷风在林间空隙中穿梭，发出一声声的呼哨，枝头相互紧靠的叶子闻此瑟瑟发抖。菲利普不住地打着寒战，天冷得刺骨，他身上只裹着一件又破又薄、早已是千疮百孔的旧衣服。在村里的时候，菲利普很少会觉得冷，可是，此时此刻，他极其渴望得到一套能抵御严寒的衣物，还有一双鞋子——比寒风更令他难以忍受的是，光着脚走在遍布荆棘的山路上的刺骨疼痛。菲利普瞥了安娜的靴子一眼，她正在几块高低不平的石头上跳上跳下，他羡慕地摇摇头。记住，人类发明鞋子是有原因的。

菲利普哆哆嗦嗦地走了五分钟左右，忽然看到前边灌木丛中透出几点亮光，那是烧得正欢的火焰。“终于到了！”少年不禁在心中欢呼。距离火光越来越近，一阵阵诱人的香味也越来越浓，侵入菲利普的鼻孔。离篝火和锅子不远的地方有一辆马车停在小溪旁，当他们的身影在火光中显现的时候，一位妇人急忙飞奔过来抱起安娜，不停地亲吻她：“你这个疯丫头，把我担心死了！”

“妈妈，有客人。”安娜羞涩地挣脱母亲温暖的怀抱。

妇人这时才注意到菲利普，从他脏兮兮的头发看向他赤裸的脚趾。“你住在附近吗？难以置信，你的父母居然给你穿这样的衣服！你一定冻坏了。”她把菲利普拉到篝火旁，迅速从锅里给他盛了一碗热汤，又从马车上拿出一条毯子，裹在菲利普身上。

菲利普着实被感动了。有生以来，从未有人像安娜的母亲一样对他如此之好，尤其是，他不需要去偷就能吃上一顿热气腾腾的晚餐！当菲利普享受这种幸福的时候，安娜正向她父母讲述事件的经过。菲利普从他们的对话中得知，安娜一家驱车探访一个医生，在母亲准备晚餐的时候，安娜去林子里闲逛迷路了，在她苦苦寻找归途的时候，两个狼人从灌木丛中跳出来袭击她。庆幸的是，她的父亲循声找来，射死了其中一个，但是另一个依然对她穷追不舍。安娜在恐慌的逃生中又一次与她的父亲失散。后面的事情菲利普便非常清楚了。“那时你在树上做什么？”安娜停下来问菲利普。显然，看到这少年坠落在狼人背上，她就以为菲利普一直待在树上。

“那个……”菲利普思量要是实话实说，或许在他们听来会是个笑话，便转而回答，“我爬上去看星星，不小心掉下来了，误打误撞救了你。”

“你在看星星？一个人在密林里？你的父母呢？”安娜的父亲问道，顺便又给他添了一碗汤。

“这些都不重要。他今晚可以和我们待在一起，对不对？”安娜满怀希望地看着她的父母，他们一起点点头，表示同意。安娜乐呵呵地转头对菲利普说：“那就这样决定了！唔……我真笨，居然忘记问你的名字了。”

“噢，我叫菲利普，朋友们都叫我菲尔。”少年回答道。奇怪的是，听到这个名字，安娜一家人露出非常微妙的表情，那是一种混合着惊讶和兴奋的神情。菲利普意识到有些奇怪，便问道："有什么不对吗？"

"你说你的名字叫菲利普？是真的吗？"安娜的父亲急忙问他。看到少年认真地点了点头，父亲便起身上了马车，从里面取出一个袋子郑重地交给菲利普，嘱咐道："这是给你的。"

菲利普莫名其妙地从安娜父亲手里接过袋子。袋子里面有一双崭新的靴子、一套看起来非常合身的棕色服饰，还有一个不知道做什么用的圆盘，以及一个小袋子。"先把衣服换上，然后我们好好谈谈。"安娜的母亲指着马车后的小溪说："你可以在那里清洗一下。"菲利普点点头，若有所思地走了过去。

穿新衣服的感觉原来是这样的！菲利普不禁把鼻子贴上衣服闻了闻。他从未穿过不带破洞的衣服，更别说是这样干净柔软的了。"噢，我希望他们能让我留着它。"菲利普忍住寒冷，在冰凉的溪水里认真地洗了个冷水澡，再仔仔细细地把衣服穿上。当他穿上袜子和靴子之后，忍不住想要跳起来翻几个跟头："简直不敢相信，我活了这么多年，居然从来没穿过鞋子。"事实上，如果没记错的话，他唯一接触鞋子的机会是盗窃失利时被鞋子踢到的瞬间。

穿戴妥当之后，菲利普看看自己全身，满意地点了点头。这份礼物相当称心，但他多疑的天性却让他对拥有这些感到不安。这衣服未免也太合身了，就像为他量身定制的一样。

菲利普回到他的位子后，安娜的母亲拿过他的旧衣服放在一旁，而安娜的父亲看来正思量着如何开口。"好吧。"安娜的父亲终于抛开顾忌，开始解释，"如你所见，我是一个猎人，也没必要假装是个学者，我只能告诉你我所知道的。你可以问我问题，但我不保证我能答得出来。明白吗？"菲利普点了点头，仔细聆听猎人讲述的每个词汇。

"我觉得你已经意识到此地并非你原来的家乡。"

菲利普想问"你是怎么知道的"，却被一个更重要的问题代替了："我是怎么到这里来的呢？我从来没离开过村子。"

猎人摇摇头："我也不清楚。我只知道，你此刻坐在圣域的大地上，圣域的另一个名字叫作帝梵格林——意思是神的居所。"

"神的居所？"

猎人点点头："众神与恶魔同时保佑着这片土地，也正因为如此，两种截然不同的伟大力量，都会在这片土地上诞生。这里是地球上最富有也是最重要的大陆。现今，圣域里有五十五位圣贤，他们不仅是其种族的骄傲，同时也因身怀绝技而传颂于整个圣域。你现在需要牢记的是你已经不存在于你所熟知的那个世界了。"

菲利普谨慎地回应："我听不太明白您的话，更确切地说，这一切来得太突然，让我无法相信。您说我不在我原先的世界，那这又是哪里？"

安娜的父亲深深地叹了口气，试图找一些简单明了的词汇。"孩子，冷静些，听我说下去。有两个截然不同的世界同时存在，一个是你以前待过的世界，一个是你目前所在的世界。最初，这两个世界是平行共存的，就像一枚硬币的正反两面。有时候，连接两个世界的门会打开让人通过。据说几百年前，两个世界之间的结界发生了一些变化，没有人知道是谁或是什么东西引起了这个变化；唯一确定的是，两个世界不再是平行的了。如今，它们就像一个巨大线团里的两股绳子，互相纠缠在一起。因此，如果现在有一扇门打开了，那么两端的世界会处于不同的时间或者不同的空间，也可能时间、空间都不同。总而言之，你跨过了一个时空隧道，所以我才会说‘你现在需要牢记的是你已经不存在于你所熟知的那个世界了’。”猎人意味深长地解释完后，终于松了口气，“希望你现在弄明白了这一点。”

菲利普保持沉默，随即摇了摇头。他看到安娜父亲失望的神情后，赶紧插了一句：“您的意思是说，我就像是从一个屋子进到了另一个屋子，只不过每次串门都不知道屋子里有什么东西——和偷东西差不了多少。”这最后一句是他心里想的。

“差不多吧。”

“两个截然不同的世界？这个世界和我原来所在的世界有什么不同呢？”

“这个世界充满了魔法。”安娜忽然插话，“在这里，一切是靠魔法来控制的。简单地说这两个世界就像是一个岔路口的两端。一条路上，你可以用魔法旅行，而在另一条路上，你却要用机器。”

“你的意思是，在这里任何机器离开魔法都不能运行？连卡车都不行吗？”

“卡车是什么？”安娜问道。虽然她不知道“卡车”是什么，她还是给出了一个合理的答案：“不管怎么说，这完全取决于那样东西的技术程度。技术水平越高，受到魔法的干扰也就越大。我听说同样的规则也适用于另一个世界。在另一个世界，你仍然可以使用魔法，不过由于机械的干扰太强，所以那边的魔法多是些小把戏。我还听说任何机械或者魔法物品，在通过门的时候都会立即变成石头。”

“等一下，”菲利普激动不已地打断她的话，“你是说，如果我在这里，我就能使用魔法？”

“按理说，确实如此，不过在现实中，你会发现这相当困难。”猎人回答。他拿起原本和菲利普的新衣服放在一起的圆盘，继续说：“举个例子来说，这是一张魔盘地图。你看到镶嵌在中间的红色晶石了吗？它是附有魔法的，可以向你展示最精细的地图，以及你现在的确切位置。你只要拿着它问‘这是哪里’就行了。”话音未落，红色晶石中瞬间迸射出一道光芒，在空中投映出一块大陆的地形图。

菲利普张大嘴巴惊喜地跳了起来，看着浮动的地图啧啧称奇。群山、树林，甚至河流和池塘的形状，全都被清晰地映射出来。在地图上，一个绿色光点在一条小河边闪烁。

安娜的父亲笑着说：“厉害吧？你要知道，这魔盘在市场上是非常贵的。”

“不过我们家里有个二手的。”安娜又插嘴道，“虽然这张地图可以显示你在哪里，但如果你要它显示别的地方，你就得知道那个地方的名字。当然，你也可以把地图缩小后慢慢地找。”她学着父亲的样子托起魔盘，念了一句“缩小”，地图上所有的东西立即变小了，显示出更多地貌。

“你来试一下吧。”安娜把魔盘递给菲利普。菲利普小心翼翼地捧着圆盘，就算是装着烤鸭的银盘，也不会让他如此兴奋。

“缩小，缩小，缩小。”几次“缩小”声过后，地图只显示出大陆的基本轮廓，圣域的全景也清晰呈现。菲利普以前从来没有仔细看过地图，他基本忽略了地图上大部分地标，只有一个独特的地标吸引了他的目光：有一道界线把这块大陆分成两半——北部和南部，这条线是沙漠形成的笔直的线，好像是人造的。

安娜解释说：“那条线是帝梵格林最明显的标志。许多年前，北方的帝王沃尔特和南方的帝王艾瑞克之间发生了一场战争，战火一时无法平息，祸乱四起，生灵涂炭。战争再继续下去，这个世界很可能会走向灭亡，因为不仅是人类，就连侏儒、半人马、巨怪，还有许多其他的魔兽都牵涉在那场战争之中。因此，渴望和平的各族民众团结在龙主的旗下，依靠魔法和智慧逼退两支军队，并在南方与北方中间筑起了一道魔法沙漠组成的疆界，任何一方的军队都无法逾越。至此，战火消散，世界重归和平安宁。我真希望能亲眼见到这一幕。”她满怀憧憬地感叹着，然后补充说：“我们现在是在沃尔特大帝的国土上，就是地图的上半部分。”

安娜父亲轻轻咳嗽一声，收起菲利普手中的魔盘：“我还得告诉菲利普一些重要的事，所以你们俩等下再聊吧。”安娜和菲利普都发出了不情愿的哼哼声，不过他们很快就安静下来，猎人继续说：“菲利普，你一定很奇怪，为什么我们有一套刚好适合你的衣服。”菲利普点点头。“其实，衣服、魔盘，还有这个，都是一位非常有名的老人托我们转交给你的。”他拿起小袋子，根据里面传出的声音来判断，菲利普猜想这是一个钱袋。

菲利普心头一震，他知道这里面深藏玄机，但不能确定是凶是吉。他问道：“那位老人是谁？”

“让我来告诉他吧，毕竟这一切是因我而起的。”安娜打断她的父亲，然后清清喉咙，“这得从去年说起，那天我一个人在森林里玩，和今天的情形差不多，只不过那个森林比起这个森林要暖和多了。突然，从灌木丛里窜出一条巨蛇，幸好爸爸的一个朋友及时发现了我，一斧子把那巨蛇砍成两段。不幸的是，那条蛇已经咬中了我的腿，你瞧……”她撩起右边裤裙，露出被白色绷带缠绕的、略微发紫的右腿，菲利普顿觉背脊上涌起一阵寒意，不禁移开目光。“我不太记得被咬了之后发生的事情，毒液麻痹了我的全身。听妈妈讲，他们把我抬回来的时候，我全身冰冷，昏睡了三天。我是不介意多睡觉，但错过了欢快的夏天实在是可惜了。”她调皮地说着。

菲利普轻笑一声接过话茬：“你应该去我们那边，我们那边只有夏天和春天。这里的夜晚对我来说太冷了。”

“说的是。我告诉你噢，我父母要带我去一个漫天飞雪的地方。”安娜诉苦道，但是在她继续说下去之前，她的父亲咳嗽了一下，强迫她回到正题。“毒液实在恐怖，听说我的身体都变成了紫色，我奄奄一息，恰好一位老者来到我们的部落，给我服下他随身携带的解药。那位老者自称‘天眼’。”

“天眼？好奇怪的名字！”菲利普评价道。

安娜松了口气说：“你也这么觉得？我虽然不知道他为什么出名，不过大人们几乎都知道他，所以他很有名就是了，这点你不用担心。”她的父亲又咳嗽了一次，催促她回归主题。安娜无奈地继续讲述 ：“我喝了解药后，体内的毒液停止了扩散并被逼回腿上，但无法完全解毒。天眼指示我们，要让剧毒完全排出体外，只能去拜访一位隐居于冰雪覆盖的深山里的女士，请求她的帮助。作为提供这位女士所在位置的交换条件，天眼要求我们把那袋东西交给一位叫菲利普的少年，并非常确定地告诉我们他会在途中出现，并且我们必须……”安娜看了菲利普一眼，“我们必须把你留在下一个城镇里，然后赶往我们要去的雪山。”

“什么！”菲利普从地上跳了起来。要是在他自己的村子里，他才不会在乎别人把他一个人留下，但这是一个全然不同的世界。他怎么才能生存呢？“为什么？为什么我不能和你们一起，要知道我并不熟悉这里！”菲利普惊慌失措地说。

“我们只是传达天眼的旨意，其中的玄机只能靠你自己去解开了。”安娜的母亲把菲利普抱在怀里，借此安慰他，“不要担心。天眼向我们保证，你不会有事的，而且我们，至少安娜和你，还是有机会见面的。”她让男孩坐下，拍了拍他的背，继续解释：“天眼名声在外，有一个很重要的原因——他是这片土地上最强大的预言家。请你相信他。”

菲利普沉默不语，他从来不相信命运或预言。多年来艰难落魄的生活迫使他只能相信自己，相信自己的头脑、自己的运气。或许在内心深处，他不愿意自己的命运由他人安排，受他人支配。

猎人注意到男孩茫然的神色，说道：“你救了我女儿的命，天眼也一样。如果我信不过他的话，是不会把你留下的。现在，我只能请求你原谅我，这是命运的安排，我们必须遵从。”他直视着菲利普的眼睛，少年点点头。既来之则安之，菲利普明白自己不管说什么或做什么都没用，那也不必啰啰唆唆的。

安娜的父亲沉重地叹息一声：“现在我要告诉你最重要的一件事，而且我希望你能把它牢牢地记在心底。”他停顿了一下，然后继续说：“最近社会上传言，一批少年带着不为人知的目的穿越结界来到这个世界上，尤其是在沃尔特大帝的土地上。因此，沃尔特大帝颁布悬赏通告，每捕捉一个穿越时空之门的孩子，送到皇帝的宫殿，悬赏三十金币。”

听到这个消息后，菲利普倒吸一口冷气。他很少用钱，不过金银之间的区别他还是知道的。哼，不知道哪个更糟糕：被人抓住卖掉，还是被怪物吃掉？他在脑海中衡量一番，觉得自己值三十个金币，听起来还不坏。

安娜的父亲再次激活魔盘地图，指着离他们所在位置不远处的一个房子形状的图标，说："树林尽头有一个小镇，我们明天就在那里分开。但愿镇上有个热闹的集市。分开前我会教你一些这个世界的基本常识，这样这里的人就不会轻易察觉你是从另一个世界来的。首先，你得弄明白怎么使用我们的货币。"他打开天眼给菲利普的小袋子，从里面取出一些硬币。

这些硬币表面没有任何图案和符号，所以少年猜想这些钱币是根据颜色和重量来区分价值的。"我们的货币许多年前就统一了，所以这些硬币在这片土地上通用。一个金币等于七个银币，一个银币等于七个铜币。假如你要和人类以外的种族交易，也可以用宝石、药草、手工艺品充当货币。明天我会在集市上解释给你听的。"

菲利普瞟了一眼自己的钱袋,里面只有几枚铜币。"三十个金币是很多钱吗？"他问道。

"就眼下来说，四个银币够一户穷人家吃上两个星期。所以说，三十个金币对平民而言，确实是一大笔钱。"安娜的父亲回答。

"噢！"菲利普胡乱应了一声。皇帝肯出大价钱换取他,这可不是每个人都有的待遇。他强迫自己挤出个笑容："我还有最后一个问题，我有可能回到原来的世界吗？"

"也许有吧，我不太清楚。"安娜的父亲回应道，"我只能说，如果你想回到自己的故乡，只能靠你自己去想办法。"话到此处，他们的交谈也算是告一段落了，但菲利普依然觉得脑子里是一团糨糊。

☆　☆　☆　☆　☆　☆　☆

夜幕深深地笼罩着森林，万籁俱寂。菲利普的脑海中却是波涛汹涌。他在地毯上辗转反侧，期待太阳升起，宣告这场充满希望却也难以置信的梦到此结束。"这一切都是真的吗？"他一遍又一遍地问自己。自从遭遇狼人后，这个世界给他的感觉无疑是非常真实的，但与此同时，也很难让人信服。他不得不承认，这些对他而言就像梦一样。他想要去相信，但不知何故，他就是没办法相信。没错！他拒绝相信这一切是真实的，至少现在不行。

天色开始泛白的时候，这一大堆烦闷的思绪仍然在菲利普的脑海里盘旋，就像仓鼠在他的脑袋里踩着轮子不停转动。他觉得自己再也无法忍受，便轻手轻脚地从睡袋里爬出来，走到马车的另一边，听着欢快的溪水唱着清新的歌调。菲利普奋力张开双臂，全身心地感受着早晨的清风，仿佛能让体内注入一股全新的力量。这种感觉真的很奇妙。他的脸上浮现出轻松的神情，无论这个世界多么凶险，早晨的空气还是和村子里的一样清新。

"早啊！"安娜的声音在他背后响起。安娜走到他身旁，好奇地问："你这么早起来干吗？"

"我在沐浴晨风。"菲利普回答，"把你的手臂张开，深呼吸，就像这样。你会觉得自己就像飘在天上的一朵云，无忧无虑，无牵无挂。”

“让我试一下……”安娜展开双臂，闭上眼睛，深吸一口清新的空气，“你说得没错，感觉真棒。”

菲利普微微一笑：“我有个问题，其实我昨晚就想问了，你……呃……会用魔法吗？”

安娜先是摇摇头，接着又点点头。“就像我之前说的，理论上来讲，答案是肯定的，我相信自己有这个潜力，但是话又说回来，每个人都有潜力。”她继续解释道，“要学习魔法，首先你要选择一个类别，决定你学什么类型的魔法——战士和巫师就是不同的类别。”她看到菲利普脸上露出迷茫的表情，就做了补充说明。

“这是有些复杂，不过你要是把它当作你们世界里的教育系统，那么一切就说得通了。”安娜敲着下巴，继续讲解，“学习魔法，天赋很重要，每个人的特长不同，适合修习的法术也有所区别。如果你想成为巫师而且恰好有一定的天赋，你就得学一套专门的咒语和颂唱。同样，要成为召唤师，就要着重研习召唤五行灵怪。我听说学习一些秘技之前，你必须立誓。有些巫师只肯收那些脑袋里一张白纸的徒弟，就是说那个人之前没有受过任何魔法训练。他们还会让你滴血盟誓，除了他们教给你的法术，你不能再学其他法术。这些想来还真是荒谬。”她转而抱怨道：“同一个领域之中也有不同的类别，就像在你们的世界中，艺术也分很多种一样。魔法依据不同的元素划分类别，像暗啊、光啊什么的。一个光魔法师和一个暗魔法师使用的是截然不同的魔法。”菲利普听安娜解释的时候，只是点头表示赞同。因为他以前从没上过学，所以很难插上话。

“你想做什么？”在安娜停顿时，菲利普急忙好奇地问她。

安娜毫不犹豫地回答：“当然是女巫。”

“为什么？”在菲利普眼里，女巫都是又丑陋又狡猾、全身散发着难闻气味的老太婆。

“我知道你在想什么，要我说的话，那些都是偏见。”安娜看出菲利普的心思，反驳道，“本来男女皆可以使用巫术，但在这片土地上，这个词一般倾向指女性。而且女巫通常都是非常聪明、漂亮的，更不要说五十五个圣贤里有好几位是女巫。事实上，多亏了我们村里的女巫做的药水，就算是去游泳的时候，我的头发也不会湿。”她摸摸自己的头发，然后嗅了嗅手指，说：“还是柠檬味的呢！”

见安娜如此陶醉，菲利普觉得无话可说。他挠挠头，不明白话题怎么瞬间转到护发药水上了。他脑筋一转，换了个话题：“你爸爸也提起过‘五十五个圣贤’，他们究竟是谁？”

听到他的问题，安娜略微有些吃惊，就像是看到史前怪兽那样，她用无奈的口气回答说：“噢，对了，老忘记你不是这个世界的人。连五十五个圣贤都不知道，你可真是稀有动物哇！”

“好了好了，赶紧讲来听听吧！”

“这片土地上，有五十五个贤能之士。他们在各自的种族里都是最有影响力的人。这里流传着一首赞颂他们的歌谣，如果你不介意的话，我唱给你听？”她问道，可还没等菲利普回答，她就清清嗓子唱了起来：

“举世贤能，五十有五，开辟天地，各有神力。

举世贤能，五十有五，英勇无敌，传颂至今。

威武龙主，声名显赫，文武双全，九州举荐。

正义化身，和平象征，仁德隽永，泽惠万众。

二帝对峙，烽火燃起，草枯蓬断，满目疮痍。

扩张贪欲，无所顾忌，终悟治世，遂领盛誉。

三巫名起，巧技精艺，孤高自负，目中无物。

上逆天神，下摄鬼魂，灵符咒语，云涌风起。

四兽蛰栖，山壑幽寂，守土护水，涵养灵瑞。

肆意触怒，雷劈雨瀑，生性暴戾，终无恶意。

五圣行至，霍乱息止，肃静严谨，切莫非议。

耿直仗义，焚身破敌，共举忠信，帝王福音。

六位女王，来历不详，慈眉善目，丽质贤淑。

举手投足，宛若起舞，仙门奇术，移花接木。

七位酋长，兽人模样，施咒布网，暗器绝响。

猛兽魍魉，雄鸷狂蟒，闻风哭丧，黯然神伤。

八王崛起，势均力敌，各守一方，当仁不让。

天地来犯，浴血奋战，守卫家园，不畏艰难。

九大骑士，驰骋万里，冲锋杀敌，刀光箭雨。

风嘶马啸，尘扬沙飘，攻城略地，血染疆域。

十大英雄，盖世神通，武艺超群，绝技在身。

除暴安良，劫富济贫，行侠仗义，江湖传奇。

贤能诸君，良莠参差，黑白异道，善恶两分。

日出月落，瀑流星陨，德和天下，顺应民心。”

安娜顺畅地唱完了这首极长的歌谣，菲利普听得入了迷。这简直是一部奇妙的画卷，描绘了各色各样的仙侠精灵传奇的一生。“真是太妙了！”菲利普称赞道。

安娜对他的反应相当满意，并指明道：“其中三个圣贤你已经知道了，就是一龙和二帝。”

“让我想想……嗯……他们是北帝沃尔特，南帝艾瑞克，还有在他们南北双方之间画上分界线的龙主，对不对？”

“完全正确！你不知道的是他们之间的恩怨情仇和关系纠纷。这片土地上最初只有八王，后来二帝以大军阀的手腕降服八王且瓜分其疆域，形成两个国家。沃尔特大帝手下有五王，艾瑞克大帝手下有三王。”安娜解释说。

“那么皇帝和其他圣贤之间是什么关系？”菲利普好奇地问，“不是至少应该有两位皇后吗？”

“除了国王和骑士，大部分圣贤并没有尊贵的王室血统，也不存在亲属关系。”安娜对此非常了解，“说到皇后，艾瑞克大帝一直单身，而沃尔特大帝的妻子是奥莉薇雅皇后，也是六后之一。她能得到这个头衔，不是因为她是皇族，而是因为她在巫术上的造诣，所以又被称为‘女巫王后’。你别太在意他们的名号，会把你搞糊涂的。”她建议。

“你们两个孩子，怎么起得这么早？”安娜的母亲在他们身后的营地喊道，把他们俩吓了一跳。“安娜，既然这么精神，与其闲聊，不如赶快来帮你父亲收拾营地。还有，衣服怎么乱七八糟的？你自己也整理整理。”

“呃……”安娜翻了个白眼，悄悄对菲利普说，“我妈妈是个特别爱干净的人。以前，我们家的鸡每次下蛋不在同一个地方，她都会因此而不安。于是我们就不养鸡了，换养奶牛。这么一来，她每次都可以在同一地方挤奶，还能保持整洁。”

菲利普哈哈大笑，然后两人一起回到已经熄灭的篝火旁。吃过早餐，他们将营地上的装备收到马车上，安娜的父亲赶着马，向森林尽头的小镇驶去。

太阳已经在天空迈了一大步，在车上两个孩子只闲聊了几句，目的地就显现在眼前了。安娜的父亲要带安娜和菲利普到集市上见识一番，而安娜的母亲为了和菲利普好好告别，独自去准备美味的午餐。

菲利普他们走进镇子，一条布满商铺的街道展现在眼前。不论是这个世界，还是从前的世界，菲利普还是第一次逛集市。他激动得左顾右盼，害怕错过任何一件美丽的商品。集市上人山人海，各色人等都有。很多红皮肤的妖精甚至比菲利普还矮一头。他们的长相异常丑陋，穿着风格迥异的衣服，耳朵尖尖的，虎牙突出，流露出诡异的神采。他们出售那些稀世珍藏的宝石、琳琅满目的美玉和翡翠。安娜告诉菲利普，采购珠宝与其找这些妖精帮忙，倒不如和侏儒做生意，因为他们更真诚，出售的珠宝质量也更好。

妖精隔壁那家异常高大的店是半兽人开的，他们半马半人的身躯十分健壮魁梧。菲利普很喜欢骑马，也曾梦想自己能成为半人马，以至于多少有些羡慕它们的身躯。安娜的注意力则集中在半人马的小男孩身上。小男孩站在成年半人马身边，大概是他的儿子吧！看这个小半人马努力装出一本正经的样子，却又控制不住地甩动背后那条小尾巴，安娜觉得实在是太逗了。安娜的父亲说，半人马出售罕见的药草，在医药方面，没有其他族类比半兽人更在行的了。

这个集市不仅充满了菲利普从未体验过的各种各样的东西，还有很多意想不到的趣事。有一家店主这样吆喝着：“你是否因上当受骗而难过？如果是的话，你想报复他吗？我们有办法。我们这里有各种各样的诅咒器具，保证让你如愿以偿，让他魂飞胆丧！”然而在马路对面，另一家店主也在吆喝：“你觉得不安吗？是否觉得可能会有人对你下诅咒？那么你就来对地方了。我们的好运护身符可以保护你不被诅咒困扰！”菲利普听到

马路两边的吆喝声，不禁摇摇头，他觉得这两家店的主人要么是死对头，要么就是好朋友。

他们沿街走着，安娜一遍又一遍地告诉菲利普，这个集市是她所见过的最小的一个。但是菲利普以前从未见过集市，所以对他而言，这里已经很丰富多彩了。

在前方不远的地方，似乎发生了什么事，人群在那里聚集了起来。安娜和菲利普勉强挤到前面，只见人群中间站着一个少年，他正在向人群挥手。

少年约莫十四五岁，和菲利普、安娜年纪差不多，身着一件做工精良的黑色斗篷。他的眼里充满自信，从他仔细梳理过的头发也能看出这一点。他环顾四周，提了提嗓门说：“我，拉达里厄斯，是伟大的黑暗魔法师普西瓦的徒弟。如今，我已经学成出师，在各地修行演练，寻求更伟大的知识和力量，成为一个真正的黑暗魔法师。”少年再次扫视人群，继续说道，“一个出师的学徒，除了要继续研习之外，还需要做另一件事，那就是树立自己的威名，向世界展示他的力量。所以现在，我要表演一些奇特的魔法让大家开开眼界，有愿意上来帮忙的吗？”

人群顿时寂静无声，没有人回答，不过有好几个人在互相交换眼色。看着胆怯的村民，拉达里厄斯傲慢地笑了。“啊，可是我必须有个目标才行……”他喃喃自语，张开了手臂。瞬间，平地刮起一阵怪风，卷来无数断枝残叶。树枝藤条浮空旋转，组成一个两米高的木头人，伫立于原地。

拉达里厄斯看着周围一张张钦佩的脸，给了木头人一拳，以示它是非常坚固的。接着，他后退几步，背对着大家。人群顿时安静下来。没有任何预兆，他忽然转过身来，伸出捏成鹰爪的手，嘴里还念念有词。木头人身上传来开裂的声音，它的身体开始肢解，仿佛有一只无形的手从四面八方摧枯拉朽般蹂躏着它。“轰！”随着拉达里厄斯的拳头一收，木偶炸得粉碎。

“真会卖弄！”安娜小声说。菲利普则心中暗思：真希望站在那里的人是我。

“难道我没告诉过你们两个不要乱跑吗？”安娜的父亲一把抓住安娜的脖颈，“我还有很多东西要告诉菲利普，我们在一起的时间不多了。”

听到安娜父亲的话，菲利普就像泄了气的皮球一样萎靡不振。由于情绪上的变化，他很不情愿地跟着安娜的父亲继续逛集市，听他教导这里的交流方式和钱币使用方法等常识。虽然他并不情愿听这些常识，但凭借他出色的记忆力以及些许的意志力，他强迫自己记住了安娜父亲说过的每一句话。毕竟，他能生存下来就靠这些了。

当他们回到马车那儿，已经是一个小时之后了，安娜的母亲早已把午餐准备好了。这顿饭明显比昨天晚上的丰盛可口多了，但菲利普却觉得难以下咽。分开后，自己一个人将如何是好？能不能活下来？菲利普的头脑被这些事充斥着，他很希望这顿饭永远不要吃完。可不管他怎么努力，时间都会一样流逝，无论在哪个世界都一样。没过多久，就到了说再见的时候。

安娜的父母反复提醒他需要注意的事，还留给了他一些食物，以免他晚上在野外行走时无处觅食。另一边，安娜也不再逗乐说笑。显然，她也觉得和菲利普分开是一件很不愉快的事。到了他们不得不离开的时候，安娜跳上马车，挥着手告别："注意安全，菲尔。下次见面的时候，我一定会当上女巫，让你见识一下什么才是真正的魔法！"

菲利普伸出两根手指，从额前划过以示敬意。"可别让我等太久。"他微笑着眨眨眼。马车慢慢从他的视线里消失了，他长长地吐出一口气，喃喃自语："现在真的只剩我一个人了……"

第三章
光与暗的崛起

菲利普伫立在道路中央。现在该怎么办？他犹豫不决。是继续沿着大道走，还是穿过森林？的确，森林里非常危险，在那儿随时会遇上怪物或者土匪，要是再来一个昨晚的狼人，他可就吃不了兜着走了。但是走大路也不见得更安全，因为他会在路上遇到许多人，而且很明显，他是孤身一人。他还不如举块牌子，上面写上："来抓我吧！赏金可是三十个金币哟！"最终，他还是决定穿过森林，左右都是冒险，他当然乐得选自己感兴趣的。何况他带着魔盘地图，根本不用担心迷路。

事不宜迟，菲利普查看地图后，决定一路向北，潜入沃尔特帝国腹地。不知道那里有多危险，但是他明白沃尔特大帝想要抓捕他，还有和他一样的孩子。不过这也意味着，没有几个人会料到，菲利普会主动接近要抓捕他的人。最危险的地方就是最安全的地方。当然，如果他不幸被抓住，最后也会被带到沃尔特领土的中心地带。基于以上两点，无论在哪种情况下，最终目的地可能都是相同的。"向帝国挺进！"他故作声势地说，试图放松自己紧张的情绪。

这段路比菲利普原本想的要安全得多。树上结着奇怪的果实，多亏安娜父母的教导，他能分辨出哪些是可以食用的，至少在一段时间内不用担心挨饿了。不过，储备口粮的问题还得仔细斟酌。他的手伸进口袋里，摸到安娜母亲给他的肉干。现在想想，他应该在出发前从上一个村子买点干粮。幸运的是，地图上显示穿过森林之后也有一个小村子。

三个小时之后，一个小村庄出现在菲利普眼前。"终于到了，重归文明！我还以为永远都到不了呢！"菲利普松了口气。虽然此次他在森林中行走并不危险，但是整个旅程非常安静，除了自己的脚步声，菲利普没听到任何声音。正是这种安静让他觉得抓狂，要是没能及时赶到目的地的话，他差不多快要疯了。他从未发觉自己会如此害怕孤独。他想念安娜，想念他在村子里的老朋友们，而且奇怪的是，他发现自己甚至开始想念杰森警官和混蛋罗恩。

菲利普混迹在人潮中，看着人头攒动，虽然被人推搡的滋味不好受，内心却逐渐平静下来。就在这时，他听到街对面传来几声吼叫，原来那里早就聚集了一大群围观的人。菲利普看到一个男孩站在人群的外围，出于好奇，就上前问他到底发生了什么事。那个男孩看上去十四岁左右，身高体重都和菲利普相差无几。他一头黑发，黄皮肤，穿一件古怪的白色长袍，扣子很大。虽然菲利普无法从他的脸上读到太多情感，不过他发现男孩犀利的黑眼睛带着浓厚的兴趣注视着骚动中心。

白衣少年目不转睛地盯着现场，不过他还是回答了菲利普的提问："这个村子的人发现了一个小男孩，现在正要把他卖掉。士兵们正在欢呼雀跃，因为他们终于能离开这个鬼地方，回到大城市去了。坦白说，在这一点上，我也同意他们。"

"原来如此！"菲利普点点头，把视线投向人群中。骚乱中心是一个小男孩，双手被反绑在背后，身边站着一个全副武装的士兵。菲利普诧异于男孩的年纪，从他的身高来判断，六岁？最多七岁。小男孩金发碧眼，稚嫩的脸庞小巧玲珑。菲利普估算着，随即又向前凑近了一些。小男孩穿着一件样式简单的脏衬衫，上面印着许多图案，看起来像是不同国家的国旗。不用说，肯定是这件衣服暴露了小男孩的来历。

“他可真够小的。”菲利普感叹道，对男孩产生了强烈的同情。

白衣少年气愤地说：“我不敢相信那些村民会用一个孩子去换钱。我知道邪恶以各种形式存在，但是这些人的所作所为完全是伤风败俗。在我看来，他们和一群小偷没啥区别。”

“哦？我倒不这么认为。你要知道，就算是小偷，也有他们的职业道德。”菲利普回答道。鉴于他自己就是个小偷，他本能地试图为“同行”辩护，尽管他心里完全同意白衣少年的说法。

“那么你要怎么形容那些人？”白衣少年问道。

“我也不知道，不过我绝不会指着某个人就随便说他‘完全是伤风败俗’。”菲利普一本正经地回答着。在那一刻，他想起了他曾被丢弃在一个角落里等死，最终村子里的坏人救了他的命。他在脑中思索着，最后说：“我觉得每个人都能行善或者作恶。单从一件事去评判一个人的好坏，那是不公平的。而且，与其在这里浪费时间批评那些村民，我宁可好好想想，能不能帮上那个孩子的忙。”

“呵呵，有意思。”白衣少年第一次直视菲利普，若有所思地说，“那么你打算怎么办？”

“呃，既然你提到这个……呃……让我想想……”菲利普暗地里臭骂自己压根没有全盘考虑，“比方说，我刚好有个机会可以救出那个孩子，当然这纯粹只是假设，那么我肯定会去救他。”最后他挤出一个答案。

白衣少年的脸上浮现出一丝浅浅的微笑：“非常好。我叫焱，和你谈话相当有意思，希望你真能救出那个被捕的男孩。”他说完就走开了，菲利普则站在原地琢磨他的微笑到底是赞许还是讽刺。

亲眼见到一个孩子被抓，菲利普觉得宁静的森林比村子更适合他，虽然在森林中他要忍受孤寂的煎熬。菲利普在就近的食品店狼吞虎咽地吃了些连名字也说不上来的东西，然后匆忙离开村子。这回他决定待在道路附近。谢天谢地，狭窄的道路从茂密的森林中穿过，他就算是靠近路边走，也不会轻易被人发现。让他高兴的是，路上不时有行人经过，不至于太孤单。

夜色悄悄晕染天际，菲利普不得不在天完全黑下来之前找个地方露营。还会有比待在树上更好的选择吗？有了常年睡在树屋的经验，树杈早已成为他最熟悉的床铺。睡在树上自然没有睡在平地上那么舒服，第二天早上他的背部或许会觉得酸痛，不过那也比睡着的时候被什么野生动物吃了强。菲利普找到一棵高大的古树，像猴子一样蹿上去，骑在分叉的树枝上，背靠树干数着星星。

时间缓缓流淌，菲利普开始昏昏欲睡，眼皮像灌了铅似的抬不起来。也许是命中注定，就在他快要进入梦乡的时候，一阵密密麻麻的脚步声将他惊醒。他爬到更高的树杈上，心里纳闷：都这个时候了，还会有什么厄运降临呢？不管是谁发出那些噪声，只要他们别发现自己就行……至少，他们不会爬树。

不久，黑暗的灌木丛中透出光线来，约莫有二十个戎装打扮的人出现在他的视野中。其中多数人穿着只有护肩和护心甲的简陋盔甲，每个人还装备了长矛、盾牌等简易武器。菲利普很快就认出了他们的首领——唯一一个全副武装的人，正是在先前的村子里抓住男孩的人。男孩瘦小的身体在大汉面前相形见绌，他的手脚都被绑住了，被一个士兵扛在肩上。

“他们肯定要把这小家伙送到沃尔特帝国的国都去！”菲利普这样推断，但他又能怎样呢？显然，菲利普觉得自己还是很走运的，因为被士兵扛在肩上的人不是他。但是他也明白，自己如果对这个孩子见死不救的话，来日定会有罪恶感，何况自己曾在那个名叫焱的白衣少年面前夸下海口。可是该怎么做呢？他脑筋转得飞快：如果命运让这个男孩被放在我现在待着的这棵树底下，那么我发誓，我一定要去救这个孩子……唔，起码我会“尽力”去救这个孩子！他纠正这个他难以兑现的承诺。

不多时，眼看哨兵们一步一步逼近菲利普所在的这棵树。突然，首领大吼一声：“谁在那儿？”

仿佛一记晴天霹雳，菲利普吓得差点从树上跌下去。他在心底尖叫着：“糟糕！”然而，随着附近的灌木丛中传来一阵窸窣声响，一个少年走了出来。“焱！”菲利普大吃一惊。那确实是焱——他在村子里见过的那个白衣少年。

首领傲慢地说：“小鬼，报上你的名字来！”

焱用清晰的声音回答：“我的名字叫焱，我是你们正在寻找的从异世界来的孩子之一。你们总归是要来抓我的，如果我自己站出来的话，可以让彼此都节省时间。”

士兵们发出几声嘲笑，就连菲利普都感到好奇。他想干什么呀？至于那位首领，他指着这个奇怪的少年说：“我不知道你在玩什么鬼把戏，要是你说的是真话，那我就不能放你走了。来人，抓住他！”

一个士兵冲了上去，想要抓住焱。一切似乎都很顺利，其他人甚至还在哈哈大笑。但是风云突变，冲上去的士兵忽然摔倒在地，瘫软在焱的脚下。菲利普的下巴都快掉下来了，那一刻，除了那个士兵的呻吟，没人发出一丝声响。接下来，又有两个人冲了过去，然而，他们还没能碰到焱的身体，焱就瞬间扑向其中一人的胸口，手肘撞在他胯下最柔软的部位。“哎哟！”菲利普倒抽了一口气。作为受到攻击的自然反应，那人弯下了腰，然后焱一记上勾拳打在他的下巴上，轻轻松松就把他给摆平了。与此同时，另一名士兵也冲了上来，挥拳朝焱的脸上打去。焱身手敏捷，窜到士兵的腋下，避过了这一拳，随即就像发射子弹一般，连击他的肋骨。那人仿佛是没有地基的房子，瘫倒在战友旁。

“够了！”首领高喊一声，向少年走去，其他士兵则把倒在地上的三个人扶起来。“小子，身手不错嘛！看得出来，你受过武术训练，而且你对人体结构也非常了解。”他瞥了一眼被手肘击中的士兵，对手下的窘态投以幸灾乐祸的笑容。

“多谢夸奖。我可没说过我会束手就擒。抓我可以，但你必须要露几手来给我瞧瞧。”焱边回答边扎稳马步，横掌握拳，摆出战斗的姿势。随即，他抬起头，和菲利普对视一眼。见鬼！菲利普大吃一惊，然而焱已经把目光移回首领的身上。现在一切就说得通了。焱之所以跳出来，是为了吸引士兵的注意，这样菲利普就能趁机把小男孩救走。“真不敢相信他竟然打算牺牲自己来为我制造一个救援的机会！”菲利普顿时对焱敬佩无比。所谓天意弄人，小男孩正好被士兵放在菲利普所在的这棵树下，菲利普悲叹一声：“好吧，老天爷，我救这个孩子就是了。算是我当小偷的报应吧！”

菲利普悄悄地从树上滑下来，不发出一点声音，然而他的耳中却传来士兵的阵阵欢呼声。似乎局面对焱不利，可是士兵们挡住了他的视线，他无法看到发生了什么，况且他也没工夫去看。他快速移动到男孩的身边，示意男孩不要出声，并麻利地给男孩松绑。

但是，菲利普还没来得及完成他的使命，就感到脑后一痛，随即眼前一黑，昏了过去。

☆　☆　☆　☆　☆　☆　☆

伴随着后脑勺的阵阵剧痛，菲利普从昏迷中醒来。“刚才发生了什么事？”他一边自言自语，一边向四周查看，不过他马上意识到自己躺在地上，双手被反绑，男孩以同样的姿态躺在他旁边，同时还有另外一个人——焱。焱的嘴唇上残留着风干的血块，雪白的长袍上满是泥泞。看来此前他经历了一场恶斗。

在距离他们不远的地方，士兵们升起了一堆篝火。除了四名仍在站岗的士兵，剩下的人大都睡熟了。扫视周围，菲利普发现他们已经身在森林外一条穿过草地的开阔大道上，附近零星长着几棵树。菲利普推测应该快天亮了，因为他可以看到一线曙光穿过浓密的晨雾，昏暗的天空逐渐转为淡蓝色。“我们到底走了多远？”他这样想着，随即把视线投向更远的地方。透过雾气，他可以辨认出不远处山峰的形状。之前从地图上看，至少要步行六七小时才能走出树林，看到大山。看来他们整晚都在赶路。根据篝火的大小来判断，他们只是打算停下来吃个早餐，在雾散去之前稍做休整。

“你终于醒了。怎么样了，还好吗？”一个微弱的声音传入菲利普的耳朵。小男孩内疚地问道：“对不起，我害你们被抓了。全都是我的错。”

“你不用放在心上。再说，被抓也不一定是坏事，最起码，以后走路都有人扛着。”菲利普开玩笑地说。就他个人而言，现在他完全没有因为被逮住而感到情绪低落。他对自己的所作所为表示骄傲，一点都不后悔。“我叫菲利普，你可以叫我菲尔。你叫什么名字？”

小男孩吞吞吐吐答道：“在这个世界，应该是艾伦吧……我想……至少别人是这么叫我的。”

“你这话是什么意思？”

“我是说我什么都不记得了，不知道自己是谁，也不知道自己从哪里来。”艾伦沮丧地回答，“把我卖掉的人说，他们发现我时我躺在一个乱石岗上。看伤口，多半是来到这个世界时撞到石头上了。我昏迷了几天才醒。”艾伦低下头，露出额头左上角处理过的伤口，“我清醒后，他们说我在昏迷时一遍又一遍地呢喃‘艾伦’这个名字，虽然那时我已经什么都不记得了。从那以后，他们就叫我艾伦。你别误会我的意思，那些把我卖掉的人不是坏人，他们对我真的很好，还治好了我的伤。他们只是……那个……”

菲利普听罢不禁满怀同情，甚至有点可怜他。“我是来救你的，而且我一定会做到。这一切都是我详尽的秘密计划的一部分，只是我还没想出更多细节。”他说完，随后朝焱看去。焱一动不动，没有半点声响。“嘿，伙计，我知道你没睡踏实。说些什么吧！”焱把脸转向另一侧，继续保持沉默。菲利普没想到他的问话竟然没有得到回应，所以他继续捏着嗓子拖着腔调怪叫：“喂，你听到我说什么了吗？”

“你想听我说什么？”焱闭着眼睛回答，“我们现在唯一能做的就是保存体力，这会儿说什么都没有意义。”

“不要告诉我你已经放弃了。”

“我没有放弃。要是你把你的角色扮演好，我们也不至于落到这种地步。”

菲利普难掩心中怒火，要不是被绳子绑着，他早就跳起来了。他火力全开地回敬：“我的角色？我还以为是你负责吸引那些士兵的注意呢，看来你也不像你想的那样强劲。”

“还敢说我，就算是只长了半边脑子的人，松绑的速度都比你快。这肯定是你为了救我们而制订的详尽的秘密计划的一部分，这真是一个了不起的计划。”

“嘿，这个计划还在进行中。我是一个纵观全局的人，不会在意细枝末节。再说了，你……”菲利普还想继续为自己辩护，但是他还没来得及说就听见浓雾之中响起嘹亮的号角声，士兵们立即跃起，抄起武器向他们的首领靠拢，将三个孩子围到里面，进入警戒状态。

号角声后，紧急嘈杂的马蹄声从四面八方向他们包围过来。首领拔出佩剑，冲他的手下大喝一声：“长矛准备！盾牌防御！”此时，菲利普甚至感觉到地面在马蹄的践踏下微微颤动。刹那间，一队铁骑伴着一股邪恶的旋风席卷而至，个个手里握着长刀。情况似乎不妙。

危急时刻，首领对入侵者喊道：“我以沃尔特大帝的名义，命令你们……”他话还没说完，骑手们便纵马强行突破士兵的警戒，随即他就像摊烂肉般被掀翻在地。只听见艾伦撕心裂肺地尖叫一声，一个巨大的黑影从他们头上一跃而过。原来是一匹马！这简直就像蚂蚱和大象的对抗。防护墙已经在骑手们的冲撞下支离破碎，只留下三个孩子待在原地任人鱼肉。菲利普转过脸去，不禁设想这些士兵全部死了之后自己的命运。现实往往比预想来得更快，一个骑手策马举刀向焱杀去……

眼见屠刀向自己砍来，焱就地一滚，躲过了致命的一击。骑手错过了第一个猎物之后，便迅速物色他的下一个目标，直接调转马头向艾伦袭去。生死关头，菲利普急中生智用力地蹬了艾伦一脚，艾伦立即滚了出去。

菲利普的计划奏效了，但同时也激怒了那个骑手，他从马上跳下来，居高临下地站在艾伦身旁，再一次把刀高高举起。“嘿，丑八怪！看这边！”焱大声喝道，一个鲤鱼打挺跳起来，只是双手仍然被反绑在背后。“欺负小孩算什么本事？有种的来与我较量一番！”焱成功吸引了骑手的注意，骑手举刀向焱挥去。一瞬间，菲利普仿佛听到焱咯咯一笑，只见他原地一转，巧妙地将他被绑的双手移到刀刃之下。嘶啦！绳子被一刀切断，焱的双手得到释放，挥动自如。

“哇！”菲利普惊叹不已。

在焱的双手重获自由之后，他立即转身用自己的胳膊锁住对手的手臂，并一拳猛击在对方的心口，迫使这个杀气腾腾的骑手后退。“你没事吧？”焱迅速转向艾伦，“不要怕，我会救你的。”

“哦，拜托，那是我的台词。”菲利普说道，不过他马上提醒，“焱，小心！”但是狂怒的骑手已经冲了上去，焱还没来得回头，就被一把掐住了脖子凌空拎起。盯着那双摄人心魄的眼睛，焱慌忙攻击对方的手臂。“不好……我不能……呼吸了。”随后他就感到自己被狠狠地摔在地上，紧接着腹部受到一记狠踢。“啊！”他尖叫着顺势滚开数米远，以防再次被攻击，同时吃力地喘息着，试图平复呼吸。

骑手料定焱再无还击之力，便把注意力再次投向艾伦。“这人可真是执着！”菲利普喃喃道。因为他没办法像焱那样双手绑在背后轻易站起来，便用尽全部力气向那个骑手滚去。虽然不能解救艾伦，但至少可以拖延时间。他的努力是值得赞扬的，但是他不顾一切的尝试，到头来只是换得胸口上重重的一脚。眼看狂魔已经站到艾伦面前提起利刃，两个少年却无能为力。

“艾伦！”菲利普和焱同时大喊道。

突然，冥冥之中传来缥缈的乐音。这是极其美妙的声音，以至于战斗也为之停止。伴随着曲调的奏响，天空愈加晦暗了，他们只能够看到……星星。菲利普惊叹于眼前美丽的景象。很快，其中两颗最亮的星星发射出两道光线，其中一道形成了一个黑暗的球体，将菲利普完全吞噬。

菲利普不明白发生了什么事，他只是感到有一股柔和而清新的气息注入他身体的每一个细胞。他不能确定这究竟是现实还是梦境，他现在只能看到自己站在一个由六星环绕一星组成的魔法阵的中央。在他面前，竟然站着另一个自己，就像是一面隐形的镜子摆在眼前。另一个菲利普身穿黑色斗篷，手里捧着一本厚重的书朝他微笑，突然，另一个菲利普手里的书“砰”的一声自动打开，周围的一切，除了魔法阵，全部被黑暗覆盖。“这是怎么回事？”他心里满是疑惑。与此同时，他察觉到黑暗开始侵蚀他的身体。他仿佛要被黑暗耗尽，被黑暗吞噬，甚至被黑暗支配。然而，在他完全失去自我之前，他脑海深处的某样东西爆发了。“不！我不甘心！我怎么能就这么完了？我绝不允许这种事发生！”菲利普的胸腔里充斥着大声哭喊的冲动。

“发生了什么事？”菲利普睁开眼睛，看到一个黑色的光球围绕着自己，但不再有黑暗侵蚀的感觉，反而他的体内充满了难以言喻的力量。真是难以置信！被黑暗包围之后，竟会觉得如此舒畅，他甚至开始觉得自己的身体渴望从黑暗中汲取更多的力量。

绑住菲利普的绳子莫名其妙地被解开了，他的衣服也变成和另一个自己一样精致的黑色大斗篷，大到足以把他全身都隐藏起来。接着他向黑色的光球外面望去，发现焱正看着他。焱此时正站在一个银白色的光球之中。焱也换了衣服，他穿一身白色衣服，外面还套着坚韧的短甲。这件夹克款式的盔甲穿在焱身上显得非常优雅。

菲利普不自觉地仰望天空，一颗星星似乎正在朝他眨眼睛。随即天空也恢复到原来的状态，神圣的乐音以及围绕着两个少年的光球一起消失了。他继续抬头凝视了几秒钟，意味深长地笑了。终于被他找到了——属于他的那颗星星。

此时此刻，每个人都用一种难以形容的表情看着焱和菲利普。已经下马的骑手终于鼓起勇气大喝一声，这才让其他人清醒过来。只是骑手做了一个极不明智的举动，他再次对艾伦挥刀相向。只见白影一闪，骑手的手就被焱抓住了。接着，焱轻轻扭住他的手腕一转，他手里的刀便掉在地上。同时，焱的另一只手飞速移动着，没人能看清他究竟做了什么，但其结果是骑手痛得哇哇大叫，他惊恐地发现自己的肩膀已经脱臼了。“哦，我的天哪！”焱吃惊地看了看自己的双手，又握了握拳头。“这力量，这速度……我想我需要进行一个小小的测试。”焱立刻冲进那群骑手中间。

一种恐慌的情绪在士兵与骑手之间蔓延。大多数人都举起了手里的刀，但他们来不及向焱挥刀，他就已经移到了另一个位置。尽管焱的速度快得惊人，可他的行动也只能制造一些混乱，因为马的高度阻碍他直接向那些骑手发动攻击。没过多久，其中几个骑手就察觉到了这个优势，于是他们策马向焱直冲而去。当然，无论焱的速度有多快，力量有多大，他都不可能和马比，很快他被层层包围。很显然，他唯一能逃脱的方法就是竭尽全力凌空跃起。

真令人震惊，眼看着焱一跃两丈高，从那些强盗的头上飞过，最后只是稍微有些衣冠不整地降落到地上，瞧得菲利普哑口无言。“焱，你好厉害！”艾伦欢呼道。焱原地调整了一下战斗姿势，对着敌人们展露出自信的微笑，说：“虽然不知道为什么我的功力一下子提升了至少十年，但我可以告诉你们，这次我可不会输。”他再次冲进骑手们中间，并立即施展轻功，跳到其中一匹马上，击倒马上的骑手。之后他脚步不停，从一匹马跃向另一匹马，骑手们只能坐以待毙，一个个都被迅速击落。菲利普觉得焱的格斗技巧极具艺术观赏性，他简直就像是在刀锋间舞蹈，而不是在战斗。

“小心你的背后！”

一个陌生而又熟悉的声音钻入菲利普的耳蜗。菲利普无暇考虑是谁在哪里发出的声音，一把抓起艾伦侧身闪躲，只见一匹脱缰野马从他们身旁疾驰而过，差点就撞上他们。“好险！”菲利普说道，与此同时，他也对那个声音感到好奇。他很确定自己以前在某个地方听到过那个声音，但是他不清楚到底是在哪里听过，又是谁的声音。他环顾四周，试图找出声音的来源，但周围只有三个手持冷兵器的狂徒举着刀径直向他们冲来。

“抬起手来，掌心对外，心中默念‘布拉斯修斯’！”

“谁在说话？你在哪儿？”菲利普大惊失色。

“别啰嗦，照我说的做！”

菲利普迅速伸手摊掌，心中默念“布拉斯修斯”，不知哪里来的力量在掌心聚集成了一个暗能量球。就像是一把上膛的手枪，能量球被射了出去，把其中一个狂徒击倒在地，躺在地上如触电般抽搐着。菲利普一半惊叹自身的魔力，一半对自己刚才的表现欣喜若狂。“让我再试一次。”这次他举起了双臂，正好剩下两个骑手。伴随着低沉的嗖嗖声，又有两股强劲的气流射出，它们似乎比第一次的力量更强，两个骑手被击倒在地后，迅速失去了知觉。“这种感觉真是……”菲利普盯着自己的手掌，不知该如何形容，“这并不是我的肌肉产生的力量。不，这与我的肌肉无关。我能感觉到体内有些不寻常的东西。‘魔法的能量’，这是我能想到的最贴切的描述。”菲利普把视线投向骑手的主力部队。目前，大部分人已经被焱从马背上踢了下来。“换我来！”他张开手掌，心里想着要把那些残忍的骑手当作练习对象，可是那个声音再次出现了。

“把你的视线集中在一个目标上，然后说‘拉乌拉’，接着做出‘抓’的手势，这样就能推动或者拉动那个目标。”

“原来如此！拉乌拉！”菲利普毫不犹豫地说出了那个词，同时对准某个骑手握着的长刀做了一个拉扯的动作。菲利普感到手臂内的能量伸展出去，卷住那把刀。可惜的是，他还没来得及庆祝就发现那把刀从骑手的手中弹射出来，直直地向他飞来。“啊！”他惊呼一声，抱住他背后的艾伦一起扑倒在地。要是再迟几秒钟，刀刃就能把他俩串起来。

“对了，我还没有来得及提醒你，如果你太用力地拉动你的目标，你可能会失去对它的控制，甚至会击中自己。”

“你现在才跟我说这些？你不觉得这是很重要的信息吗？”菲利普怒气冲冲地抱怨道。他吐出嘴里的草，回头看着差点杀死他们的长刀。“下不为例。拉乌拉！”他再次对某个骑手挥动手臂。相应地，一股无形的力量把那个骑手抬了起来，接着又把他丢到另外两个骑手的身上。

正当菲利普和焱为了终止骑手的武力攻击而奋力拼搏时，其中一个看起来像是头目的人呼吁休战。然而，两边刚刚停止战斗，头目便从衣服中掏出两把匕首，分别向两个少年掷去。出于自卫，菲利普手心冲外，双手重叠盖住面部，大喊一声：“希尔德斯！”空气中呈现出一层黑暗光墙，在他和刀刃之间形成了一道屏障。“等等，我怎么还没听到那个声音就把咒语念出来了？”菲利普对此困惑不已，呆呆地看着匕首从屏障的表面弹落到地上。他恍然大悟，那个声音其实是从他脑海中传出来的。听着耳熟正因为那是他自己的声音。“也就是说，我一直以来都是自己教自己，这可能吗？”他不太明白，但是在这一点上，他更愿意认为一切皆有可能。

另一边，焱也把匕首停住了，不过他的行动更为大胆和难以置信，他竟然用两根手指夹住了刀刃！接着，他的动作跟那个头目一模一样，用同样的方式把匕首掷了出去，而且更快更有力。白光一闪，刀刃击中了头目的右手，他发出痛苦的呻吟。受伤的头目紧捂着他流血的手，骑上离他最近的一匹马逃离了战场。其他骑手也拖拽起他们摔倒在地上的战友，消失在仍未散去的雾霭中。

超过一半的士兵受了伤，其中几个伤势严重，没有死亡算是不幸中的万幸。士兵首

领满怀仇恨地咒骂，整顿兵马。看着三个该带给皇帝的孩子，他无力地笑了笑，命令他的部队留下他们的“货物”，继续前进。“明智的决定。”菲利普在心里思忖，直到最后一名士兵离开他们的视线，菲利普和焱同时走到艾伦身旁，一个搀扶，一个松绑。

得救后的艾伦对两位萍水相逢的少年英雄感激不尽，谢声不停，连声夸赞。“真令人难以置信！我是说，我以前从没见过……哇，你们两个真是，真是……哇……”

“我厉害吧？”菲利普拍着胸口哈哈大笑，“这不算什么，小菜一碟。就像我之前说过的，这一切都是我详尽计划的一部分。”他觉得自己每说一个字，鼻子就好像伸长了一点。他高兴过了头，提出了一个幼稚的建议：“既然我现在能用魔法了，也许我该给自己起一个响亮的称号。我想要一个经典的、充满活力的、引人注目的，还得富有魅力的称号。有什么想法？”

焱没有回答，不过艾伦听到这个提议觉得很有趣，迫不及待地喊出一个名字：“我想到了，我想到了，‘神秘人’怎么样？”

“不行，我得起个更有冲击力的。比方说‘超级魔法师’……”

“‘不可思议法师’……”

“‘圣人巫师’‘黑暗英雄’‘无敌狂热终极神奇小子’……”

听到那些愚蠢的名字，焱觉得菲利普的痴呆极有可能已经传染给艾伦了。最后，那两个名字制造机对视了一眼，异口同声地说：“黑暗魔法师！”

“哎，这个名字真酷！符合我的形象……嗯……我喜欢！”菲利普用手摸着下巴，“从现在起，我就是黑暗魔法师。嘿，焱，要不要我们帮你想一个？不用你花钱。”

“不必了。”焱回答说。

“为什么？”艾伦失望地问道。

“我是一个战士，所以我不需要这样的绰号。”

“战士？呵呵……”菲利普打了个响指，“‘光明战士’怎么样？我就当你同意了。”他抢在焱前头加了一句。

艾伦回味了一下两人的称号，然后看着他们说：“现在怎么办？”

“伙计，如果你跟着我，我一定会照顾你的。”菲利普用大拇指指着自己的鼻子说。他的话音一落，焱便沿着道路走了。

“嘿，你这是要去哪？”黑暗魔法师迅速赶上他，问道。

焱头也不回，边走边回答：“我是战士，不是保姆。既然你说你会照顾艾伦，那我的任务到这里就结束了。”他毫不迟疑地消失在雾气中。艾伦和菲利普看着周遭空荡荡的战场，心里思忖着：这人怎么这样？

第四章
完美的战士

“什么是完美的战士？冷酷、无情、理智、果敢，永远只相信自己，从不会为愚蠢的情感所困扰。我是焱，我就是完美的战士。从现在开始，我将掌控自己的命运，释放自己无限的潜能。”缓步前行的小战士思索着，开始了自己在魔法世界漫长而艰辛的旅程。

在焱原来所生活的世界中，他的家乡遭遇了一场百年不遇的大洪水，大部分村民都死于那场弥天的灾难，他的家庭也没能幸免，汹涌的洪水冲走了一切。他的父母在遇难前果断地将还是婴儿的焱放在一个旧竹篮里，竹篮沿着河道漂到了深山之中。一位僧人发现了他，于是焱成了一个半僧半俗的修行者。一切都仿佛是命中注定，寺内僧人大都武艺高强，尤其是寺院的住持，据说他是历史上首位习得千卷武术秘籍的长老。

藏经阁除了佛经，还存放着各种武林绝学秘籍，还有很多失传已久的武器。寺里的僧人们与世无争、向往和平，所追求的唯有大智慧，正因为如此，几百年来该寺隐藏于深山之中，鲜有人知。

自焱记事起，就有不同的师父教他武术，十四岁的他已经能够在战斗中能毫不费力地打败一个成年人。“镜像”是他的拿手绝技，那是一种能够在瞬间领悟对手招数，并在下一个回合用该招数回击对手的技能。长老们一致认为焱是年轻僧人中数一数二的武者，但是由于年龄小，寺规禁止焱和其他年轻僧人切磋武艺。僧人们总是说：“如果没有驾驭剑的能力，你是无法挥动剑的。”对焱来说，“耐心”二字远比学习武术招式困难得多。

终于有一天，也是命中注定的一天，正和僧人们一起习武的他，被告知第二天会和另一位天才少年僧人切磋武艺。焱难掩兴奋之情，导致随后的训练都心不在焉，晚上躺在床上也久久无法入睡。最后，他干脆起身走出房间，看着满天繁星，不断地对自己说：“我一定会赢、一定要赢……”

“睡不着吗？”一个声音打断了他的思绪。来人正是他的现任师父——伯利法提斯大师，在寺庙中的地位仅次于德高望重的住持。

“师父，打扰到您了，对不起。”焱给师父鞠躬行礼。

“起来吧，”师父挥了挥手，“这种时候就不要讲究这些礼数了。”遥望着夜空，师父小声对焱说：“命运之轮在转动，暴风雨即将来临，我可以听到星辰之力在召唤你。徒儿，这是你的命啊！”

“师父，我不明白！”

“很快你就会明白的，”伯利法提斯师父说道，拍了拍焱的肩膀，“徒儿，明天你就要正式比武了，你要牢牢记住，以后不论何时何地，都不要忘了习武，不要否定自己，不要不信任你未来结交的朋友，不要忘记去帮助别人和保护那些无辜的人。这些都会帮助你成为最伟大的战士，明白吗？”焱感到师父的话比以前更沉重了。他虽然不知道师父到底是何用意，但还是深鞠了一躬，感谢他的教诲。师父点点头，继续刚才的话：“总有一天，你会成为一名伟大的战士，作为你的师父，我将为你感到自豪。休息去吧，祝你明天一帆风顺。”

焱永远记得伯利法提斯师父离开的背影，他没有追问师父说的那一大段话的含义，因为他明白师父已经把该说的都说了。第二天早上，当他拉开架势准备全力迎战时，脚下一空，毫无防备地落入凭空出现的一个黑洞中。他本能地想逃脱，但是一切都发生得太快，当他反应过来时，就已经在这个世界里了。“难道这就是师父想告诉我的吗？要我在一个完全陌生的地方历练。可为什么是我？为什么我会出现在这个地方？”焱思考着这些问题。看着前方没有尽头的道路，焱只有一个念头：我要变得更强！我会变得更强！

☆ ☆ ☆ ☆ ☆ ☆ ☆

同菲利普和艾伦分开后，焱沿路走到了一个陌生的小村庄。这个村庄两面是山，坐落于唯一一条可以穿山的大路边。先前遇到菲利普和艾伦的那个村庄房屋大都是单层，屋顶上还是用茅草铺盖的，现在这个村庄面积更大，房屋都是木头材质的双层小楼。从村庄的建筑风格就能看出，这里的村民更加富有。焱觉得地理位置是村民富有的一个重要原因，因为来往旅客唯有经过这个村子才能穿过大山。

对焱来说穿不穿过这座大山倒没什么大不了的，毕竟他没有明确的目的地。他想沿着那条路一直走下去，看它到底通向哪里。长途跋涉对常人来说或许很煎熬，但焱觉得这样的历练是一种享受。焱好静不好动，当他经过这个小村庄时，和人接触的欲望没有像菲利普那样强烈。因此没过多久，他就被街道两边那些店主无趣的闲谈弄得身心俱疲。“我应该尽快离开这个地方，到山里去找点吃的。”他这样想，打量着村庄两边的悬崖峭壁。在寺庙生活多年的另一好处就是能学到很多野外生存的技巧，通过观察林间植被，焱料定这山上会有不少野果、草药，甚至连稀有的药材都是有望发现的。

即将入山时，一种奇怪的感觉迫使他停了下来，他不由自主地转身朝着村庄角落的一间房子走了过去。不管是出于好奇心，还是别的什么，焱都觉得有必要去看一下那间房子。可他虽然来了，但又不知道该如何叫门，时间一长，不禁觉得自己有些愚蠢。正当他犹豫不决的时候，门开了。

“是焱师父吗？”里面传出一个女孩的声音。

“呃……”这突如其来的提问让焱措手不及。眼前的这个少女十三四岁的模样，一对如湖水般清澈的绿眼睛，一头深棕色的秀发，比焱要矮一点，穿着一条浅蓝色的短款连衣裙。“我是焱，”焱迅速整理了思绪，“你怎么知道我名字？”

“婆婆告诉我的，她正在房间里等着你呢！请进。”女孩做出请的姿势。

这是一间简单又整洁的屋子。一条帷幔把房间分成两个部分，右边靠墙放着一张宽敞的床，左边是一张桌子和两把精致的桃木椅子。其中一把椅子上坐着一个老妇人，全身上下被一件深红色的长袍包裹着，眼睛藏在她那银灰色的长发下面，深邃而犀利。接近九十度驼着的背和干枯的手指暴露了她的高龄。“我敢打赌她差不多一百岁了。”焱心里默念着。

焱恭敬地鞠了一躬:“我是焱，很高兴见到您，婆婆。”

“小战士，见到你很高兴，你可以称我为艾莉森女士。很久没有遇到过像你这般年纪就知道向长者行礼的孩子了，真是很欣慰，伯利法提斯大师果真没看错人。”艾莉森女士指了指另一把椅子，让他坐下。少女则安静地坐在了右边的床沿，一边拨弄着头发，一边听他们讲话。艾莉森女士说:“我看得出你有很多疑问，不过在这种情况下，第一个问题多半是最无关紧要的。”

尽管如此，焱还是不假思索地问了:“你怎么知道我的名字？你怎么知道我在你的门前？没猜错的话，你早就知道我会在这个时间出现在这里了。”

“首先，我想要你诚实地回答我——你相信魔法吗？”

“我正在试着相信。”焱由衷地说。他回想起菲利普和骑手战斗的情形，虽然那时他没有对菲利普的魔法发表任何评论，但是他确实被震撼到了。

艾莉森女士点点头，用一种古怪的语气问道:“如果我告诉你我能预见未来，早已料到你会过来，你会相信吗？”她指着少女继续说，“就是因为有了魔法，所以我才会让罗斯给你开门。”

焱沉思片刻，露出浅浅的微笑:“我已经在这里了，所以婆婆，您说得不错。我的第一个问题确实无关紧要。”罗斯坐在床上，听着他们的谈话，不由得笑了一下。短暂停顿后，焱接着说:“您刚刚提到了我师父的名讳，你们彼此认识？”

“啊，那是在很多年前的一场比赛中，我曾和伯利法提斯大师有过一面之缘。那是一场万人瞩目的赛事——来自各地成千上万具有预知能力的智者为了赢得窥天之眼的比赛。当然，那时的我比现在年轻多了，你师父也是。感到惊讶吗？”艾莉森女士走出回忆，目光投向少年。

“不。”焱轻轻地摇了摇头。在亲眼见到魔法的那一刻，他就预想到了类似事情的存在。至少现在，他的猜测得到了证实:伯利法提斯师父是一位先知。那出行前师父对他说的那番话便不是毫无目的。由此引发的另一个问题，他必须要得到答案:“恕我冒昧，婆婆？”

“但说无妨。”

“按理说您和我师父一样具有先知的能力……”

“当然。”

“很明显，您因此知道我是什么时候来到这里，怎样来到这里的……”

“不错。”

“所以，您肯定也知道我为什么会在这里……”

“也许吧。”

“那您能告诉我为什么我会在这里吗？”焱满怀希望地问。

“问得好，年轻人。我想这才是你最关心的问题。”艾莉森女士双手抱拳，放在桌上，

“我知道从你到这儿的第一天开始，满脑子想的都是怎样变得更强，但你自己也很明白这绝对不是能一蹴而就的，这是一个漫长的过程。换句话说，你出现在这里的原因应该不仅仅是锻炼自己，你还有更高的使命。”焱点了点头，不由自主地把身子向前凑了凑。艾利森女士继续说：“我能给您答案，也可以引导你，但是在这之前，你必须帮我一个忙。”

“什么？”焱抬了抬眉毛，他没有想到艾莉森女士会在这时和他讨价还价。焱小心翼翼地问道：“能否让我先听听您的要求？”

“哈哈……”艾莉森女士笑了笑，“非常谨慎！看来伯利法提斯大师又教了你一个好品质。很好！”她用手指向北面。焱的目光顺着她的手指看向窗外，落在屋子后面的一座山上。“在山腰上，有一间小囚室，里面关着一些跟你年纪相仿的孩子，他们全部来自你所在的世界。一旦这里的村民把他们卖给沃尔特皇帝，他们的处境就危险了。”她指着罗斯继续说道，“我在村民发现她之前收养了她，把她当作我的曾孙女来抚养。她从小在一家孤儿院长大，没想到，到了这个世界也一样要受欺负。我已年迈体弱，没有能力保护她，保护那些和她一样的孩子，但我知道你能，这也是我期望你去救那些孩子的原因。你会答应我吗？”

没有丝毫迟疑，焱斩钉截铁地说：“作为一个战士，我会尽全力去保护他们，我向您保证。”

“我要和你一起去！”罗斯突然站起来抢着说，“相比之下我更熟悉这里的路，不论营救是否成功，我们都能全身而退。不用担心，我不会成为你的负担。”

小战士很不情愿地点了点头，他虽然担心罗斯的安全，但她说得确实有道理。焱思忖着如果这次营救任务失败了，他和罗斯可能都会被抓住卖掉，甚至还会牵连到艾莉森女士，所以只能成功，不能失败。他下定了决心。离开之前，他问了艾莉森女士最后一个问题：“事情办成后，您会告诉我我出现在这里的原因吗？”

“我保证在完成这个任务之后，你会得到答案的。”

☆　☆　☆　☆　☆　☆　☆

一座双层木屋建在村庄的北面山腰上，房顶钟楼挂着一口大钟，周围被茂密的树林和灌木丛掩映环绕。房子年久失修，已经布满裂口，好像随时都会垮掉。一个身材魁梧的男人拿着斧子站在门口，嘴里嘟哝着，好像在跟房子里的人说话。

两个少年静静地躲在房子附近的灌木丛中，悄悄观察那个守卫的一举一动。斧刃上折射出的寒光让罗斯不禁打了个寒战。她没想到那些守卫会用这样凶残的武器来对付孩子们，就算这只是一个摆设，看着也是很吓人的。又观察了几分钟，罗斯轻轻碰了一下焱的手臂，小声说：“我们一定不能让他们敲响那口大钟，不然其他村民听到声音后，会立刻上山来抓我们的。我们应该分散他们的注意力！也许我可以去引开他们的注意力，然后……”

焱摇了摇头：“不行，村民们都知道你是艾莉森女士的曾孙女，一旦你暴露身份，她

焱看出雳强硬的语气使得罗斯眼中闪过一丝恐惧，他连忙在两人之间架开双臂：“她不是这里的村民，她冒着生命危险来到这里只是想帮大家脱险。”

罗斯感觉到了焱和雳之间的阵阵寒意，她甚至觉得这两人会马上在这里打起来。山下传来一声呼叫，这是村庄里的另一个守卫，可能是来这里换班的。那守卫一发现他们，就在屋子外开始边跑边喊，想借此引起村庄里其他人的注意。

雳咬了咬嘴唇，对于叫声感到很烦躁。他掏出另一把匕首，举起来，想干掉守卫。但是，焱瞬间闪在了他面前，把刚刚截住的匕首投向了那个守卫。匕首刺到了守卫的喉咙，只是刺到他的不是刀尖而是刀柄。虽然没有刺死他，但迫使他伏在地上抚着喉咙拼命地喘粗气，这也足以让他闭嘴了。这里的每一个人都看得出，若不是焱先射出匕首制止了守卫，雳就会用他那“一刀毙命”的招式。

罗斯看了看守卫身后的村子，急忙说：“不管你们相不相信我，现在都得走了，山下的村民肯定都听到了。”

雳转身对焱说：“我们之间的事待会儿再说。”

焱点了点头。

罗斯不耐烦地挥着手，催促道：“好了，好了，现在我们能走了吗？”她急匆匆地带着大家向山的东边跑去。在他们逃跑几分钟后，木屋那边就传来了钟声和村民的叫喊声，脚步声也离他们越来越近，里面甚至还夹杂着狗叫。“真不敢相信他们竟然用炼狱猫来对付我们！我们快到安全的地方了，快点跟上！”她心急如焚地提醒大家，其他人还在想“炼狱猫”到底是什么东西。

不一会儿，他们便到了山上的一处偏僻角落，它隐匿于高不可攀的、像高塔一样的峭壁旁，这里灌木丛生、乱石纵横。罗斯拨开一片灌木丛，大家发现在这些坚硬的石头中间有个狭小的洞穴。洞穴内的空间有两间宽敞的教室那么大，而它的高度嘛……“噢！天啊！”双胞胎惊讶地看着这个洞穴。洞穴有一半的空间被四米高的岩壁遮蔽，其余部分都能直接看到天空。二十米……可能比二十米还高。焱想目测这个洞穴究竟有多高，但是太阳正从洞顶照射进来，阻挡了他的视线，他根本看不到二十米以上。地面低洼处形成一个清澈见底的水池，旁边放置着三个小箱子。

罗斯确定所有人都进来后，赶忙将一块在洞穴入口旁突出的石头开关按了下去，随后外面就传来了一阵噪声，灰尘和小碎石像决堤的洪水一样从洞口缝隙涌入，就这样，洞口被堵死了。一切归于平静之后，所有人才意识到他们被困在里面了。

察觉到这一点后，戴眼镜的男孩不高兴地抗议起来：“你是疯了吗？我们都被困住了，出不去了。现在可怎么办？当初就不该相信你！”

“你这个忘恩负义的小子！”罗斯很生气，抬高了她的嗓音，“那你们让我怎么办？我们根本不可能跑得比那群人更快，何况他们还牵着炼狱猫，能嗅到我们的踪迹。”

“炼狱猫是什么呀？”那个女孩好奇地问道，“它们的叫声听起来像狗，对吗？”

“你可以说它们是‘吃人’的狗，”罗斯描述给她听，“它们是狼、狗、豹的结合体。相信我，有生之年你都不会想碰到一条。”

“哈，无稽之谈，根本就没有这种动物。”那个“忘恩负义”的男孩轻蔑地笑着，扶了扶眼镜，继续争辩着：“小姐，我们谈的是现实，这种生物根本就不存在。”

“我们也不相信会有那种生物存在。”双胞胎异口同声地附和着。

“听着，各位，”罗斯试着用她能想到的最好的方式来解释给她们听，“我不知道你们大家到这里都有多长时间了，但是你们肯定也都注意到了，这个地方和我们来的地方并不相同。这里存在着名副其实的怪兽，还有魔法。这里的人们在日常生活中使用魔法而不是高科技。就像他们靠飞毯飞行，而不是飞机。一些士兵随身携带可以施展魔法的道具，而不是手枪。我一般把这里想成我们生活的世界的另一面，一个被魔法统治的世界。”

“他们一定是给你洗脑了。”那个卷发女孩说。

“对啊！那你为什么不用魔法带着我们飞出去呢？”戴眼镜的男孩用一种更加讽刺的语气说。

罗斯的脸红得像番茄一样。焱觉得如果对话继续进行下去，罗斯就会用拳头把其中的某个孩子打飞。“大家都冷静一下。现在有什么可吵的，又不能把洞口给吵开。不管愿不愿意，我们都已经被困在这里了，大家都让一步吧。”焱打断了他们的争吵。

“好，那我们换个话题。”那个持怀疑态度的男孩又开始用先前的语气说话了，“让我想想还有什么可说的，对了！这个洞穴对我们来说太高了，根本爬不上去，洞壁崎岖，地上太冷，连坐着都不行，更不用提我们该在哪里睡觉了。”

“噢，埋怨，埋怨，埋怨！你就只知道埋怨吗？”罗斯怒不可遏，“你知道如果生活给你一个柠檬……”

“我会埋怨柠檬！”小男孩沮丧地喊道，眼中泛着泪光。他再也承受不了内心的压力，瘫坐在冰冷而坚硬的地面上，无法抑制地抽泣着：“我……只是……想回家……”

随之而来的是一段死寂，空气变得十分沉重。罗斯走到他身边，给了他一个温暖的拥抱。“没事的，没事的，我们大家理解你的感受。我们一定能挺过去的，我保证。”她安慰着他，一种母性的冲动让她想保护所有人走出去。“我知道什么能让你们高兴起来。”她边说边走到一个箱子前，拿出一块布和几个小瓶子。她把布铺在地上，然后把几个小瓶子摔碎在上面。一阵烟雾消散后，布上就出现了一些食物和饮用水，就像兔子从魔术师的帽子跑出来一样令人兴奋。

那个卷发小女孩仔细地盯着这些食物，问罗斯：“这些能吃吗？”

罗斯伸手拿了一块面包放到嘴里，说：“吃不死人的，放心！”那对双胞胎很紧张地看着她，显然罗斯的话并没有让他们安心，但是食物的香味不断刺激着大家的鼻子，他们的肚子开始叫了。管它能不能吃，古话怎么说来着？“先吃再问，肚子都会感谢你。”

在大家津津有味地吃着东西时，焱和雳各怀心思，既没有动，也没有说话。他们斜靠在墙的两边，就像两尊没有生命的雕像。“你们两个，过来和我们一起吃呀！”罗斯注意到他俩的举动，就叫他俩过来。

“不用了，谢谢。”他俩异口同声地回答。

这俩人之间到底有什么纠葛？她感到很奇怪，另外四个孩子也感到不解。为了打破尴尬，罗斯拿了一些食物递给他俩。借着这个机会，她说:“反正我们也被困在这里了，给我们说说你俩的故事吧！”

他们各自从罗斯手里拿了一点吃的，头也没抬，就开始说起来，或者是一个说，一个补充。

“其实也没什么好讲的……”

“……住在寺庙就是习武，就是没完没了地和师父过招……”

“……只是我们跟随的是不同的师父，学习的是不同类型的武术……”

“……所以我们的武术招式是有区别的……”

“……说真的我们也只是通过各种传言和在一边旁观知道对方,但并不算认识……”

“然后就发生了那件事，太倒霉了。”雳叹了一口气，“等了十四年，我们总算能上台比武了,可是脚下却出现了一个黑洞。焱,你还真够幸运,不然你怎么可能活到现在。”他又傲慢地加了一句。

“不要太过自信，不然你会很容易受伤的。”焱警告他，“我了解你的特点，两个词就可以概括了。”

“准、狠？”

“不，确切地说是‘残忍和无道’。”焱补充，“真正的力量源于仁慈，而非毁灭。作为未来寺庙的守护者，我们不能一见到入侵者就妄开杀戒。你的师父难道没有教导你每一个生命都是神圣的吗？”

雳讥笑了一下，争辩道:“你把我形容成一个屠夫了。和你一样，我也是吃斋的，但是仁慈并不能赢得战争，唯有力量才能获胜。不错，所有的生灵都是神圣的，所以我们才要做我们所有能做的来保卫寺庙，就算这样会牺牲掉一些人。”他死死地盯着焱的眼睛，流露出坚定的信念。“想想看寺庙藏经阁里保存着的那些东西，要是我们失败了，整个世界都会陷入恐慌。唉，不过我现在是对牛弹琴。”他无可奈何地晃了晃手臂，“如果我说错了，你随时可以更正。你射匕首的招式和我的基本一样，难道这就是有名的绝技‘镜像’吗？呵呵，只有傻子才会让他的对手先袭击，只有软弱者才期盼在第二个回合结束战斗。在我眼中，你不过是一只爱模仿的猫罢了。”

“这有什么不好吗？”焱反驳道，“不管我遇到的是谁，我选择后出手是因为我希望对手在仁慈中顿悟悔过，我不认为这是软弱的一种表现。在寺庙中遇到入侵者时，如果入侵者承认了他的过错，改过自新，相信他就不会再为我们带来困扰了。”

“错！”雳坚定地说，“如果他们活着，他们会再次回来。如果他们都死了，这种事情就不会发生了。就是这么简单！”

“把世界看成这样该是多么可悲呀！”焱摇了摇头，开始安静地吃手中的食物。

突然，外面传来了轰的一声巨响，被封住的洞口崩塌了。孩子们跳了起来，向洞穴深处退去，他们都知道不好的事情就要发生了。比那声巨响更可怕的是两道巨大的阴影冲进洞穴，朝焱和雳飞扑过去，一瞬间，他们俩就被压在了两个体型庞大的毛茸茸的怪物身下，一动也不能动。

灰尘散开之后，焱有生以来第一次见识到了怪兽的模样。压在他身上的怪物有两头野猪那么重，毛是棕黄色的，爪子比小刀还锋利，猎狗一样的脸上长着一对恐怖的獠牙。狼的牙齿，狗的鼻子，豹的爪子——这肯定就是罗斯所说的“炼狱猫”了。他现在明白罗斯话中的意思了。遇到这样一种生物的确是一件很可怕的事情，尤其是距离这么近。

他们再看向洞口时，那里已经大到可以让一辆货车通过了，大概有八个人先后走了进来，还牵着三只炼狱猫，并且随时准备放开它们。

“你们这些没有规矩的小孩真的认为能逃走吗？”最前面的那个人问道。焱马上就认出来这是那个他用刀柄击中的守卫。“哈哈！我觉得这应该是你的。”他走过来站在小战士身旁，手中把玩着那把匕首。焱看着这个人喉咙红肿，觉得如果不马上做些什么回应，接下来还不知道会发生什么事情。

“那是我的……”雳挣扎着说道。被压在炼狱猫难闻的皮毛下，他透不过气来。

那个男人转过身，生气地说：“原来你就是那个差点要了我们两条人命的小孩。”

“哼！”雳把脸从那难闻的皮毛中挤了出来，深吸一口气，然后回答：“只是‘差点’吗？那我一定要道歉，我竟然没有做干净。”如果他们是处在不同的情况下，这肯定很好笑。不过焱还是配合着挤出了一丝笑容。

相反的，村民们并不觉得好笑。那个守卫回过头，问其他人：“我们该怎么处置他们？”

领队不情愿地摇摇头：“我们不能保证他们不会再做出一些类似的事情来，可一旦我们杀了他们，城里的士兵就不会给我们赏金了。”他看着剩下的五个孩子，幸运的是，他没有认出罗斯，因为罗斯已经躲在了那对黑皮肤双胞胎的身后。在短暂的扫视之后，领队毫无顾忌地说：“马上解决掉这两个，杀鸡儆猴，警告剩下的孩子不要再做任何出格的事情。”

“可是如果他们俩死了，我们会损失六十个金币。”其中一个人不太同意。

“的确是这样，但是我们要是饶了他们，不小心让他们再次逃脱，岂不是得不偿失？再说了，不给他们点颜色，怎么对得起受伤的两个兄弟。”

“等的就是你这句话！”守卫露出丑陋的笑容，然后慢慢靠近雳的脸，举起匕首，装着非常好心地问：“小鬼，临死之前还有什么想说的吗？”

雳想了一会儿，点点头，说：“还真有，我想对我那边的朋友说几句话。嘿，焱，你以前玩过弹珠游戏吗？”

“你说的是那个用玻璃珠玩的游戏吗？当然玩过。”焱心领神会地接下话茬，“我还很会玩呢！”

那个守卫对他们这种对话感到很厌烦，他将匕首又向雳靠近了一点儿，说：“我不知道你俩在说什么，如果你没有别的话要说，现在就是你的死期。”

“这真是一个很好玩的游戏。”焱说着就悄悄从地上抓起了一块指甲大小的石头。

“现在就让我俩演示这个游戏给你看。”雳从厚实的皮毛中伸出手，手指间也藏了一块小石头，他俩同时将小石头朝着压在对方身上的炼狱猫的眼睛弹了过去，几乎是同时，两只炼狱猫大声号叫着跳了起来。

焱立刻反手起身，飞扑向怪兽，右脚一记狠踢，炼狱猫的头撞到山石上，发出一阵令人惊魂的尖叫，随后逃了出去。

雳的反击明显狠辣许多。他的身体一摆脱束缚，就一个翻身抓住那个守卫的手腕，快速夺过匕首，并毫不犹豫地刺向他的胸口。只能说守卫运气好，匕首只是扎破了他的衣服，与他的皮肤仅毫厘之差。这时，压在雳身上的那只炼狱猫也从惊慌中恢复，咆哮着扑来。雳迅速改变了右手匕首的握法，刀尖向下顺势刺入怪兽的额头。双方都发出了惊呼声，因为匕首不止刺穿了它的皮肉，还刺穿了它的头盖骨。

“你非得杀死它吗？”焱对雳的做法表示了不满。

“这是自卫，跟我们先前讨论的是两码事。”雳答道，“如果你处在我的境地，你难道会做一些不同的事情吗？”

“我会让它活着。”焱极不高兴地回答。不管怎样，战斗都还没有结束。雳虽然刚刚刺死了村民们驯养的一只宠物，但情况没有一点好转。实际上，从村民们的眼神中和剩下几只炼狱猫的嚎叫声中，孩子们都意识到，马上就要发生另一场血战。

“记住我的话，这笔账我们会让你们连本带利一起还回来的！”领队用仇恨的语气叫嚣着。就在这时，山洞顶上射下来的六支箭打乱了局面。六支箭在双方中间排成一条直线，将双方分开。当人们惊恐地向上看时，刺眼的阳光遮挡了一切。这箭是谁射的？焱很好奇。接着另外一组箭从阳光中射出来，再次落在了他们和村民之间。

这是一个休战信号。对于村民来说，他们无法确定这些神射手到底有几人，更不用说反击了。在这种情况下，撤退是唯一的选择。领队马上让所有人都撤出山洞，走之前还不忘对着上方叫喊着：“我不知道谁在上面，但是如果要我把赏金让给你们，简直是痴心妄想！”这个人露出了扭曲的笑容，抓起腰上的一个小包，扔出一把蓝水晶，气冲冲地跑出去了。

砰！

山洞里飘满灰尘，岩石像雨水一样掉落下来，爆炸所形成的冲击波把那些村民推了出去。等烟雾消散，村民们看着塌陷的洞口，领队阴险地笑着说：“我们得不到的金子，谁也别想得到！”

在爆炸的最后一刻，雳和焱都预料到大事不好，所以他们很明智地从那些水晶旁跳开。但他们怎么也没想到，这些小水晶的威力竟然如此之大。但就算他们事前知道，洞顶也太高了，根本够不着，出口就更不用说了。“这下可完了！”每个人都有这样的想法，他们都还来不及尖叫，黑暗和巨大的爆炸声就已经充斥了他们的感觉器官。

奇怪的是，没有人感觉到疼痛。“我死了吗？”每个人都在心里问自己。“我还活着！哈哈！我还活着！”戴眼镜的小男孩率先打破沉默，开始呼唤其他人。“但是我们是怎么活下来的？”焱很好奇。他观察了一下周遭的形势，令他惊奇的是，不知道什么时候，更不知道什么力量，一个如池塘里的水一般的保护罩在爆炸时把他们罩住，保护了他们。

“这就是魔法吗？”双胞胎之一问道，他们注视着落下来的岩石，在保护罩表面形成一道道的波浪。

“我不得不承认我开始相信有魔法这回事了。”卷发小女孩对罗斯说，“我只希望我没在做梦。”

另一个双胞胎说：“你当然没有，除非我们都在做梦。”

“管他呢，”罗斯坦然地说道，“你们想吵什么就吵什么，我只是高兴我们都还活着。”听到她这样说，大家都笑了。看到大家都没事，焱心里轻松许多，但同时他也觉得保护罩散发出一股奇异的力量。也许听起来很不可思议，但他能明显感觉到构成这个保护罩的力量来自洞顶，而且这力量给他的感觉和菲利普的气场十分相似，但在某些细微的地方却截然不同。

当所有的石头都从圆形的保护罩顶部滚到旁边，保护罩又变回小水滴，流进了池塘。接着，一架绳梯从上面扔下来，刚好落在孩子们面前。“这看着像陷阱。”双胞胎一齐说。

“但我们别无选择，”罗斯毫不迟疑地抓着梯子，“哪怕他们把我们卖掉。”

雳走过去，第一个攀着梯子往上爬。“我宁愿被卖掉也不想被困在这里。”他说道。剩下的孩子交换了一下眼神：什么境遇都比困在这里好。

大约十分钟后，所有的孩子都爬到了洞顶。有十个人站在洞口等着他们。他们都拿着弓，背上还背着装满箭的箭筒。从体形来看，这些人都相当强壮，很有可能受到过专业的射箭训练。焱猜想他们可能是士兵，但他也不能确定，因为他们都没有穿任何盔甲，没有佩戴任何徽章，也没有穿着统一的制服。

孩子们开始观察周围的情况。从环境来判断，他们猜想这些人应该住在这座高不可攀的山峰的半山腰。这个地方有半个足球场那么大，很明显是修整过的，因为这里有农耕的痕迹。正中心有一块营地，还有一群看起来很彪悍的马在吃草。在罗斯看来，这好像是一个与世隔绝的世界，它独有的清净和安逸使得这里成了一个很好的养生地。

“我们的队长想见你们，跟我来吧。”其中一个战士说完，转身朝营地走去。焱看了看剩下的人，点头表示同意。“现在，就让我们听听这个‘队长’想说什么吧！”他心下盘算着。

第五章
封闭中的成长

如果说焱在这个世界的旅程是一次探险的话，那么菲利普和艾伦的旅程可以称得上灾难了。

焱离开后，艾伦提议跟上焱可以安全些，菲利普却认为他自身的魔法足够保护他们两个人了。“你放心啦，我保证无论付出多大代价，一定会把你送回家的！”菲利普搭着艾伦的脖子，“我一言九鼎，相信我。”

菲利普摸了摸口袋，所有的东西都在，只是换了套质地优良、做工精湛、合体舒服的深色衣服和披风。菲利普把魔盘地图放在手上，半炫耀半严肃地把全景图投影激活。从地图上看，他们已经离出发地很远了。如果他们不沿着焱走的那条路，而是向北走，穿过一片草地就会走到一个大的镇子，而且距离更近。菲利普看着地图，说：“我们去那里吧！”菲利普又建议道，“我们得找点吃的了。”

“那里会有危险吗？”艾伦有点担心。

“我们不能一看到镇子或者村庄就绕路走，我们总会遇到人的。”菲利普争论着，“再说了……算了，没事。”他原本想说他真希望有人来抓他，这样就能使用魔法了。不过，当他看到艾伦忧虑的表情后，就没说出口。

一路上，菲利普努力帮艾伦回忆他的过去，可是根本没用。虽然没有记忆，但这丝毫没影响艾伦的情绪，因为他不用思念家人、朋友，菲利普觉得这应该就是“无知即快乐”了。好在小魔法师懂得怎样活跃气氛，他的嘴一刻都没有停止，他讲的趣闻趣事“从杰森警官的监狱逃走的二十四种办法”就充满了惊险与欢乐。“唉！”艾伦轻轻地叹了口气，他不禁羡慕起菲利普过去刺激惊险的生活。其实，菲利普通过讲故事也摆脱了孤寂的旅程，在内心深处，菲利普发现他对艾伦的需要远胜过艾伦对他。

他们一路说说笑笑，不知不觉就到了镇子。一踏入镇子，他们就感觉到有很多双眼睛在注视着他们，但当他们四处巡视时，这些眼睛却都不见了。菲利普摇了摇头，低声对艾伦说：“给你买套新衣服吧，你现在的装束太显眼了。”他解下自己的披风盖在艾伦身上。其实两个到处游荡的小孩就足够显眼了，他实在不想让一身不属于这个世界的衣服引来更多的注意力。

“我们还是离开这里吧，我不想你为我再次被士兵抓住。”艾伦紧张地左顾右盼，仿佛潜伏的危险马上就会浮出水面。

“不用担心，我不是说过要照顾你吗？”菲利普坚定地回答。他开始摸他的钱袋子，但是手碰到钱袋子的那一刻，他的小偷天性又迸发出来：“我去弄点钱吧，不能老用袋子里的钱。”

“你能用魔法变出钱吗？”艾伦兴奋地问。

菲利普没有回答，转而用心观察人群。如果魔法可以变出钱来，他一定很乐意使用，但他只知道对付骑手的三个咒语：意念挪移咒、庇护咒和发射黑能量球的咒语。那场战斗后，他脑中那个神秘的声音就消失了，而他又不知道怎样才能把那个声音找回来。

“魔法？不用，用不到魔法，学着点。”菲利普混进人群中，回头对艾伦喊道：“快过来，我们去——”他话还没说完就撞到了一个高大的男子，这个人左脸上有一道可怕的伤疤，肥胖的身躯上套着紧身皮衣，一条精美的皮带挂在腰间，脚上穿了一双看起来很昂贵的靴子。男子摇摇晃晃地牵着一匹马，右手还拿着一瓶啤酒。“对——对不起，老爷。”菲利普颤抖着道歉，同时对从这人嘴里喷出的酒味感到十分恶心。

男子半醉半醒，冷冷地看着菲利普：“走路注意点。”

“是，老爷！对不起，老爷。”菲利普再次向他道了歉，飞快地抓起艾伦的手，跑进人群。

确定那个人再也看不到他们之后，艾伦说：“太险了！真不敢相信有人在大中午就喝得烂醉。”菲利普却露出了一个毫不在意的笑容，他摊开手，里面竟然有一个小袋子。艾伦震惊得合不拢嘴：“你偷了那个人的钱吗？”

“你这个‘偷’字用得也太严重了点吧？”菲利普看了看袋子里的钱，然后收进口袋里，“说‘偷’还不如说是未经允许的‘借’。”

“哎，那不就是我们所说的‘偷’吗？总有一天你会后悔的。”艾伦告诫道。

菲利普不置可否地摆了摆手，说：“哎，一个有失忆症的孩子，竟然一点没忘道德标准。人生苦短，难免有些遗憾，你没有听过‘活得潇洒，死得痛快’这句话？”话一出口，菲利普不由自主地笑了。噢，菲尔！你真是最坏的榜样！虽然艾伦很不想花偷来的钱，菲利普还是把他拖到了服装店。在撕扯的过程中，他们无意间还撞上了另外一个小男孩。

店主看着他们，要求道：“这里有很多小偷，无意冒犯，但是在试穿我店里的衣服前，我想先检查一下你们有没有钱。”

菲利普傲慢地昂着头，装出很不高兴的样子说：“什么？这就是你的待客之道吗？好啦，行，行，行，给你看……”他把手伸进口袋，“啊！什么……钱袋子不见了！”菲利普呆滞了一会儿，很快明白过来，“啊！是那个男孩！是刚刚我撞到的那个男孩——是他偷了我的钱！”

“来得快去得也快。”艾伦长叹一口气。

“在这儿等我！”菲利普很恼火地命令艾伦，他不敢相信他的钱竟然被偷了，这无疑是他小偷生涯中最大的败笔。菲利普朝四周看了看，设想如果是自己，偷完钱后会去哪里？“啊哈！”他咧嘴一笑，跑出大路，来到一家帐篷式商店的阴影处，恰如他料想的那样，那个小男孩正在那里高兴地数着钱。男孩发现菲利普时吃了一惊，拔腿要跑。小魔法师就抬起手臂，大喊：“还想跑，拉乌拉！”一股隐形的力量抓住了男孩，把他凌空举起。菲利普笑道：“作为同道中人，我很欣赏你的技术，但是一个优秀的小偷知道什么时候该收手。现在，快点交出我的钱！”

小男孩把钱扔了下来，等菲利普一把他放下，就飞快地逃跑了。菲利普捡起钱袋子，默默回味着自己刚刚说的话：“‘一个优秀的小偷知道什么时候该收手’……哈哈……”不知道为什么，他有一种不好的预感。

难道是我良心发现了？菲利普想了一会儿，就返回商店。“艾伦，我拿回钱了。”他喊道。但是艾伦却不在店里了。他急忙去问店主，得到的回答却是“发生什么事都和我无关”。一种不祥的预感涌上心头，菲利普一边大声喊着艾伦的名字，一边在人群中张望，他发现他给艾伦的那件披风落在了离他几步远的路边，不祥的预感更加强烈了。

坏了！顺着披风的方向望过去，他模糊地探察到人群中一个男子正扛着一个昏迷的小男孩穿过街道。“艾伦！”菲利普惊恐地吸了一口气，追了上去。

但是，他还是晚了一步。等他穿过街道时，那个人早已骑着一匹马，飞奔向镇外的大路上。“我到哪里去弄一匹马呢？”菲利普在心里绝望地喊道，狠狠地抓着手上的钱袋子。“对不起。”他在心里对艾伦说。

“原来是你偷了我的钱！”菲利普的耳边传来一个声音。现在他终于能理解为什么人们常说“这个世界很小”。

“这不是给我添乱嘛！”菲利普咕哝着。突然，他注意到那个人牵的马，心里又有了一个主意。“钱是从你那里拿的，我一分都没花，希望这样能让你心里好受一点。”他举起钱袋子，接着说：“但是我的朋友现在很需要我，所以要借你的马一用。”

男人看着菲利普，大笑道：“你难道以为穿着一件巫师的衣服，我就会像镇里其他胆小的人一样怕你吗？太天真了。”他动了动手指，“我猜这件衣服也是你偷的吧，现在我要把你卖给沃尔特皇帝的战士，赚点钱花！”

听到这些话，菲利普脸色急变，对那人的一点愧疚之心立刻消失殆尽：“你这样想，我也没办法，不过我还是要向你道歉。”他冷冷地弯下腰。

这个人并没有意识到危机的到来，仍然挥着他的手臂，叫嚣道：“现在太迟了！”

“不会，现在刚刚好。”小魔法师手中射出一个黑能量球，正好击中男人的左肩，那人还没来得及呻吟就倒在了地上。菲利普把钱袋子摔向男人的胸膛，手臂一挥，一股无形的力量就抓住了那个人，把他拽到街道旁的一处草堆里。菲利普跳上马，朝他喊道，“钱还给你了，谢谢你的马。噢！稍微纠正一下你刚才的说法，我是魔法师，不是巫师。”

☆ ☆ ☆ ☆ ☆ ☆ ☆

“快点跑，快点跑！”菲利普在心里一次又一次催促道，希望他的催促声能减轻他心中的负罪感。不幸的是，这非但没用，反而让他心里的负罪感成倍增长。他一直追到了一片森林的入口，这里是一个三岔路口：一条是无止境的大路，另一条则是通往森林的小路。菲利普仔细地观察了一下地上的痕迹，两条路上都有马蹄印。“我该走哪条路呢？”菲利普看着这两条路，陷入了两难境地。虽然选对的可能性有一半，可一旦选错，他能承受得了失去艾伦的后果吗？菲利普一遍又一遍地看着那两条路，每看一眼都让内心变得更加沉重。不行！不能这样选！不能！

“遇到困难了吗，人类的小孩？”看到菲利普左右为难，一个陌生人从一棵很高的树上跳到他旁边。这人有星星般闪亮的眼睛，牛奶般白皙嫩滑的皮肤，整齐的金发长及肩头，在和风中轻轻地飘动，他穿着一套浅绿色的衣服，棕色靴子，腰上还挂着形似匕

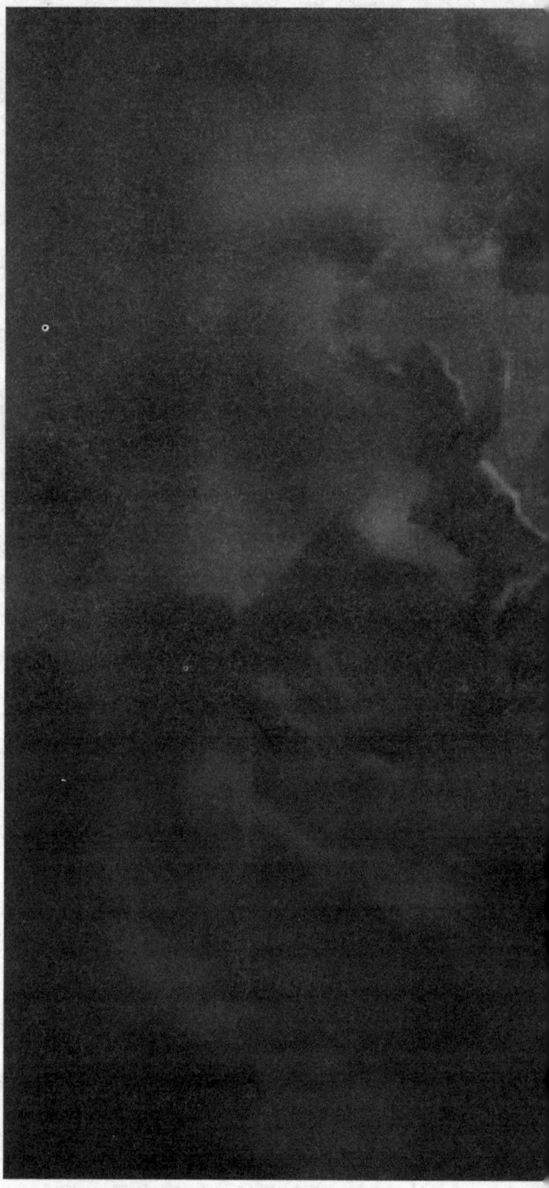

首的武器，背上背着一只弓和一个装满箭的箭筒。菲利普情不自禁地被这个无与伦比的帅哥吸引着。“他是人类吗？”当菲利普注意到那人的尖耳朵时，心里就有了答案：是精灵！

“我们的首领，宙，要我给菲利普先生带个话，他很愿意帮助你找到你的朋友，你只需要见他一面就可以了。如果你答应，现在就跟我走。”精灵未等菲利普回复，就一跃跳到四米高的树上，往森林深处去了。虽然菲利普很讨厌被人牵着鼻子走，但现在他也没有别的办法。他根本没法在这两条路中做出选择，只好迅速从马上跳下来，飞快地追寻着精灵的足迹。

菲利普跑了十几分钟。每次一落后，精灵就会停在他前面等着他。在一阵奋力追赶后，一座光彩绚烂、极富生命力的迷人村落出现在他眼前。这是一座古老而神奇的村庄，房子就建在树中，每个树洞里面还能看到精灵到处移动的身影。阳光在露珠上折射出无数道光芒，所有的事物都披着一层金色的外衣。精灵用其独特的魔法改变了树的形状，把它们变成了一座座建造精良的房屋。最神奇的是，位于精灵村中心位置的巨树比足球场还宽三倍，高度达五百米，其他树屋在这棵巨树前都显得像蚂蚁一样。这棵巨树的主干上有一个螺旋式的楼梯，无数的房子分散在树枝上。“太惊人了！”菲利普为大地神奇的创造力所折服。

“那是世界之树，首领在最高处等着你。”精灵边说边退到了一边。

到达顶部的路很漫长，菲利普沿着楼梯缓缓爬行，旁边的房子里探出好奇的目光，打量着这个不速之客。虽然菲利普觉得被这样盯着太受折磨，但是也无可奈何。最让他受不了的是这无止境的楼梯，它不是直线上升，而是围绕着这棵巨树盘旋上升，这使旅程变得更加漫长。当菲利普到达顶部时，已经喘得心脏都快跳出来了。“真是的！”菲利

普心想，“精灵这么聪明，难道不知道怎么建造电梯之类的东西吗？”

巨树的顶部宽阔平坦，平台边缘环绕着精灵战士。他们都有着无与伦比的美丽，尖尖的耳朵，长长的金发，很难分辨谁是谁。他们和带菲利普来的那个精灵一样，穿着同样的服装，带着相同的装备。

平台有一个用树干塑形做成的椅子，两个小侍从静静地坐在椅子两边，一个女精灵和一个男精灵，菲利普觉得如果是人类的话，他们不会超过五岁。一位年老的精灵坐在椅子上，仿佛已经和椅子融为一体。菲利普想看清他的脸，但是怎么都看不到。他的头不断向下点，好像在打瞌睡。看着他那头蓬乱的银灰长发和土灰胡子就知道他年事已高，菲利普甚至觉得他的头发和胡子里还藏着小生灵。

自不必说，这位肯定就是这些精灵的首领——宙。菲利普就这样站在他面前，周围是那么安静，只能听到鸟儿的歌唱。如果在平时，为了找到他的朋友，菲利普会毫无顾忌地打破这片宁静，但这片祥和的氛围中好像有什么力量让他一直安静地等下去。

大约五分钟后，宙终于抬起了头。菲利普看了他一眼，吓得跳了起来。这真是他见过最丑的脸了：牙齿凸在嘴外，又黑又黄，双眼陷进眼窝里，脸上满是皱纹，皱纹里还有皱纹，大半的脸被乱蓬蓬的头发盖住。菲利普觉得称这些头发为“毛”才合适。总的来说，这位老精灵的脸彻底摧毁了精灵一族在菲利普心中的美好形象，看来“越年长越优雅”这句话对精灵是不适用的。

“你到这里来干什么，人类的孩子？”宙干涩的声音打断了菲利普的联想。

“时间紧迫，我不能和他玩这种捉迷藏的游戏。”菲利普心想，强迫自己凝视老精灵的脸，说：“这应该是我问你的问题吧，不是你把我叫过来的吗？”

“啊，是我吗……我叫你过来的吗？”老精灵不确定地说，不过他很快就明白过来了，“对，我觉得我做过……我的意思是也许我做过……糟糕啊，我上了年纪，很多事情都会记混……”

“你还记得怎么说话已经很了不起了。”菲利普很不耐烦地深吸了一口气，抬高了声音，“我们能直接说重点吗？不要浪费时间！”虽然他自知这样急切的提问有点不礼貌。

“好，那么，”宙继续用缓慢的语气说着，“呃……我刚刚说什么了？”

“我没有时间再和你闲扯了，”菲利普终于没有耐心了，“听好了，我叫菲利普，是一位黑暗魔法师，我要去救我的朋友。如果你能帮助我，那就请指教；如果不能，我就不打扰了。”

“我……明白了……”转瞬之间宙的语速变得极快，“那你告诉我，一个黑暗魔法师怎么会让他的朋友被抓，自己却在一边做无谓的斗争？一个只会三种咒语和一些简单偷盗技巧的小鬼为什么也能自称为魔法师？最后请你告诉我，粗心大意、沉不住气、自傲、没礼貌、不经过大脑思考就冲动行事是一个黑暗魔法师应该具备的品质吗？”

菲利普想反驳，但是老精灵语速的急剧改变让他一时间跟不上来。“就算是作为一个小偷，你这些年也很不成器。你能够活到现在真是奇迹。”老精灵笑着对小魔法师说。

菲利普心中的愤怒已经到了顶点，他吼叫着：“让你见识一下我能做什么，你会很吃惊的！”他伸出手，一个小却威力强大的黑能量球浮现出来，与此同时，他周围所有的精灵都拉开弓指着他。

宙大声笑道：“你的存在对人类来说也是一种耻辱，他们中间怎么会出现像你这样一个没用的东西呢？你的父母一定感到很‘骄傲’。”老精灵的声音蕴含着一种奇特的力量，使得一向心思缜密的菲利普忍无可忍。虽然他没有见过他的父母，但他也绝不允许任何人侮辱他们，也许这就是作为人类特有的血性。他毫不顾及身处危险境地，使出全身力量施下咒语。顷刻间周围便有三十支箭一齐射向他。就在那一秒，菲利普觉得他身上的血液停止了流动，时间也停止了。等等，这好像并不是感觉，他周围的一切真的都凝固了。他释放的能量球和射向他的三十支箭全都凝结在了半空，停在了离他一米远的地方。

“你瞧，被我说中了吧。”宙面带讥笑地轻轻摆了摆细长干枯的手指，小魔法师的黑能量球就消失了，那些箭也落下来了。但是对峙并没有就此结束，那些箭一碰到地面立刻变成植物的枝蔓，像野火一样迅速生长起来，菲利普还没来得及防御，就被植物形成的木囚笼罩住了。

“放我出去！”菲利普大声叫道，不断朝囚笼壁上释放能量球，但是每一次攻击都反而让笼子变得更结实、更坚固。后来，枝蔓竟然长出了绿叶，结出了紫色的水果。密密麻麻的枝叶慢慢地遮住阳光，最后形成了一个封闭的树之茧子，菲利普就这样被密封在里面。“你不能把我困在里面！”他再一次大叫。

“如果你是一个真正的黑暗魔法师，我当然不能只用一个简单的树之茧，但是作为一个手无缚鸡之力的人类男孩，我想这已经足够。”宙的声音回响在囚笼外，“只要这里有阳光，树之茧就会不断给你补充氧气。你要是能在太阳落山之前出来，我保证会帮你寻找你的朋友。要是你出不来，你应该知道会有什么样的后果。”

菲利普满心恐惧，他使尽所有力气再次施了咒语，但是笼子依旧完好无损。“你为什么要这么做？”

“可以这样说，这样做是为了保护我们精灵一族的利益。”说完这些话，宙就消失了。

菲利普早已身心俱疲，加上心中生出的恐惧，他两腿一软，蹲下身来，眼里噙满泪水。“也许宙是对的，我是一个只会三个破咒语，还有一些偷盗技术的小孩。”他捶着植被囚墙反思着，“如果我连自己都保护不了，还怎么去保护我的朋友呢？”艾伦的影子又浮现在他眼前，“我保证会保护你”这句话就像一道闪电击打在他的心上。“不行，我不能就这样死去，艾伦是因为我的疏忽才被抓去的，我一定要弥补这个失误！”

小魔法师深吸一口气，自嘲地笑了笑，背靠着树之茧。“别着急，别着急，总有办法出去的。”他默念着，想理清自己的思路，但是心里却老犯嘀咕：“宙说只要我能出去，他就会帮我……哼，骗子！他知道用我已掌握的魔法根本不可能活着出去，所以他根本就不用遵守诺言！”他咒骂着宙，开始无意识地自言自语起来：“精灵是一种高贵的物种，他们不像人类，他们从不说谎，而且信守诺言……咦？”他瞪着眼前这个漆黑的空间，“我刚刚说的话是从哪里冒出来的？”菲利普保持那个姿势几分钟后，就开始捶自己的头。“我肯定不止知道三个咒语！”他琢磨着，过去的记忆逐渐浮现在他的脑海。“对，肯定是这样！我只要认真地思索……呃，尽管这听着有点俗气，但我已经没有别的办法了。”

菲利普坐在黑暗中，开始痛苦而耐心地寻找着他要的答案。他知道自己一定要冷静下来，才能找回那个曾在内心深处教会他魔法的声音。但让他烦躁的是，在他闭上眼睛准备开始倾听内心的声音时，安静的空间变得吵闹起来。时间一秒一秒地过去，他越来越累，直到他淡忘了自己还困在这个地方，淡忘了自己还能活多长时间。他感觉他的生命正在一点一点消失，过去的记忆纷纷涌入脑海……“是太迟了吗？已经到晚上了吗？这真的是像人们所说的‘临死之前，眼前都会闪现自己的一生’吗？”

不管这话是真是假，菲利普发现自己仿佛回到了家乡村庄的田野上，罗恩的马还在他身边。他想要驾着马跑上一圈。可是，他碰到马的那一瞬间，一切都像镜子一样碎掉了，变成无数块碎片，他身边的世界变成一片黑暗，等他再次朝四周看时，发现自己正站在一个黑色房间的中心，地板上画着一幅六星围绕一星的魔法阵，这里正是他在和那些骑手打斗时到过的地方。他想看看黑暗之后隐藏着什么，但是什么也看不到。“也许这里就是我生命的尽头了。”他的眼睛又湿润了。这时，他自己的影像又出现在了眼前。“这里有镜子吗？”他好奇地摸了摸下巴，“呃，可能是死神要我整理一下，让我能死得好看点儿……嗨，倒不是自夸，我长得还真挺帅的嘛！”

“我同意。”突然，他的影像说话了，菲利普吓得倒退了好几步，差点摔倒。

“你好！”影像朝他挥挥手，“一开始我还以为你不会到这里来呢，庆幸的是我猜错了，要不然我反而会觉得可惜了。如果给一个小孩一百万两金子，他要是根本不知道该怎么花，岂不是很浪费吗？”

“我一定是死了。”菲利普虚弱地说。

“你这么着急想去‘死’？”他的影像咯咯笑着。

“那你是谁？我在哪里？”

他的影像回答道：“哈哈，我能告诉你我是谁，但我得先告诉你你在哪儿。哎，说得好不如做得好，我直接给你看就行了。”他伸出手，打了个响指，声音回荡在黑暗里，变得越来越响。“啊！”菲利普大声尖叫着，从他脚下的那个魔法阵射出来的神秘光芒差点刺瞎了他的双眼。等他的视力恢复过来时，黑暗已经消散，他站在一个四壁满是书籍的房间。那个魔法阵还在他脚下，一个书桌出现在他面前。

“欢迎来到知识之殿。”影像给他鞠了一躬，“我是这里的图书管理员。”

“我不明白，我不是在森林里吗？”他掐了一下自己，“哎哟！这是真的！”

管理员笑了：“这当然是真的，你的大脑想它是真的就是真的。”他又挥了一下手，菲利普被困在树之茧里的景象就出现在了空中。“你的身体和灵魂都没有离开那片森林，这里是在你大脑中创造出来的一个房间，用来储备知识，存放力量之书。说简单点，这房间是你的一部分，而我是它的一部分，所以我会以你的面孔出现。从某种程度上来说，我就是你，明白了吗？”

“所以……所以……我现在是在我自己的脑袋里？那我现在的这个身体就不是真的了？”菲利普看着自己。

“跟我一样，你现在的身体是你的真身在你精神世界里的幻体。”图书管理员回答，“不过它就和你真正的身体一样，不管你练习了什么样的咒语，你的真身也会有所回应。

你从这里出去后，你的真身也会记住你练习的一切。更重要的是，用这个身体练习比用真身练习更为安全，因为有些咒语使用不当会产生反作用，有时候甚至会伤害你自己。明白了吗？”

菲利普眨了眨眼，他还没有完全消化这些内容。“有点明白了，我猜这可以理解为极端性的‘脑海练习’了。”他自己点了点头，仿佛又想到了什么，“咦，你刚刚说的‘力量之书’是什么意思？”管理员这次没有回答他，而是把他的手放在了书桌上。瞬间，火焰般的字体从木板中一个个烧了出来，菲利普仔细地看了看这些字，不好意思地说：“我……我不识字。”

“哦，天哪！”管理员翻了个白眼，用手指着菲利普，“算你走运，遇到了我。”他点了点菲利普的额头，一束光从指尖射进大脑里，菲利普感到脑袋一阵疼痛。

“你……你……你在干什么？”他抱怨道。不过疼痛感正在慢慢消失，管理员重新让他把注意力集中到木板上来。这时，菲利普喜出望外地喊道：“我能……我能读书了！哈哈哈！我现在识字了！”

“恭喜你！你从知识之殿的语言学校毕业了。”管理员微微一笑，“我不是说了你很幸运嘛，现在开始读木板上的字。”

菲利普兴奋地点了点头，开始朗读那些字：

“知识之书，神奇富丽。

召唤才俊，探寻奇迹。

为了不灭之真理，

为了光明之实据，

为了珍贵的历史，

为了崭新的天地。

请聆听我的祈祷，

释放你的力量，

赐我知识宝典。”

四周的书发出绚丽的光，射在菲利普面前的高台上，形成一本书的形状，一瞬间，绚丽之光爆炸开来，形成无数灰尘，留下了一本古老而巨大的书。这本书封皮是深红色的，侧面还有一把金锁。魔法般的字像火焰一样浮现在封面上——《知识宝典》。菲利普用手碰了一下旁边的金锁，锁就自动消失了，书“砰”的一声打开了。

除了那些华美的装饰，菲利普很快意识到这是一本非常厉害的书。每页都写满文字，从历史的演变到无人所知的奥秘，从最简单的咒语到能召唤地狱恶魔的法术，从基本的格斗招式到娴熟的战术策略……应有尽有。甚至还记载着不同种类、种族的魔法，每个咒语旁边还附有反击用的咒语和魔水配方。更厉害的是，每一个物种，无论好坏，都配有图片，解释极其详尽。最神奇的是这些不是静态的图片，菲利普碰到它们时，这些图片就会映射在空气里，跟他的魔盘地图一样。

“在星星赐予你力量的时候，同时你也得到了这本书。”管理员解释给他听，“我们第一次见面时间短暂，应该说是非常短暂，所以我只教会了你几个基本的咒语，这样你才没有被那些强盗杀害。”

“那个声音原来是你。”

图书管理员点点头，继续说：“那时在你的脑海里和你直接通话，我的力量只够做到一次。之后，我最多可以给你一些知识，就像那些关于精灵的常识。你要是不亲自到这里来，我是没法帮你的。”管理员摆了摆手，一本书就从书架上飞到他手中，“这些事以后有工夫再说不迟，现在你唯一要弄明白的就是拥有这个房间意味着什么。”他打开书看了一眼：“你曾经拥有过的每一段记忆、每一个知识点都储存在这里，你知道这意味着什么吗？”他把书扔回书架上，接着说：“普通人会记住一些事，同时也会忘记一些事，但你不会，因为只要你拥有这个房间，你的记忆就永远不会丢失……噢……当然了，除了你的记忆，这个房间也很好地保护了你面前这本书，它也是你最珍贵的财富。”

“等一下，”菲利普举起手，“让我理解一下，现在我在我的脑子里，这里有一本要我去阅读才能学会的魔法书。但是……这就怪了，我的意思是，如果这本书已经存在于我的大脑里了，那不就意味着我早已学过了吗？”

“如果你学过整本书的知识，你的脑袋早就炸开花了。”管理员回答道，“一堂简单的语言课就让你头痛难忍，你就不想想，这么重的一本书会对你产生什么样的影响吗？”

“噢，我的头！”

“懂了吧！”管理员又是咯咯笑了一通，像菲利普以前那样用两根手指头敬了个礼，“嗯，我觉得该是你自己读书的时候了，有事叫我！”然后，他就消失了。

“我真想像他那样想什么时候消失就什么时候消失。”菲利普感叹道，“还好，至少我不用从最简单的字母开始学起，我来看看……”他一边自言自语，一边看书。

时间一分一秒过去，菲利普开始晕眩。他从来不知道阅读这么费时间，但他对自己的第一次阅读感到很有成就，因为他一点都没感到枯燥无味，而且很快他就找到了他熟悉的咒语——庇护咒、发射黑能量球咒语和意念挪移咒，他也看到了描述精灵种族的段落，并不自觉地念出来了。

“精灵是这片土地上最古老、最聪明、最强大的物种之一。他们是自然的崇拜者，他们崇敬树木、山川还有瀑布。按照人类的标准来说大部分的精灵都是‘善良’的，只有一小部分在二十世纪变成了黑暗精灵。精灵也是一种很高贵的生物，他们不像人类，他们从不说谎，而且信守诺言。他们极为重视保护自己和他们那巧夺天工的技能。”

第二页还记载了历史上最有名的精灵。“好吧，至少我知道宙会遵守诺言。”他默默想着。但他还是禁不住好奇，宙说他这么做是为了维护精灵种族的利益，到底是什么意思呢？自己和精灵种族的利益有什么关系？他们之前从未见过面，利益之说根本就说不通嘛！然而，在他想继续读下去时，一个闹钟出现在他面前，一下又变成了落日的幻象。“啊，不好！”菲利普敲了敲自己的头，他都忘记要在太阳落山之前逃出那个木囚笼，但是该怎么做呢？他深吸一口气，开始抱怨："喂，管理员！如果我知道要找的是什么就会简单很多了……哇！"书开始疯狂地自动翻页，最后停在了满是咒语的一页，菲利普从上到下看了一遍，终于露出满意的笑容："噢，天啊！你帮了我好大一个忙！"

最后一束阳光即将落下山头时，森林变得更加宁静了。树之茧还稳稳地立在巨树顶的宽阔平台上，宙坐在树的中间，其他精灵也仍然站在他的周围。菲利普被密封在里面的这段时间内，他们似乎一毫米都没有移动过。

坐在老精灵旁边的小精灵朝日落的方向看了看，小声说："宙大人，时间到了……大人……"他轻戳老精灵的腿，对面的小精灵给了他一个"小心点"的眼神，好像生怕他戳得太重，弄断了老精灵的腿。几番努力之后，宙终于醒了。他挠了挠头，用袖子擦了擦口水，看来他睡得很好。"宙大人，时间到了。"小精灵又重复了一遍，老精灵没有回答，直接指向树之茧。

精灵的目光都聚焦到那个茧上。渐渐地，树之茧上的叶子从绿转黄，紫色的水果也一个接一个掉落。不到一分钟，刚刚还充满生命力的茧瞬间变成棕色，看起来跟枯死了一样。这时，树之茧轻轻晃动了一下，同时茧和地面的联结处传出噼噼啪啪的响声，好像有一只无形的手想要拧开那个枯萎的茧。声音变得越来越大，片刻工夫，茧和平台的联结点全被撕开了。枯萎无根的茧在离地一厘米处缓缓旋转，每转一圈速度都会加倍，最后由于转得实在太快，只听见"轰"的一声，整个树之茧一下子炸得粉碎，木头向四周飞散开去。

在所有枝叶碎片都落到地上之后，大家才看见一个少年正蹲在地上，不断地咳嗽，大口大口地喘着粗气，最终他发出一声沉重的叹息："对不起，不小心把这里搞得一片狼藉，你们不知道那东西有多重。"

宙轻轻一笑："看来幼虫破茧重生，变成了美丽的蝴蝶。"

"见笑了。"菲利普满面笑容地回答道。在树之茧里，他刚刚学会了新的咒语就被逼得现学现卖。他一度怀疑自己是不是能够及时学会这些咒语。因为时间限制，这次他只学了四种新的魔法：一个呼唤的法术；一个能让人瞬间充满活力的魔咒；一个升级版的意念挪移咒，不但可以隔空取物，还能让自己飘浮在空中；一个更有力量的攻击咒语。

经过几轮头痛的背诵之后，他在没有任何把握可以成功脱险的情况下，重新控制了自己的真身。他先用呼唤术召唤出了一种叫"黑物质"的东西。它可以像有害的射线一样穿透物体，腐蚀物体的内部。在黑物质起作用的同时，他用意念挪移咒扭断了树之茧和地板的接口。后来，他发现它实在太重了，根本举不起来，所以，他决定撕碎它。连续几次运力转动树之茧之后，树之茧达到了破裂的临界点，在最后一秒时，他放开了树之茧，让其自由旋转，并聚集身上所有的力量，让意念挪移咒的力道冲向树之茧的各个角落。这样就造成了一个稍微有点过头的戏剧性结尾。

菲利普朝老精灵走去："我已经做到了你让我做的事情，现在我希望你能遵守你的承诺。"

“当然。”宙说，“你的朋友已经落到沃尔特皇帝的侍卫手里，随后会被转移到沃尔特皇帝领地中心的一座城堡里。如果你想救你朋友，就得在那些人把他送到城堡之前赶上他们。”

菲利普皱了皱眉，问：“他们已经比我多走了至少半天的路程，我怎么能够赶得上他们？”

宙看了一眼菲利普身边，在他目光的催生下，那里长出了一株新的植物，形成了一道门。老精灵抬起手，一束光从他的手掌射进门的中心，门里生成了水波一样的流光，最后形成了一个光的通道。“估计他们在明天暮色降临之时就会到达城堡，要是你使用这个通道便可以赶上他们。知道这是什么吗？”

菲利普不假思索地说：“是精灵族的通灵隧道吗？”

“正是，”老精灵点点头，“这个隧道是用至纯的精灵之息建造的，联结着所有精灵的城市。沃尔特皇帝的侍卫会在一座叫作‘魔旦’的城堡内休息，而这个城堡就在精灵们居住的森林尽头。”

“太好了，”菲利普很高兴，“这样我就能在他们离开之前抵达魔旦了。”

“这取决于你的速度。”

“什么意思？”菲利普对老精灵的话感到不解，“我难道不是一走进去就会到达我想去的地方吗？”

“你的知识还有待补充啊！世界上有各种各样的魔法隧道，我们的隧道不是你想的那种。用我们的隧道到达目的地的时间完全取决于你的速度。你可以把它看作一条空间上的高速公路，上面没有山，也没有村庄，什么障碍都没有，只有一条直直的大路，不过你还得走过去。另外，在这条路上走，你的速度会快五倍，距离也会缩短一半。最后一点，在这条路上走五个小时你身体只会感到那是五分钟的路程。”

菲利普认真地听着，越听越头大。他摇了摇头，问道：“你就简单地说吧，如果我尽最大的努力来跑，到那里需要多长时间？”

“走在隧道里，你只会用不超过十五分钟的时间，但是隧道外对应的时间是在明天破晓。我确保你朋友就被关在城堡里面。”老精灵回答道，“噢，差点又忘记了，带上这个。”男侍从朝菲利普走过去，递上一块布，布上放着一个装有蓝色液体的水滴状玻璃瓶。宙解释道：“这个叫‘塞瑞拉的蓝色之泪’，是一种可以封印住魔法力量的魔水，一定要随身带着，当你……”老精灵露出了一个奇怪的笑容，“这样说吧，当你撞到墙时，就能用到它了。”宙摸了摸他那乱蓬蓬的胡子，看着菲利普小心翼翼地把礼物收到了衣服里，接着说：“我最后想给你的建议是，有时候，最简单的咒语反而能对付最可怕的怪兽。你走吧，愿你一路顺风！”

菲利普点点头，说：“非常感谢。”然后转身跑进了隧道，入口随即在他身后关闭了。

第六章
水与火

菲利普用尽全部力气从老精灵营造的通灵通道飞奔出去时，他已经站在陌生树林中的一块巨石上,清晨混杂着青草味的清新空气轻抚他的脸庞。同宙所在的那片森林相比，这里的植物更新更绿，枝干没有那么高大粗壮，精灵的房子只能傍树建造，而不能直接住在树里面。气氛也较为冷清、安静，或许是因为在此居住的精灵很少吧，也说不定这是一座废弃的精灵之城，原居民正在其他地方建造另一座奇幻的城市。这里虽然远远比不上宙所在的那个村落宏伟，但精灵特有的优雅气质和那里一般无二。

一个穿着与宙的村落里相同样式的服装的精灵走上前来:“欢迎光临，菲利普先生，跟我来，我会带你到外面去。”

“现在是什么时候了？”

“黎明刚过。”

“真的跟那个老精灵说的一样。”菲利普思索道。他跟着精灵快速穿过这片森林，很快走到了一条宽阔的道路上，从那儿可以看到一千米外依山而建的一座城堡。

这是一座十分传统的城堡，四面被围墙严丝合缝地包围住，围墙的四角各突出一个城垛，无疑是哨岗和防御塔。在高大围墙的映衬下，一个看起来很小却很坚固的吊闸门通向城堡内部。城堡门大开着，菲利普只能隐隐约约看到城堡里走动的身影，围墙顶部有几个巡防士兵悠闲地晃来晃去。城堡上方有好几只巨鸟盘旋在空中，好像城堡的空中巡视员。这些巨鸟看起来和鹰差不多，但体形巨大，最小的巨鸟翅膀也有五米长。看它们守护这座城堡的样子，说这是它们的巢穴也不过分。

“这肯定就是魔旦城堡了。”菲利普猜测着。带他过来的精灵不声不响地返回了森林，留下他独自探险。“不能再浪费时间了。”菲利普在心里盘算着，深吸一口气，准备开始行动。在他就要踏出森林的一瞬间，城堡内传出一声巨响，大门迅速被关上了，围墙上出现了大量守卫。

一切变化得太快了，墙上的守卫密密麻麻布下了天网，就像是在等待一支即将进攻城堡的大军。与此同时，城堡内又飞出四只巨鸟，跟天上的巨鸟合成一个方阵。“怎么回事？难道城堡里出事了吗？”菲利普一边想一边退回到森林里。“不可能，那些士兵都在朝外面看，肯定是外面有情况。”他在心里推测着，但是他并没有发现城堡外有任何异状。这也太奇怪了。

正在菲利普盘算着是先等等还是继续按照原计划进入城堡的时候，他突然有了一种既熟悉又陌生的感觉，他想知道这到底是种什么样的感觉，于是又把目光移到了城堡那边。一位少女正站在城堡门外遥望，她左手拿着一张弓，肩上背着一筒箭，头上还盘旋着一只小金鸟。她和菲利普年纪相仿，只是个头稍微矮一点，比他还瘦削，穿着一条红色迷你裙，赤脚，右脚踝上戴着一只金环。菲利普不禁觉得她那一头橘红色的头发和一对亮晶晶的蓝眼睛十分迷人。从漂亮的小短裙和携带的武器来看，她极有可能是沃尔特皇帝军队里的一名弓箭手。

菲利普琢磨着她也许是军队里一个非常重要的人物，因为所有的士兵都站在城头，

只有她一个人走出来。菲利普对这个从未见过的女孩有一种非常奇怪的感觉。“哈哈！”菲利普轻轻笑了一下，因为这个少女给自己的感觉跟焱很相似，只是在某些地方有点不同。

当菲利普再次观察这个少女时，那女孩竟也注视着他的方向。“难道她知道我在这里吗？”那个女孩举起弓箭，一支箭便嗖的一声穿过空气，射到菲利普藏匿的那棵树上。“喔,这里连打招呼的方式都这么新奇。”菲利普苦笑了一下，现在他知道为什么城堡的氛围会瞬间这么严肃了，都是因为他啊！值得吗？他这次的确是要攻城救友，但是也没必要采取这种程度的安全警戒吧。“显然有点小题大做了，不过这种万众瞩目的感觉倒是蛮不错的。”菲利普默默地嘀咕着，深吸一口气，来平静他七上八下的心跳，“我现在只好踏着石头过河，走一步看一步了。”

菲利普默默地在披风里施了一个庇护咒，走出森林。半路上他尝试着施展在树之茧里学会的那个升级版意念挪移咒，虽然还不太熟练，但毕竟成功地把自己升到离地面五六厘米的“空中”。菲利普之所以要先练习一下，是因为他预感到这次要是想活着回来，一定需要这个法术。

直到菲利普走到离少女十米开外的地方，这女孩才严肃地说:“我猜你就是菲利普吧。”

“我可真是房间里吹喇叭——名声在外啊！”菲利普一边想一边回答，“对啊，我就是菲利普。那你呢，你叫什么名字？”

“我叫塞拉·艾琳，是艾拉诺的公主。”她把弓收起来背在身后，自豪地说:“我是奉沃尔特皇帝之命，前来迎接你的。”

“应该是‘捉拿’我吧？”

“你是客人也好，俘虏也好，对我来说没有什么区别。”塞拉十分干脆地说。虽然她没有任何动作，但是她看菲利普的眼神就像一个老成的猎人注视着猎物。

“你觉得单凭你一个人就能降服我吗？”菲利普握紧拳头，硬生生地回复。他不得不承认虽然塞拉外表看着很柔弱，但是她冰冷的腔调和那双杀手般犀利的眼睛实在让他有点胆寒。不过他不是那种不做出任何努力就直接放弃的人，并且，凭他们两个体格上的差异，他自认为不用任何魔法也能打倒塞拉。

塞拉好像读懂了菲利普的心思，毫无前兆地向菲利普冲过来，顺手从后腰掏出一对三头叉，直指他的喉咙。“她到底有多少武器？”菲利普吃了一惊。匆忙之中，他想试着让自己浮在空中，可现学现用到底没那么容易，他哪能想到控制平衡是这么难。更没想到的是，盘旋在公主头顶的金鸟选在这个时候俯冲到他脸上，他本就难保持身体平衡，这下更是手足无措了，竟在空中打起转来。

“谁能让我停下来啊！我快晕了。”菲利普大喊，他的头已经开始晕眩。

塞拉轻轻一笑，抓住他的脚踝，把他从空中拖了下来。菲利普脚刚着地，公主就一脚踢倒了他，抛出一支叉，稳稳地插在了离他眼睛一米远的地上，另一支叉对准他的喉咙。“哼！这就是你自负的后果。男性就一定厉害吗？男性就一定比女性强吗？我非要好好惩治你一番！”她失望地摇了摇头，恢复了严厉的语气，“我们还要再比试比试吗？给你几个选择吧:第一，你老实地跟我走;第二，你成为我的俘虏，必要的话我还可以在你身上捅几个洞;第三，我打到你跪地求饶，再带你走。你选哪一个？”

菲利普这下可惊呆了，尤其是现在还被叉尖指着喉咙。刚刚是怎么回事？前一秒他们俩还面对面站着，下一秒塞拉就把他摔倒在地了。不过，菲利普到底是从小就生活在一个每天人们都以死相逼的村庄，塞拉的几句话还不足以让他方寸大乱。菲利普很快回答:“我选第四，以上选项都不是。”随后他召唤了一股无形的力量举起公主的身体，把她抬起几米高。有那么一秒，菲利普觉得他把公主抬得太高了，可塞拉却在半空中翻了个筋斗，然后稳稳地站回到地上。

“哇,厉害！”菲利普也从地上爬了起来,“一见面你就和我这么亲热,我真是感动,只是我朋友现在很需要我，所以别挡路，否则……”菲利普打了一个哈哈，他知道这些话只会让塞拉生气，但他生来就喜欢嘴上讨便宜，自己也没办法。

塞拉什么也没说，直接拿叉挥向了菲利普。菲利普快速后退几步，伸出右手，一个黑能量球从他手掌中射了出来，可塞拉一侧身躲过了它，继续往前冲。菲利普没有其他办法，只好再次让自己悬浮在空中，不过这一次他有了准备。虽然悬浮着的身体还不是很稳定,但靠着自身良好的运动神经,他勉强能在空中灵巧地移动身体,保持平衡。另外,这次他长记性了,没忘记那只讨厌的金鸟,所以他施了一个庇护咒挡住了它的再次袭击。金鸟飞过之后,菲利普双手合十,大声叫道:“波罗布拉斯修斯！”一道光从他手掌中射出,在塞拉左前方爆炸开来。

这便是他在树之茧内学到的一个最具威力的咒语——闪电霹雳咒，也是他新学会的唯一一个攻击术。这个咒语虽然威力很强，但是也很耗时费力。因为匆忙，他刚刚使出的攻击只是这个法术平常攻击力的一半。不过看着地上这个两米宽的坑，菲利普还是非常满意地说道:“下次我就直接对着你的脸发射了。我们为什么就不能谈谈呢？我们可以心平气和地谈谈，一起吃个午饭什么的。我从昨天开始就没吃东西呢！”

“你也配！”塞拉冷冷地看着还悬浮在空中的菲利普。

“糟了！我刚刚肯定惹恼她了。”菲利普猜想。

公主轻轻一笑，说:“有什么了不起，你不就是会制造爆炸吗？但是你知道爆炸最大的好处是什么吗？”她出其不意地问。

菲利普还在想要不要回答这个问题的时候，刚刚袭击他的那只小金鸟鸣叫一声，紧接着变身为一只翅膀阔大、爪子锋利的巨鹰。更让他没想到的是，变身的不只有小鸟。一阵热气流掠过菲利普的脸庞，他发现塞拉竟被一层无法触碰的熊熊烈火包围住了。在这片火焰中，塞拉大笑道："好处就是'火焰'。噢，忘记给你介绍我的双胞胎姐妹——'烈焰'。"她指向那只巨鹰，"相信你一定等不及要和她打个招呼了吧。"

她说的"双胞胎姐妹"是什么意思？菲利普有点疑惑，但他还是没忘记嘲笑塞拉："哎哟，虽然我好久没吃饭了，但你也不用特意为我生火，请我吃烤鸟肉哇！不过现在想想，我的肚子确实在咕噜咕噜地打着招呼呢……"

"给我闭嘴！"塞拉怒吼着，把她的双叉重新别到腰上，一记右勾拳直击菲利普，火焰像喷火器一样冲向浮在空中的他。同时，巨鹰也拍打着翅膀，露出了利爪，俯冲向小魔法师。

"啊，想害死我啊！"菲利普惊叫道。他被困住了，头上是一只巨鹰，随时可以拧掉他的脑袋，脚下还有一个火焰召唤者，随时能把他烧成灰烬。菲利普只好抱着"死猪不怕开水烫"的想法，观察着这两个越来越近的攻击者，等到最后一刻，大声喊道："波罗布拉斯修斯！"一道强烈的光线在空中爆炸了。

☆　☆　☆　☆　☆　☆　☆

另一边，焱和其他人被带到了营地中心，一进营地，里面就传来阵阵叫喊声和欢呼声。声浪的中心是一个比常人高大两倍的男子，他正在和三个人一起玩着拔河比赛。这个高大的男子有着浓密的络腮胡，上身赤裸，强壮的身躯和结实的肌肉一览无余。胸口有很多年代已久的疤痕，想必在一生中历经了很多场战斗。他右手紧紧地拉着那根粗绳，绳子另一头的三个人双手奋力拉扯着，却不能移动这个巨人分毫。周围的观众为这场实力悬殊的比赛不断喝彩。

巨人看到焱和他的小伙伴们后，就朝带着这些孩子们过来的人喊道："你们终于回来了！怎么花了那么长的时间？只和三个人较量太无聊了。"他大笑道。

"陈队长，孩子们带来了。"那个人恭敬地回复巨人。

陈队长看了看这些孩子，说："呃，我想想……啊，对了！"他左手托着下巴，做出了一个"思考者"的姿态，"焱、雳，还有……呃……罗斯，有人在我身后的帐篷内等着你们，至于其他人嘛，就暂时留在外面。你们既可以在旁边观战，也可以加入另一边，给他们帮帮忙。"

孩子们相互交换着眼神，从这里的情况来判断，这些人是不会伤害他们的。于是，罗斯在和那两个小战士一起进帐篷前，向剩下的四个孩子点了点头，轻声说："玩得开心点。"

帐篷里，六把椅子围绕着一张桌子，桌子上摆着一个茶壶和几个空茶杯，一位老人坐在面朝门帘的椅子上。尽管已经青春不在，但他年轻时的英俊潇洒还是可以从他那白净光滑、富有生命力的皮肤中猜测出来。说实在的，他那一头银白色的头发和胡须，还有额头上时隐时现的皱纹才真正记录了他的年纪。尤为突出的是他拥有一双饱含智慧的眼睛，好像能穿透人心，洞悉人们心中所有的疑虑。

“喝茶吗？”老人一边问一边举起杯子，“能亲眼见到光之战士真的很荣幸，当然啦，有焱的地方就有雳，一位同样天资聪颖的年轻战士。最后也不能忘记强调罗斯，一位很有潜力和天赋的预言家。”孩子们行礼之后就坐下了，老人注视着孩子们并开始介绍自己：“我被世人称为‘天眼’，‘窥天机之眼’的意思。说简单点，你们可以说我是一位先知、一位传达神谕的人、一个算命先生或者说是一位预言家。”

罗斯惊讶地盯着这位老人，说“您就是天眼？哇，我太荣幸了！艾莉森婆婆告诉了我您的一切——您是这个世界上最强大的预言家，有神一样的预知能力。我想说的是能见到您真是太高兴了……呃，先生……”她兴奋得都有点语无伦次了，“您刚刚说我很有天赋吗？”

天眼笑了：“是的，非常有天赋，重点在‘天赋’这个词上。现在不用多想，时机到了你就明白了。你们不要这么拘谨，又不是上殿面君，不用讲究这些礼数了。”他的话让焱想到了伯利法提斯师父，这些话都是他来到这里之前师父对他说过的。“想念师父了吗？”天眼问道。

“您怎么知道……”

“噢！孩子，我是能够预知未来的，从未来你的举动分析出你现在的心事并不是件难事。”天眼笑道，同时他发现雳的脸上闪过一丝嘲笑，所以他转身问道：“你不相信我？”

“不相信。”

“不错，”天眼点头，“从不相信自己的未来是命中注定的，始终坚信自己的努力是可以改变命运的。对战士来说这是一种很好的品格，就算对普通人来说也是很好的，对我来说也一样。”

罗斯被这段话绕晕了，不解地问：“我不太明白。如果您认为未来是可以改变的，那还要先知干什么呢？”

天眼意味深长地笑了：“我说的是‘命运可以被改变’，但不是所有人都能改变自己的命运。只有那些能洞悉自己未来的人才能够尝试着去改变。当然就算真到了那个时候，他们也许没有足够的能力去做什么，也可以说他们或许都找不到可以改变自身命运的人。这么说吧，改变命运是一件很难做到的事情，而且本身还时常会自相矛盾。”

“那您在这里做什么呢？改变未来吗？”焱好奇地问道。

老人摇了摇头：“我的工作和一般的先知有些不一样。我唯一的使命是用上天赐予的窥天之眼，来确保伟大而美好的未来没有什么大的改变。简单来说，我是在保护每一个人的未来。”

“好冠冕堂皇的一段话！”雳讽刺地说道。

“哈！未来虽然很伟大，也很美好，但它不会为你支付生活费。”天眼聪明地避开了雳话里的火药味，并且换了一个话题，“不管怎么说，这是我在这里的原因。”

“为了赚点生活费吗？”

“一部分吧。”天眼哈哈大笑，“你们今天能在这里见到我，是因为一个老太婆让我来回答你们一些问题。”焱回想起那天艾莉森女士说的话，她告诉焱在他救下那些孩子之后，他的问题自然会有一个答案。

“嗨，不要称艾莉森女士为‘老太婆’。”罗斯抗议道。

天眼急忙抬了抬手：“噢！恕我失言，但她不会介意的，毕竟她是我妈妈。”

罗斯和焱听到这句话，几乎同时显出“你开玩笑吧”的表情。

天眼顽皮地笑道：“虽然她都一百零五岁了，但看来还是很硬朗，对吧？值得庆幸的是，在她三十岁那年我才出生，不然我就要和她一起退休了。”

“但，但这怎么可能！”罗斯仍不相信，“婆婆说她没有孩子，而且她太虚弱了，所以还要我帮她做所有的家务活。”

“哈哈！她就是喜欢指派人做事，”天眼哼了一声，“要是你知道她能做到些什么，你一定会被吓到的。我想就算是一条巨龙也未必能伤得了她。”

“那我就不明白了，她为什么不自己回答我的问题呢？”焱继续深入发问。

“你也许不相信，不过就像罗斯告诉你的，我有神一样的预知能力，更重要的是，我在数年前就预言过你们几个少年的到来。理所当然，这世界上，没有人比我更适合回答你的问题了。当然了，对于你们的预言也是为了保护伟大而美好的未来。”天眼停顿了一下，给焱、雳和罗斯一点时间来交换眼神，“就我个人来说，我并不觉得现在我们有见面的必要，能够帮助你们的事情我也早已经安排好了。”

“这是什么意思？”焱急切地问。

“你们到时候就明白了。”老人继续说，语气却变得有点不耐烦，“那个老太婆……噢，对不起，我说的是艾莉森女士，她让我给你们提供更多帮助，因为伟大而美好的未来正面临危机。我都是一个年逾古稀的人了，还要受老妈控制，你们说难受不难受。”

罗斯禁不住笑了起来，她记起艾莉森女士是如何讲天眼的故事的。现在回想起来，罗斯还真觉得当时艾莉森的声音里总是流露出一股母亲的自豪感，不过在这种情况下，“自豪感”这几个字听着却变了味道。天眼露出了一个无奈的笑容，最后说道：“不管怎样，我现在人已经在这里了，你们尽管充分利用我的能力吧。你们可以问我任何你们想问的问题，但我不能保证现在能回答所有的问题。”

“我们明白。”焱回答道，然后问了一个他思考已久的问题，“您说预言是为了伟大而美好的未来，这是什么意思？我们为什么会在这里呢？我的身体到底发生了什么变化？”他摸了摸身上的盔甲，这是他获得新力量时奇迹般出现在身上的。

天眼沉默了一两秒，说：“有些事情需要你们自己去探索，包括决定自己要不要来挖掘这些真相。我能看出来你们并没有下定决心，也没有准备好，所以现在我能告诉你的只是我这个预言的名字，它叫作‘七星’。不用担心，在不久的将来你会从一个特别亲密的朋友口中听到其中的细节，我现在只期望你能耐心一点。”他眨了眨眼，“我想你们从‘七星’这个名字中应该也能猜出一点来。‘七星’指的是七个人,现在看来是七个少年,至于你,”他转向焱,“你已经被赐予了光之力,恭喜你!”

“谢谢。”焱点了点头,除此之外实在不知道该怎样回答天眼。对他来说,虽然已经知道这个预言的名字,但并不知道它的具体细节。因为无法继续这个话题,于是他换了一个问题:“那菲利普呢?”

“啊,你问的是那个黑暗魔法师吗?是的,不然他还能是什么呢?你不觉得很有意思吗?星辰代表的一向都是光明,可他的星辰赐给他的却是黑暗。其实也不难理解,这是自然的基本法则:有光的地方就一定会有黑暗,没有黑暗,人也就不会知道什么是光明。”天眼意味深长地说完,喝了一口茶,大声叫道:“你们可以进来了。”

帷幔拉开,两个人走了进来。前面的是一个握着长棒的少年,个头很高,腰身挺直,厚实的肩膀强壮而沉稳。他一头棕色短发,皮肤或许因长期暴晒在阳光下而显得非常黝黑,眼神里充满能量,好像随时准备战斗。焱觉得这个少年和自己年纪差不多,不过从少年的身材看起来,他显得年长一些,也相对成熟。

后面的是一位漂亮的少女,一头金发瀑布般披在背后,皮肤如珍珠般白皙,一条蓝色丝绸长裙勾勒出她那完美无瑕的身材。她不是很高,但是看起来就像万草丛中的一朵鲜花。她那无法形容的美丽脸庞,玫瑰色的嘴唇,一双亮晶晶的蓝眼睛,看起来就像天使。罗斯盯着那个少女,禁不住嫉妒地拨弄着自己的头发,心想:她的头发保养得太好了,是怎么做到的啊!罗斯满心好奇,迫不及待地想要认识那个女孩。焱其实也想认识那个女孩,不过当然不是像罗斯那种牵强的理由。她走进来时又给了焱那种似曾相识的感觉,这和他看到菲利普时的感觉真是太像了,但与此同时,他又可以明确地感到其中细微的区别。

“这位是布莱恩·康拉德,是九大骑士之一康拉德爵士的儿子,”天眼指着那个进来的少年说道,焱和雳一起对他行了个礼。天眼继续说:“他现在是骑士的扈从,但在我看来,以他现有的知识和功夫,他已经很接近真正的骑士了。所谓‘老子英雄儿好汉’,他身体里本就流淌着骑士的鲜血。”布莱恩微笑着点了点头,并没有对天眼的话发表什么意见。天眼随后把注意力转向那位少女:“她叫阿玛蓝莎,可以这样说,她将会是七星中的一员。”

“‘将会’?”焱问道。

“是的,我的新朋友,”阿玛蓝莎第一次开口了,罗斯又嫉妒地叹了口气,因为她连声音都这么好听。阿玛蓝莎继续说:“因为个人问题,我身体里一些潜在的力量被提前激发出来了。不过,眼下时机尚未成熟,我还不算七星的一员,不过我会尽最大的努力来达成这个目标。”

“你说你的力量被提前激发出来了,那是什么样的力量呢?”焱又问道。

“水之力。我能够控制水来制造水罩,就像之前在那个山洞里做的一样,把你们罩在里面,让你们幸免于那场爆炸。不过,我真正擅长的是治愈,所以在这里我也被称为‘水之治疗师’。”阿玛蓝莎一边说,一边把手放到了心口。“是的,我能感觉到你的存在。

虽然我还是一颗没有成长完全的星，但我现在已经可以感知你的存在了。当然，那个叫菲利普的男孩也是，我也能感知到他的存在。”她轻抚了一下脖子后面的头发。

天眼点了点头，让所有的人都坐了下来，又接着说：“现在要比较你们两个人的能力是一件很乏味的事，但可以确定的是，你们两人肯定能感觉到彼此之间存在着某种神秘的联系。虽然七星的能力各有千秋，但是他们之间是通过一种特殊的纽带结合在一起的，距离再远也坚不可摧。相信我，一旦代表着星辰的人与携带着纽带的人相逢，七颗星便会觉醒。”

“携带纽带的人？你说的是谁？”焱问道。

“哦，天机不可泄露。”天眼笑道。

焱有点失望地叹了口气，转而去问阿玛蓝莎：“那你也是从另一个世界过来的吗？”

“不是，我的朋友，我就出生在这片被海洋包围着的圣地。”她露出迷人的微笑。

“我有个问题，”罗斯好奇地举起手，“如果预言只说了七个人，而且还不是必须来自另一个世界，那为什么会有这么多异界的少年出现在这里呢？”

“问得好！”天眼赞许地点了点头，“简单地说，要在两个世界之间打开一个接口，需要很大的力量。人造的入口比较精准，可是自然形成的入口则不然，所以难免会把相同时间空间里一些无关的人吸进去。用一个不太好听的词吧，你们可以把这些人叫作‘纪念品’。”

“那之后这些人会怎么样呢？我指那些‘纪念品’。”焱问。因为从情理上来说，他感觉自己应该对这些人稍微负点责任。

“和沃尔特皇帝不一样，艾瑞克皇帝很愿意保护这些孩子。毕竟大多数孩子都不应该到这里经受如此折磨，无奈阴差阳错。七星汇聚后，这些无关的人就会被送回他们原本居住的地方。当然，至于那些不是七星，但又命中注定要留在这里的人，无论是福是祸，都还是要留在这里的。”天眼的语调不急不缓，好像一切都很自然，“不过，说到时间问题，我得告诉你们一个坏消息。”孩子们都抬起头，不知道又要发生什么意外。“‘命运之门’会在七十二天内关闭。所以，要想把所有不相干的孩子送回家，七星和那些误入这里的孩子都必须要到达一个叫‘索拉’的村子……”他拿出了一个物件，焱和雳都能认出来这是一串寺里的僧人常用的念珠。念珠跟项链差不多，不过珠子是木制的，串珠用的线也较长。天眼把念珠交给焱，解释道：“带上这个。它已经被施了魔法，每天都会掉一颗念珠，七十二天过去后，所有的珠子都会消失。你们只有两个月多一点的时间了。”

布莱恩把魔盘地图放到桌上，在空气中投映出一个3D全景图，他指出他们目前所在的位置，也标出了索拉所在的位置。索拉几乎在地图的最底部，在艾瑞克皇帝领土范围内一处叫奥克坦撒的区域里。“如果骑马的话几周就到了，但我们最好留出宽裕的时间。”他指了指图上的一些高山、沟谷和沙漠，接着说：“这些都是极危险的地方，我曾和父亲一起走过好几次，都不太顺利。”

雳瞥了一眼地图，刻薄地质问着天眼：“我不管七星是个什么破事，不过看起来你是早已准备好要跟我们见面的，你准备好了念珠，告诉了我们终点站，甚至连阿玛蓝莎这颗未来之星也找出来了。可是你刚才还说你是被你母亲强迫来跟我们会面的。”

“这次会面虽然是那个老太婆的建议，但我最后和她达成了共识，觉得应当给予你们这些孩子更多的帮助。”天眼回答道，“你们要和我争辩就随你们，不信我也没关系，我只是你们的一个向导罢了。我比谁都期望你们这些小孩能够自己做出正确的决定，创造世界美好的未来，除此以外，别无他想。”

焱托着下巴开始沉思，要把七星联合在一起并不是一件简单的事情，谁知道另外几颗星在哪里呢？向艾瑞克皇帝寻求帮助也不是一件很靠谱的事情，他有可能跟沃尔特皇帝没有任何区别，为什么要相信他呢？焱脑海中翻滚着一个又一个的疑问，还有无数个没有答案的问题。他不确定天眼的回答对于每一个人是否公平，尤其是对门外的那四个小孩。

天眼看出了焱的犹豫，说：“今后要怎么做得看你自己的决定。至于我，无论是以我的地位还是我个人的意愿，我都必须保持中立，所以我不会也不能劝说你加入艾瑞克皇帝那一方。但我要告诉你，‘生活是一场游戏，而风险是游戏中不可或缺的一部分。’何不遵从你的内心，把这场游戏玩下去呢？谁又知道你们最后会得到什么呢？”

焱在心中重复了好几遍天眼的话，最后终于说道：“你到底想要我做些什么？”

“很好！”天眼拍了拍手，“我会把留在这里的孩子，包括那些你们不可能遇到的孩子都送到艾瑞克皇帝的领土内。至于你，你得前去找到菲利普，他现在应该正在一处叫作‘魔旦’的城堡。让你的星辰来指引你，你就会找到他了。此后，你就带着他，和沿路结识的孩子们，一起到索拉去。千万记住，那里是你的目的地。噢，不要担心，下次我们见面的时候，我保证七星都会聚集在一起。还有最后一件事。”天眼看着身边除焱以外的四个少年，“你必须带上布莱恩、阿玛蓝莎、罗斯，当然，还有雳。”

“等等，”雳开始抗议了，“我不是一个玩具，不需要被人‘带’到那里去。”

“我也有同感。”焱附和道。作为一个小战士，他一直独来独往，并且他想继续保持这种行动方式。

天眼笑了，说：“原谅我的词穷，布莱恩游历过这个世界的很多地方，所以再也没有一个像他那样合适的人给你带路了。阿玛蓝莎一定要跟去，是因为她命中注定要成为七星之一。至于罗斯和雳，他们俩的命运会对未来有很大的影响，所以我建议你们暂且待在一起，就算只是结伴娱乐也好。”他的眼神从焱移到雳身上，“最后，作为战士，你们不是一直都在寻找挑战吗？我可以向你俩保证，这一次的行程将会是你们所经历过的最艰难也是最富有挑战的旅程。”

天眼的话听起来的确很让人信服，至少焱和雳都没有再争辩。显然再没什么好说的了，所有人都从椅子上站了起来，准备出去，并且告知外面的四个孩子到底发生了什么事。离开之前，焱转过身，再次向天眼确定：“你保证我们真的能把那些孩子送回家吗？”

天眼平静地看着他，回答道：“孩子们都会回到自己的家乡去，我已经看到了。”他意味深长地眨了眨眼睛。

第七章
火焰山

此时，在魔旦城堡前的空地上，菲利普和塞拉还在拼死战斗。

魔法和火焰的力量相撞击而产生的强烈冲击波在空中炸开，浮在空中的小魔法师被气浪冲高了好几米，左额上还流着血。塞拉也受到了爆炸的冲击，倒退了好几步。烈焰一直在塞拉头上盘旋，鹰的利爪上还残留着血迹。

几秒钟前，菲利普的闪电霹雳和塞拉的火球在空气中对撞时，如果没有任何干扰，单纯就个人力量而言，菲利普和塞拉是不分上下的，但烈焰同时从空中俯冲下来，鹰爪划到菲利普的额头，险些把他的头抓下来。菲利普擦了擦额头上的血，背上直冒冷汗。"'无头魔法师'好歹还能听，但千万别叫我'无脑魔法师'。"他自娱自乐一番，使自己不至于太慌张，并施法浮得更高，他在考虑是否浮得越高就能越容易击退塞拉的火球。

"你以为飞那么高就会得救吗？"公主猜到了菲利普的心思，"如果你这么喜欢空战，就依你，让我们在空中结束战斗吧！"烈焰迅速降落到塞拉身边，让公主骑在它的背上。一阵强风席地而起，公主和烈焰像一支离弦的箭直直射向菲利普。

"我早该想到这一点的！"菲利普明白如果不尽快地做点什么，情况只会变得更糟。在塞拉距离菲利普还有不到一米的距离时，菲利普迅速收起咒语，使自己的身体急速下降，完美躲过了第一轮袭击。

但是，烈焰在空中转身的速度比菲利普的动作要快得多。它只轻轻挥了一下翅膀，就再次向菲利普发动了进攻，而这次的攻击速度明显超出菲利普的预料。

"我赢了！"塞拉吼着。

"你做梦！"菲利普吼了回去，他重新施展咒语，同时把手掌推向塞拉，大喊："波罗布拉斯修斯！"一道光从菲利普的手中射出，他的身体像火箭一样升到了更高的天空，幸运地躲过了塞拉的第二轮袭击。对菲利普来说，这一次的紧急升空不仅救了他的命，还让他得到了进攻的最佳角度，他顺势发出一道闪电霹雳，直击公主背部。

那一瞬间，塞拉以一种不可思议的敏捷身手从烈焰背后跳了起来，菲利普的闪电霹雳则从烈焰和她中间穿过。"厉害！"菲利普心中再起涟漪，又是佩服又是害怕。他指望着这次袭击可以结束战斗，但不仅没能打倒塞拉，还让她抢了战机。

塞拉躲过这次袭击后，立刻朝菲利普掷出一支三头叉。菲利普顿时瘫软了，他想躲闪，但是身体早已不听使唤，谁料想公主的动作竟然如此迅捷。只能说他的运气好，三头叉只划破了他的披风。这也太刺激了！他看了一眼被划破的披风，心想"投降"也许没有他想的那么糟。事实一目了然，塞拉已经完全居于上风，他必须找到一个挽救的方法，不然就在劫难逃了。于是，菲利普尽可能地往上升，并施了两个黑能量球咒语，想以此抵挡塞拉猛烈的攻击。一个能量球在空中撞到了塞拉的火球炸了开来，另一个碰巧打掉了塞拉手中剩下的一支三头叉。

塞拉回到烈焰的背上，娴熟地取出一支箭，搭箭拉弦直接射向菲利普的心脏。菲利普没有多想，施了一个庇护咒，勉强把箭弹开，暂时保住了小命。"游戏继续，"塞拉冷笑一声，拿出了三支箭搭在弦上，“游戏结束。”

三支箭闪着冷光冲向菲利普的庇护罩。第一支箭仅碰到庇护罩的边缘；第二支箭力道更大，扎进了庇护罩的深处，但还是没能完全穿透庇护罩；但第三支箭钻进庇护罩时，一阵噼噼啪啪的声音响起，庇护罩随即被穿透，箭头还在菲利普的脸颊上留下了浅浅的“红印”。

塞拉看着菲利普惊慌失措的表情，驾着烈焰飞到他跟前，叫道：“你也看到了，我的箭术是十分精准的，你不可能躲得过去，至少像这样的距离你躲不过。我是真的不愿意伤害你，但是你执意不投降……”她又拉开弓，用箭指着菲利普。另一端，菲利普也意识到了自己艰难的处境。如果继续跟这个强悍的公主对着干，就是自寻死路，而且他已经把压箱底的绝招都使出来了。“我输了。”菲利普终于在心里极不情愿地承认了。

就在这时，一件奇怪的事情发生了，塞拉丢掉武器，抱着头痛苦地叫道：“你为什么要来干扰我？为什么？快点从我脑子里出去！”她和她骇人的巨鹰好像陷入极大的灾难中。烈焰毫无征兆地变回了最初小巧的身躯，塞拉和烈焰痛苦地挣扎着从空中快速坠落。

此时也容不得菲利普多想，他本能地将挪移咒移向塞拉和烈焰，一只手把公主揽到臂弯里，另一只手接住烈焰。“噢，天哪！你们两个姐妹未免也太重了！”菲利普咬紧牙关，闭上眼睛，身体一转，不得不用自己的背部作为最后的缓冲。“哎哟！”当后背砸到地面的时候，菲利普感觉自己的呼吸都快停止了。“呼哧呼哧……我真是……再不会……这样做了……”他上气不接下气。不过当他看到臂弯里安全地躺着无意识的公主和她的“双胞胎姐妹”时，还是相当欣慰。

菲利普喘着粗气看着湛蓝的天空，他现在该做什么呢？明摆着，他完全可以先把公主抓起来，用她作为人质来交换艾伦，但是他很犹豫要不要这样做。这样做似乎有点太不道德了，就算是以前做小偷时，他也不会做这种事。

菲利普还在犹豫不决时，城堡内传来了战斗的号角声，一大群士兵和巨鸟顷刻间就把菲利普重重包围了。同塞拉一样穿着的一个女战士从一只巨鸟背上跳下来，用剑指着菲利普：“你竟敢碰我们的公主！快放开她，不然我会让你死得很难看。”

“且慢！”菲利普臂弯里传来尖锐的声音，公主已经恢复知觉了。她身体一个回转，手一扭，就把菲利普摁倒在地，手死死地掐住了他的脖子。

“完喽！这下活不成了。”这个想法在菲利普脑中一闪而过。然而，让他和其他人大吃一惊的是，公主松开了他的脖子，然后站了起来，手一挥，让周围的士兵收回了武器。“今天这场战斗未分胜负，因为有人捣乱。算你走运，但你不要以为事情就此结束！我只是想在一个没有干扰的地方光明磊落地赢你。你要是想逃也由你，但那样你就救不了你的朋友艾伦了。”

“原来你什么都知道。”菲利普小声说。

塞拉微微一笑，让烈焰飞到她的肩上，平和地说：“我手里有你想要的人，黑暗魔法

师菲利普。如果你真的想救回你的朋友，三天后，我会带着艾伦，在离这儿几千米的火焰山等着你，明白了吗？”她指了指东北方。菲利普点了点头，看着塞拉拾起了她的双短叉。“三天后见！”公主随即和她的士兵一并走进了城堡。

“好吧，这倒是一个意料之外的转折。”菲利普沉思着，回过头再来想想塞拉的行动和言语，难道说有什么人在干扰塞拉的心灵来帮助菲利普，这个人是谁呢？他又为什么要帮助菲利普？但不管怎样，当下菲利普只会两个攻击咒，根本不可能打败塞拉。所以他现在只希望公主能信守承诺，不要把艾伦转移出城堡，与此同时，他也必须在三天内让自己变得更强。菲利普深吸一口气，看了一眼城堡，重新升入空中，向塞拉指的方向飞去。菲利普暗自发誓：“三天之内，我必须变强。塞拉，下次我们见面的时候，我一定会战胜你，把艾伦救出来。”

☆ ☆ ☆ ☆ ☆ ☆ ☆

城堡内，塞拉走在铺着红地毯的奢华的回廊上，后面跟着数十个护卫。虽然她刚刚放走了菲利普，但脸上却看不出一丝恼怒。离开战场后她好像变成另外一个人，她很高兴这场战斗终于结束了，虽然有一点点挫败感，但没人受伤。塞拉停在一扇旁边站着穿红铜色铠甲的卫士的门前，问：“他怎么样了？”

“囚犯还在里面，没有什么异样。”卫士回答。

“很好。你们在外面等着，我要单独进去见他……”塞拉看了看那个鞠躬的卫士，“不要再叫他‘囚犯’，会吓到他的。他是我们的客人，要以待客之道来招呼他。”

“但是皇族的命令是……”

“这是我的事。”塞拉很不高兴，“我是这座城堡的守护者，我有义务照顾这里的每一个人，囚犯也包括在内。我个人认为，‘囚犯’这种称谓用在一个六岁大的孩子身上并不合适。再说，皇族并没有明确规定该怎样对待囚犯。”

“属下遵命。”所有人齐声回答道。

这个房间内部装修得也很豪华，地毯是动物皮毛缝制而成的，面上还绣着花鸟图案。左边靠墙摆着一张桌子和一把椅子，桌子上还放着一个梳妆盒，一个别致的小阳台在房间外侧。门右边是一张宽敞的床，床上铺着深红色的床单。床头上坐着一个小男孩，他身上裹着一条红毯，蜷缩着，脸上满是疲惫与惊恐。塞拉进门后顺着小男孩的眼神看过去，发现他正盯着伫立在床另一头的一只猫头鹰，而猫头鹰也盯着他。“唉，我应该安排一个温柔点的守卫。”塞拉不高兴地摇了摇头，“出去！”她命令猫头鹰。等猫头鹰飞出门外，落到原先那个守卫的胳膊上，她立刻关上房门。

烈焰落到离男孩一米远的地方，塞拉小心翼翼地走向艾伦。“艾伦，你还好吗？”她温和地问道，伸手轻轻拉开他身上的毛毯，看到了毛毯上残留的泪痕。“如果一只猫头鹰整天盯着我，我也会害怕的。”塞拉温柔地安慰他，“没事了，我在这儿，我不会让那只可怕的鸟儿进来打扰你的，好吗？”

艾伦一下子趴到塞拉怀里抽泣起来，听他的啜泣声，就知道他强忍了很久。艾伦的眼泪浸湿了她的衣衫，她紧紧地抱住了艾伦，任他把委屈哭出来，一直等到他哭累了，塞拉才把他放下。“现在感觉好点了吗？”艾伦点了点头。“我早上离开后,你就没有睡着，对不对？”艾伦又点了点头。“你应该休息一下的,从昨天下午那个坏人把你卖到这里后，你就没有睡过觉。”

“我想见菲利普，你说你会让我见他的。”艾伦焦急地要求。

“我已经尽了最大的努力，可是他不愿意过来。”塞拉理了理男孩的衣服，“三天后我会再次和他见面，如果你乖的话，我就带上你，行吗？”艾伦急切地点着头。“不过，我要提醒你哟，我要去的地方可不像这里这么舒适，你受得了吗？”

“如果能见到菲利普，当然没问题。”男孩拍了拍胸脯保证道。塞拉咯咯一笑，让艾伦在床上躺下来。

“你们俩打架了吗？”艾伦问道。

“对。”她毫不回避，但看到小男孩担忧的眼神后，又补充了一句:“你不用担心，菲利普好好的。”

“你们两个为什么一定要打架呢？我喜欢你，我也喜欢菲利普，我不想看到你们两个人打架。”

“这是皇族的命令，我只是一个将领，我得服从命令。”

“但是为什么呢？如果那些皇族错了呢？”艾伦抓住公主的手，“如果那些皇族命令你去死呢？”

“那我就会去死呀。”塞拉轻轻地回答。

随后，两人都沉默了，艾伦想要说点什么，但不知道该从何说起。公主看着他那矛盾的目光，让他把头靠在自己的腿上，“我给你讲一个故事吧，这是一个小公主和她的士兵的故事。

“小公主出生在一个武士部落里，而她出生时就被赋予了一种神奇的力量。部落里没有人能解释这种力量，因此在她很小的时候，人们就告诉她，她将来会成为一个伟大的人物。七岁的时候，她的妈妈在一场战斗中死去。那时，她除了一个四岁的小妹妹，就再也没有其他亲人了。当年幼的她坐上女王的宝座时，她很骄傲，她身上流淌着女王的血液，拥有巨大的潜力。她自恃能征服所有人，也一定能做出一番事业。

“一天，她的部落要穿过一个陡峭的山脉，作为他们的领袖，她要负责保护他们。然而，谁都没有想到他们瞬间就被一大群飞行的食肉怪物围住了。不必说，一场激烈的战斗是避免不了的，士兵伤亡惨重，活下来的人也屈指可数。

“看到身边的人一个个倒下，她有些慌张，除了朝那些怪物放箭，她不知道自己还能做什么。她多么希望这只是一个噩梦，但眼前的一切都是残酷的现实。眼见她的族人要被一个个吃掉，她的参谋给了她一个凶残的建议。那些怪物习惯闻着血液的气味一路追踪。如果伤员数量不断增加，就会引来越来越多的怪物。所以，利用这些怪物的天性，把所有伤员集中到附近的一处山谷里，怪物就会寻味过去，还没受伤的人就能成功逃脱。”

“那些受伤的士兵会怎么样呢？”艾伦好奇地问道。

“他们都成为诱饵。”塞拉的语气沉重起来，“对任何一个领导者来说，做这样的决定都是很艰难的，更不用说一个七岁的小公主。她生平第一次感到她不是万能的，只靠自己的力量根本不能挽救她的子民。为了避免部落的覆灭，最终她决定按计行事。受伤的士兵们没有一丝怨言，剩下的人也因此得救了，但是那些伤员却一个也没有回来。”

“那公主呢？她后悔了吗？”

“她心中的悔恨远远超出你的想象。”塞拉停了几秒，声音已经开始颤抖，不知道自己还能不能将这个故事讲完。“后来的很多天，公主就自己坐在帐篷里哭泣。她深刻地认识到如果没有族人，她将是多么渺小、多么无力。”

“然后呢？”

“她甚至想放弃王位，但是她的参谋告诉她：‘那些士兵已经死了，他们牺牲了自己来保全他们的族人，在他们心里这是值得的。作为领袖，你有着保护族人的使命，倘若你现在放弃了，岂不是愧对那些烈士？你的子民内心脆弱时，你一定要坚强；你的子民迷失时，你一定要为他们找到一盏指路明灯。你是我们的首领，所以，你是最不能说放弃的人。’”

“那公主最后放弃了吗？”

“没有，不过她决定推迟继承王位的时间，她觉得自己还没有足够的资格成为一个女王。公主发誓，终有一天，她会变得和自己的母亲一样强大，到那个时候，她才会正式继承王位。”塞拉深吸一口气，最后说：“年复一年，公主都信守着她的承诺。她尽自己最大的努力，变成了一个受人尊敬的首领。不论她在战斗中表现得多么勇猛，让对手败得多么难堪，她都没有夺走过任何人的性命。同时，自那以后，她的士兵在所有的战斗中都没有丢过性命——一个都没有。”

“这样的话，我认为那些牺牲了的士兵会很欣慰的。我也开始喜欢那位公主了，我相信她的子民也跟我一样。”

“公主要是听到你这么说肯定很开心。”塞拉微微一笑，温柔地抚摸着艾伦的头。不一会儿，刚刚还惊恐不安的小男孩就躺在公主的腿上，甜甜地睡着了。

艾伦沉醉于甜甜的梦乡时，菲利普却无法入睡。要获得新的法术，说起来简单，做起来可就难了。很明显，他打败塞拉的唯一办法就是再回到自己的大脑中，阅读那本叫作《知识宝典》的书，但是怎样才能回去呢？他试遍了自己能想到的办法：努力集中精力思考；一边敲头一边像个疯子一样乱跑，想让全身血液都涌到脑袋里。唯一没有做的事情就是做个树之茧把自己禁锢起来，试图憋死自己。不过幸运的是，法术是他唯一要担心的事，因为火焰山离这里并不远，这次不需要匆忙赶路，沿途有很多果树，火焰山附近一般还会有舒服的温泉可以泡。

暮色渐渐笼罩了这片奇异的土地，菲利普躺在一棵高大粗壮的树上准备休息。他烦躁地呼吸着，因为未来看起来太不确定了。他一次又一次地想往积极一点的方向思考，但是在那片宁静的夜里，疑虑不一会儿又全都飞回来了。他为什么要在这里呢？为什么他要走向一个多半会变成自己葬身之地的地方呢？答案其实很简单——为了一个承诺，他答应艾伦要保护他的。唉，原本就是因为自己的失误，艾伦才被坏人抓走的。自己是不是很没用？是不是很笨？是的，他太自负了。正是因为菲利普过于自信，艾伦的自由甚至是生命都有可能要丧失在他人手中。“他连自己的真名都还不知道，”菲利普用手捂住自己的眼睛，“噢，我到底做了些什么？”

内心不断增长的负罪感，加上自己根本没有救艾伦的能力这样一个事实，只能让他越来越无法面对现实。不知道过了多久，当月亮升到菲利普的头顶时，他终于昏昏沉沉地睡着了。他梦到自己又回到了原来世界村子里的农场，骑着马，这正是他最喜欢的感觉。可是艾伦突然出现在他眼前，一双黑手直直地把艾伦往后拉。“艾伦！”菲利普大叫着，也伸出了自己的手。眼前忽然一片漆黑，菲利普醒了过来。

睁开眼睛后，菲利普发现他已经不在那棵树上了，而是站在那个满是书的房间内，在他面前的正是他巨大的财富——《知识宝典》。长得和他一样的管理员出现在他面前，给他鞠了一躬，说:“欢迎回来，主人。”

“我这一整天都在想办法到这里来，你不知道我有多沮丧。”菲利普开始抱怨起来，但是他很快就意识到自己的说法不对。“话说回来，你一直在我脑袋里，所以你肯定知道我在想什么。”

“话是不错啦，”管理员咯咯一笑，晃动着他的手指，“你睡着的时候，是最不会被外界干扰的时候。只有这时，我才能把你带到这个房间来。当然前提是你必须渴望到这里来，我才可以把你带进来。”

“你一定知道到这里的更简单的办法吧。”菲利普说。不过看了看管理员的表情，他就知道并没有这个办法，所以他换了一个话题，“算了，不过说到这个房间和这本书，我一直很好奇这本书是哪里来的。我感觉这本书不仅仅只是为我而创造的。”

管理员一边点头一边回答:“我在你的脑海里，所以你是我的主人，因此说我是为你而创造的并不错。不过你的猜测是对的，在你之前，我还有几个主人。”他打了个响指，房间变成了一个宫殿，大厅是由雪白的大理石建造的，所有窗户都镶着彩色玻璃，上面绘有各种各样的魔法生物，有精灵和龙等。现在已经是白天了，太阳穿过彩色玻璃照进房间，地面和墙面都变得五颜六色，更好地装饰了这个宏伟的宫殿。这里有很多雕像，这些雕像并不都是人类，每个雕像都穿着同样的长袍，手里拿着一个卷轴。

和宽敞的大厅以及雄伟的雕像相比，房间里的人少得可怜。房间正中间有一个C形的桌子，上面铺着一块紫色的台布，桌子后边坐着几个穿着正式的男女。这些人前面站着一个小男孩，一束阳光照在他脸上，他穿着和那些雕像一样的衣服，也拿着一个卷轴。

“你现在看到的是我的创造者,在七百年前获得了‘世界最年轻学者’称号的时刻。”管理员向菲利普解释着,菲利普慢慢靠近那个小男孩。当看到他甚至比艾伦还小的时候,菲利普不由得大吃一惊。“我的创造者是天才中的天才。尽管他自己没有一点魔法，但是他酷爱魔法，尤其是黑暗魔法。”

“他不会魔法？你开玩笑吧！”

“没开玩笑，用我创造者的原话来说就是，‘我这一生，真正掌握的东西不过两样：一样是我的大脑，能帮我记住读过、见过、听过的一切东西;另一样是运气，或者说是命运，把我和魔法世界联系到了一起’。”

“说得好！”菲利普感叹的同时,房间也恢复了正常。他又想起了一件奇怪的事情，“等等，你说他没有任何魔法，那他是怎么创造这本书的？”

“我诞生的细节我自己也不是很清楚。真是很奇怪，我拥有之前所有主人的记忆，唯独对我的创造者的记忆却很模糊。也许他希望我忘记他吧。”管理员解释道，“只有这件事我很清楚。他过世前，一个好朋友来探望他，问他想不想创造一本能承载他所有知识的心灵之书。这本书会自主选择和魔法世界联系最紧密的人做自己的主人，而且只要前任主人辞世,它就会转移到新主人的大脑里。每次只要书的主人学会了一些新的东西,这本书也会同时记录下来，所以这本书里的知识是在不断增长的。”管理员停顿了一会儿，感慨地说:“魔法是我的创造者一生的挚爱，所以他很快就答应了。在他朋友的帮助下，他创造了我，让我记载他所有奇异的魔法知识。”

“他的朋友是谁？”

管理员用一种深沉且神秘的语调回答道:“他的责任是保护伟大而美好的未来，他拥有神一样的预知力量，人们叫他——天眼。”

☆ ☆ ☆ ☆ ☆ ☆ ☆

接下来的时间里，菲利普都待在房间里集中精神翻阅能战胜塞拉的法术。至于天眼和这本书创造者相关的故事让他感到很有意思，不过他倒不认为这个人会和现在他身边发生的事情有任何联系，毕竟管理员所说的故事是发生在七百年前。还有，他并没有见过这个人，也不知道那个“七星”的预言，所以他并没有把天眼放在心上。当然他见到安娜和她的父母时曾听说过这个名字。那时他们要把安娜送往雪山，天眼不仅给他们指路，还让他们给菲利普带了衣服、钱和魔盘地图。菲利普认为这不过是一个巧合，就算不是，这也不是他现在应该关心的问题。现在对他来说最重要的是怎样在下一场战斗中获胜，救出艾伦。

菲利普快速翻动着书页，发现了和塞拉的部落艾拉诺有关的一些事情。这个部落的人生活在山顶上，每个艾拉诺人出生时都会有一只鸟同时降生，这些人在生理和心理上都和那只鸟紧紧相连。他们所拥有的鸟的种类可以代表本人的性格和潜能。比如说，生下来就是战士的人所拥有的鸟多半是鹰，生下来是歌手的人所拥有的鸟就是百灵。难怪塞拉说那只叫烈焰的鸟是她的双胞胎姐妹，如果我也出生在这个部落，那我的鸟就是……蓝松鸦，鸟中的小偷。”菲利普一想到这里就咯咯直笑。他接着往下读，书里还提到艾拉诺人在没有外界帮助的情况下是不能施展任何魔法的，他们的鸟也是这样。读到这，菲利普觉得这一条好像不适用于塞拉和她的烈焰，因为她俩施展的火焰差点把他给烤熟了。“难道她是公主才可以这样？”菲利普猜测。不过不管怎样，他现在知道了，无论自己和塞拉战斗多少次，都不能忘记对付她的烈焰，这让菲利普更加急切地想要学会新的咒语。

他现在面临的问题是：怎样才能打败塞拉的火焰？他很自然地想到用一个更有力量的庇护咒，但很快就放弃了这个想法。单纯的防守并不能获胜，他必须发起攻击。他现在掌握的最具威慑力的招数就是闪电霹雳咒，其他更为强大的法术都需要三天以上的时间去练习。如果增强他的挪移咒的力量，也许可以用意念抓住那些火球并反射回去。不行！那也没有用。公主不只是能召唤火焰，她整个人都被火焰环绕着，这就意味着用火对她根本不起作用。

现在该怎么办呢？菲利普心下十分纠结。对付火最简单的办法就是水，但书上说，在稀薄的空气中造出水来的法术叫“现形术”，得花很长一段时间去练习。突然，一段文字引起了菲利普的注意，他的脸上终于露出了满意的笑容：

魔法圈，也称魔法组合，是魔法使用中最普通，也是最常见的一种方法。魔法圈有很多种用法，包括召唤、保护、封闭、增强力量、远程携带和转变。虽然要完全掌握魔法圈的力量很复杂，并且因人而异，但是一切都始于一个圈。比较简单的办法就是先使用画术。在一些比较极端的情境下，使用者施下咒语后，魔法圈就会立刻出现。

“这正是我所需要的！”菲利普用手指点了那一页，眼睛扫遍书上所有的魔法圈。“我现在只要去学一堂绘画课就行了，哈哈！小心点，公主！下次见面时，我会一招制胜扑灭你所有的火焰。”菲利普意味深长地笑了笑，马上开始记那些咒语。

接下来的三天他改变了作息时间，每晚都尽可能地多记住一点，白天在坚持练习的情况下慢慢地向火焰山行进。他很快就发现在自己大脑中学习的另一个好处：当他在大脑里学习时，他的真身就能得到休息。当然这种埋头苦学势必会给大脑带来很大压力，不过他还是决定努力到底。他知道，如果三天可以学会战胜塞拉和烈焰的咒语，以后会有更多的休息时间。再说了，塞拉的火球和烈焰的利爪给他带来的压力远远超过了学习带来的压力。

让他烦躁的是，他找不到一个可以快速进入大脑的简单办法。他学习的时候必须躺在树上睡觉，以保证身体不被伤害。可是他学习的每一个咒语都太复杂了，得花很长时间才能学会，经常一学就到了第二天清晨。那时候林中的鸟儿都醒了，开始叽叽喳喳地叫起来，有时候还会落到他头上。只要他身体受到一点碰触，他就会从睡梦中醒过来，一旦他醒过来，就只能等到身体再次感到疲倦才能睡着。“要是有条随时都能进去的捷径就会简单很多了。”菲利普自言自语，顺手从树枝上抓了个果子。

时间像流星一样飞快划过，三天很快就过去了。菲利普在火焰山的山脚发现一个温泉群。“机会来临时，我，菲尔，绝对不会放过。”他一边说，一边飞快地褪去身上的衣服，跳进温泉。这真是天堂啊！他身心所有的压力都一扫而空，谁能想到原本生活在村庄最底层的他现在竟然可以独自享受一片温泉呢！过去，他甚至都没有洗过一次真正的热水澡。勉强算热水澡的就是那次他偷吃食物被抓住后，厨师气得把热汤浇在他头上。菲利普还必须承认，虽然那些汤真是把他烫得很疼，但味道真是没话说。

菲利普躺在温泉中，看着自己的手，心里想着是否准备好了去救艾伦。“虽然我的时间只够学一个咒语和三个法术，但是如果每件事都能按我期待的发展，我就会赢。”他把目光投向山顶，一遍又一遍默念着这些话。

☆　☆　☆　☆　☆　☆　☆

清晨，菲利普升向山顶，他不停地升高，周围的热量也不断地增加，他还能看到在火山岩石中的一些地方有毒气喷出来。“真是个好地方，我只希望这座火山不要喷发。”他在心里祈祷着。他也很好奇，塞拉为什么想在这样一个险恶之地与他战斗呢？

当他到达山顶时，塞拉正站在离火山口几米远的空地上。这地方有四个篮球场那么大，还散发着高度的热量。

“艾伦在哪儿？”菲利普一落到公主面前便问。塞拉笑了一下，指了指身后。顺着她所指的方向，菲利普发现有一块跳水板状的岩石从火山口边缘延伸到了正中心，高度离下面的熔岩一百多米，岩石末端放置着一个钢制笼子。“你把他放到那里了！”菲利普吓了一跳。在他一路上升的过程中都能感受到岩浆的热量，这就已经有点不好受了，更不用说艾伦待的那里正好是岩浆的上方。尽管火山灰模糊了他的视线，看不了多远，但从关在里面的人形和衣服的颜色来判断，他断定那就是艾伦。

“我并不想让你的朋友受到更多的折磨，这只是给你一个做出正确选择的理由而已。只要你投降，你不用受伤，我也不用费事，你的朋友更不用受苦。”塞拉说。

对菲利普来说，最不可思议的事情就是他还真的在考虑塞拉的提议。当然了，他只是把这作为一个备用的选择，不先试试运气，他是肯定不会轻易放弃的。于是他展开右手掌，一个黑能量球马上在掌心出现。但他怎么也没想到，塞拉单手一挥，一个火球以不可思议的速度喷射过来，故意打到了菲利普手上刚刚成型的能量球上，产生爆炸，并把菲利普炸得摔倒在地。“啊！”菲利普握着手痛苦地呻吟了一声。公主一个飞跃落到菲利普身前，飞起右脚踢向他的胸膛。“哎哟！”菲利普又惨叫了一声，他感觉那脚的力量和公主自身的重量一起压在了自己的肺上，让他呼吸变得困难起来。难道三天的训练就是这样的效果吗？两秒就被打败了！

塞拉内心充满自信与傲气，她迅速跳回去观赏她的战果。“丢东西了吗？”她对俯卧在地上的对手说道。

“咳……啊，对！”菲利普咕哝着，迅速在地上捡起一块石头，“我以为我看到的是一块金币呢。”扔掉石头后他重新站起身来。

“你的眼光不错呀，”塞拉嘲讽他，“你看起来比以前更加没用了，不过也许是我变得更厉害了。”

“嘿，你吹得挺响啊，不怕风大闪了舌头！”菲利普反驳道。

公主脸上闪过一丝得意的笑容：“我看你才是嘴上说得漂亮，其实什么本事也没有呢。你想说什么或做什么都尽管放马过来。在这里，我比你强大得多。”

“你什么意思？”

“看看周围，你还不明白吗？”她摆了摆手，一道火焰从她指间喷射出来，在她面前铸成一道火线。“火焰和熔浆，我还要再多说吗？”

菲利普感觉自己的心一沉：“地利？”

“说对了！”她周围又升起了一圈火焰，“我建议你投降。这次不用我双胞胎姐妹的帮助，也不用任何武器，我就能轻而易举地打败你。”她笑着说。既然她提到了，菲利普就朝天空看了看，一个棒球大小的鸟儿正在热浪中盘旋着。

“太自信了你，你真的认为我那么容易就会输吗？”菲利普坚定地说完，心下琢磨着：“更何况，我还学了一些新的法术呢，不用用就放弃太丢人了。嘿，既然你这么自信，那就先给我点空间怎么样？”他边说边升入空中。坦白说，他还是有点担心塞拉不让他拉开两人的距离，那样他就不便施展法术。但是当他看到那一对极度傲慢的蓝眼睛时，他知道他会得到一次机会，一次珍贵的机会。

当升到五米开外的高空时，他左右手各伸出一个手指，在胸前联结在一起，心里默念一段咒语，一道黄光出现于指间。大概过了十秒钟，他左手指保持原状，伸出了右手指，一个动作接一个动作，他在空气中画出了一个五角星形状的魔法圈。手指经过的地方，黄光并没有消失，反而完美地留在了那里，就好像在画一张图。画完后，菲利普推出了自己的左手，在不破坏刚刚画好的魔法圈的前提下，把它推出了身前一米左右。

“准备就绪！”他一边想，一边往五角星中间抛了一个能量球。能量球在魔法圈表面掀起了一道道波浪，而能量球所包含的力量也同时传送到了五角星的五个顶角，在顶角处形成了五个力量更加强大的能量球，同时射击出去。

塞拉对突如其来的五个能量球相当吃惊，好在她处于战斗状态，心下自然是万分的小心，倒也很容易地躲过了这五个能量球。不过，菲利普可不会错过这次机会让她跑掉，尤其是想到自己身上挨的一脚，就更加不会留情面了。

菲利普放开正握着五角星魔法圈的左手，在图案消失之前迅速念着咒语，又往五角星魔法圈中间接连投进了两个黑能量球。这就意味着魔法圈的另一面会射出十个能量球。塞拉虽然可以轻易躲过五个，但要躲过十个就不是那么容易了。跟刚刚一样，她以敏捷的身手躲过了五个，但是要躲过剩下的五个，塞拉只能用火包裹着自己的身体，这样成功挡开了三个能量球，可是这三个能量球爆炸所产生的冲击也剥离了塞拉的火焰罩。因此，剩下的两个能量球就直接打到了她身上。一个击中了左肩，另一个则击中了右臂。

塞拉被击倒在地上，呻吟了一声，并以极其恐怖的声音朝菲利普叫喊。可是菲利普根本没有听清她说了什么，他心想："好，我现在是玩了火，看看到底我能不能避免自焚。"他看到公主眼中有一种他从未见过的怒火，同时自己也使出了他为此刻训练已久的法术。

菲利普首先举起左手，一圈白光立刻将左手环住。手一抓，白光都汇聚在他的手心形成了一个光球。他轻笑了一下，大喊："闪光球！"并将那球使劲一捏。一道耀眼的白光射了出来，像千万个针头一样刺向公主的眼睛，她不得不闭上眼睛，于情急之中，她掷出了一支短叉，希望奇迹发生，能刺到菲利普。可是让她惊骇的是，等到她再一次听到菲利普的声音时，菲利普已经到了她的身边。"波罗布拉斯修斯！"菲利普大喊一声，朝塞拉的腹部全力发射了一道闪电。公主发出一声痛苦的尖叫，身体不自主地横飞出去。

"糟了！"菲利普大吼了一声。他的注意力全部集中在怎么把塞拉击倒，并没有考虑要手下留情。他自己也亲身体验过塞拉的强劲，所以他从没想过以自己的魔法水平能杀了她。打败她？要是走运倒是可能。杀死她？绝对不可能发生。不过，要是她身后有一个涌动的火山口那就完全不同了。他害怕自己无意之间夺走了一个人的性命，于是便收敛手上的力量，想用魔法抓住横飞出去的公主。可是一切都已经太迟了。塞拉坠落得太快了，掉进了火山口，从菲利普的视线中消失了。菲利普心里大喊："我真的没有想杀死她！"

就在这一切都要成定局时，他听到了一声悲鸣，一只巨鹰冲进了火山口。是烈焰！它在塞拉离岩浆池一米的地方接住了她。菲利普记起了书上所说的有关塞拉和烈焰之间的特殊联系，心想既然烈焰还可以活动，那塞拉一定也很清醒。不过可以看出烈焰的速度已经大大减弱了，大概是因为塞拉受伤了吧。

"好悬，好悬！"菲利普擦了擦额头上的汗珠，在刚才那顿猛打狠拼之后，他不得不承认差点杀死塞拉这件事最让他感到紧张。"啊，我总算是解脱了……啊！话说得早了些！"他震惊地看到烈焰从天空俯冲下来，利爪瞄准自己的头。他迅速滚到一边，想躲过烈焰的攻击，但是它极速飞过巨翅卷起的大风还是把菲利普的披风吹到了空中。

"这场战斗真的是太惊心动魄了！上一秒我还想尽一切办法赢得这场战斗，下一秒我就要去救我的死敌，现在我竟然被一只鹰追着逃命。我知道战场上有很多变数，但也要有个限度吧！"菲利普在心里说。

眼看着烈焰再次飞向高空，菲利普也升入空中，顺手抓住了被掀跑的披风。这时他灵机一动，就像抓住披风不让它飞走一样，要打败烈焰，就得让它再也飞不动。他咧嘴一笑:现在该使用最后一个新学的招数了，这个咒语可是花了最长时间学会的!

跟上次一样，菲利普手指并拢在胸前，不同的是，在指间生出黄光后，他用两只手一起在空气中画图。一只手画出一个正三角形，另一只手画出了一个倒三角形，两个三角形重叠在一起形成一个六角星。完成后，他双手一起画出一个圆圈，六角星整个缩进了那个魔法圈内。完成后，他通过魔法圈仔细观察着烈焰的动作，就像一个正用望远镜观察敌情的狙击手。直到它出现在距离菲利普十米不到的地方时，菲利普一声怒吼:“这是送给你的，‘六角星仓鼠球’！”六角星飞出他的手心并且不断放大，一瞬间就把烈焰困在了里面。同时魔法圈的边缘射出一道透明的屏障，形成一个球状的禁锢，极像一个大的仓鼠球。

烈焰愤怒地挣扎着，但它的利爪发出的攻击都被屏障给弹回来了，而它的翅膀也被菲利普构造的狭小的空间困住了,根本无法挣脱。“准备好哟!”菲利普握紧拳头警告道。一股无形的力量瞬间抓住了那个球，菲利普竭尽全力一吼，抬起手臂，做了一个扔出去的动作。球跟着他用力的方向升到空中，然后急速坠落。

砰!

球掉在了地上，荡起的火山灰迅速弥漫，模糊了周围的区域。菲利普透过还没落下的火山灰，证实封印还没有被破坏，烈焰和塞拉都好好地躺在里面。虽然她俩肯定感受到了巨大的撞击，但从另一方面来说，仓鼠球却也保护了烈焰和塞拉，没让她们受很重的伤。

菲利普累坏了，他不断擦拭着额头的汗水，开始感觉到身体的疲惫，他甚至感觉自己都不能稳稳地悬浮在空中了。“但是我成功了，这才是最重要的。”他的目光从封住的烈焰和塞拉转到熔岩上方的笼子，他暗示自己:“封印只能维持一会儿，我得赶快把艾伦带走。”他一边说一边担心，“可怜的艾伦，他现在肯定已经被烤得半熟了。”菲利普不顾周围的热浪，直接飞向火山口上方的笼子。可是，就在快要到达笼子的时候，他有了一种奇怪的感觉，是山脚下传来的，这感觉还越来越强烈。“有人来了？”菲利普一边想一边往下看。虽然一个人都没看见，但他相信他的直觉。突然，他发现几秒钟前他的封印球表面还和玻璃一样透明，但现在里面两个俘虏全被火吞没了。

“不，不可能！”菲利普惊恐万分，但是那些愤怒的火焰比他的反应还快，一瞬间就将封印冲破。菲利普只看见一道亮光，然后就感受到左肩传来一阵刺骨的疼痛，正是塞拉的箭。箭的力道太大，箭头笔直地刺穿了菲利普的左肩。

塞拉骑在烈焰背上喘息着，看着受伤的菲利普，非常后悔地说:“对不起，但我是迫不得已。”

疼痛、疲惫、惊慌、疑惑，所有的感觉一起涌上菲利普的心头。他的左臂早已失去知觉，根本无法再次抬起，他的身体已经不受控制。他知道他的伤口现在肯定正在大量出血。头一晕，他眼前的世界完全颠倒了，身体飞快地向火山口坠落。

一股温和柔软的力量阻止了他的降落，保护着他不受到熔岩热浪的袭击。菲利普虚弱地睁开眼睛，发现他正躺在一个水泡里面。他视线很模糊，依稀看到火山边缘出现了三个人影。“那是焱吗？他从哪里赶过来的？”菲利普迷迷糊糊地想着，自己躺在水泡中，慢慢升起，向火山口的边缘飘去。

第八章
雳与罗斯的决定

焱是怎么来到火焰山的?

四天前，焱与天眼谈完后，同其他人一起走出了帐篷。巨人一般的陈队长正兴致勃勃地同他的三个部下连那对双胞胎进行着拔河比赛。看着自己毫不费力地拉过对面五个大小人物，陈队长感到很满意，他轻松地转过身来对先知说:“天眼，我的人已经准备好了你需要的东西。”

“做得好，谢谢。”天眼点点头，看着陈队长把对面那些人拉到了膝盖前，“能请你找人帮我把那些东西搬到孩子们的帐篷里去吗?”

陈队长看了一眼在旁边观战的士兵，其中几个马上会意离开了。随后，他朝趴在地上的对手们吼道:“嘿! 快点站起来，你们这些人就知道偷懒! 我连汗都没出呢!”

天眼乐呵呵地看着这样的情景，继而转向焱，说:“我们先走吧，他们还要玩好长一段时间呢。”他搭着焱的肩膀，朝其他少年挥了挥手，示意他们都跟着来，包括被留在外面的四个小孩。

天眼带着他们到了位于营地另一端的马场，一匹马引起了焱的注意。这匹马洁白光滑的毛发柔顺而整齐，看起来高大美丽。它站在一片开阔的草地上，让自己同马群保持一定距离,就像一个清高孤傲、凡人不可企及的公主。“就算是最伟大的战士也需要坐骑。所以光之战士，我为你准备了一件礼物，你觉得她怎么样?”天眼指着那匹白马，“它是个美人没错吧?”焱点了点头。“它叫白雪，是一匹还未被驯服的骏马。只要你能将其驯服，它就会成为你的坐骑，怎么样?”

焱没回答，慢慢走向那匹白马，同时举起双手。白雪察觉到了焱的靠近，呼吸变得局促起来。它用力踏地，来回踱着步，试图警告走过来的陌生人。焱轻轻一笑，慢慢伸手去接近白雪，白雪看起来像一个受了惊的小女孩。接连往后退了好几次后，白雪好像生气了，扬起身体，两条有力的前蹄踢向了不受欢迎的来客。

“小心!”罗斯张大嘴巴惊呼道，真的是太悬了! 不过焱敏捷地闪到了旁边，躲过了这次袭击。布莱恩和另外三个男孩的反应倒跟罗斯截然相反，他们兴奋而激动地为焱呐喊助威。“瞎起哄!”罗斯抱怨道，然后转过身问天眼，“先生，我们要帮帮他吗?”

“让他自己来吧。”雳在她身后说。

“要是他受伤了怎么办?”罗斯担心地望着焱的一举一动。

“至少让他自己先试一试。”

“你怎么能这么平静?”

“因为只有我才有‘权力’打败他。除了我之外，他不会败给其他任何人。”雳用一种不可撼动的语气回答道。

“噢，天啊，好自负的一个人!”罗斯在心里想着，然后用一种莫名其妙的眼神看着他说:“你真是太奇怪了。”

阿玛蓝莎小声地在罗斯耳边说:“疗伤是我最擅长的，必要时我甚至能让一个人重新长出一只胳膊。所以你大可放心。”

“对！阿玛蓝莎是世界上最好的治疗师。”布莱恩插进她们俩的谈话，就像兔子突然从魔术师的帽子里蹦出来一样。罗斯吃了一惊，因为几秒前，这个小扈从还在为焱加油助威，怎么能这么快就跑到这里来呢？这时她的眼睛捕捉到了一些东西，心中的疑问也得到了解答。这答案全写在布莱恩的眼睛里，他的目光似乎从来就没有离开过阿玛蓝莎。罗斯咯咯一笑，没有再说话。“男孩在恋爱时实在太可爱了……唉，只是我却被人忽视了。”罗斯心想，又把目光慢慢移回到了焱身上。

观战的人情绪高涨，欢呼雀跃，焱也十分兴奋。他面露笑意，在马蹄前左躲右闪。他明白这是白雪对他的考验，它需要证明自己足够强大，有足够的资格成为它的主人。躲过一连串踢踏的马蹄后，他琢磨要是这样下去，他可以一直躲过马蹄，但是永远都不能靠近白雪分毫。唯一的办法就是让白雪知道他就算不躲，也不会被踢倒。

下定决心后，焱停下脚步，伸手将踢向他的马蹄拨向一旁，白雪那有力的马蹄像掠过的一片羽毛一样，飘过焱落到了他的右边。这一记踏空，白雪不知是害怕还是惊讶，但它快速地再次扬起身体，重重踢了过来。焱像上次一样，双手推拨，轻巧地把白雪的马蹄拨到了他左边。这样持续了好几个回合，白雪的攻击不是被挡到左边就是被挡到右边，可焱却站在那里纹丝不动。

一直认真观战的戴眼镜的男孩抬了抬他的眼镜，问道：“你们没觉得焱的动作有点奇怪吗？”身边的人都点了点头。

“没有什么好奇怪的，焱只是用了一种柔化武术。”雳说。

“柔化武术？”卷发女孩问道。

“与你们直接与对手硬碰硬的武术不一样，这是一种能引导对方力量的武术。在你的体力远不如对手时，或者你不想伤害对手时，这是一个很好的选择。你们看焱的脚下。”雳指点道。每次白雪想踢倒焱的时候，它的马蹄都被带到了别的地方。所以每次进攻前它得重新调整自己的位置。这样几个回合后，焱站在了一个由马蹄印围成的圈内。令人惊奇的是，尽管圈外有很多乱七八糟的马蹄印，圈内竟一个也没有。“就像抛射体会从圆形的表面滑过而不伤害到它一样，那个圈子可以挡开所有的进攻。”雳一边说，一边在心里沉思着：“他远比我想象的强，这是他的天赋还是天眼所说的星辰所带来的力量？不管怎样，我都要搞清楚他的实力。”期待一分高下的心情让他不自觉地露出了一丝笑容。他希望打败焱，同时也期望焱能变得越来越强大。只有这样，他在获胜的时候才会更有成就感。

撇开雳内心深处的想法，焱的决心和计策好像有了回报。白雪慢慢地停下了动作，呼吸变得平和起来，它伸了伸脖子，低下了头。“我的机会来啦！”焱在心里想着。一步一步小心谨慎地再次靠近白雪。“好了，公主，我没有要伤害你的意思。放轻松，乖。”他温柔地说着，把手放在白雪的额头上。“我叫焱，是一个战士，很高兴见到你。”他一边介绍着自己，一边轻轻地抚摸着白雪的头。

白雪把头靠近燚，好像很享受这种温柔的抚摸。过了一会儿，它把身体也靠了过去，让燚能很容易地骑到自己的背上。“要我骑上去吗？”燚边问边梳理着白雪身上美丽的白毛，“那你先要答应一件事，只要我能保证不摔下来，你就要做我的新搭档，好吗？”燚不知道马是不是都能听懂人话，但他觉得这匹马能。他认为白雪其实也一直都在寻找可以驾驭自己的主人。

说完后，他迅速地骑上马背。白马高声嘶鸣，精神亢奋，它扬起前蹄，伸开腿，开始在马场里奔跑起来。燚镇定地抓着白雪的鬃毛，身体感受着它敏捷的动作。“再快一点！再快一点！”燚兴奋极了，“让我看看你到底有多神奇。”

就在这时，奇迹发生了！白雪的身体两侧出现了两道闪闪的白光，并且越来越长、越来越亮，差不多长达两米的时候，白光爆炸开来，无数光子四散。白光散去后，白雪的身上却留下了一对洁白的翅膀。白雪拍打着新生的翅膀，带着燚飞向了空中。

“那匹马……那匹马竟然还能飞翔！”罗斯震惊了。

天眼哈哈一笑：“当然了，它当然可以飞，白雪是一匹飞马。”

“这不可能！”戴眼镜的男孩看着那个神奇的生物盘旋在空中，惊呼道。

“对，这怎么可能……”双胞胎同时说。

“……这是魔法……”卷发女孩接下了他俩想说的话。

“对啊，是魔法，不是吗？”罗斯摸了摸心口。此时她才知道她有多么渴望对这个世界知道得更多，心想：“活在这个世间真是有意思！”

燚飞在高高的云层上，感觉像在天堂，这当然不仅是因为飞得高的缘故。他感觉自己的心脏从未像现在这样跳动得如此轻快，身体也从未有过这般刺激的体验。“你太棒了，白雪！你真的太棒了！”燚欢呼着。他紧紧抓着白雪的鬃毛，感到风力随着速度和高度的增加变得更加强劲。

高处不胜寒，云层中的水汽凝结成小冰块，黏在了燚的身上。他竭尽所能紧紧地抓住白雪，不让自己从马背上掉下去。在见识到白雪的神力之后，燚意识到无论如何也要让白雪当自己的坐骑。再回想一下刚开始飞行的感觉，他认为说这种感觉是在“天堂”并不确切，应当说这更像到了天堂和地狱的交界，尤其是当他觉得快抓不住白雪的时候。白雪在空中盘旋了大概一刻钟左右，终于俯冲下来落在了地上，它轻嘶了一声，翅膀被两道白光形成的光子淹没，继而消失了。

燚累得气喘吁吁，从白雪背上跳下来的时候差点没站稳。他身上全被冰水浸湿了，体力好像也被刚才这场体验榨干了。不过他还是非常兴奋，拍着白雪，说：“你觉得怎么样啊？白雪，让我们成为伙伴吧！”白马兴奋地嘶吼了一声，仿佛是对燚发出的肯定答复。

夜幕降临，少年们简单吃过晚饭后，被人带到休息的帐篷里，里面摆放着天眼为罗斯、阿玛蓝莎、布莱恩、雳和燚准备的五袋补给品，里面是一些钱币、食物，还有一些小瓶子。布莱恩满心欢喜地开始解释这些瓶子的用途，焱开始听得还很专心，但是他发现要跟上小扈从跳跃的思维实在是有些困难。

布莱恩是那种喜欢长篇大论讲故事的人，焱几次想提醒他直接说重点，但是看到其他人兴致勃勃地听着，只好打消念头。他很清楚既然布莱恩会跟他一起上路，那么路上肯定还会有很多时间来听他说。何况，自从他告诉其他四个小孩他们不会一起离开时，周围的气氛一直都是相当沉闷的。现在好不容易布莱恩打破了这片沉闷，所以还是不要打断比较好。

第二天早上，他们五个人起得比其他人早。至少雳、焱、阿玛蓝莎和布莱恩是自己早早就起来的，但罗斯却被人从床上拉起来，直到他们走出帐篷的时候她还在打着哈欠。睁着半梦半醒的眼睛，看了看营地周围，发现就连鸟儿都还没有起来，因此她抱怨的语气里又多了一点烦躁："我们有必要起这么早吗？我跟你们说，如果每天都要起这么早，我的美容觉就泡汤了。"

"嘘……"布莱恩把手指放在嘴上一比，"我们之所以在他们起床之前离开，是希望避免分离时的难受。"他指了指帐篷里还在熟睡的四个小孩，然后开玩笑地说："何况，你要真是睡美人，就不会想去救你的白马王子了。"

"如果你想永远闭上眼睛，就继续说！"罗斯举起拳头示威，布莱恩笑着跑开了。

"怎么没有看到天眼，他在哪里？"雳问道。

"天眼午夜时分就离开了。"阿玛蓝莎拿着罗斯的补给袋走出了帐篷，"他说他还要去处理其他重要的事情。"听到这个消息，罗斯发出了失望的叹息，她还没来得及向天眼学习一点预知未来的方法呢！毕竟，这位世界上最伟大的先知可不是每天都能碰到的。

正在罗斯暗自神伤的时候，雳追问着阿玛蓝莎："半夜？你半夜还没睡吗？"

"没有，我没有睡觉的习惯。"阿玛蓝莎回答道。"习惯？"罗斯有点奇怪，"睡觉不是一件很自然的事吗，怎么会是习惯？这不会是阿玛蓝莎保持美丽外表的一个秘诀吧？我还是不要做睡美人了，不如我跟她一样晚上不睡觉好了。"罗斯一边在心里想着，一边用手指梳理着头发。

等这群人都收拾完以后，有人带着他们穿过一条密道，走到山外面的主干道上。这一刻起，由于布莱恩掌握着有关这片土地丰富的地理知识，他变成了这个团队的领队。

路上，焱问了一些他思虑已久的问题："布莱恩，你对天眼了解多少，他是这么称呼自己的，对吧？"

"嗯，不过更准确地说，他是……呃……第三十七代天眼。"

"是第三十九代。"阿玛蓝莎更正了布莱恩的话。她舒展臂膀，一只小鸟竟无一丝惧意地落在了她手上。焱惊奇地看着这个小治疗师。不得不承认，从他们第一次见面开始，她就一直让焱十分惊奇。

“对对对，是我记错了，”布莱恩点了点头，“‘天眼’不是一个名字，而是一个称号，只授予最强大的先知。我听说这和他的眼睛好像有点关系。”

“哇，我怎么就没想到‘天眼’和眼睛有关系呢？”罗斯哈哈一笑。

布莱恩嘴一撅，反讥道：“多半是因为你还没睡醒。”

“我才没有。”

“你有。”

“好了，好了，你们两个别吵架行吗？”焱打断了他们，“我们再回到天眼的眼睛这个话题上来。我记得艾莉森女士和他都提到了窥天之眼，那是什么？”

布莱恩挠了挠后脑勺说：“那个，我也不知道它到底是什么。”

“这是旧神在千万年前创造世界时使用过的神器。”阿玛蓝莎温柔地抚摸着手中的小鸟——

“我只是听到了一些传说。相传在并存的两个世界出现以前，有一群旧神，他们争论世界应该怎样运转，后来，争论演变成了战争。你们可以想象一下，所有的神都是不死之身，都拥有无穷无尽的力量，这样一场战斗该有多可怕。

“在两股力量相冲撞时，宇宙都颤抖了。由于力量完全均衡，他们很快就意识到任何一方都不可能赢得这场战斗，如果持续下去，一切都会被摧毁。因此他们达成了一致意见，创造两个世界：一个盛行魔法，一个制造机器。他们还按照自己的形象孕育出一批新生的神仙和魔鬼，让他们互相残杀。旧神从此退居二线，观看这批新生神仙和魔鬼的战斗。

“那些旧神在创造这个世界的时候，使用过很多强大的神器。一些在创造世界的过程中被摧毁了，剩下的大部分也随着时间的流逝消失了。据说窥天之眼是保留下来为数不多的神器中的一件。可惜的是，窥天之眼除了被用来窥探过去和未来，迄今为止还没有一个人能发掘出它真正的潜力。”

阿玛蓝莎说完她的故事，停了下来。其他少年都惊呆了，直到罗斯打破了这片沉寂：“说得真好，细节都说到了，不像有些人。”

“喂！‘有些人’指的是我吗？”布莱恩不高兴了。

“哎哟，真是‘放屁者先知’啊。”罗斯笑了一笑，对小扈从视而不见。

焱和雳忽视了他俩的对话，认真思索着阿玛蓝莎刚刚的话。谁能想到窥天之眼背后还隐藏着这样一个神奇的故事呢？但同时，这又引出了更多问题。“如果窥天之眼是留下的神器中的一件，那么在某个地方还存在着其他的神器，对吧？”雳首先说出了自己内心的想法。

阿玛蓝莎点了点头，说：“我们会很自然地想到还存在着很多神器，但是一共留下了多少呢？它们都在哪里呢？它们都是什么呢？它们有什么样的威力呢？遗憾的是，我对这些一无所知。”

“我也没有期望能找到它们，不过这倒是一个有趣的话题。”焱稍做评价，随后就转到了另外一个话题上，“我们还是继续来讨论天眼吧。如果他拥有旧神一样的预知力量，那他也可以算是一个神吧？”

“不是。”布莱恩一口否决了焱的说法，“伟大的力量总是伴随重大的责任而生，天眼的力量和他的职责有直接的联系，在我看来，他的使命是十分拘谨的。”布莱恩装着知识渊博的样子竖起手指，“也许在你们看来天眼是无所不能的，可是我觉得和其他先知比起来他却相当不自由。在他被赋予力量的同时，他也发誓要成为这个世界的守护者。

“这就意味着他的力量只能用在保护伟大而美好的未来上，换句话说，他只能拯救未来。所以就算他预测到某个人明天会被怪兽吃掉，但这个人和伟大而美好的未来并无关系，他就不能救那个人。还有，不管他归属于哪个国家，他都必须保持中立。相信我，在战争期间，作为族人只能站在一旁观战是很难受的一件事。”罗斯觉得布莱恩在说这些话的时候，眼睛里闪过一丝异样的光芒。“最后一点，如果他违背了其中任何一条原则，他的力量会全部消失，还会受到诅咒，至于诅咒的后果我真的想都不敢想。总的来讲吧，他的力量对普通人一点用处都没有。”

“但是这也改变不了他正在帮助我们的事实。”焱思考着未知的未来。

☆　☆　☆　☆　☆　☆　☆

在对话结束后，继续赶路的少年们遇到一个岔路口，旁边有一个小镇子。据布莱恩讲，右边的路是通往魔旦城堡的，左边的路则通向精灵们居住的一片森林禁地。与此同时，布莱恩看了看主干道不远处的城镇，提议大家先到镇上休息一下，买点器具物品。他还提醒焱和雳各自去配一件武器，因为以后肯定用得到。大家都没有异议，尤其是罗斯，因为一直坐在马背上，她的屁股早已疼痛难忍。

他们把马都拴到城镇入口处的马厩里，然后分成两组：布莱恩和阿玛蓝莎一组，去买旅途必需品；另一组的主要任务就是尽量不要乱花钱。“指的就是你。”布莱恩戳了戳罗斯，罗斯不屑地撇了撇嘴。

阿玛蓝莎的想法很简单：买一点必需品，接着赶路。可是布莱恩想的就比较多了。自从他见到阿玛蓝莎的第一眼就喜欢上了她，他一路都在炫耀自己的能力来引起阿玛蓝莎的注意。不过，他很快发现阿玛蓝莎有一个严重的问题：虽然具备天使般美丽的外表和温柔善良的内心，可她竟然不懂什么是爱。她倒是经常谈论爱，但是她所说的爱全都不是那种浪漫的爱。布莱恩认为得先有人教教这个少女“爱情”是什么，她才会意识到有人正在追求自己。

一位哲人说过：“男人其实并不比女人强壮，他们只是比一般理智的女人坚持得更久一点。”这话用在布莱恩身上正合适。所谓不撞南墙不回头，虽然自己知道努力多半无用，他还是渴望阿玛蓝莎能明白他的心意。于是他在街上东看看西看看，想找到一件可以帮助他实现梦想的东西。一条闪闪发光的蓝宝石项链吸引了他的注意。布莱恩的妈妈很早以前就告诉过他，送给女孩子最好的礼物就是首饰，无论昂贵与否，她们都会喜欢的。“妈妈，我真的是太爱您了。”布莱恩高兴地想着，觉得自己这次肯定能成功。

布莱恩悄悄买下了那条项链，信心十足地走向阿玛蓝莎。没想到的是，一个少年从人群中径直走了出来，他皮肤雪白，头发是棕色的，还有一双蓝宝石一样的眼睛，长得相当帅气。一身干净整洁的衣服极好地衬托出了他的气质，衣服由洁白的丝绸缝制而成，单从面料上就可以看出这些衣服都是非常昂贵的。“多半是二手货！”布莱恩不屑地想着。少年的衣服边像还镶着金线，看起来更显贵气。布莱恩感到这个男孩身上散发着一股强大的气场，好像是贵族公子。

“是我的幻觉吗？你真的是我见过的最美丽的少女！”这个少年用一种清澈而富有磁性的声音问道。

布莱恩听到这几句话，顿时怒火中烧，他几步赶到前面，说：“喂，你是谁呀？”

少年浅浅一笑，完全忽视了布莱恩的存在，直接抬起阿玛蓝莎的手，“请原谅我的无礼，美丽的小姐，我不过是众人中的一个绅士而已。人们都叫我海因里希，你可以叫我海因。”说完在阿玛蓝莎的手背上轻轻吻了一下。

布莱恩脸上白一阵红一阵，把阿玛蓝莎的手夺了回来：“我不管你是谁，但是请管好你的嘴！”说完这句话，他开始在心里默念着：“绅士，哼！装什么酷！”

海因终于第一次正眼看了看布莱恩，道歉道：“对不起，但是我实在是抑制不住内心的喜欢，以至于没注意到你站在旁边。这也怪你生来就太渺小，不能引人注目，你又怎么能怪我？”

“有本事你再重复一遍。”

海因哈哈大笑起来。他们两个年纪差不多大，不过布莱恩在体格上要稍微强壮一些，但海因根本就不在意这一点。海因接着说：“麻烦你让开，我要送点东西给这位美丽的小姐。”他迅速拿出一条项链，是用稀有的水晶一颗一颗串起来的。“请接受我的礼物，它绝对会让你显得更加美丽。当然了，你的美丽，就算没有项链衬托，也一样无可挑剔。”

阿玛蓝莎对突如其来的一切有点不知所措，过了好一会儿才反应过来。她摇了摇头，把那条珍贵的水晶项链推了回去：“谢谢你，它很漂亮，但是我不能收。”布莱恩脸上露出了一个得意的笑容。阿玛蓝莎接着说：“我是一个治疗师，戴着项链有时候会很不方便，请你理解。”

“什么？”两个少年都没有想到答案会是这样。坦白地说，布莱恩觉得阿玛蓝莎的解释让他大失所望。不过他还是觉得有一丝幸运，因为自己还没有把项链送给她，这也意味着他还没有被拒绝。海因好像不太习惯被人拒绝，竟然一句话都说不出来。

市场的另一边传来一阵吵闹声，一个仆人打扮的男人走到海因身旁，耳语了几句。海因不高兴地咕哝了一声，然后说：“真是太不好意思了，我有一点私事必须马上解决。不过我能有幸知道你的芳名吗，美丽的小姐？”

“我叫布莱恩·康拉德。”布莱恩抢着吼出了自己的名字。

“我叫阿玛蓝莎。”

“多么美丽的名字。”海因赞赏道，得意地朝布莱恩笑了笑，“现在我明白为什么人家常说最绚丽的鲜花在杂草丛中也能显示真正的美丽。我得走了，抱歉。”他鞠了一躬，就和仆人一起走向了市场的另一边。

“这个人真是太讨厌了。”布莱恩对阿玛蓝莎说：“我们也去看看发生了什么事吧。”

当他们到达声音的来源处才发现有人在打架。此时一个人躺在地上，看起来已经溃败至无力还手了，另外一个人还在和一个少年打斗，但当他们发现这个少年竟然是雳的时候，两个人都惊呆了。雳的对手是一个成年人，体形上至少是雳的两倍。

阿玛蓝莎往周围看了一下，很快发现了观战的焱和罗斯。等到他们四个人重新聚到一起时，布莱恩生气道：“快点告诉我发生了什么！我不是说过我们要尽量低调嘛，现在好了，搞得全世界都知道了。”

“哎，是那些人先挑衅的。”罗斯指了指场地的另一端，几个高大强壮的男人正站着观战。那些人显然十分强壮，在轻薄衣服的遮盖下可以看出每一个人都有着石头一样结实的肌肉。他们手上都拿着武器，从匕首到狼牙棒，应有尽有。根据这五花八门的武器，布莱恩判断他们有可能是土匪，因为士兵们一般都配有统一的剑或矛，要不就配有统一的弓箭。

罗斯又指了指藏在自己身后的一个比他们还小一两岁的小女孩。她和罗斯一样高，只是稍微比罗斯瘦一点，但她弯着身体蹲在地上，这使她显得更加瘦弱。小女孩有一头乌黑的长发，棕色皮肤很明显是长期暴晒的结果，手上诸多的伤口可能是经常做粗活造成的。这些伤口在从事体力工作的人手上出现不奇怪，但是出现在一个她那么大年纪的小女孩手上却让人有些意外。通过她脖子上的一条粗粗的古铜色项圈，布莱恩判断这女孩肯定是某个富贵人家的奴隶。布莱恩心想：“我知道这圣域有奴隶制，但是我还真不敢相信有这么小的奴隶。”这女孩虽然穿得不好，但有一双相当吸引人的眼睛，眼神里流露出和顺与体贴，很容易让别人相信她是一个温暖的人。

“只是因为她不小心撞到了他们，那些人就要欺负这个小女孩，甚至还想伤害她。我一生气就冲出去了，让他们住手。可是那些人根本就不明事理，还要把账算到我身上来。”罗斯气愤地说：“然后雳就出来了，接下来你们都看到啦。”

布莱恩理解地点了点头。他觉得自己要是处在罗斯或者雳的立场，也会像他们那样做。但这还是解释不了为什么只有雳一个人在对抗那些成年人。“你怎么不上去帮忙呢？”他问焱。

焱摇了摇头：“战士的格斗守则规定一对一的战斗不能仗势欺人，这样才公平。”

“公平？他是在跟一个成年人对战，你到底是怎么定义‘公平’的？”

焱看着雳的动作，平静地说：“你好像低估雳了，对手就凭个头优势根本不可能打败他。如果我是你，我会更担心他的对手。”话音还没落，那个正在和雳打斗的男人也倒在了地上。他的左臂摆出了一个夸张的姿势，看来是已经骨折了。

“下一个是谁？”雳看了看周围，除了焱以外，其余的人无不惊骇。

“我懂你的意思了，”布莱恩也惊呆了，急忙对焱说，“不过我还是觉得战士的格斗守则太不讲理了，幸好我只要遵守骑士准则就好了。例如，保护弱小和没有抵抗力的人们，为自己的荣誉而战斗，为所有人的美好生活而战斗，等等。我觉得我要遵守的准则更人性化一点。”

焱微笑了一下：“我倒觉得这是人们对骑士和战士的要求不同而已。”

说话间，一个拿着巨锤的男人走进了战场。“如果不用我的锤子锤你几下，你还不知道你有多么脆弱。”他举起了手中的铁锤朝雳喊着。

“脆弱？要不是你手里拿着一把铁锤，你多半还不敢出来呢！”布莱恩在边上喊道。如果不是焱拉着他，他都要上前去了。

焱冷静地说：“不要担心，我告诉过你，光凭个头大根本赢不了雳。至于武器，雳也有，他只是不用罢了。”“我可是见识过他武器的厉害。”罗斯想着。“相信我，跟我一起数到三看看会发生什么。”焱微笑着闭上了眼睛，布莱恩却一脸困惑地看着他。

所有的目光都集中在雳身上，他现在的姿势是单腿着地，这样使得对手看起来更大更吓人了。

“一！”

那人出手便提着锤柄直接朝雳挥了过去。锤头像一颗坠落的炮弹，眼看就要落在雳的身上。雳一直观察着铁锤的移动方向，在最后时刻，他迅速滑到了一旁，巧妙地躲过了这次袭击。

“二！”

锤子砸在地上发出了雷霆般的巨响。在灰尘还未扬起之前，雳的双手闪出两道白光。罗斯马上就认出来了——是曾经袭击过她的匕首。两道亮光在这个少年胸前画出一个X的形状。几乎同时，血从那个人的右手腕和左膝流出来。

“三！”

那个人因为肢体受伤，失去了平衡，顺势要向地面摔倒。同时，雳直体后空翻，落地时双手撑起身体，双脚向上，舒展开自己的身体。他绷直双腿，脚尖直指空中，整个身体像一支箭一样。雳将所有的力量都集中到脚尖，直击那个人的喉咙。

围观的群众只见那个人像崩塌的高山一样倒下，雳则稳稳地站回了地面上，他用匕首指着剩下的人喝道：“下一个谁上？”

“瞧，跟我说的一样吧，单靠个头或者武器根本不可能打败雳。”焱睁开眼睛总结道。

“你怎么能猜得出来雳要怎样打败那个人呢？”

“这很简单，快、准、狠是雳格斗的三大精髓。他不会做任何多余的动作，而是直击别人的弱点。换句话说，他总是采用最快最直接的办法打败对手，这使得他的武术具有很强的攻击性。不过，他很少使虚招，这意味着只要知道他的进攻方向，他的招数就很容易被预测。从他蹲在地上的那一刻起，我就知道下一步他会怎样对付那个人。”焱用一种轻描淡写的语调回答着，不过当他看到布莱恩一副完全不相信的表情，又接着说：“我们小时候在同一个寺庙接受训练，只是师父不同，但毕竟是出自同门，有很多共同点。”布莱恩觉得不管焱说的是真是假，单是对雳的武术做出如此精准的预测就不是一件简单的事情。雳的格斗很厉害，焱的预测和分析使其显得更加精彩。

接下来上场的是一位剑客，他手上挥舞着一把轻巧细长的双刃剑，快速地向前移动，而且比先前几个失败者的动作都要快。从开战到现在，雳已经很好地证明了体形不是问题。但是如果对手的速度和技巧与他不相上下，并且是个战斗经验丰富的成年人，那就大不相同了。

“我们现在应该帮助他了吧？”

“不用。”焱坚定地回答，“雳现在的确被逼得死守门户，不过和训练他的师父比起来，这个剑客速度还太慢了。”正如焱所说，剑客剑速虽快，雳仍能轻易躲过去，几个回合过后，雳手中的两把匕首再次闪亮登场，从两边截住了劈落的双刃剑，从而夹住了剑客的剑。雳脸上浮现出一丝笑容：“现在是时候反击了。”

就在所有人都以为雳要赢得这场战斗时，意想不到的事发生了，剑客放开握着剑的左手，手掌正对着雳，袖口里黑影一闪，雳的右臂受击后倾。“哎哟！”雳右手的匕首掉了下来。这时，剑客立即将剑刺向雳的胸膛。雳虽然肩膀受伤，但在剑就要刺到他的那一刻还是拼命躲开了。

“刚刚发生了什么事情？”罗斯感到很奇怪，满脸的震惊与沮丧。

“暗器。”布莱恩很生气，“那个剑客在袖口里藏了一只暗箭，多半还有一个发射装置，他手上肯定有一个开关。这样他举起手掌时，箭就自动发射出来了。只有无耻之徒才会使用这种武器。”

刚刚刺进雳肩头的那股黑影是一支小黑箭，箭身几乎全部扎入他的肌肤。

“现在你要如何应付呢，雳？”焱在心里问道。他那刚才还很轻松的神情现在已经变得非常严肃。“雳，你该放弃了。”焱在一旁提出了自己的想法，但依然没有参战的意思，看来即使胜负已定，他也不会打破战士的格斗守则。

雳看了一眼伫立于一旁的焱，又转过头面对着自己的对手：“住嘴，焱！这是我的战斗，不需要你多嘴！就算现在局势不利，我也要把它扳回来，你看着吧！”他用力朝剑客滑了过去，灵巧地躲过了剑刃并停在了离对手一米的地方。然后，他迅速举起手中的匕首，刺了出去。锋利的匕首刺穿了剑客的右脚。

“哎哟！”传来一声惨叫。雳非常清楚如果这次再让剑客占了上风，那么他肯定要把自己杀掉才会罢手。所以他没有任何停顿，直接拔出剑客脚上的匕首，从地上跳了起来，身体急转上升。

焱马上认出了这个招数，它叫“神龙飞天”，比喻人像龙一样旋转上升。这一招是让雳通过旋转把身体所有的力量都加诸匕首，增加匕首的穿刺力，匕首的利刃随即就能割开敌人的喉咙。可以说这个旋转上升的动作是雳格斗技艺的结晶。雳的速度实在太快，焱丝毫来不及阻止雳的最后一击，只能在一旁眼睁睁地看着。

匕首放射出一道血光，把所有人的注意力都吸引过去。让焱没想到的是，匕首并没有刺穿剑客的喉咙，只是划过他的右臂，剑从他手中滑落。“就算你有着自己的见解和信条，在夺走一个人的生命时你还是会犹豫的嘛。”焱想。在内心深处，他很赞同雳的做法，第一次觉得他俩还有很多连彼此都不愿意承认的共同点。

“该死的！”剑客吼道，抓住雳那只受伤的胳膊，用尽所有的力量把雳扔出几米开外，最后用没有受伤的胳膊捡起了掉在地上的剑。

“够了！”焱突然喊道，走到了剑客和雳中间，“我的朋友一直光明磊落地与你战斗，可是你却没有一点道德。你快点退下吧，不要再给你自己或者你的同伴丢脸了。”他看向剑客身后站着的那群人，期望他们中间至少有一个人能站出来终止这场还未结束的战斗，但是他想错了。

“你觉得我们会这样离开吗？”剑客强忍着身体的疼痛问道。那些站着的人竟然还有几个在点头，仿佛很赞同他的话。“哈哈，你在做梦吧。”

“这是对你们的一个警告。”焱更正了那个人的话，摆好了战斗的姿势，其间，雳也被布莱恩和罗斯搀扶起来，阿玛蓝莎立刻上前帮雳治愈伤口。其实焱很想知道阿玛蓝莎到底是怎样使用她的力量进行医治的，可惜的是现在时机和地点都不对。

剑客大笑起来，根本没把焱的警告放在心上，快速冲了上来。“唉……”焱发出了一声失望的叹息，然后便消失了。不是消失不见，而是移动得太快，大家都还没反应过来。等到所有人再次看到他时，焱已经站在了剑客的正前方，左手掌击中对手的腹部。人群中一片寂静，剑客看起来好像没受一点伤：这个少年除了动作快了那么一点，好像也没有什么特殊的能耐。

剑客又笑了起来：“你这个小屁孩，你以为就凭你这点力气能做些什么？你不过是……”他突然不能说话了，倒在了地上，不能自制地呕吐起来。

看到焱看似无力的攻击所造成的结果时，双方阵营都困惑不解。“我不明白，他会魔法吗？”布莱恩问。

“这不是魔法，”雳回答道，“是气功。简单来说，就是运用自己身体里的血气流转把所有的能量汇聚到一点，形成爆发力。”

“这样就能让人变得更强大。”罗斯总结道。

雳点了点头，但他的眼睛闪烁着异样的光芒，“可是焱刚刚使用的武术和我说的完全不同，他不只是把所有的力量都汇聚到他的手掌上，还把外部的力量注入了对方的体内。”

“从外部注入力量？”

“哦，我明白了，”阿玛蓝莎轻抚着雳的伤口，“外部力量被注入身体里，会因无法倾泻而在体内冲来冲去，从而对受力者身体的内部器官造成很大的伤害。”

“对，”雳看着焱的身影，“灵活运用身体里的血气流转，并把它变成强身健体的一种方法，是需要练习很多年的，要把此法运用在格斗中就需要更长的时间了。没想到他已经达到了这个水平。”

战场上，焱冷冷地看着倒在地上的剑客。俗话说得好，行动总是比语言更具说服力。他希望观战的人能够知难而退。但那些人并没有撤退的意思，反而拿出武器准备战斗。焱觉得他们肯定误解了他的意思。

随后又有一人走上战场，他和其他人很不一样：长得很高，黑头发，穿着一身剪裁得非常合身的衣服。更吸引人的是他的武器，这是一把巨剑，剑刃是普通剑的五倍宽，三倍长。随身携带这么重的武器说明这人肯定神力过人。“下一个由我来，你这个傲慢的小东西，”他扫了一眼剩下的那些人，尤其是那个受伤的剑客，“无能的家伙！不要让我再看到你！”说完狠狠地踢了剑客一脚。那个剑客就像一堆枯草，被踢到了街道的另一边，砸进一个正在营业的商店里。

“这个人一定是他们的首领，”布莱恩被那个人的举动吓了一跳，“可是他怎么能这样对待自己的部下呢？”

看起来他不打败这个人的话，今天的战斗是不会结束的。焱感觉到这个对手不一般，立刻做好战斗准备。

就在这时，一阵号角声传来，随后一束烟花在天空中绽开。从位置来看，烟花的源头在城镇不远处。那个人看到那束光焰后脸色一变，指着焱嘲讽道：“小子，算你今天走运。”然后命令部下抬着受伤的人朝着烟花的方向跑去。

那肯定是一个信号弹，但是由谁发出来的呢？焱边想边从地上捡起雳丢掉的匕首，然后走到雳面前。这时，雳的伤口已经基本愈合了，就连肉也重新长了回来。焱觉得错过观看阿玛蓝莎施展治疗术实在太遗憾了，毕竟他以前从没见过哪个伤口可以愈合得这么快。

“这是你的。”焱把匕首递给雳，可是雳没有接，而是推开阿玛蓝莎，朝城镇的入口处走过去。“雳，等等！”焱喊了出来。

雳停住了，但并未回头：“你想怎么样？要不是你介入，他们怎么可能在我眼皮底下逃走。”

布莱恩不满地挥了挥手，“什么？你没长眼睛吗？刚刚是焱救了你的……”

“够了，”焱打断了布莱恩的话，再次对雳说，“我明白你的心思，既然如此，我会先帮你保管这个匕首，直到你回来。”

“随便你。”雳头也不回地走了。

“到底是怎么回事？他要去哪里？嘿，等等！”罗斯急忙追问焱，但是当她看到雳快要消失在视野中时，决定跟着他。

布莱恩看着两个同伴都走了，急忙问焱：“我们要跟他们一起去吗？”

“不用，”焱想都没想，“该买的东西都买到了吗？”

“还没有。”阿玛蓝莎摇了摇头，紧接着说：“我觉得我应该先照料好雳，因为我还没有完全为他治疗完毕他就走了，伤口现在肯定还在疼。”

“我知道，但是我想真正让他感到疼痛的并不是他的伤口。我们的任务是有时间限制的，快点去买点补给品，然后就离开吧。如果那时他们还在，我们就一起走，不在的话就只能分道扬镳了。”一个团队的领导者的产生往往通过一件很普通的事情。这次事件之后，焱竟成了这个团队的领导者。布莱恩和阿玛蓝莎按照焱的指示，继续采购物品去了。这次两人很仓促，因为他们都想尽快赶回拴马的地方，以免发生难缠的事情。

此时，罗斯在马厩前堵住了雳。这个正在气头上的少年一句话也没说，解开他的马爬了上去。

“你到底要去哪里？”罗斯质问着他，抓住了他的缰绳，让他没法立刻离去。

“这和你没关系，你为什么不去烦其他人呢？我现在没有心情。”雳冷冷地回答道，拍了一下马背，准备离开。

“没门！除非你告诉我你为什么要离开。”罗斯坚定地说，然后紧紧地攥住了缰绳。

两人之间的气氛变得紧张起来，罗斯甚至觉得雳会骑着马从她身上踏过去。幸好雳只是失落地说：“你永远都不会理解一个战士的想法。”

“别说得那么肯定，先让我听听。”

雳苦笑了一声，接着说：“你已经知道了，我和焱是在同一个寺庙学的武术，对吧？虽然我们跟从的师父不同，也从未交过手，但是我们还是听说过对方的。很长一段时间内，我都以为我已经完全了解他的实力，但是现在……”雳握紧了拳头，“我都不知道他是怎么变强的，他瞬间就变得比以前强大了十倍……不，是百倍！”他看着罗斯的眼睛，身体颤抖着，声音里带着沮丧：“这就是我一定要走的原因。如果他能变得这么强大，那么我也能，但是如果我一直跟随着他，我就会永远笼罩在他的阴影下。你现在明白了吗？我一定要离开！所以请你让我走。”

“好，请便。”罗斯思虑一番就放开了缰绳，然后解开自己的马骑了上去。

“你在做什么？”雳不解地问，“你难道要和我一起走吗？”

“哼，你做什么梦啊？”罗斯反问，“我不是小孩，不需要你带着。和你一样，我也有目标，我要成为一个世界上最优秀的先知，就像天眼那样。只不过我们要走的路碰巧一样而已。”她用一种虚无缥缈的语气说道。

“你不想回到你原来的世界吗？”雳想把她劝回去，“我和他们走的路不一样。跟着我你可能永远都回不去了。”他指了指准备往左的那条路，布莱恩说过那是通往精灵森林的道路。

罗斯笑着摇了摇头："回到哪里去？孤儿院吗？我从没想过要回去。走吧，我都等不及要看看这片土地上还有多少有趣的东西了。"其实，罗斯记忆中的孤儿院没有她说的那么糟，监护人都很好，她还交到了几个十分要好的朋友。但是以她的性格，孤儿院的生活和这边刺激的冒险旅程相比，她自然会选择后者。就这样，罗斯跟着雳一起骑马奔向了精灵森林，罗斯心里暗自希望自己的决定是正确的。

他们离开后不久，焱、布莱恩和阿玛蓝莎就带着补给品回到了马厩，并且发现罗斯和雳的马已经不见了。"这是怎么回事？"阿玛蓝莎疑惑地问道。

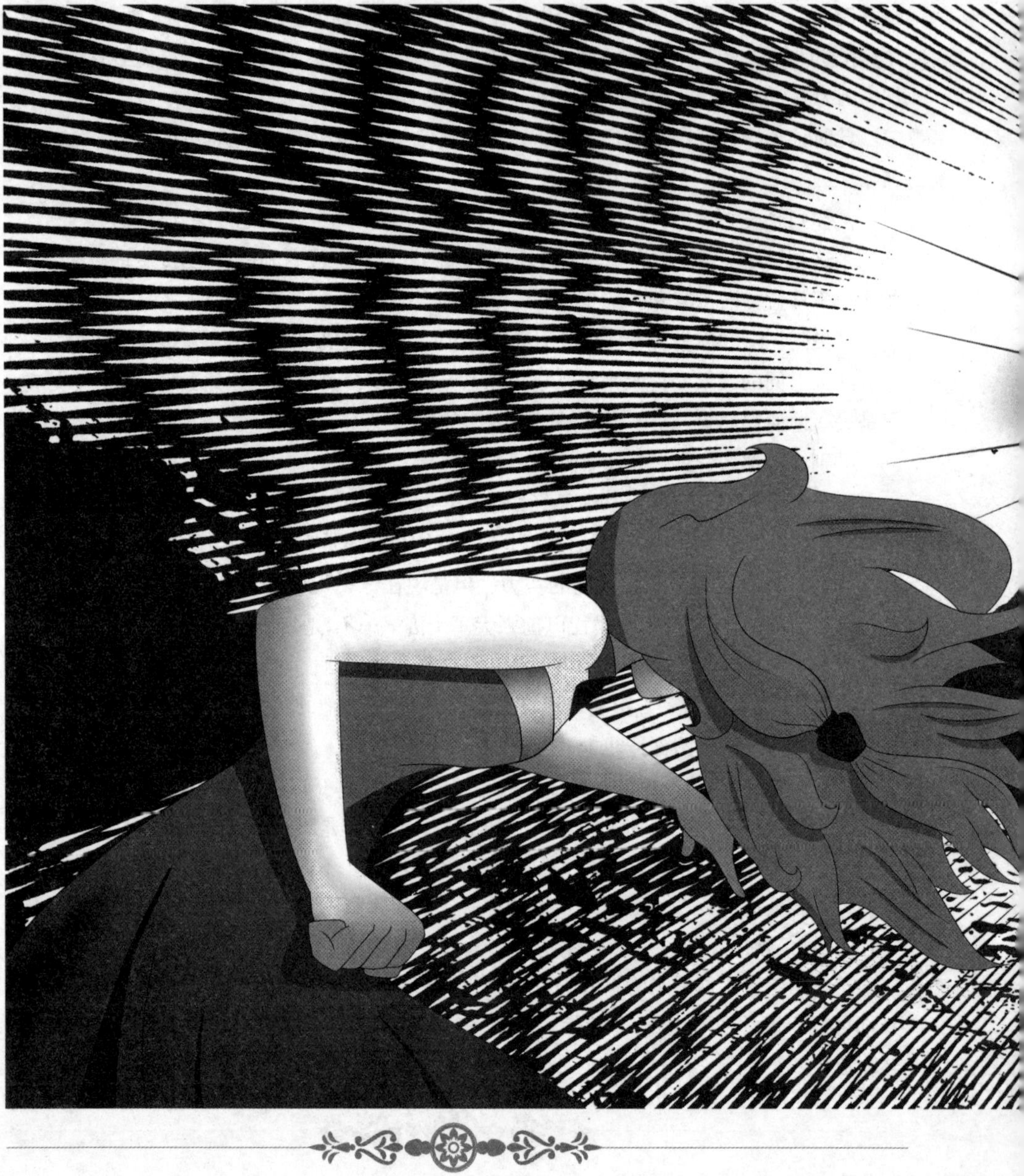

布莱恩看了看地上的马蹄印，惊异地说：“他们走了，但是他们走的不是我们要走的那条路，我们必须赶上去阻止他们。”

“没有必要，他们自己决定要踏上那条路的。”焱否决了他的想法，把新买的剑挎到腰间，然后跃上马背。“我相信他们有自己的想法，我们要尊重他们的决定。”

“但是他们连再见都没说就走了。”阿玛蓝莎悲伤地说。

“对啊，肯定发生了什么不好的事情。给我一个让我不去追回他们的理由。”布莱恩要求道。

焱好像早已准备好了答案：“还记得天眼说过的话吗？他说罗斯和雳的命运与我们不同，但对未来也很重要。如果这话没错，那我们以后肯定还会碰面，对吧？”

这当然不是一个足够好的理由，但是天眼的话还是相当有说服力的。所以他们虽然心理上有不满，但没有再同焱争辩，快速收拾好一切上路了。

这次焱打头阵，驾着白雪骑往魔旦城堡的方向，他瞄了一眼另一条路，在心里默默想着：“你还欠我一场比武。雳，我一定会等着你。”

接下来的两天，他们马不停蹄地赶路，一路追寻着菲利普的力量源，终于抵达了火焰山脚下。正当他们准备攀登时，布莱恩看到山顶上射下一道耀眼的白光，焱也感觉到与菲利普的共鸣越来越强烈。同时，他感受到了一种和七星的力量很相似的奇怪气场。

菲利普在和谁打斗呢？这个人可能是另一颗星吗？焱一边想一边加快了脚步。当三个人到达山顶时，正好看见一支箭刺穿了菲利普的肩膀，而他正朝火山口坠落。在那千钧一发之际，阿玛蓝莎使用水泡罩住了菲利普。

第九章
冥想

水泡托着菲利普慢慢升到地面，阿玛蓝莎、焱和布莱恩飞快地跑过去围住他。焱用力折断刺穿菲利普肩膀的箭头，然后把箭身拔了出来。菲利普疼得哇哇大叫，泪水忍不住从眼眶里掉落。这伤是他至今所经历的最痛苦的。

过度失血和战斗的极度疲惫让菲利普渐渐失去了意识。突然，菲利普感到一股暖流透过伤口流入身体中，他的体力慢慢恢复了。他睁开眼睛，虚弱地问道："发生了什么事？"眼前一个美丽的少女一只手扶着自己，另一只手放在自己正在流血的肩膀上。她的手掌下发出一道柔和的蓝光，正是这道治愈之光，让血慢慢止住了，伤口周围破损的皮肉也生长如初，跟没有受过伤一样。他又叹道："这是真的吗？"

"当然是真的，也不知道你走了什么狗屎运。"布莱恩笑道。

少女见菲利普苏醒了，马上说："先不要乱动，要痊愈还需要一段时间呢。顺便提一下，我是阿玛蓝莎，"小治疗师微笑着，"很高兴见到你。"

"见到你也很高兴。"

"噢，有没有搞错，"布莱恩翻了翻白眼，咬咬嘴唇，"我是布莱恩·康拉德，康拉德爵士的儿子。"

"谁的儿子？"

"我们等会儿再讨论这个问题。菲尔，这里发生了什么事？"焱看着火山口正上方，一个穿着红色战袍的少女骑在巨鹰背上，在空中盘旋。她一只手拿着一张弓，另一只手捂着受伤的肚子。

"她抓走了艾伦，我来这里是想打败她，把艾伦救出去的。"菲利普说完把目光转向火山口上的笼子。

"艾伦在那里吗？"焱被吓了一跳，"你好好待在这里，剩下的事情交给我。"

"等等，焱！"阿玛蓝莎叫住了他。

"我明白。"焱回答道。他也能感应到火山上空的女孩体内散发出来的力量，仿佛也是星辰的力量。但这不是很糟糕的局面吗？七星不应该都是朋友吗？至少应该是一个团队呀！如果其中一颗星变成了他们的敌人，那剩下的星辰里还会不会有敌人呢？事情怎么变得如此复杂？焱十分困惑，大叫了一声："白雪！"山下传来一声清脆的马嘶声，一匹挥着翅膀的白马从山脚下飞了上来，落在焱身边。

"有没有搞错？"菲利普看着焱骑着飞马飞向火山时，他整个人都惊呆了。"真是的，为什么人家运气总是这么好！"菲利普嫉妒地嘀咕着。和焱比起来，他过去几天完全被噩运笼罩，什么好事都没有。起先是他的朋友在自己眼皮底下被人抓走了，然后自己又差点憋死在一个木茧里。几分钟前，肩膀还被一支箭刺了一个窟窿，自己也差点变成烤肉。

焱和塞拉两人盘旋在火山口上空。"不管你是谁，我都不想和你打！"焱看到那个女孩正要拿出箭时说道。

"我是塞拉·艾琳，艾拉诺的公主。我身下的这只鸟叫烈焰，是我的双胞胎姐妹。

战士，报上名来！”她瞥了一眼对手腰上的剑说道。

“我叫焱，是菲利普的朋友。你真的绑架了艾伦吗？”

“绑架？这个词有点不合适吧。”塞拉挤出一丝笑容。菲利普的攻击还是让她受了重伤，她用尽力气才能稳坐在烈焰背上，继续战斗根本是不可能的事。“我得快点想个办法呀。”公主默默想着，于是挑衅道：“不想打架？那你为什么要干预我的战斗？”

“这场战斗早已经结束，射中菲利普的时候你就已经赢了。”焱看了看坐在地上的菲利普，“我不认为取走一个人的性命才是真正的获胜，所以我和我的朋友才决定干预。所有的生命都是神圣的。”

“真是个哲学家啊！”塞拉看了一眼笼子，“既然你不想打架，那我们就进行一场公平的谈判吧。”说完她骑着烈焰俯冲，跳到笼子上，巨鹰变成一只小金鸟落在她肩上。见状，焱让白雪降落在了离塞拉不远的地方，跳下马背，飞马自行离去。“现在告诉我，你为什么在这里？是来挑战我的吗？”塞拉问道。

焱看了一眼笼子，然后摇头说：“当然不是，我不想跟你打架，也没有打架的理由。”

“你难道不想救朋友？”

“对呀，艾伦怎么办？”后面传来一个声音，是菲利普。他强迫自己站起来，走上放置笼子的断岩，后面紧跟着阿玛蓝莎，她还紧紧地压着菲利普的伤口。“艾伦在她手上，我们得把他救出来。”菲利普指着笼子说。

“你受的伤都好了吗？”塞拉很惊讶，她看到阿玛蓝莎手下正流转着一道蓝光。“真是一个了不起的治疗师！”塞拉吸了一口气，担心起自己不利的处境。如果不尽快离开这里，之后怕是走不了了。

焱意味深长地笑了一下，并不遮掩自己的想法：“笼子里根本没人，我救谁啊？”塞拉和菲利普都震惊了。心中满是背叛与被欺骗的怒火，菲利普举起那只没有受伤的手，炸开了笼子，发现里面只是一个穿着艾伦衣服、扎成艾伦体形的稻草人。

“他在哪里？”菲利普朝塞拉吼叫着。幸亏后面有布莱恩拉着，他才没有丧失理智，没再次拼命对公主发动新一轮攻击。

塞拉从笼子上跳了下来，也有点语无伦次：“我……我也不知道，这到底是怎么回事？我亲眼看见我的士兵把你的朋友放在里面，但是……”

“撒谎！”菲利普再次满腔怒火地吼道。他想挣脱布莱恩，但是怎么都做不到。因为布莱恩比他高，也比他强壮很多。

“我能理解你为什么这么生气，”塞拉说，“不管你信不信，关于艾伦被转移我真的是一点都不知情。”

“你……”

菲利普气得跳起来，但是焱抬高声音打断了他：“够了！她没必要说谎，任何一个战士在这种情况下的正常反应应该是反击或者逃逸，但她没有，所以我相信她。还有，你要做什么呢，菲尔？就算艾伦在这里，你早就输掉了这场对决，所以你没资格说话！”他的话铿锵有力，菲利普立刻安静了下来。

塞拉看着焱的眼睛说：“我向你保证，我会找出来是谁做的，让他拿命来抵。然后……然后我会把艾伦……带回来……”她痛苦地呼吸着，声音开始颤抖，看来是再也承受不了腹部所受的伤了。

阿玛蓝莎快步走上前来，伸出手说：“你受伤了，我来帮你看看吧。”公主满怀戒备，把小治疗师的手推开了。

“喂！她只是想帮帮你而已。”布莱恩生气地喊道。

“对不起。”阿玛蓝莎向塞拉道歉，快速把手收了回去，“你的伤势太重，如果再拖久一点，就很难彻底治愈了，请让我帮帮你吧。”她再次慢慢靠近塞拉的身体，一道柔和的蓝光抚过之后，塞拉脸上痛苦的表情渐渐消失了，变得平和安详。大约一分钟后，阿玛蓝莎收回了她的手，温柔地嘱咐道：“你的内伤还很严重，我已经尽最大努力来帮你治疗了，但是要完全恢复还得一两天。这几天你要放轻松精神，多吃蔬菜，喝点热汤——总之就是多吃一些易于消化而富含营养的食物。”

看着阿玛蓝莎温柔的脸庞，塞拉有点后悔之前的无礼了：“你是我见过的最好的治疗师了。”

“谢谢，我叫阿玛蓝莎。”小治疗师说着，脸上微微泛起红晕。

“真是一个美丽的名字，我希望永远都不和你战斗。”塞拉说完后，烈焰再次变成一只巨鹰，载着塞拉飞走了。

菲利普疯狂地想把塞拉从天上打落下来，但是布莱恩一直拉着他，焱也劝说道：“让她走吧，已经结束了。”

在下山的路上，菲利普心中的怒气依然难以平息，一路上都在大声地责怪焱。焱等他发泄完之后，告诉了他有关天眼的故事和七星的预言，以及自己对塞拉身份的判断：她可能也是七星中的一颗。

“我来猜猜，她肯定是火之星，这也太明显了。”菲利普不得不承认自己也感应到和塞拉之间有一种微妙的联系，但被打败之后，菲利普并不愿意公开承认这种想法。“塞拉为什么要和我们对着干？”

这也正是焱心中的一个疑问，如果天眼说的是真的，那照理塞拉不应该这样做。缺少了塞拉，就不可能把所有孩子都送回去。但是现在要塞拉和他们合作还真是非常困难，因为她刚刚才和菲利普打得你死我活，险些互相杀了对方。

菲利普不停地默念着“天眼”这个名字。布莱恩问：“这有什么问题吗？”

“没有。”菲利普回答道。“天眼”这个名字总是出现在意想不到的地方，让他好奇心大起。不过，他的直觉告诉他，他们迟早都会碰面，所以现在最重要的任务还是营救艾伦。菲利普提议：“我们现在得跟着塞拉，但是怎样才能找到她呢？”

“这很简单，追踪她散发出的能量场就可以找到她。”焱回答道。

“等一下。”布莱恩抗议道，“你们忘记了我们是有期限的吗？这一去，目的地索拉怎么办？”

“没救出艾伦我是不会走的。”菲利普坚定地说。

“天眼只是让我们在最后期限前到达索拉，选什么路径到那里是我们的权利与自由。”焱接着说，“这不仅仅是一次旅行，布莱恩，我们得把七星一个不少地聚集到一起。这就意味着我们要跟上塞拉。”

“好吧，”布莱恩没有继续争执，“不过到时候要是迟了，可别埋怨我。”

焱坦然一笑：“如果大家都没有异议的话，我们就在这里待上一晚，明早启程。”

当天晚上，三个男孩决定到山脚下泡温泉，可是阿玛蓝莎不愿同去，这让布莱恩大失所望。她说她不喜欢温泉，只喜欢清凉的流水。她还建议男孩们不要泡太长时间，因为温泉的温度和人的体温差不多高，容易促使病菌滋生。天哪，她什么都要用医学来解释吗？布莱恩发现这个少女的逻辑真是越来越难理解了。菲利普面带微笑看着他俩，喜欢上这两位有趣的旅伴。

第二天早上，四人追寻塞拉散发的能量场上路了。他们发现塞拉并没返回魔旦城堡，而是一路向北行进。布莱恩坚持让菲利普骑着自己的马，如此一来，自己就能和阿玛蓝莎骑同一匹马了。菲利普非常理解地笑笑，接受了他的建议。菲利普从阿玛蓝莎的表情判断，她对布莱恩的举动一点都不理解。菲利普在内心里感叹着：“可怜的孩子，也许我应该让布莱恩不要再白费力气了，唉，还是观望一番吧，希望他自己能醒悟。”

差不多中午时分，他们看到不远处坐落着一个小村庄。焱建议去集市给菲利普买一匹马，然后再买一些补给品。上次买的东西已经在去火焰山的路上消耗得差不多了。

一进村子，焱就感觉到有人在盯着他们。焱首先想到的是沃尔特皇帝的士兵，不过在买马的时候，他还嗅到空气中掺杂着的一股躁动。为了避免恐慌，焱打算等离开了村庄再告诉同伴。

奇怪是奇怪，但也在情理之中，就算离开了村庄，那种不祥的感觉也一直追随着他们。“嘿，你们等等，我感觉我们被跟踪了。”布莱恩一边说一边停下了他的马，“依我骑士的直觉判断，周围有人设伏。”

“你确定吗？不会是风吧？”菲利普看了一眼两边的树林说道。

“不是风，布莱恩是对的。”焱拉着白雪向前走了几步，然后闭上眼睛，“左边有三个，右边有两个。不过他们好像并不强悍。”说完，拔出剑朝旁边的一棵树投了过去。“还毁掉了一棵好树，太浪费了！”话音刚落，剑就插在了那棵树上。

令人震惊的是，树随即往后倒在地上，发出了很大的声响。树的裂口竟然早已被砍断了。树倒下的瞬间，五个绑匪从道路两旁跳了出来。正如焱所说，左边三个，右边两个。

“他是怎么做到的？”菲利普有点疑惑不解，“焱能准确猜出两边埋伏的敌人已经很厉害了，可是他竟然连树是刚砍断的都能察觉。离这么远，还有这么多杂草掩饰，根本就看不到啊。他会魔法吗？”

菲利普边想边把注意力移向了绑匪。“是你！”菲利普惊呆了。他指着其中的一个绑匪，那人大概三十出头，一身皮草，还穿着一双棕色马靴。这个人右手握着一把大刀，左脸上还有一块疤痕。虽然换了衣服，但是菲利普一眼就认出来了：他偷了这个人的钱，还为救艾伦抢了他的马。世界真是太小了！菲利普盯着那个人，心中的愤怒油然而生。那时他就不喜欢这个人，更何况现在他又知道这个人还是一个绑匪，就更讨厌他了。“喂，在这里都能见到你，真是太高兴了。”菲利普挑衅道。

那个人愤怒地点点头说：“这次不会再让你得逞了，我会让你付出代价的。你这个小混蛋！”他一挥手，另外四个绑匪挥舞着一样的大刀砍了过来。

就在菲利普想使出自己的咒语时，布莱恩骑着马赶上前迎战。“我来对付这些人！”他边说边举起了自己的长棒。

“等等。”菲利普叫住他。因为就力量而言，布莱恩不曾受到星辰之力的眷顾，或许他想借这次机会让阿玛蓝莎对他产生好感吧，但这不是自杀嘛！可布莱恩根本不顾菲利普的阻拦，像旋风一样驾马冲向前去。

绑匪对冲上来的少年并不迟疑，挥刀砍向布莱恩。就在那一瞬间，布莱恩把长棍向左一挥，正好打中了一个绑匪的喉咙。尔后迅速往右一挥，又重重地击中了另一个绑匪的头。“噢，天啊！”菲利普惊讶地瞪着眼睛观看。

几秒钟内，布莱恩已经打倒了两个绑匪。又有两个绑匪朝布莱恩靠近，挥舞着大刀。布莱恩紧紧地抓着缰绳，躲过了这两人的袭击。随后，他迫使马伸出有力的前蹄踢中一个绑匪的胸口，直接把他踢飞了。布莱恩用长棒戳向另一个绑匪的手，把他的武器打掉在地，随后迅速拉紧缰绳，让马再次抬起前蹄，后腿支撑站了起来。“哇！”菲利普再次呆住了，“他还不赖嘛！”

“不赖，是很不赖。”焱同意地点点头，“他把长棍当矛使，从精准度和速度上可以看出他曾受到长期的训练。这多半就是自己的父亲是五十五位圣贤之一的好处。”

“我猜也是这样，他骑马的技术很棒，我从来都不知道马还可以像这样骑。”菲利普接着说，声音里透露出难以掩饰的兴奋之情。他想，有时间一定要让布莱恩教自己一点骑马的技巧。

阿玛蓝莎倒不这样认为，她并不开心，也不兴奋。她催促焱和菲利普：“我们必须马上制止他。”

“为什么？”菲利普问道，“你没有看到刚才发生了什么吗？他一个人就能解决那些人。”

“不是这样的，”阿玛蓝莎摇了摇头，“你们俩不觉得这场战斗毫无意义吗？为什么要打架呢？”面对着阿玛蓝莎的质问，他俩无法回答。他们理解这个女孩为什么会这样想。

她是一个治疗师，从来都是治愈伤口，而不是制造伤口。所以她自然理解不了那些多余的战斗，也不忍心见到打斗产生的伤残。不能说她的想法有什么不对，但是在经历了这么多事情之后，他们并不同意她的观点。

布莱恩也听到了阿玛蓝莎的话。起初他还觉得这是向她展示自己武术的一个绝好机会，现在他多希望自己当初没有这么做，他早就应该知道在她面前展示暴力是错误的。“我真是太笨了！大笨蛋一个！”因为内心的挣扎，他的动作明显放慢了。那个疤痕脸绑匪抓住了这个时机，快速移向布莱恩。他抓住了长棒的另一头，利用自己的力量优势夺走了布莱恩的武器。更让布莱恩不知所措的是，绑匪竟把长棍朝他的脸挥了过来。距离如此之近，根本无法逃避，布莱恩只能举起手臂护住自己的脸。

让布莱恩没想到的是，长棒在离自己臂膀几厘米的地方停住了。那个绑匪还在努力想把长棍挥到布莱恩身上，可那长棒好像被一股无形的力量抓住了，根本无法移动半分。“对不起，我打扰了你们的战斗。”菲利普的声音从身后传来，他做了一个“拉”的动作，长棍顺势从绑匪手中飞到了他手中。“我知道你不需要我的帮助，但这个人是来找我报仇的，把他交给我吧。”菲利普说完就把长棍扔给了布莱恩。

布莱恩点了点头，退出了战场。那个疤痕脸绑匪好像更开心了：“‘不是不报，时候未到’，现在到你还债的时候了，看好了！”他从被衣服覆盖的脖子处拿出一个小石头，“这是我从一个富人那里抢来的护身符，他会保护我不受任何巫师的袭击。”他大笑着炫耀那块小小的石头。

“还护身符呢！哈哈，不就是一块普通的石头嘛。如果真的有用，那我的法术怎么能夺过你的长棍？”菲利普瞬间想到一个主意，“我告诉你多少次了，我是一个魔法师，不是巫师，这是两个概念，另外……”正说着，他就举起右手，让很多小石头从地上悬浮起来，形成一圈石头围住了绑匪。“我还真不知道你的护身符有多强大，不过它最多只能不让魔法直接对着你的身体产生伤害。那我就对别的东西施加魔法然后让它们对你造成伤害就是了！”这些石头在绑匪周围旋转着，速度变得越来越快。石头虽小，可打在身上还是很疼的，打到眼睛就更不得了。

面对着这样的攻击，绑匪咽了一口气，同时也咽下了自己的自尊。他用手挡住脸冲出石头阵，消失在森林中。他消失前留下了一句话：“我还会回来的！”另外四个绑匪也站了起来，飞快地消失在森林里。

菲利普叹了口气，解除了自己的咒语。“蒙混过关！”他暗自庆幸。实际上如果石头继续飞快地旋转下去，他就控制不了了。他用的只是一个简单的挪移咒，是不能拿它攻击的。“不管怎样，结果是好的。”他咯咯一笑，看了一眼阿玛蓝莎。她也很高兴事情通过这种方式解决了。

“唉，真是太丢脸了，”布莱恩说，“你不觉得结局有点扫兴吗？”

“你这样觉得？”菲利普有点奇怪，“我觉得这样的结局对我这样一个黑暗魔法师来说是很好的了。不管怎么样，你俩先告诉我，你们是怎么觉察到那些人的？”

“本能吧。”布莱恩回答道，“我曾经受到长时间的训练，如果有人对我有威胁，我能马上感觉出来。”布莱恩挠了挠头，这应该就是那种能感觉到，但无法解释的事情。“但是我不明白为什么焱知道那棵树已经被砍断了呢？”布莱恩接着问。

焱组织了一下语言，简单地回答了这个问题：“这个本领叫‘气的直觉’。‘气’是我们称为生命力的一种物质，可以理解为‘空气’或者‘呼吸’。简单地说，每一个活着的生物体内都有气的存在，而世界上没有两个完全相同的事物，所以每个生物体内的气都有自己的特征。这种特征不仅仅能显示出生物的肢体结构，还能告诉我们这个生物有多强大。至于那棵树，一个生命如果消失了，它内在的气也会消失。这也是我知道那棵树已经死掉了的原因。”

“有了这样的内功，就没有人可以逃过你的眼睛了，对吗？太酷了！”菲利普称赞道。

“正常来说是没有人能躲避，”焱解释道，“但还是有些人，就像我，能很好地控制自己的呼吸，减少‘气’的发散，其他人就不太容易发现我的存在，我还能制造出弱小的假象。”

菲利普听到世界上竟有可以不被敌人发现的本事，满心好奇。这么多年的小偷生涯教会了他“藏好自己”是最有用的招数。如果他也能掌握这种不被人发现的技巧，对未来是很有帮助的。他不知道焱所说的技巧是不是也可以运用在魔法上，但试试总没坏处。于是他问焱：“你能教我这个本事吗？”

焱点了点头：“学习这门武术其实很简单，但是要灵活运用却需要很长一段时间。既然你问我了，我就教你气功吧，也许对你会有帮助。你愿意的话，晚上我就教你。”

下午很快就过去了，不过对菲利普来说还是有点慢。太阳落山的时候，少年们在河边找到了一处好地方，清澈的溪流能很好地帮助他们洗去疲惫，旁边的小树林是一个完美的营地。

在布满繁星的美丽夜空下，布莱恩为伙伴们做了一顿可口的饭菜。菲利普没想到他的厨艺这么好，还能想到在附近找一点蘑菇来让菜的味道更鲜美。奇怪的是，阿玛蓝莎一点也没吃，她只是站在溪流里升高水位，让水缓缓地清洗她长长的金发。据布莱恩说，在和阿玛蓝莎相处的这几周里，就没看见过她吃东西，她平时只喝点水。“或许因为她是水之星吧。”焱猜测，不过他很快就否定了这个想法，“不可能啊，我是光之星，但这也不是说我全依赖太阳能。”

饭后，焱让菲利普盘坐在河边，开始教他气功。“我们体内有很多循环，使我们得以健康生长，比如血液循环和新陈代谢。它们都有意无意地受到大脑控制，而气功要做的就是有意识地理顺一切循环，最终达到自我控制的境界。气的循环并不都是按着血液循环的路径来走的，完成一个气循环有很多不同的方式，相应地，也出现了很多种气功形式。有一些形式实在是太富创造性了，练习它们极其困难，也非常危险，不过短期内就能看到成果。另外一些就很普通，简单易学，不过要花很长的时间来练习。”焱指着河流，“由于你对气的理解是有限的，所以我只能教你最简单的气循环。记好了，去喝一口凉水，但是不要咽下去。闭上眼睛，打开你所有的感觉器官，放空胸腔，想象它能装下整个宇宙。让水慢慢地流入体内，感受凉水流过自己的内脏，清理内里的污秽。在水流到胃里的一瞬间，试着让那股凉气沿着自己的脊椎一路向上，直到头颅。最后再让气从鼻孔呼出来。”

菲利普按照焱的方法一步步进行着。真是太神奇了！他从未想过喝口水也能如此舒服。他感到自己心跳变慢，整个身体都变得平和了。水流到胃里时，他用意念让凉气向上移动，竟然成功了！那股气流好像任他控制，沿着脊椎一直流到了头顶。他那混乱的心跳好像变得井然有序起来，水流洗清了所有的疲惫、烦躁和疑虑。等到凉意最终从鼻孔呼出来的时候，所有不干净的东西好像都随着它一起流出来了，留下的是一派耳目清新的感觉。

看着菲利普满足的面容，焱就明白他很喜欢这种感觉。“记住水流的路径，练习到你直接用气就可以做到清心的效果。每循环一次，气的力量就会变得强一点。气越强，你能掌握的力量就会越强，并且可以隐藏的力量也就越多。当然这个技巧的修炼并不只是为了循环身体里的气，它会成为你精神的一部分。如果完全掌握了，睡觉的时候也能不自觉地做到。”说完，焱就走开了，留下菲利普独自练习。

气流在菲利普体内一次又一次地循环，循环的次数越多，他内心就越平静，感觉就越舒畅。他甚至怀疑自己曾经有“多动症”，只要坐着什么都不做，他就会难受死的。但是现在，这么长的时间都过去了，他还静静地坐在那里，一动不动，没有浮躁、无聊，他的心灵就像身旁的河水一样清澈。“难道气功就是焱从不头脑发热的原因吗？”菲利普沉思。不管是不是，他觉得他现在能多理解一分这个孤傲的朋友了。

现在，菲利普觉得是时候看看自己的魔法能不能也这样使用了。刚开始时很困难，他花了很长一段时间才摸索出将魔法力量加进气循环的方法。因为魔法力量和武术上的“气”完全不同，所以他迫使自己回想施放魔法时运气发力的感觉，再用这样的感觉从身体里找出那些魔法力量的源泉，然后聚集这股力量，把它融合到体内气循环中。正如拉橡胶皮一样，拉得越长，橡胶皮就变得越坚韧。随着越来越多的力量注入气循环，他觉得自己好像变得强大了。也许是作为一个魔法师的缘故，他才对魔法如此敏感，他第一次真正感觉到自己体内存在的力量和未来的潜力。

突然，眼前闪过一道亮光，他竟然站在了知识殿堂里，他面前摆放着那本《知识宝典》。“我怎么进来的？我睡着了吗？”他惊讶地反问自己。

“你没有睡着，主人。”管理员出现在他面前，打了一个响指，周围的环境就变得和外面一模一样了。菲利普的真身正一动不动地盘坐在地上。“你也看到了，你并没有睡着。自从你把魔法和气功融会贯通之后，你身体内一直在积蓄能量。很明显，一旦你的魔力在气功循环中达到一定的速度和力度时，你就进入冥想状态，可以随意出入这个知识殿堂了。”随即，外面的图像消失了。“祝贺你，主人！你书写了《知识宝典》的新篇章。”管理员说完挥了挥手，书自动打开了。一个个单词在空白页上浮现出来，那便是关于气功的详细解说。

“看起来我终于发现捷径了！”菲利普叹道。他太了解这个发现的意义了，有了这个发现，他在不睡觉的情况下也能进入知识殿堂。正所谓“踏破铁鞋无觅处，得来全不费工夫”。最后一次和塞拉交手的痛楚还留在心间，恐怕这一辈子都不会忘记。“我不会让这种事情再次发生了！”他激动地握紧书的边缘。上次对决的失败给他带来了巨大的心灵创伤。坦白说，在他内心深处是害怕再次面对塞拉的。“但我没有其他选择！”他告诉自己，并翻看着书上所记载的咒语。“如果不能从这种恐惧中逃离，那就只有战胜恐惧。”

菲利普想了很久，决定尝试学习更多的魔法，比如物化术和召唤术。据这本书记载，他是一个黑暗魔法师，但并不是一个专业的召唤师，所以他不能施用强有力的召唤术。但是要学会简单一点的召唤术倒不是一件很困难的事情。还算幸运，他发现了一小章全都是关于一些力量相对弱小但十分好学的攻击咒，不知道什么时候能用上它们，但是对于现在来说什么都可能有帮助。就算真的没有什么用，至少可以让他从那些又难又长的召唤术的学习中获得些许解脱。

接下来的四天，菲利普一直都在继续练习冥想。他发现每过去一天，进入冥想状态的时间就缩短一点。虽然只是缩短一两秒，但没人可以否认这是一个进步。通过学习，他再也不是一个只会几个咒语的小鬼头，他已经掌握了二十多种咒语。虽然大部分都是一时兴起学着玩的，但所有新学的咒语中包含三个极其强大的攻击咒。他现在的问题是太注重数量上的扩展，却忽视了每一个咒语的掌握程度。他不知道何时会与塞拉再次开战，只能随时准备着。“虽然我也知道重数量轻质量是个冒险的赌注，但我上次偏质量的学习并没有打赢塞拉，所以我没有其他更好的选择了。”菲利普小声说，把头埋进了另一张满是咒语的书页里。

日复一日，塞拉散发出来的能量场一直都在往北移动。菲利普并不在意，毕竟这意味着他有足够的时间来练习。可布莱恩却紧张起来，因为他们逐渐深入沃尔特皇帝的领地，他不停地数着天眼给他们的念珠，提醒伙伴们到达索拉的最后期限。

终于在第七天，塞拉停了下来。四个少年在第八天太阳落山的时候追上了塞拉。

塞拉的能量场从一座漂亮的城堡中发散出来，城墙内宏伟瑰丽的宫殿都是用黑色石头建造的。城墙和魔旦城堡一样，是正方形的，但是除了墙角的城垛，每道墙中间还多加了一个城垛。城墙上立着一扇关闭的大铁闸门，控制着内外进出交通。环绕着整个城堡的是一条护城河，宽十米左右，河里水位很高，河上有一座吊桥。焱甚至觉得河里可能养着几条鳄鱼。墙上站着很多士兵，就算是这样一个风平浪静的日子，安全警戒依然很严密，看起来他们好像要时刻面对一场战斗。

布莱恩想起来这座城堡是沃尔特皇帝众多度假行宫中的一座，菲利普发现这座城堡比魔旦大了两倍，到处都树着沃尔特皇帝的旗帜，上面印着一只凶猛的喀迈拉——一种狮头、羊身、蛇尾的吐火怪物。布莱恩不明白塞拉为什么要到这里来，不过他们还是很庆幸，因为她没有把他们一路带到国都去。

少年们在城外扎营，布莱恩照旧准备了晚饭。吃饭的时候，大家都满怀心思，异常安静，但心里想的都是一样的：怎样才能找到艾伦？他真的在这里吗？他们一共要面对多少敌人呢？能成功吗？一旦成功之后要怎么脱身呢？所有的这些问题都说明他们即将面对的战斗是多么的艰难。明天将是困难重重的一天。想到这，四个孩子接连叹气。

匆忙吃完晚饭后，菲利普又开始练习气功，很快进入了知识殿堂。大概几个小时后，他突然感受到一阵强烈的头痛。可这只不过是开始，整个房间瞬间红光闪烁，警报声不断：“有人入侵！有人入侵！”

“入侵？这不是开玩笑吧？”菲利普捂住耳朵，不知道该怎么办。

这时，管理员出现在他旁边，使劲拖着他，说：“主人，快点！站在书旁边，现在没有时间解释那么多，快点！”他用力拉了菲利普一下，然后就消失了。就在菲利普抓到书的一瞬间，那要命的头痛让他真真切切感受到了一个事实——真的有入侵者！他能感觉到有某人或者是某种力量正在试图进入他的思想，一点一点地靠近。

“不要！”菲利普大吼一声，用手护住了书。一个黑影突破了他的精神防御，飘到了他面前。也许因为在自己的大脑里，菲利普能感知到黑影的想法——夺取他的书。“这里不欢迎你，出去！波罗布拉斯修斯！”他发出一道闪电霹雳，可是却发现黑影施了一个和他用过的类似的庇护咒，挡住了闪电霹雳。

“管理员！我该怎么做？”菲利普有些惊慌。他又施下了一个咒语，可仍是毫无作用。他手下的书自动翻开，书页上只有简短的一段话。现在没有时间问清楚，他把性命全押在了这段话上，大声地读了出来：

“知识宝典，存吾心田。

神奇瑰丽，遭贼侵袭。

著书英魂，恳请现身。

谨遵誓言，施展绝技。

驱除贼盗，击溃敌枭。

护卫圣籍，祸乱平息。”

他反复读着最后两行，书上闪过一道亮光，浮现出了好多幽灵，有男人、女人、精灵、人马兽，还有一些不知名的生物。它们团团围住菲利普，伸出手，让脚下的亮光升起并形成了一道光墙，把黑影逼退回去。尽管黑影几次试着攻破光墙，但是光墙变得越来越亮，把它逼得更远了。这样的僵局持续了好几分钟，黑影终于放弃，消失了。随着它的消失，要命的头痛也结束了。菲利普松了一口气，差点累瘫在地上，这些幽灵也重新回到了书里，房间恢复了正常。

“管理员！那是什么东西呀？或者说那是谁呀？管理员！回答我！”菲利普大声叫着，感觉心跳得比马跑得还快。

管理员重新出现在他面前，鞠了一躬：“对不起，主人，我在重新检查这个地方的安全。”

“那现在这里安全了吗？”菲利普问道，他甚至能听到自己声音里还透露出恐惧。

“安全了，主人。”

听到这句话后，菲利普感觉肩上的担子轻了一点，接着问道：“你知道刚刚的入侵者是谁吗？”

“对不起，主人。那个入侵者没有在这个房间留下一丝痕迹。而我无法脱离你的大脑继续追踪。”

“也就是说被它干净利落地跑掉了。”菲利普咬了咬嘴唇，“一个人怎么能进入另一个人的大脑呢？”

“一般来说，心灵感应就可以做到，比如说倾听你的心灵，解读你的想法这一类的活动。但这个人使用的是魔法，我猜是灵魂或思维投射。不过这应该是短距离的投射。”管理员继续说，“而且当他突破防御系统时，我感觉到了‘黑暗’之力。”

“黑暗之力？是像黑暗魔法师的那种‘黑暗’吗？”菲利普有点吃惊。他想起了打斗时自己的闪电霹雳被那个黑影的庇护咒消解了，并且那个庇护咒和他以前所用的非常相似。“难道还有另一个黑暗魔法师想要这本书……等等！你刚刚说那是‘短距离的投射’……”菲利普思考了一遍所有的可能性，心中浮现了一个答案。“是那座城堡！肯定就是它！在这里过的第一夜就出现了这种情况，绝对不是一个巧合。那个想偷书的人肯定就在城堡里，他肯定也是一个黑暗魔法师。如果是这样的话，那我们已经被发现了。”菲利普一阵焦躁不安，他又想到了一个问题：“管理员，以前你的主人们弄丢过这本书吗？”

“没有……”

菲利普松了一口气，这让他稍微感觉好受一点。可是当他看到管理员的脸，就知道高兴早了，“你还有个‘但是’没说，对吗？”管理员点了点头，一摆手，房间里一片黑暗，书从菲利普手上跳了出来，变成了一个光球浮在空中，管理员的身体也变得半透明，若隐若现。“这是什么？你的身体怎么了？”菲利普警觉地往后退了几步。

“主人，现在是时候告诉你了，拥有这本书是要承担风险的。你面前的光球并不只是一本书，同时也是你的思想。这也是我长得跟你一样的真正原因，因为从某种程度上来说，我就是你。现在你可以想象如果这本书被偷了……”

“你该不是说……”菲利普有点惊恐，“你该不是说如果这本书被偷了，我的思想就会遗失。”

“你没听过‘没有思想，身体也将不复存在’吗？如果以前你不相信这句话，现在应该信了。”管理员表情严肃，“你的大脑不仅仅可以储存知识，它还能让你体会到饥饿感、口渴感，甚至控制着你的呼吸和心跳。我想不用我来告诉你如果这些都没有了，会是什么样的后果吧。”菲利普一个劲地点着头。“你问我以前有没有人从我的前任主人那里偷走宝书,答案是‘没有’,但是曾经有两个主人为了保护我而‘打碎’了自己的思维。”

“‘打碎’自己的思维？怎么做的？”菲利普问道。管理员指着光球表面，当菲利普把目光移到这上面仔细观察时，他发现了一些不规则的线条。“啊！我明白了！就像拼图一样，我也能在思维被偷走之前把它‘打碎’。”

“对。如果你这样做了，你的思维就会变成碎片，只有你自己才能重新拼起来。”管理员眼里饱含悲伤，“我刚刚说的那两个主人被掠夺者抓住，最后为了保护他们的思维才这样做的。但是这样做之后，他们的身体就一点防御能力都没有了。因为他们会被困在自己的大脑中，直到拼完所有的碎片才能出来。这样，那些掠夺者因为无法偷书，就对我的主人丧失了兴趣，所以他们……嗯……这样说吧，他们就让我直接去了下一任主人那里。”

房间里一片沉寂，管理员尽最大努力不让自己的话吓到菲利普。要让书自行转移到下一个主人那里只有一个办法，每个主人都心知肚明。管理员沉重地说:“请记住，我的小主人，不管将来发生什么事，最好不要尝试‘打碎’自己的思维，因为一旦这样做了，那后果将不堪设想。”管理员打了个响指就消失了。房间和书都恢复了原状，只剩菲利普一个人站着沉思。

第十章
四　关

思想受侵让菲利普的内心生出无限恐惧，那一晚他一直待在知识殿堂里练习咒语，丝毫不敢停歇。醒来时，一股饭食香味扑鼻而来，肯定是布莱恩做好了早餐。菲利普站起来伸了个懒腰，没想到练习了一整晚，身体反而比以前任何时候都轻松，身体的每一部分都得到休养，并且充满力量。

“这是……”菲利普忽然发现地面上散落了很多碎石和落叶，而自己就站在中间。“这到底是怎么回事？”他又问了一遍，从碎石圈中走了出来。

“这也是我想搞清楚的。”焱走到他旁边，“昨晚你周围出现了一个能量场，但仅持续了十分钟左右。你现在看到的应该就是能量场留下的印记。”“那肯定是入侵者闯入大脑时，我身体应急构建的屏障。”菲利普判断。“怎么回事？说来听听吧。”焱急切地又问了他一遍。

“我，呃，那个……什么。”

“什么‘什么’？”

“就是那个‘什么’嘛！”菲利普的语气变得不自然，他不想告诉焱真相，一来因为自己对昨晚所发生的事还有很多疑问，二来他的内心深处觉得，既然那个入侵者是冲着他来的，那就该由他自己解决。“嘿，早饭好了，闻起来可真香，不是吗？”菲利普换了个话题就走开了。焱也识趣地过去吃饭了。

饭后，布莱恩边收拾着地上的餐具边问：“我们是不是该有个计划？”

“简单，我们第一步要先进城堡。”焱果断地说。

“不会被人注意到吗？”阿玛蓝莎担心地问道。

“当然不会。”布莱恩嘲讽着说，“四个小鬼头走在路上，又没有大人陪护，有谁会多看一眼呢？我的意思是，虽然沃尔特皇帝悬赏抓捕异界少年，但谁会在乎钱。”

完全没听出布莱恩所说的是反话，或者完全不懂“讽刺”是什么意思，阿玛蓝莎竟然双手紧握，放在胸前，默念着：“上帝保佑，真是太好了！这样就轻松多了！”

焱轻轻一笑，说：“暂且把这个作为计划，看看我们到底能走多远。”

“依我看咱们走不了多远。”菲利普指着城堡上空升起的几个黑影，“来人了。”

菲利普话音刚落，三个大黑点便向他们俯冲过来：三只怪兽，每只身上驮着一个兵将。两个士兵穿着黑色的铠甲，一只手拿着长矛，另一只手拿着盾牌。带头的将领是一个女人，身穿一件深红色棉纺斗篷，额头上戴着一个金色发箍，红褐色短发好像是用血染过似的，显得她精明干练。相对于这些凶猛彪悍的士兵，他们所乘坐的怪兽更加可怖。这些怪兽身体硕大无比，长着鳄鱼一样的头，锋利的犄角指向前方，蝙蝠一样的翅膀，坚韧的皮肉上长满了厚厚的鳞片，形成天然的铠甲。

焱退了回去，打结的舌头终于伸直了：“它们是什么？龙吗？”

“不是！是灭龙，它们是沃尔特皇帝专门训练用来供士兵作战乘骑的怪兽，和艾瑞克皇帝的飞马差不多。”布莱恩回答道。此时，白雪慢慢地走到焱身边喘着粗气，布莱恩看到这一幕，解释说:“飞马和灭龙是天敌，以至于它们的骑主向来也是势不两立。”

菲利普见焱安抚好白雪的浮躁情绪后，问:“我们现在有什么计划?”

“走一步算一步吧。”焱回答。

女将领在地面站稳后，礼貌地喊道:“我叫步芮妮丝，是灭龙骑第三兵团的首领。我奉沃尔特皇子之命，特地来请你们到城堡里去的。主道上有一辆马车在恭候诸位大驾。”

“算了吧，小姐！你以为我们会轻易落入你们的陷阱里吗?”布莱恩毫不客气地说道，焱和菲利普也同意他的说法，但是他们更好奇的是这个首领所说的什么“皇子”。一直以来，他们都以为要抓他们的是沃尔特皇帝，才不是什么皇子。

步芮妮丝得意扬扬地接着说:“皇子还说，如果你们不按他所说的做，他便不能保证那些被抓到这里的小孩的人身安全。去不去随你们。”

“这简直是叫我们投降嘛！”菲利普对焱说。

“你太悲观了。”焱回答道，但私下里却同意他的话。总而言之，他们根本就没得选，所以越快见到这个所谓的“皇子”，就能越快了解事情。“那行，我们跟你走。”焱轻快地对步芮妮丝说完后，转向布莱恩，“轻装上阵，只带上武器便好。其他东西全部留下，我们有可能不会再回来了。”

“吃的也不要了吗?”布莱恩抱怨。

“马也不要了吗?”阿玛蓝莎又补充了一句。

“等我们需要食物的时候再来想办法，至于马，”焱看了看白雪，“小公主，我走之后能不能帮我做点事?我要你把其他马带到一个安全的地方放生，然后再过来找我，你能办到吗?”白雪不情愿地嘶吼了一声，布莱恩听得出来它有点不高兴。毕竟刚刚才找到一个配得上自己的战士，可这个人现在就要丢下它了。如果它能说话，现在肯定会大喊:“不可以！”可是，在这种情况下，白雪只能收起它的任性。它嘶鸣了一声，带着另外三匹马一起走向树林深处。

少年们坐上那辆由四匹黑马拉着的金色马车，一路上，布莱恩不停地告诉阿玛蓝莎自己有不好的预感，焱和菲利普则充耳不闻。焱对菲利普说:“我知道你在想什么，但现在千万不能鲁莽行事。要记住，我们必须战胜任何困难，否则艾伦会没命的。”

“拜托，你以为我是谁呀?”菲利普冷笑了一声，看了一眼越来越近的城堡，暗下决心:这次我一定要把艾伦救出来，不惜一切代价。

☆　☆　☆　☆　☆　☆　☆

城墙之内的世界是由整齐坚固的青石板建造的房屋和街道，所有的建筑物都遵循一个原则——越大越好。街道两边有数不清的商店、餐馆、酒吧，但街角的荫蔽处也躺着许多流浪汉，有的还在宿醉中，有的或许更糟糕。马车进入皇家宫殿时，路的两边整齐地站着两排卫兵，被挡在外边的市民都想看看皇族又给他们带来了一出什么样的好戏。

焱探头看了看，惊讶地发现驾着灭龙的骑手远比他想象中更多，天空中大概有四五十个黑影，这里恐怕有一个团的灭龙骑，更不用数地面上这些普通卫兵了。他们能不能顺利逃出去的确是个很大的问题。

这是一座中型宫殿，富丽堂皇、气势恢宏，红地毯从城门口一直铺到了宫殿门口。一位老者正站在那里，旁边还站着两个身穿金色铠甲的高大护卫。

菲利普一行人下车后，就跟着老者径直走进去，老者自称是皇子的仆人，然后便一路无言，把他们带到了宫殿里。他们穿过装饰考究的回廊，爬上大理石楼梯，到达了一个会客厅一样的房间。一张长长的桌子横置于大厅中央，桌子外围摆放着一圈古木椅子，房间两侧的墙上挂着历代皇帝的画像，最里面有一个巨大的空壁炉，壁炉前面摆着一把高大的红木雕花椅子。椅子上优雅地坐着一个少年，他正端起金杯把水往嘴里送。桌子上精致的盘子里盛着各种各样的点心。

“殿下，他们来了。”老仆人说完，和两个护卫一起退下了，把四个少年留在了里面。

“喂，艾伦在哪里？”菲利普第一个走上前问道。

“哈，你就是菲利普，那个黑暗魔法师！太荣幸了，终于见到真人了。”布莱恩听到这个声音，胃里感到翻江倒海一般：原来这少年是海因，在他们与雳和罗斯分别的那个村子里见到的少年。海因站起身来，跟上次一样，他身穿一套金线镶边的白色丝绸礼服。不同的是，他的腰间挎着一把银剑，胸前还别着一枚炫目的徽章。跟外面竖着的旗帜一样，徽章上面刻着沃尔特皇族的标志——喀迈拉。

布莱恩深吸了一口气，他可以感觉到这个少年浑身都散发着一股优雅而冷峻的贵族气息。在村子里时，他就觉得海因像是个贵公子，今天一看果然不错。布莱恩心里很讨厌面前的这个皇子。

海因转向焱说：“自我介绍一下，我叫海因里希·沃尔特，是沃尔特皇帝的三儿子。你肯定是光之战士，久仰，久仰。自从塞拉·艾琳告诉我你出现之后，我就一直期待着和你相识。”他说完，伸出右手要和焱握手，但焱并没有接受。海因笑了笑，继而把手伸向阿玛蓝莎。布莱恩急急地走过去，但还是慢了一步，海因像上次一样握着阿玛蓝莎的手，鞠了一躬：“噢，小姐，你的到来真是让寒舍蓬荜生辉，谢谢你。”说完，轻吻了她的手背。

“再次见到你我也很高兴，海因。”随后，阿玛蓝莎转向焱和菲利普，“他是上次我和布莱恩在村庄碰到的一个新朋友。”

“朋友？才不是呢，他隐瞒了自己的身份。”布莱恩插了进来，瞪了一眼海因。

海因大笑起来，对布莱恩说：“对不起，但那天我告诉你我的名字了呀，布莱恩·康拉德，康拉德爵士的儿子。是你自己没有问我姓什么，还是因为那天有什么别的东西吸引了你的注意力，让你忘记问了呢？”

“你这是要跟我单挑吗？”布莱恩恼怒地挑衅道。

“不要，”海因淡然一笑，“那完全是浪费时间。”

“你有种再说一遍！”

“我们还是言归正传吧。”焱走到两人中间。如果他再不采取任何举动，布莱恩红着的脸就要冒出火焰来了。

海因傲慢地瞥了布莱恩一眼，回到壁炉前，按下壁炉的一角。一阵齿轮转动的声音过后，空壁炉里面的石头便左右分开，出现了一条路。“告诉我，你们当中有人听过‘虚无空间’这个名字吗？”海因问道。

一听到这个词，菲利普的《知识宝典》自动翻到相关的那一页。他无意识地读出来了：“它是一个与我们生存的世界对斥的空间，那种地方通常会被用来建造秘密房间或者密道。”

“很正确，你不愧为一个黑暗魔法师！”海因拍了拍手，“在建造这座城堡时，巫师们使用法术构建了这个地方。”他指了指壁炉里面的通道，继续说：“皇家招收无数的劳工在虚无空间里筑造四层塔楼。但是由于各种原因，他们只完成了三层，却另外在我们的空间里建造了一个房间，这个房间悬浮在空中，同第三层塔楼遥相对映。”

“有人称这个悬浮的房间为‘第四层’，也罢。”他伸手做出一个“里面请”的手势，“不管怎样，你们的朋友现在就在那个房间，距离地面差不多三千米的高度。我可以明确地告诉你们，这样的高度对这片土地上的大部分生物来说都是可望而不可即的。”

“你们的朋友就在最高的那一层，正午的时候便会发生不幸的事情。”焱和菲利普同时抬起了眉毛。海因继续说：“你们现在只有两个选择，第一就是勇敢地爬到第四层，但是这样做的话你们必须打败每一层的守卫。如果你们足够幸运，成功了，并且把你们的朋友安全带出来，我保证让你们所有人都能安全地离开这座城堡。”

“那第二个选择呢？”菲利普问道。

“你们全部效忠于我。”

“什么！”布莱恩惊呼，他握紧了拳头，“你做梦吧！我绝不会那么做，难道你忘记了吗？我是艾瑞克皇帝旗下的一个骑士扈从。”

“那又怎样，你只不过是一个扈从，和骑士所立下的誓言相比，扈从的誓言算得上什么？再说，我指的又不是你。”海因转向了菲利普、焱和阿玛蓝莎，仿佛特意等着他们的答复。过了片刻，他接着说：“如果保持沉默，我就当你们选择了第一条路。你们记住，如果在任何一层的房间里改变了主意，都可以回头，我保证既往不咎。”

海因快步走到阿玛蓝莎旁边，握着她的手说：“我已经警告那些守卫，要对你特别关照。所以不管发生什么，你都是安全的，小姐。”

“谢谢你……”

“好啦，废话少说。”布莱恩再也看不下去了，走到了海因和阿玛蓝莎中间，“我们肯定会把我们的朋友安全带回来的，走着瞧。”说完就抓着阿玛蓝莎的手，把她拖进了壁炉。

焱和菲利普对视了一眼，摇了摇头。他们其实不想就这样结束谈话，但是他们也无法阻止布莱恩。“毛头小子，真是太冲动了！”焱边想边走进壁炉里的通道。在菲利普跟上来之前，他警告海因：“殿下，一旦你失信，我是绝不会原谅你的，请记住这一点。”

☆ ☆ ☆ ☆ ☆ ☆ ☆

通道里是逐级上升的台阶，台阶两边是厚实严密的高墙，四周安静得只能听见他们自己的脚步声。布莱恩一直在埋怨阿玛蓝莎：“你太温柔了，你难道忘记他是要杀死我们的吗？”

“不全是这样，他给了我们选择。他毕竟是一个皇子，还以待客之礼来接待我们，所以我们要尊重他才是。”阿玛蓝莎天真地说，“如果我们再礼貌一点，也许就能坐下来谈谈。”

“尊敬他？你开玩笑的吧，那个皇子有病。”布莱恩哭笑不得。

“真的吗？你怎么看出来的？”阿玛蓝莎好奇地问，“他的声音很清脆，眼神也很有活力，脸部和身体也看不出一丝生病的痕迹呀！不过我注意到他握着我的手时脉搏跳得有点快，这是有点不正常。不过总体来说，他很健康。噢，你这样一说我倒想起来了，我应该建议他多吃点蔬菜。”

“什么？”

“你没有注意到桌上的食物吗？海因把所有的蔬菜都留出来了。”阿玛蓝莎解释。

布莱恩语塞，他很仰慕阿玛蓝莎敏锐的观察力，但在这样的气氛里听到这样的话真是太可笑了。无奈，他只能转向菲利普：“你能再给我说说这个‘虚无空间’是怎么一回事吗？”

“你的意思是你完全不知道这种地方，就把我们都拽进来了吗？”菲利普愤怒地反问。

“因为你知道啊。”布莱恩至此都没有察觉到事情的严重性。

“天哪！”菲利普无力地回答，“‘虚无空间’是和真实世界平行存在的。这里广阔无垠，但是没有任何生命，整个空间就像是一个封藏死尸的墓穴。正是由于这样的特性，巫师们通常利用这些地方来建造密室或者密道。另外还有一个海因没有提到的功能就是，虽然这边的时间和外面的世界是同步的，但空间却是不同的。因为这里面的空间是呈弯曲状的，所以很多时候从一点走到另一点会比在外面近。这样折算下来，虽然第四层是浮在外面世界三千米的高空，我猜我们实际上最多爬一半的高度就能到。”

“那这地方不是很好嘛？”

“问题是要打通这样一个通道需要十分强大的力量，要想这样一直固定住它，使他不会关闭需要更强大的力量。所以现在我们周围全是施了魔法的墙壁，跟牢笼一样坚不可摧。我可以这样告诉你，我所掌握的魔法根本不可能摧毁这些墙壁，造个出口更是难上加难。所以你在行动之前至少应该先问问我们，如果海因是想把我们困在里面，那么我们就不得不效忠于他了。”菲利普最后沉重地叹了口气。

空气几乎要凝固了，阿玛蓝莎试着打破这片沉寂，安抚道：“算了，布莱恩那时也不知道后果这样严重。”

“到此为止。”焱进来后第一次开口说话，“反正已经走到这一步了，现在只能尽全力打败房间里的守卫，希望能出现奇迹。”他乐观地想象着。所有人加快了脚步，没再说话。

☆ ☆ ☆ ☆ ☆ ☆ ☆

通道尽头是一扇铁门，比普通的门大概高出三倍，宽度足以让五匹马并排通过。少年们都屏住了呼吸，他们知道门后面不管是什么，无疑都是异常凶险。焱推开门后，一股阴湿的凉风迎面扑来。没想到里面竟是一个宽敞的大厅，大概十五米宽，八米高，至少一百米长。这个“大厅”或许叫作“海底洞穴”更合适。房间里从地板到天花板铺着湿漉漉的珊瑚石，水滴不停地滴滴答答落到地上，这样的环境就算是最勇敢的战士也会心惊胆战。这里的气味也相当恶心，闻起来像是腐烂的鱼散发出来的恶臭。

“沃尔特真是建了一个‘好地方’啊！”布莱恩嘲讽道。

“不要爱上这个地方哟，我们不会待很久的。”菲利普调侃着说。

所有的人都在正前方发现了一扇铁门，但他们的脑海中同时想着一件事：守卫在哪里呢？这个房间里除了他们就只有积水，但是每往前走一步，有种感觉就更加强烈——这里不只有他们。

他们几乎走过了第一层关卡三分之二的区域，阿玛蓝莎突然停住脚步，拦住了其他人。男孩们疑惑地看着她，她没有回应，闭上眼睛，伸出手，让空气中的水元素汇聚在她的手掌中。“在那里！”她飞快地指向房顶的左上角，一股水流从她指间射了过去。水没有打到墙壁，而是被什么东西给挡住了。菲利普迅速朝那个看不见的东西施下了咒语，虽然没有打中目标，但还是揪出了隐藏着的敌人。

这层的守卫是一种极其可怕的生物，现身时发出刺耳的鸣叫，差点把四个少年吓得瘫倒在地。这个生物有着人类一样的身体，但并不是血肉之躯，而是由一种类似水汽的物质聚积而成，无法判定这种物质到底是什么。守卫身体的每一个部位都好像自成一块，在模糊的身体框架内杂乱无章地蠕动。这些物质所游走的框架是女人的外形，她的头发好像希腊神话里的美杜莎，像蛇一样到处飘散开来。

“嗨，孩子们，你们好。”这个生物用嘶哑冰冷的声音打了个招呼。

布莱恩脊背上感到一阵凉意，害怕地问：“有人知道她是个什么东西吗？”

“我是带来死亡的海洋的化身，可以说是海水里死灵的集合体。”守卫回答了他的问题，并指了指他们脚下，“看看你们脚下吧，你们已经被那些痛苦、恐惧、绝望的灵魂包围了。”

当少年们低头看时，那种心情不能仅用惊恐形容。上千条，不是，是上万条怨魂浮现在他们脚下：有鱼族、人类，还有一些叫不出名字的生物。那些怨魂慢慢飞升到空中，号叫着形成了一阵旋风，把孩子们包围在风眼中间。听着这些怨魂发出的哀号声，焱感觉自己的力量完全使不出来，好像自己的灵魂连同全部的生命力都被剥夺了。他能感觉到那些鬼魂死亡时的痛苦和绝望，甚至鬼魂死前的最后一幕也清楚地浮现在眼前。“我必须要抵抗！”他挣扎着，但他从来没碰到过这样的对手。

“菲尔！你不能做点什么吗？”布莱恩大声叫喊着，他已经害怕得发抖了。

布莱恩的问话正好分散了菲利普的恐惧：“你就不能用脑子来想想问题吗？我是一个黑暗魔法师，又不是驱魔师！你想让我怎么做啊？把他们都杀了吗？现在你不觉得迟了一点吗？”

“可要是不做点什么，我们就会变得跟他们一样了。”布莱恩惊呼。就在这千钧一发之际，一道道蓝光从他们身边射出去。顿时，三个男孩感觉身体变得温暖了，怨魂组成的旋风也随即消散了。光是阿玛蓝莎射出来的，她双手紧握，合于胸前，低声祈祷，站在那里就好像一座希望的灯塔，发射出阵阵柔和的蓝光。

“你救了我们！”布莱恩欢呼着。

阿玛蓝莎停止发射蓝光，悲悯地看着那个怪物说：“海洋母亲给世间万物以生命，洗涤痛苦与罪恶，使这个世界充满生机。我不会让你为她涂上死亡的色彩。”男孩们面面相觑，诧异于天性温柔的阿玛蓝莎竟能如此大义凛然。阿玛蓝莎回头看着男孩们：“亲爱的朋友们，让我留在这里对付她。你们得马上离开，我们的时间不多了。”

“不行，我们不能把你一个人丢下。”布莱恩立刻抗议。

“请相信我，我一定能做到的。”布莱恩还没来得及再次争辩，房顶又传来了一声撕心裂肺的吼叫。那怪物张开双手，几大股水流似的物质从她身体里溢出来。现在他们终于明白为什么物质在守卫的体内看起来这么怪异惊悚了，因为那些全是怨魂。可就算知道了又有什么用呢，他们只能无助地看着怨魂冲进地面。随即，地面从内部破裂开来，里面竟然埋满了骨头。“现身吧！我的臣民，杀了他们！”怪物的话音一落，那些骨头就自动升起，拼接在一起，构成了五十多个骷髅士兵。

面对着这一批死亡军团，阿玛蓝莎没有惊慌。她在骷髅军队前挥舞着手，大声叫道：“水兵！保护我！”话音刚落，地面上每一滴积水都汇聚起来，在敌人前面形成了十个人形水兵。水兵明显比那些骷髅强壮，一挥手就把附近的骷髅击为尘灰。“你们快走！”阿玛蓝莎催促道。

“想走，没那么容易！”怪物把手举过头顶。地面和房顶破裂开来，房间里立刻涌进大量的水，把少年们冲得东倒西歪。骷髅军团和阿玛蓝莎的水兵也被冲得消失不见了。没过多久，水就淹到了少年们的腰间，看来整个房间很快就会被完全淹没。

阿玛蓝莎为了应对这突发状况，她交叉双臂，同时朝两边劈去。一股无形的力量把水强行分成了两半，同时把出口的门劈开，形成一条出路。焱知道阿玛蓝莎的用意是让他们快点逃出去，于是他急忙拽起另外两个少年向出口飞奔。

“不行！”布莱恩坚定地回绝了。

阿玛蓝莎朝他温柔地笑了一下，用动人心弦的声音说：“布莱恩，对不住。”说完迅速把手臂推向前方，一个巨浪从她的脚下冲向男孩，把他们推到门外。

“不要！”布莱恩吐了一口水，想要再次回到那个房间，但是两边的水流重新汇集到一起，把门关紧了。

“好了。”阿玛蓝莎松了一口气，转身面对那个怪物，“以海洋母亲之名，我会净化你的灵魂。”

☆ ☆ ☆ ☆ ☆ ☆ ☆

把阿玛蓝莎留在第一层关卡里，是让人在情感上很过意不去的事情，尤其是对布莱恩。焱为了安慰他，坚定地说：“你应该相信她的能力，布莱恩。她很强，一定会没事的。我们现在能做的就是继续向前走，不要辜负了她为我们付出的努力。”布莱恩点了点头，他们相互示意，便加快脚步向第二层进发。

不到三分钟，他们便到了一个烟囱状的空间。空间内部最多只能容下八个人，四周环墙，密不透风，房间高得望不到尽头，布莱恩怀疑根本就没有房顶。他们正准备讨论下一步该怎么做的时候，地板开始快速上升。“有意思，我们不用自己爬了。”菲利普看着身边急速下降的墙说。大约过了五分钟，“电梯”终于停了。

他们面前出现一扇布满亮光的门，灯光又密又亮，根本看不到强光后面的东西。虽然不确定这夺目的灯光下隐藏的是什么，但他们还是义无反顾地踏了进去。焱只走了三步，身体就被一股巨大的力量抓住抛到了空中，他想反抗，但是在强光中根本什么都看不到，更不用说战斗了。这股力量来得快去得也快，一瞬间，焱已经被强光丢出门外，重重地摔在了坚硬的地板上。他刚落地，布莱恩就以同样的姿势从他头顶飞过，也重重地摔落在了地板上。随后传来一阵金属撞击的声音，门关闭了。

“刚刚发生了什么？”布拉恩用木棒支撑起身体疑惑地问道。

“我也不太确定，我们很有可能被丢在了第二层关卡外。”焱环顾四周，“菲利普呢？”他飞快地跑过去想推开那扇门，但门纹丝不动。

“他肯定被锁在里面了。”布莱恩的心情更加沉重，“不妙，我们现在应该怎么办？”

“我们只能继续往前走了。”焱拍了拍布莱恩的肩膀，“菲利普是一个坚持不懈的人，他一定会赶上我们的。”

说到菲利普，这时的他虽被困在亮光里，没有陷入焱和布莱恩的境地，可他面对的更加可怕。那刺目的亮光变成了闪闪星光，像数不清的萤火虫飞在他身边，他感到脚下的地面在不停旋转。就在他晕头转向时，一切都停了下来，他站在了一个完全陌生的地方。这是一片荒芜之地，天空被乌云笼罩着，地面上留下一片挥之不去的阴影；周围还有几棵树木，但都早已枯死，几只乌鸦在枯黄的树干上憩息。不远处竖着四块大石碑。菲利普环顾四周，断定这里是一片墓地。

不知是出于好奇心还是神秘感，他上前擦掉石碑上的灰尘，好看清墓碑上雕刻的字。“不可能！”菲利普惊慌地退了一步。墓碑上从左到右依次刻着艾伦、布莱恩、焱和阿玛蓝莎的名字。“这到底是怎么一回事？这肯定不是真的。”他不断地对自己说，身体因为害怕而颤抖起来。

“噢，这些都是真的。”

“谁在那里？”菲利普怒吼着，希望自己的声音足够大，可以把这个不知道哪里蹦出来的声音和自己内心的恐惧都吓跑。不幸的是，他的愿望没能实现。

“你面前的这些坟墓就是你失败的结果。你没能救出他们中的任何一个，包括艾伦。”

“你撒谎！我……我不相信你！”菲利普痛苦地捂上了耳朵。可是不管他捂得多紧，那个声音还是真真切切地传到他耳朵里。

“撒谎的不是我，是你自己，一直以来你都是一个失败者。可以这样说，你这一辈子都活在失败的阴影下。”

“不是！不是这样的！”

“你知道我说的都是事实。你只是一个软弱的小男孩，什么也做不到，谁也救不了。”

“闭嘴！我才不软弱。”菲利普沮丧地呜咽起来。

那个声音大笑了一声，地面随之颤抖起来。更让菲利普感到害怕的是，他前面的一片空地裂开了，形成了一个墓坑，地面上随之竖起另一块墓碑，上面刻着：“长眠于此的人是菲利普——失败者。”

这一切已经远远超出了一个十四岁少年所能承受的范围，菲利普本能地想逃避，但他发现自己根本动不了。“我不能动了！我怎么不能动了？啊！”他在慌乱中尖叫。他不知道这是何时发生的，布莱恩和焱的坟墓里伸出两双手来，死命地抓住了菲利普的脚脖子。

“看见没？你的朋友在邀请你呢，他们已经等你很久了。”

菲利普被失落与恐惧层层包围，他的身体已经瘫软。就在这时，一道黑影飞快地向他窜来，那是个骨瘦如柴，拿着一把大镰刀，穿着一身连帽黑袍的人。随着它的飞过，就连草木也因恐惧而发出悲鸣，那个象征着给所有生命画句号的人到来了——死神！

“一切都结束了！不要抵抗，打消你求生的意志吧，尽情享受即将到来的一切！”

菲利普低下头，停止了反抗。他可能还希望有一点点时间可以重新思考一下自己的人生，可再怎么反思，也没法这样简简单单地参透生死。说时迟那时快，死神举起镰刀，朝菲利普砍了过去。

然而……镰刀却在距离菲利普脖颈约十厘米的地方停下来了。不是镰刀自身停了下来，而是菲利普周围突然出现了一道无形的屏障，在最后一刻挡住了死神的攻击。“呵呵呵呵呵……啊……哈哈哈哈哈哈！”菲利普抬起头哈哈大笑，“谢谢你的这场演出，到现在为止各部分剧情安排得还不错，不过我想是时候结束这场闹剧了。”

菲利普把右手中指和食指缠在一起，手指周围出现了一道白光，他随即高声喊道：“纯净之光！用你的力量驱散一切幻影！去！”他指向空中，白光射向天空并随即爆炸开来，空中的乌云顿时变成光焰，光焰像流星雨一样落了下来，一切都变成了银白色。

周围的环境和先前完全不一样了。墓地不见了，取而代之的是一个石头砌成的房间，差不多有三十平方米，每个墙角都竖着一根石柱，每一面墙上都镶着一个大窗户。强烈的阳光透过窗户照射进来，整个房间异常明亮。由于这个房间处于虚无空间，而虚无空间根本没有太阳，所以菲利普断定这些窗户一定被下了咒语。房子中间的地上画着一个巨大的魔法圈，是由两个三角形组成的六角星。圈中间站着一个男人，一头银灰色的头发，瘦瘦的脸颊，稀疏的胡须，根据他满是皱纹的皮肤可以看出他已经步入暮年。他穿的衣服和菲利普很像，也是一件黑色的斗篷，不过从衣料上反射出来的光泽可以看出，他的衣服更华贵。

菲利普看着那个人，高兴地说："我们终于见面了。"

"你做得很好，我本想用幻术击垮你的意志，没想到你却能成功克服。"

"真不容易。"菲利普松了一口气，"我不得不承认，在看到我朋友们墓碑的那一刻，我的心脏几乎停止了跳动。"

"那你是怎么看出来一切都是假的呢？"

"因为我的朋友不可能那么弱小。你说我不可能靠我自己就把艾伦救走，这一点没错，但我已经不是一个人了，我有强大并且可以相互信任的朋友。他们跟我一起来到这里，他们不是那么容易就会被打败的。"他一边说，一边回想着和焱一起打败骑兵的情景；回想着阿玛蓝莎在火山旁救下他，并给他疗伤的情景；回想着布莱恩几秒内就用木棍打倒四个骑兵的情景。菲利普充满信心地说："我相信他们有足够勇气和力量战胜困难，我相信在他们的帮助下一定能救出艾伦。"

"你和你的朋友们相识的时间不长，倒是很信任他们。"那个人有点怀疑菲利普刚刚所说的话。

"不错，我们两星期前才互相认识，"菲利普点了点头，"但是我没有理由去怀疑他们的能力，甚至怀疑他们的品格。和他们相比，我连朋友被人绑架都不能阻止。"他诚实地说，声音里满是惭愧，最后微微一笑，"这也是我不能让你打败我的原因。要不然他们会笑话我的，你说是吧？"

沉默片刻后，那人邪恶地一笑："说得好！少年，不过我觉得与其担心会被你的朋友们嘲笑，你还是想想怎么打败我吧！现在让我介绍一下我自己。"他清了清嗓子，"我是黑暗魔法师普西瓦，是海因里希皇子私人议会的首领。接到皇子的指令，我在这里担任第二个房间的守卫。"

"黑暗魔法师？难道他就是昨晚闯入我大脑的人？"菲利普猜想。老实说，听到自己要面对一个真正的黑暗魔法师时他没有震惊，倒是"普西瓦"这个名字听着有点耳熟。啊！他深深地吸了一口气，他以前听过这个名字。那是他第一次来到这片土地时，在镇上碰到过一个到处炫耀魔法的男孩，而那个男孩正是黑暗魔法师普西瓦的徒弟，多么美好的巧合啊！菲利普想来觉得很有意思。

菲利普环顾四周，没有发现焱和布莱恩的踪迹。“看来你让我的朋友们先通过了。这也是皇子的命令吗？”菲利普心里暗自高兴，这样即使自己失败了，总还能有人活着去救艾伦。想到这里，他把斗篷甩到身后，摆好姿势，同时继续提出他心里的疑惑：“或者你在追寻我身上的某样东西吗？”

“也许吧，不过现在我只能说是出于私人恩怨，我要和你单独打斗。”普西瓦警告道，“准备好了吗，小黑暗魔法师？我们的战斗要开始了！”

☆ ☆ ☆ ☆ ☆ ☆ ☆

当两个黑暗魔法师在第二个房间一决胜负时，焱和布莱恩也加快脚步，终于到达了第三个房间的入口。房间的摆设让他们大吃一惊。这是一个环形的房间，墙体上突出四根巨大的石柱，石柱中间有着同样的距离。墙面上悬挂着各种各样的武器：剑、盾、权杖、铁棍、弓弩等。屋子中间立着一个全副武装的人，他身披银色铠甲，头戴银色头盔，脚踏银色战靴，左手拿着一个三角形的盾牌，右手握着一把巨剑。剑刃差不多有布莱恩那么高那么宽，而且它重得无可比拟。那把剑，难道是……焱认出了这把巨剑。那是在他们与雳和罗斯分开的村庄里，同他们争斗的一个人的武器。

“是他！”布莱恩也认出了这把巨剑，当然也认出了这个穿着铠甲的男人。“原来他也是海因的一个心腹。那天肯定是他的小主人发出信号弹，所以他才夹着尾巴逃了。”

那人听到这话，愤怒地朝他俩怒吼了一声，举起了他的剑。

他要出什么招呢？焱不禁有点好奇。他感觉到那人身体里的气开始全部汇聚到剑刃上，形成了一个巨大的能量场。在焱还没搞清那人的意图的时候，那人就隔着好几米把剑朝布莱恩的方向砍下去。

生死不过一瞬间，焱迅速把布莱恩推开，随即他们发现布莱恩的木棍已被隔空砍断。“他是怎么做到的？”布莱恩惊呆了，紧紧地握着那根被砍断的木棍，“他都没有接触到我，怎么会砍到我的木棍呢？”

“气刃！”焱大吃一惊，在心里分析着。他的剑挥过的地方会形成一道剑风，剑风形成了无形的剑刃。就算距离很远，也能砍到对手。“以前我听师父提起过，今天算是见识到了！”焱感到额头直冒冷汗，“幸好我能感受到他的剑气，不然……”他小声对布莱恩说：“听着，马上从第三道门里出去。跟菲利普和阿玛蓝莎一样，我把希望全寄托在你的身上了。你要成功地救出艾伦。不要担心，我会尽快赶上你的。”

布莱恩看着他被砍断的木棍，无奈地点了点头：“嗯，小心一点，一定要打败这个家伙。”

“一定会的。”焱边回答边拔出自己的剑。如果这个人要袭击布莱恩，他会不顾一切地阻止对手。可是没想到那人并没有理会布莱恩的离去，所以布莱恩没受到任何阻拦就走了出去。

“既然你的朋友已经离开，现在我们就来结束上次在镇上没有开始的战斗吧！”那人说道，“我是泽科尔爵士，是宣誓效忠沃尔特皇帝的一名骑士。现在我的主要职责就是保护海因里希·沃尔特皇子的安全。”

“我叫焱，是一名战士。泽科尔爵士，如果刚才我没有出手干预，我的朋友就会命丧黄泉，你很清楚吧？”

“那又怎样？”

“一个骑士的职责是保护民众的安全，绝对不是进行大屠杀。你难道不知道要用这个来约束自己吗？”

“你说我要约束什么？为什么要怜悯弱者？”泽科尔轻蔑地笑了一下，“只有强者才能生存下来，只有强者才能成功。而我就是一个强者，我只遵循这个原则，而铲除弱者是我作为强者的责任。”

听到这些话，焱的眼神变得冰冷，他飞快地朝前面冲了过去，像是准备进行一场激烈的战斗。但让对手没想到的是，他突然停下来了，拿着剑朝着泽科尔的方向砍了过去。“什么！”骑士看着焱的动作大吃一惊，急忙躲到一边。剑风引起的气刃，擦过了他的右脸，留下一道浅浅的伤口。“气刃？你在哪里学的？”骑士震惊地问道。

“刚刚在这里学的，”焱微微一笑，把剑握在胸前，“这样的招数真的很难学，我的气刃现在只能飞出短小的距离。所以我需要助跑一下，为我的剑气助推。不然的话，我根本就打不到你。”

“满嘴胡话！你不可能这么快就学会！”泽科尔不愿相信，“这是我自创的，我花了好几年的时间才修炼成。”

“真是抱歉，但是我曾学过一门叫作‘镜像’的武术，这让我在几秒之内就能看清对手的动作，然后依葫芦画瓢。”焱边说边用剑指着泽科尔，“泽科尔爵士，回答我一个问题——在你看来我够强大吗？”

“你会后悔惹恼我的！”泽科尔叫骂道，立刻朝焱冲了过来，然后一场战士和骑士之间的战斗就展开了。至于结果，看来只有一方完全获胜，两人才会罢休。

布莱恩此时正在奋力地爬着一段长长的阶梯。“真是的！我告诉过他们不要跟着塞拉，可是没有人愿意听。”他在心里抱怨着，走过这三个房间后，他多么希望今天早上自己没有起床。“先是阿玛蓝莎，然后是菲利普，现在是焱，为什么要这样对我？”他在心里一边咕哝，一边为自己打气，不知道等着他的最后一道关卡是什么。

第十一章 三 战

让我们回过头来看看第一个房间的战况。水不断地涌进房间，阿玛蓝莎独自抵挡着无数怨魂的侵扰，她浮在水面上挣扎着。从房间内的水位上升速度来看，不出五分钟，整个房间就要被淹没了。

怪物观赏着少女的窘境，讥讽道："你妄称会拯救我们的怨魂，但你连自己都拯救不了，又怎么来拯救我们呢？"

"我们没有必要进行无谓的打斗，我的治愈之光能够消除你们所有的痛苦，让你们得以超度灵魂、安心转世。"阿玛蓝莎温柔地说。

怪物冷笑一声，指着阿玛蓝莎："太可笑了，小女孩。离水完全淹没这个房间还有点时间，让我们好好享受一下你挣扎的声音吧！"随后，怪物身体里再次喷涌出无数怨魂，怨魂分成三组冲进墙壁，墙壁在怨魂的挤压下从内部爆炸开来，三个巨大的怪物从裂口窜出。

阿玛蓝莎仔细辨认，才发现三个巨大的怪物是三条五米长的僵尸鲨鱼，它们身体上的皮肉已经全部腐烂，惨白的骨头露出来，眼睛闪着幽光，十分恐怖。

"这样对待一具死尸真的是太残忍了！"阿玛蓝莎悲悯地说。不管鲨鱼是生是死，它们终归是海里的夺命者，三条僵尸鲨鱼张开着血盆大口扑过来。"呀！"少女尖叫着，一条僵尸鲨鱼已经潜伏到她的身下。阿玛蓝莎迅速聚集了周围的水，一束水柱将自己托向高处。一瞬间，巨大的水浪中一个少女和一条鲨鱼同时蹿出水面。幸运的是，鲨鱼首先失去了上冲力，比阿玛蓝莎先跌回水中，阿玛蓝莎的脚也成功脱离鲨鱼利齿的袭击。

"死者已经经历太多痛苦了。"阿玛蓝莎在落下时想，"我本不想以暴制暴，但……"她像仙女一样，轻轻地踩在了水面上。令人惊讶的是，没有任何浪花溅起，她奇迹般地站立在了水面上。而此刻，三条僵尸鲨鱼猛烈甩动尾巴溅起了巨大的浪花，把阿玛蓝莎团团围住。

阿玛蓝莎泰然自若，脚下发出一道波浪并形成一圈强劲的水墙，把三条僵尸鲨鱼顶到了屋顶。她一边看着那些强大的鲨鱼不断挣扎，一边悲伤地说："一个灵魂如果遗失了内在的光，是一件多么可怕的事啊！"她用右手划过水墙，水流从她指间流过，形成一条水鞭。"别担心，请让我来治愈你们的痛苦！"阿玛蓝莎操纵水鞭绑住了三条鲨鱼，水鞭宛如一条巨大的蛇一般缠绕着鲨鱼。一束蓝光从少女手中闪现，导入整根水鞭，随即鲨鱼的身体便被蓝光包围了。

在蓝光中，僵尸鲨鱼先是抽搐，然后逐渐停止，不多时，它们的身体幻化成无数个蓝色光球。无数怨魂在光球里调息，游动的速度明显放慢且变得越来越平和，最后飞向屋顶消失了。

"你对它们做了什么？"怪物咆哮着。

"我净化了它们的灵魂，它们没有了苦楚烦扰，自然会继续转入轮回超度。"阿玛蓝莎再次挥动水鞭，"现在我要用同样的办法来解救你。原谅我，这都是为了你好。"水

鞭朝怪物挥了过去，不料竟穿过了它的身体打在了屋顶。她又试图用水鞭绑住怪物，但怪物变成无数小碎片逃过了水鞭的束缚，重新聚合在一起。

“快点哟，快点哟，如果你不能快点打败我，这个房间就要完全被水淹没了。”怪物大笑道。这倒不是虚言，在阿玛蓝莎与僵尸鲨鱼打斗时，房间里的水还在急剧上升，现在她已经被屋顶压得只能猫着腰了。“你现在该怎么办呢？我不是那些鲨鱼，你可以绑住它们的身体来净化它们的灵魂，我可没有那样的身体，你不可能净化得了我的。”怪物傲慢地说。

“不，我还是有一个办法……”阿玛蓝莎琢磨着一个久藏于心的方法，不自觉地从衣服里掏出了一条用红绳穿着的贝壳项链，此前她从没给任何人看过。正在阿玛蓝莎还在犹豫的时候，怪物趁机向她冲了过去。无数怨魂穿过少女的身体，在那一瞬间，怨魂所遭受的不幸以及它们的绝望全部堆积在少女单纯的心灵上，她还看到一连串残酷的景象——暴风雨中一艘破裂的沉船上，一个疲惫不堪的渔夫和一个绝望而痛苦的孕妇抱着哭泣的婴孩……她发出一声尖叫，整个身体都掉到了水里。

等到怪物和它的怨魂全部穿过少女的身体后，阿玛蓝莎浮在水面，感到很虚弱、心酸，她就这样静静地躺在水面，泪水挂在脸上：“我现在理解了，他们死得如此悲惨，也难怪会有如此怨恨。”阿玛蓝莎抓住贝壳项链，看了一眼屋顶，现在水面和屋顶之间只有不到半米的距离了。她一个回旋，猛蹬屋顶，借助反作用力直接冲到水底。等到她停下来再往上浮升时，屋内最后一丝空气也被水挤跑了。

在充满水的房间里，温度瞬间下降了好几度，显得更冰冷、更恐怖。墙上开始发出绿色的幽光，即使在水下，那些怨魂的哭声仍清晰入耳，它们游荡在阿玛蓝莎周围，不耐烦地等着她的死亡。“不会太久了。”怪物游荡在水中墓地，幸灾乐祸，“不要担心，小姑娘，我不会让你溺死在这里的。皇子跟我说只要我放过你，他就会送我更多怨魂。”

阿玛蓝莎很淡定地又浮升了一段距离，她张开嘴吐出嘴里的空气后，竟开口说话了：“我也能感受到你的痛苦，但是认为海洋只能带来死亡这种想法终究是错的。”

怪物大吃一惊，身体的每一处都颤抖起来：“你在水下还能……还能讲话？”

阿玛蓝莎并没有回答，而是将两只手握紧放在胸前，一道蓝光在她胸前绽放开，这道光是那条贝壳项链发出来的。阿玛蓝莎放开手，让项链浮在水中，项链投射出的蓝光在水中扩散开来，笼罩着她。同时，她身体内部的某种能量好像鱼雷爆炸一样，将周围的水迅速拨开又汇聚到了一起。

爆炸过后，阿玛蓝莎已经脱胎换骨：衣服变成了一条蓝色纱绸，包裹了她的身体，上身在她一头金发的掩映下显得光鲜艳丽，那头金发差不多有她身高那么长，一圈一圈围着她的身体，让她看起来像天使一样夺目。她的双腿化成一条长长的鱼尾，鱼鳞上还泛着蓝光。

“不！不可能，你是……你是……”怪物被这一幕惊人的变化吓得目瞪口呆。

阿玛蓝莎点了点头：“对，我是一条人鱼，我诞生于海洋之中。海洋孕育了我的生命，赐给了我力量，塑造了我自由的意志。”她指着脖子上的贝壳项链，“有了这条项链，在陆地上我就可以拥有人类的形体。非常抱歉我隐瞒了我的真实身份，但这是个秘密，就连我的朋友们也不知道。”阿玛蓝莎确实不喜欢隐瞒，但是由于一些很复杂的原因，她不得不一直保守着这个秘密，把它埋藏于内心深处。

怪物的震惊转化成不可抑制的愤怒，它疯狂地尖叫起来：“美人鱼！海洋母亲怎么可以夺走我们的生命，却创造出了你？你代表了我们所憎恨的大海，现在我也要让你尝尝我们的痛苦！”它张开双臂，部分身体幻化成怨魂冲向阿玛蓝莎。它们的叫声比之前更加哀怨，倾诉着它们无尽的痛苦和绝望——一个普通人绝对无法忍受这种尖锐的吼叫，那声音仿佛可以刺穿你的心灵。怪物疯狂地怪笑着，不断释放体内的怨魂，想以此摧毁阿玛蓝莎。

源源不断的怨魂穿过阿玛蓝莎的身体，像毒药一样慢慢侵蚀着她纯良的心灵。她用胳膊环抱着自己的身体，不断挣扎着。那些怨魂不只穿过她的身体，还让她切身体验着它们死去的场景，这简直比死亡更折磨人。“死亡并不是惩罚，而是一种解脱”，这句话是有道理的。不过，就算这句话是真的，阿玛蓝莎也绝不会选择死亡，她用虔诚的声音祈祷着：“亲爱的海洋母亲……请赐予它们安详……”她身体发出一道道强烈的蓝色光芒，就像黑暗中的灯塔，照耀着周围的怨魂。

尖叫声变成细语，细语变成沉寂。那些怨魂最终变得平和，哀号声也渐渐消失。一阵缓和而畅快的笑声过后，所有的怨魂都消失了。“你是怎么做到把它们一次全部净化了？”怪物迷茫地问道。它不禁担心起来，刚才那场战斗中自己释放了过多的怨魂，而它的身体是怨魂拼凑起来的。现在，怪物的体形小了一半，力量也减弱了一半。

“在我是人形时，只能发挥所有力量的五分之一，要是变回人鱼，我的力量就不受限制了。只要我愿意，我可以净化这一池水。请看！”阿玛蓝莎温柔地说完后，身体所发出的蓝光变得越来越明亮，整池水都变成了蓝色。

“你的小把戏根本就缓解不了我们所遭受的痛苦！”

“这里没有‘我们’，只有‘你’！”阿玛蓝莎纠正道。

房间里一片沉寂，怪物身体里的怨魂开始动摇。有一些甚至自己跑了出来，但又被一股不知名的力量拉了回去。“我……我不知道你在说些什么……”怪物反驳道，想掩饰自己不断增加的分裂感。

阿玛蓝莎飞快地朝怪物游了过去，继续放大她的光亮：“我已经看穿你的实体了。你也是一个可怜的怨魂，你用自己的怨恨让其他灵魂相信生命是残酷的，这本身是虚伪的。对吗，克拉丽？”她现在已经游到了离怪物只有十厘米的地方了，怪物身体里的怨魂也随着蓝光的照耀迅速减少，最后变成一个足球大小的透明的蛋，蛋里面有一个婴儿，婴儿的身体蜷缩成一个球，吮吸着自己的两个拇指。有趣的是，婴儿下半身是一条没有鳞的鱼尾。

突然，一个小女孩的形象从蛋内映射出来，正是这个婴儿的灵魂。小女孩的脸因愤怒而变得扭曲，指甲变得针尖一样锋利，她仇恨地盯着阿玛蓝莎。

“你叫克拉丽，是吗？你妈妈生下你后给你取了这个名字。”阿玛蓝莎说，“你攻击我的时候，展现给我很多死亡的场景，你自己的也包括在内。那天海上袭来一场大风暴，对吧？你妈妈想坚持到船靠岸再让你出生，但是巨大的风浪却让你们的船离岸边越来越远，你的爸爸疲惫不堪，无能为力……”

“住嘴！”

“……你出生不过几分钟，船就被大浪打翻了……”

“不！不要再说了！请你不要再说了！我不想记起来！”克拉丽捂住耳朵，大声叫喊，哭泣起来。

“这应该也是你如此憎恨大海的原因吧，你还没来得及看这个世界，就被扼杀了。”

“对！就是这样！”小女孩抽泣着，满怀仇恨，“大海拆散了我的家庭，带走了我的爸爸妈妈，我一辈子都不会原谅它！”

阿玛蓝莎温和地摇了摇头，用一种轻柔如水的声音说：“你错了，她是想救赎你。你之所以拥有这样的能力，是因为海洋母亲赋予了你人鱼的生命特征。但你始终不能从过去的阴影中解脱，不承认她的善良。不过，我会帮助你的，妹妹。”阿玛蓝莎用手捧起蛋壳，周围的蓝光变得晶莹剔透。

“放开我！”克拉丽用灵魂投射而形成的身体挥舞着双手，尖尖的指甲划过阿玛蓝莎的脸庞和肩膀，她的血液融入冰冷的水中。阿玛蓝莎并不闪躲，而伤口也立刻魔法般愈合了。

小女孩仍不放弃，不断地攻击阿玛蓝莎，同时痛苦地呜咽着。慢慢地，攻击减弱了，她最终停了下来。阿玛蓝莎手中的蛋开始发光，婴儿也开始蠕动，仿佛是从一场漫长的沉睡中醒来。克拉丽的灵魂投射消失了，蛋壳破裂开来，里面释放出一股温柔的光。阿玛蓝莎像一个慈爱的母亲一样抱着克拉丽，看着婴儿怯生生地伸出手臂，舒展鱼尾的时候，阿玛蓝莎露出满意的笑容。克拉丽的成长速度快得惊人，几分钟后，她差不多有四岁孩童的臂膀了，下半身甩着一条和阿玛蓝莎一样颜色的鱼尾，还有一头棕色秀发。

“好了。”阿玛蓝莎松了一口气，“我已经输送给你一些我的生命力，完成了你多年前就应该完成的生长。以后要继续增进自己的学识，才能赶上其他的姐妹们。克拉丽，现在感觉怎么样？”

“这种感觉舒服极了。”克拉丽高兴地在周围游来游去，然后转向阿玛蓝莎，咬着嘴唇，惭愧地低下头：“对不起，过去我做了许多错事。姐姐，现在我才明白放下包袱、轻松生活的意义。”小美人鱼把手放在胸口，“但我还是会为父母的离去感到伤心。”

阿玛蓝莎把手放在克拉丽的肩膀上：“只有汇聚海洋中的生命精华才能塑造一条人

鱼，所以你身体里肯定也有一部分生命是属于你逝去的父母的。亲爱的妹妹，快乐地生活吧，你的爸爸妈妈活在你体内。”她亲吻着克拉丽的额头，说:“是时候进入海洋愉快地生活了，认真感受心灵深处海洋母亲的召唤，你便会自动瞬移到我族的家乡。”克拉丽点了点头，深深地拥抱了阿玛蓝莎，随后消失在蓝光之中。

“再见，我亲爱的妹妹，愿海洋母亲保佑你！”阿玛蓝莎在心里默默祈祷着。然后，她取下了脖子上的贝壳项链，一道蓝光闪过，她变回了人形，身上依旧穿着以前的服饰。随着她的转变，房间里的水消失不见了，两边的门也自动打开了。

“什么时候我能够再回海洋呢？”阿玛蓝莎看着通往第二个房间的楼梯，“不管怎么样，现在我必须确保朋友们的安全。”于是她加快脚步，离开这间屋子。

☆ ☆ ☆ ☆ ☆ ☆ ☆

第二个房间内，菲利普和普西瓦围绕着那个魔法圈虎视眈眈地移动着。两个人都小心翼翼地看着对方迈出的每一步，房间里一片死寂。普西瓦突然打了几个响指，也许在外人看来这是一件很愚蠢的事情，但菲利普明白他在做什么。

这是一种测试对手能力的常用方法。普西瓦手指产生的声波携带着他的力量四下扩散，当这股力量触及菲利普时，菲利普体内的魔法就会把力量反弹回去。对手越强大，反弹就会越迅速，力道也越大。菲利普试着让自己放松下来，施展焱教的调整气息的功夫。如果气功真能帮助菲利普隐藏自己的魔法能力，至少可以让普西瓦降低防备。不过，菲利普很难从那个老魔法师的脸上看出气功是不是真的有用。

响指声虽然只维持了半分钟，对菲利普来说却像经过了一个世纪。普西瓦一停下来，菲利普立即释放了自己潜藏的力量，朝对手投出了一个黑能量球。“现在是见证事实的时刻！”菲利普在心里叫道。

普西瓦举起手快速施下了一个庇护咒，可是他的防御太弱了，黑能量球直接穿过庇护罩，在普西瓦手掌前爆炸了。普西瓦的手被能量球爆发的力量击中，脸上浮现出一丝惊诧的表情。菲利普内心暗喜，为抓住了这短暂的机会，他聚集了更多力量，从手中抛出一道闪电霹雳。普西瓦迅速反应，急速布下了一个反攻击咒。两股力量相撞产生强光，空间都变得扭曲起来。

扭曲的空间生出一股强风，两人的斗篷随风飘荡。菲利普不敢相信自己的眼睛，他从未看见一个人可以这么快施下一个咒语，况且这个人还处于劣势。“好吧，我也从来没期望这么容易就打败他。”菲利普自我安慰道。他咽了口气，两手挥向前，大叫道:“萨提欧斯！”手掌间即刻出现两道交叉的黄光，伴随着一声雷鸣，雷击穿过空气直击普西瓦的胸膛。这个雷击咒是菲利普新学的咒语，要比简单的闪电霹雳更有力量，带来的伤害也大得多。让菲利普没想到的是，普西瓦的身体居然变成了一股黑烟，消散了，甚至连他的衣角都没有被碰到。

雷打到了对面的墙壁，石头上迸出点点火花，松动的瓦砾也从裂开的墙上掉落下来，这充分展示了雷击咒的攻击力。可是，这并不是菲利普想要的结果，他急忙环顾四周，却找不到普西瓦的踪迹。“他是怎样做到的？又是一个幻象吗？不，不可能！我的前两个咒语都打到他了，所以这次肯定是他的真身，至少几秒钟以前这还是他的真身。”菲利普颇感疑惑，就在他还在继续思考的时候，一阵突如其来的危机感涌上心头。他迅速转身，不过还是迟了，一股巨大的力量击中他的左臂，把他击倒在地。不管敌人是幻象还是实体，这种痛绝对不是幻象。菲利普躺在地上用眼角扫视，发现普西瓦正稳稳地站在一边，准备再次施下一个咒语。菲利普赶紧从地上弹跳起来，把自己浮升到空中，并且下意识地施了一个庇护咒。

亮光再次席卷了整个房间，菲利普跃过这个魔法攻击，躲过一劫。可是普西瓦并不想留给他一点喘息的时间，他马上伸出了一只手，手掌上形成的雷击光束比菲利普双手施放的雷击还要更快、更强。“不会吧！”菲利普在心里惊呼。只好赌一赌了！他把右手施放的庇护咒斜着摆在身前，这样在与普西瓦的魔法攻击相撞时，他反而能借助庇护咒的力量把自己推开一段距离。菲利普借着这个力量，浮到了更远的地方，安全地落在了地上。

或许是得到了幸运女神的眷顾，抑或是厄运女神想再多玩弄他一段时间。不管是因为什么，普西瓦都没有继续攻击，而是大笑了一声，赞许地拍了拍手。他说：“做得好！你已经证明了自己的实力！好，很好！”他继续大笑着，但笑声变得阴森森的。“你使用的魔法，尤其是隐藏实力的法术，都证明了那本《知识宝典》真是一本很强大的书。”他不知道菲利普隐藏力量的法术是来自于气功，而不是从那本书上学来的。

“哈！入侵我心灵的那个人果然是他！”菲利普摸了摸披风下的左臂。骨头还没断，可是已经没有知觉了，看来伤势还是非常严重的。“我需要点时间让伤势复原，最好的办法就是先拖着他。”菲利普沉思着，然后装模作样地问道：“你这是什么意思？”

看来他的表演还没有达到以假乱真的程度，不能让人信服。普西瓦接着说：“我想你肯定明白，小鬼！”“哎哟！”菲利普倒抽了一口气。“我就是昨晚潜入你心灵的人。说实在的，你的心灵比其他人的有趣多了——里面竟然还藏有一个神秘的房间，以前我只是听说过。现在只要想想，我就迫不及待要得到它。”

“你是怎么得知那本书的存在？”

“我一直都知道。我是一个秘密组织的成员，上百年来我们都在追寻这本书的下落。我们曾与这本书的两个拥有者‘会过面’，可是他们都……太死板了。”他奸笑道。

菲利普愤怒地咬了咬牙，一声怒吼：“凶手！”

“你说我们是凶手？你不知道吗？一旦这本书的拥有者过世，书就会去选择一个和魔法世界联系最紧密的人来做他下一任的主人，不管那人是好是坏。我们只是想让它属于正确的人。”

“哼，说得比唱得还好听。”

“这就是事实，为了铸就伟大而美好的未来，总是会有许多牺牲。不过我也救过人，过去的几周里我就救过你两次，不记得了吗？我来提醒提醒你。”普西瓦摸了摸下巴接着说：“还记得魔旦城堡门前的那场战斗吗？要不是我阻止了亲爱的艾琳公主，谁知道你将怎么样呢？还有在火山口的那场战斗，如果不是我用魔法换走了你的朋友艾伦，你觉得战斗会这么轻易就结束吗？当然了，这是在你的朋友没有赶过来救你的情况下。”

这番话让菲利普哑口无言。他回想这两场战斗，尤其是在魔旦城堡的那一次，总觉得非常奇怪，好像这场战斗中还存在一个幕后操控者。“所以是你让塞拉掉下来的，那是怎么做到的？”

“我还以为你永远都不会问这个问题。”普西瓦自鸣得意地点点头，“艾琳公主对沃尔特皇帝起过一个血誓。那时皇帝赐予了她一条皇家的水晶项链，如果她违背了皇帝的意愿，这条项链就会代替皇帝来惩罚她。但很少有人知道它能够影响一个人的心智。”

“那你和这项链有什么关系呢？你又不是皇帝。”菲利普问道。他试着活动自己受伤的胳膊，祈祷他能继续和自己交谈。

让他高兴的是，普西瓦真的说了下去：“我是负责制造水晶项链的人，所以能看到携带者眼前的东西，并且控制那些携带者。比如说，上一次我就是透过公主的眼睛看到了你。你真是应该倍感荣幸，以前从来没有一个像你这么小的少年得到过那本书。所以我很清楚，这是我们组织夺取这本书的一个绝好的时机。在你交出那本书前，我不会让你轻易地死掉或者是被其他人抓走。公主当然知道我对她的控制并不如其他皇室成员那样有效，所以她只要在自己的地盘上作战，我就干扰不到了。”他又是一阵奸笑，“我当时没有别的办法了，就把你的朋友转移到了这边。希望公主知道后能停止战斗，来到这里，当然也会把你带到这里。”

菲利普颔首道：“你肯定很得意，到现在为止所有的事情都如你所愿地在发展。”

“是的，尤其是现在我也知道了你的能耐……”他的眼神急剧转变，黑暗在他脚下像洪水一样喷涌而出，很快便填满了整个房间，“……我决定为这场决斗准备一个合适的场景。”

菲利普紧张地看着周围，黑暗很快侵蚀了房间里的亮光，蔓延到各个角落。好像是到了一个完全不同的空间，地板、房顶甚至空气的感觉都开始不一样了。虽然在黑暗中，但是菲利普还是能看清周围的一切，而且感觉很舒服，自己的力量好像也强大了很多。“你做了什么？告诉我！”他在黑暗中吼道。

“怎么了？作为一个黑暗魔法师，你看起来很惊讶啊！”普西瓦冷笑了一声，向前走了几步，很明显他的视觉也没有被这片黑暗蒙蔽。“在生命诞生之前，世界都是被黑暗笼罩着的。而像我们这样的黑暗魔法师，能从这片黑暗中汲取能量。”他解释道，“我想你肯定感觉比以前强大了吧，这就说明黑暗补充了你的能量。根据一些古书记载，这里曾是神和魔战斗的地方。这里，一切都能被定义为代价、挑战、牺牲或者收获，它的名字叫作‘力量的献礼’。是不是很耳熟？”他指着菲利普大叫道：“现在！决斗的条件就是如果我赢了，你的那本《知识宝典》就归我；如果我输了，你就能拥有我所有的魔法力量，获得我在这场决斗中使用的任何法术和经验！”

《知识宝典》内的知识迅速呈现在菲利普眼前：“等等！就我所知，如果这个赌约要生效，必须得到双方的同意。”

“很好，可是你知道的和我知道的有点不一样。”

“什么意思？”

“意思就是，我不只是用黑暗填满了整个房间，我还施下了一个强大的咒语把我们封在了里面。”菲利普扬了扬眉毛，好像预料到了会发生什么。“当然，我相信你有能力打破这个封印，但是要是没有正确的方法和我的力量，你要花费很长时间。顺便提一下，这个封印也能阻止外人进入，所以就算你的朋友们足够幸运，救出了艾伦，如果他们打不破这里的封印，也走不回去。”最后他隆重地补充一句，“选择权在你！”

“真卑鄙！”菲利普想。但是抱怨过后，他明白现在必须要做的事情就是战斗。他心想：“我不能退缩！我一定要赢，这样才能救出艾伦。”“好！普西瓦！我同意！”他的话音一落，黑暗中闪现出一道光——赌约达成了。

“明智的选择，我一定会帮我的组织拿到属于我们的东西。”

“噢，你一定会得到你应得的，等我打败你以后！”菲利普在心里一遍又一遍地重复，“我一定要赢，不管付出多大的代价！”

☆　☆　☆　☆　☆　☆　☆

第三个房间里，两个习武者之间的决斗也正在进行。两人都拥有高超的剑术，互相朝对方挥舞着利剑。这片战场上，地上、墙上、柱子上到处都是被剑砍过的痕迹。挂在墙上的那些武器也被砍断了，掉落在地上。这地方混乱得看起来好像遭遇过飓风袭击。

虽然焱的第一次攻击占了上风，但他很清楚自己只是侥幸。焱的“镜像”只能复制招数，但是泽科尔长久以来的经验和体力都是复制不过来的，更不用说他们身上那些装备的差异了。泽科尔从头到脚都是铠甲，还拿着一具大盾牌，一柄重剑。可是焱呢，身上穿的还是获得星辰力量时的铠甲，手上的剑轻得不能再轻。这无异于蚂蚁对抗大象。焱边打边想对策，身形微晃，看上去像是喝醉了一样左右摆动，想以此迷惑对手。

“小孩子的把戏！”泽科尔喝道，把剑水平挥了出去，这样不管焱往左躲还是往右躲，剑都会将他拦腰砍断。但是焱竟跳到宽大的剑身上，脚尖一点从骑士头顶跳了过去。“中计了！”泽科尔惊呆了，“这小子从一开始就想跳到我的剑身上，他知道我会选择横向攻击。混蛋！”

焱跃过泽科尔头顶，把身体缩成一团，一个三百六十度空翻的同时挥出利剑。泽科尔为了自救，迅速低下头，差点没躲过这次致命的袭击。他紧接着就是一个急转，把剑砍向还未落地的焱。“他怎么能反击得如此之快？”焱咕哝道，挥着剑努力抵挡不可避免的袭击。“铛！”房间里回荡着清脆的响声。随着一声巨响，一把短剑向空中飞了出去，落在了距离焱几米远的地方，边缘留下一个豁口。焱的手臂麻木了，手指也没有了知觉，他感觉拇指和食指间的肌肉有种撕裂般的疼痛。“好大的力气！如果我没松开我的剑，我的虎口现在肯定肿得跟熟透的番茄一样。”焱心里想。

“你的剑救了你一命，不过你的手恐怕再也承受不了同样的冲击了。”骑士说道。

“你的头也不能了。”焱微微一笑。

“我的头？”泽科尔呆住了，他感觉额头上一阵轻风拂过，随后头盔分成两半掉在了地上。这是焱使出的气刃。他急中生智砍向泽科尔的头时，虽然剑身被顺利躲过去了，但犀利的剑风还是砍开了骑士的头盔。“从来没有一个人能够对我做这样的事情！”泽科尔低哼一声，重新举剑挥向焱。砰！瓦砾崩落，好像发生了一场地震。剑刃击向地面，在地面上划出了一条深深的沟壑。

这和他以前使出的气刃完全不同啊！焱站在裂缝边缘，真的是运气好，他选择了往旁边移，而没有后退，不然他早就被劈成两半了。焱迅速在心里分析着骑士的招数：气刃是把气和剑融合在一起，在挥剑的时候产生一股剑风，但这招是把剑里的气完全延伸到了剑外，变成一把套在原本的剑上的另一把气剑。焱的额头上渗出一层冷汗，这招数太厉害了，就算自己能看清他的所有动作，也没有能力复制。

“看来我得认真一点对付你了，去死吧！”泽科尔大吼一声，把剑挥向完全没有戒备的焱。每一剑下去，都像发生过爆炸一样，屋顶的石头随之掉落下来，地面、墙面留下一条又一条的沟缝。至于焱，现在能做的只是不断游移在剑刃中间，躲过一次又一次的袭击。

原本焱还想让泽科尔不断地砍墙上的石头，好借此摧毁他的武器。但没过多久他就发现这根本没有用。巨剑砍石头就跟削稀泥一样，多次砍杀后剑刃一点也没有损坏。“让我来看看这把剑到底有多锋利！”焱在心里盘算着，冲到了悬挂着很多武器的墙边。可让他惊讶的是，就在他敏捷地躲过了又一次袭击时，泽科尔的巨剑顺势挥向了墙上的武器。“当当……”五个矛头被斩断，两个钢盾也被劈成了两半。焱感觉自己的心脏随着那些被砍断的武器激烈地跳动。那东西是什么做的啊？他在心里惊呼，在躲过袭击时顺手捡起旁边的一把剑。虽然房间里的任何武器都不是那把巨剑的对手，但有总比没有好。

泽科尔的巨剑并不是焱唯一的难题，他还必须破坏骑士的所有防护，尤其是那身铠甲，这样他才能袭击成功。现在泽科尔唯一的弱点就是头，因为焱已经把头盔劈成两半。但是要袭击到头部，就必须和上次进攻时的距离一样近。不过现在看来，泽科尔是不会再犯同样的错误了。“这就像是在跟一座能移动的堡垒对战。”焱失落地想着。

突然，焱灵机一动，既然泽科尔的战略是堡垒和钢铁，那自己就做风和云吧。沉思了一会儿，他开始充分利用自己的速度和灵敏度，绕着泽科尔移动。焱像一条捕食的蛇绕着他的对手，在每一处可能的缝隙中挥着自己的剑。虽然这样反击对焱来说还很困难，可泽科尔的剑也很难砍到焱，每次他挥下剑刃的时候，焱早已移动到了另一个地方。当他准备重新攻击的时候，焱又换了地方。一把剑的威力再大，也砍不断风，焱咯咯一笑。

如果战斗这样持续下去，不是平局就是双方的体力都被拖垮，但经验促使泽科尔打算兵行险招。在小战士又一次躲过他的袭击后，他出其不意地用力将自己的盾牌朝焱扔了过去。其速度之快、力量之大，让盾牌擦着焱的臂膀飞了过去，在墙上砸出一个大洞。泽科尔当然没想用这个盾牌砸到焱，但却可以让焱的动作停滞一两秒，而这正是他需要的。他抓住这个有利时机，两手紧握巨剑，直接砍向焱的胸膛。多了一只手的帮助，剑的力量和速度明显得到了提升，房间里传出金属破裂的声音，焱被骑士偷袭倒地。为了增加猎物的痛楚，泽科尔抬起腿踢向焱的身体，这一记猛踢，击中了焱的腰部。焱被这股巨大的力量踢飞，他在空中旋转了一周，坠落在地上，手里还紧握那把折断的剑。

焱疼得几乎晕厥过去，翻滚了几米之后，还是咬紧牙关跪在了地上。他用手捂着受到重创的胸膛和右腰，看了看右手握着的断剑，现在只能当短刀了。“这下完了！”焱心里想着，胸口上的刺痛像是在干扰他的视觉。不知道为什么，一次和伯利法提斯师父训练的场景突然出现在他脑中，他完全记起了师父说的话。

“告诉我，焱，当遇到一个比你强大的对手，该怎么办？”

“出其不意，攻其不备。”焱回答道。

“很好，但仅仅有出其不意就够了吗？如果不知道袭击对手的哪个部位，还是远远不够的。还记得我教导过你的‘点穴’吗？如果你能找到并且袭击对手的那些重点穴位，不管他们多么强壮，你都可以让他们不得移动半分，甚至是杀死他们。记住我的话，徒儿，有一天它能挽救你的性命。”

“我记住了。”焱小声说，重新睁开了眼睛，看着慢慢逼近的骑士。他心里想：“点穴也许是我最后的机会，但我怎样才能接近他？”他发现地上少了点什么东西。地上有瓦砾，有缝隙，有断掉的武器，但是……自己流的血呢？他思索着。经过上一次交锋，他以为自己的胸膛肯定已经被割开了，血也肯定溅了一地，但地上却一点血都没有。

他偷偷地往下看了看，慢慢地放开捂着胸膛的手。这太神奇了，他的铠甲上有一道巨大的裂口，但是却没有一点血迹。铠甲裂口处射出了一道白光，铠甲随着白光的消失慢慢愈合，就好像什么也没发生过一样。“这是……”他吐出一口气，差点大叫出来。他觉得最好的解释就是铠甲承担了所有来自外界的伤害并自行修复，但是被划伤的疼痛却不会承担。这个铠甲是随着星辰的力量一起赐予自己的，他从未想过这件衣服会带着魔法。无论如何，这个新发现终于让他想到了一个结束这场战斗的办法。

泽科尔走到了焱身边，他没有注意到铠甲的变化，也没有注意到地上没有血迹这件奇怪的事。确切地说，他根本就不在乎，因为这个少年已经是待宰的羔羊。“我很欣赏你的功夫，我们没能站在同一边真是一大憾事。不然经过很好的锤炼，你将会是沃尔特皇帝的一员猛将。不过我还是能看到你眼里闪现的火花，它在告诉我‘你绝不会放弃’，所以我就不劝你了，干脆直接进入……绝杀！”泽科尔把剑往后拉回，用剑尖指着焱，刺向他的头部。

在剑下落的那一瞬间，焱做了一件让泽科尔做梦也没想到的事情，他竟然朝剑尖冲了上去，并不躲避剑的攻击，而是让剑刺向自己的身体，直到剑柄深入他的腹部。与此同时，焱把全身力量汇聚到食指和中指上，点在泽科尔的眉心。

时间好像在这一刻停止了，双方都站在那里一动不动。过了一分钟左右，焱使劲夺过泽科尔手中的剑，从自己的身体里拔了出来。随着剑的拔出，铠甲上闪过一道白光，焱极其痛苦地大叫了一声。现在他知道被武器穿过身体的感觉了。“疼死我了！”焱躺在地上喘着粗气，铠甲迅速自我修复好了。“没想到我被逼到用这么鲁莽的战术……哎，看来我在成为一个真正的剑客之前还有很长一段路要走。”他咯咯一笑，能从死神嘴里夺走胜利的果实真的是很高兴。但对焱来说，明白自己接下来还有很多路要走也许才是更珍贵的。

焱确认自己的身体还是完好无损之后，重新把目光投向泽科尔，他还站在那里一动也不动。实际上，他的身体还保持着焱袭击他时的姿势，看起来好像被冻住了，不过眼珠的转动表明他还是有意识的。“你是动不了的，”焱重新站起来，“这个叫作‘点穴’，通过点击穴位封住一个人身上的神经让他身体短时间瘫痪。现在我封住了你大脑里的部分神经，至少两个小时内你都动弹不了了。”然后，他从墙上取下一把完好无损的剑，架在泽科尔的脖子上说：“泽科尔爵士，现在要怎么评价我呢？”

“你投机取巧。”泽科尔依旧不服，他不相信他竟然会是输掉的那一方。

“不是所有的强者都会赢的，是赢了的人才是强者。”焱收起了剑，“但是我不像你，我不会因为自己是强者就杀掉对手。你可以借此机会好好忏悔你过去做过的事情，不是所有被你伤害过的人都像我一样仁慈。”

泽科尔怒吼道：“如果你放了我，我会找你复仇的！”

“随便你。”焱说完，就消失在了铁门外的通道里，留下泽科尔一个人动也不能动，只能干睁着眼。

第十二章
黑暗之光

第二个房间被一片黑暗笼罩着，两个黑暗魔法师之间的第二个回合已经开始了。同上一回合一样，菲利普率先发起攻击，他向普西瓦的胸膛施下一个闪电霹雳咒。普西瓦机敏地躲到一边，不慌不忙施下一个更强大的攻击咒，菲利普迅速压低身体，顺利躲了过去。“就力量、速度和魔法强度而言，我是毫无胜算的，应该想点法子……就算玩点阴谋诡计也行。”菲利普认真思索计策，吃力地飘到空中躲过了又一次袭击。

突然，菲利普看到了被闪电霹雳咒炸碎的瓦砾。他灵机一动，一个主意冒了出来，于是他射出了一个黑能量球。普西瓦坦然躲开，同时施下一个反攻击咒。一切看起来和刚才没什么不同，不过这次菲利普其实没指望能打中普西瓦，他只是想炸碎瓦砾，之后便迅速使出魔法让碎石撞上普西瓦施下的攻击咒。轰！那些石头夹杂着粉末落在普西瓦的脸上，让他陷入短暂的慌乱。菲利普趁机施下了两个闪电霹雳咒：一个击中普西瓦的左臂，另一个却被庇护咒挡开了。

真不敢相信这法子竟然奏效了！菲利普兴奋不已。但兴奋劲儿还没过，普西瓦已经面带笑意地掸开脸上的灰尘，他铆足劲一口气施下六个咒语，朝菲利普射来，但奇怪的是，这些攻击都打在距离菲利普一米开外的墙壁上。“这是在干什么？”菲利普心下琢磨，希望这只是普西瓦的疏忽。可当普西瓦抬起手往前推送时，那些从墙上被炸下来的碎石被无形的力量抓住并朝菲利普打了过来。显而易见，普西瓦照搬菲利普的计谋，“以其人之道，还治其人之身”。

看着两边夹击过来的飞石，菲利普迅速落回地面，耳边刮过几阵风，那些碎石擦着他的头皮在他头顶上撞击在一起。菲利普脚刚一落地，本能地闪到了一边，碎石纷纷坠落到菲利普刚刚站着的地方。普西瓦的手不停地移动，不给对手一点喘息的时间，那些被施了魔法的碎石落地后又重新向菲利普移动过来。菲利普只能往碎石上施加自己的魔法，虽然稍微阻挡了碎石的袭击，但是仍被一些碎石打中了手和臂膀，还有一块正好击中他的额头。

在碎石的撞击下，菲利普再次跌倒在地，滚烫的血液迅速沿着脸颊滴落下来。那些碎石并没有就此罢休，而是以更快的速度追击过来。菲利普无力地呻吟着，尽力挪动身体，差点没躲过来势凶猛的碎石群。碎石飞过身旁，带来阵阵冷风，菲利普背上直冒冷汗。“照这样发展下去，我撑不了多长时间了。”他心下琢磨，抬起手掌对着普西瓦大叫道：“学得倒挺快！”掌心随即出现一个光球，晃眼的白光朝普西瓦射了过去，模糊了他的视线，使其无法控制碎石，那些纷飞的“怪兽”终于落了下来。

看着暂时被遮蔽了视线的普西瓦，菲利普松了一口气。“如果我没能抓住这次机会，也许就不会有第二次了。”他在心里对自己说。于是他快速升到空中，两手横空抓来抓去，嘴里默念着咒语，他每做一个抓的动作，手掌上都会冒出一股黑烟。

“快一点，快一点！”菲利普不停地催促自己的动作。一想到普西瓦视力恢复后的反击，他就感到无尽的恐惧。好在就在这时，一片黑云在他手掌中爆炸开，射向屋顶，形成了一条巨大的眼镜蛇。“好了！”他兴奋地叫道。

菲利普指着普西瓦，命令眼镜蛇：“困住他！”蛇晃动着脑袋从屋顶冲了下来。地面上的普西瓦也已恢复视觉，迅速施下两个咒语，在眼镜蛇的身体上爆炸。受到爆炸的冲击，眼镜蛇变回原先的那片黑云，黑云随即变成了数十条更小的眼镜蛇，穿过爆炸的尘雾，缠绕在普西瓦身上。黑光一闪，所有的蛇都变成了粗粗的绳索，捆住了普西瓦。

“总算让我抓住你了，这个叫作‘眼镜蛇捆绳’！”菲利普欢呼着。看来过去的努力总算没有白费，“物化术”经此次证明是非常实用的。“是时候结束这一切了！”他用胜利者的口吻宣布着。他随即将手指相连，瞬时指间出现两道交叉的黄光，他用发光的手指在空气中画出一个五角星光圈，这正是那次在火焰山和塞拉打斗时使出的可以将力量增倍的魔法圈！魔法圈一画好，他就聚集身上所有的力量推出两只手，大叫道：“萨提欧斯！”一个强大的雷击咒冲进了飘浮着的魔法圈。五角星魔法圈的五个顶点形成了五个力量更强大的雷击球，朝毫无防备的普西瓦飞去。“我赢了！”菲利普得意扬扬地想着。

☆　☆　☆　☆　☆　☆　☆

此时，焱走到了最后那个房间。不像先前的三间房，这个房间的门是敞开着的。“这肯定是布莱恩做的。”焱边想边走了进去。在他看清房间布置之前，突然听见一道金属破空之声，紧接着，他感觉胸口疼得厉害，往下一看，才发现一支箭扎在胸口。还没反应过来，另外两支箭又射了过来，刺进了他的胸口。

这突如其来的疼痛让焱难以承受，跪在了地上，他顺着箭的路径，看到前方站着一个拉弓的少女。定睛一看，正是塞拉·艾琳——艾拉诺公主，肩上那只小金鸟便是她的双胞胎姐妹——烈焰。

“又来了一个？哼，这个城堡的保安真是不如往昔啊！”塞拉把弓背到了身后。

“是你……但是为什么？”焱喘着粗气问道，他实在是很难理解公主的意图。

“不要鄙视我，我奉命射杀每一个进入房间里的人。不过你至少看起来比第一个闯入者要机灵一点。”

“第一个？布莱恩！你把他怎么了？”焱追问道，他环视房间，大吃一惊。这个房间大小和第一个房间差不多，但比起那个坟墓一样的地方，这个房间十分豪华，也更适合人类居住。两边醒目的五根石柱上都覆盖着红色幕布，石柱间是光洁的石头砌成的墙，每一面墙上都镶嵌着一扇玻璃窗户。地板是打磨得光滑漂亮的大理石，像一面美丽的镜子。奇怪的是，房间中间的地面上刻意打出一口井。既然这个房间存在于真实的世界，并且飘浮在七百多米的高空，站在这里从上往下看风景，肯定是很刺激的。

不过，布莱恩肯定不会选用“刺激”这个词。在井的正上方悬挂着一个笼子，笼子上面有一根钢绳直接连到房顶，而笼子下面正是布莱恩。他的双手被另一根钢绳捆绑着，绳子穿过笼子底下的空隙，系在井边突出的一块石头上。焱无法看清布莱恩的处境到底有多危险，但是看到布莱恩腹部止不住的鲜血和手臂上数不清的伤口，他能判断伙伴生命危在旦夕。

“他……”

“死了？”塞拉接过他的话，“不，他还没死。他还有意识的时候你真应该在这里听听。他竟敢诋毁沃尔特皇子，所以我觉得痛快地了结他，就太便宜他了。”

“塞拉！难道因为一个人说错一句话，你就有权力杀了那个人吗？”焱责备道。

公主相当吃惊，问道:“你怎么知道我的名字，你是谁？”

“什么？”焱被这个问题惊到了，“你不记得我了吗？我是焱，我们不久前才见过面。”他看着塞拉困惑的脸，她要是说谎的话，那说明她的演技太好了。“发生了什么事？”焱想着。

“焱！”屋顶传来一声惊恐的叫声。

“艾伦！”焱往上看了一下，发现艾伦——那个他们一直想要救回的那个孩子，被关在吊起来的笼子里。他身上穿着另一套衣服，因为原先的那套穿在了火焰山上的稻草人的身上。这一身并不昂贵，但是和原先他那脏兮兮的衬衫相比，这套衣服至少更加暖和，让他不致受冻。艾伦从铁笼里探出小脑袋，看着焱胸上的伤口，感到非常惊恐。他旁边还有二十几个小孩，脸上同样是惊恐的表情。毫无疑问，他们肯定也是被抓捕的异界少年。在那群被抓的孩子中间，艾伦应该是最小的。除了他，剩下的孩子看起来都有十四五岁，如同焱和菲利普一般大。

塞拉朝上面看了看，怒吼道:“闭嘴，小鬼！你吵到我了。”焱发现塞拉在说这些话的时候，眼里闪过一丝奇异的光，那么冷酷，那么恶毒。公主把注意力转回来，接着说：“我想我也不用浪费很长时间。不管怎样，到了正午时分，他和其他那些被困在笼子里的孩子们都会死掉。”

焱倒吸一口冷气，记起了海因说过的同样的话，问道:“你什么意思？”

“我身后的这个‘井’叫作‘天池’，是皇家建造用来扮作神俯瞰众生的地方。我不得不赞扬建造这个地方的建筑师，他们设计得很漂亮。”公主，指着上方接着说，“每到正午，房顶就会消失，阳光照进来，整个房间就会被照得和天堂一样。当然了，如果你被悬在屋顶上就不会这么想了。我想现在应该剩下不到一个小时的时间了，但你也知道，这完全取决于太阳，对吧！”公主兴奋地晃动着食指。

“我想和你好好谈谈，而不是武力争斗。”焱站起身来，边说边走近塞拉，“现在我的朋友命悬一线，我没必要再掩饰什么了。”他拔出胸口插着的三支箭，铠甲上闪过三道白光，他摸着自动恢复的铠甲，小声地抱怨:“不管我被刺多少次，总是不能习惯这股疼痛。”

“焱！”艾伦又叫了出来，不过这次他声音中充满了惊喜，“小心点，塞拉好像出了点什么问题，跟原来一点都不像了。”

“我也这样想，但现在的重中之重是……”焱只好用剑指着塞拉叫道，“把布莱恩放下来！”

公主看着焱这么快就从鬼门关逃了回来，还是很惊讶的，但她很快就恢复了镇静：“把他放下去？你确定要我这样做吗？我觉得还是挂在这里好一点吧。”她冷笑了一声，看着焱继续向前走过来。“好吧，如果你执意冒犯。”她让烈焰从肩上飞了下来，同时从指间射出一道火光，点燃了系在天池边支撑着布莱恩的那条绳索。

“不要！”焱大叫，急忙向前冲了过去。寺里的长老曾告诉他千万不要低估火焰燃烧的速度，何况塞拉的火比普通的火要可怕一万倍。他看到烈焰变成一只巨鹰，塞拉重新从背上取下了弓和箭。焱琢磨着：“塞拉是远程射手，我不能再让她有机会用箭了，不然这次她会无视我的铠甲，直接射向我的头颅。”他迅速挥剑，用一道看不见的剑气将塞拉的弓砍成了两半。

“别挡我的路！”焱大喝一声，丝毫没有减慢前进的速度。失去了主要武器，塞拉只能跳到一边，但是她的双胞胎姐妹烈焰却没有躲闪的意思。这只巨鹰从空中俯冲下来，伸出锐利的双爪扑向焱。

他的剑身被烈焰死命地抓住了。焱明白如果自己不能继续前进，布莱恩会出事的。于是他迅速扔掉手中的剑，双膝跪在地上，头往后一仰，让巨鹰从身体上空掠过。同时，前进带来的冲劲也让他顺着光滑的地面一直滑到了天池的边缘。

绳索断了！布莱恩被重力牵引着，往下坠落。焱来不及考虑后果，千钧一发之时，他跳出去一把抓住了断开的绳索。他闭上眼睛，感觉布莱恩和自己在空中不断晃动，来来回回晃了几次之后，终于停了下来。现在，他们俩都被困于一根绳索上，挂在了笼子底部。

公主站在天池边缘大笑道：“告诉我，你是怎样把自己置于这样一种绝望的境地？”

焱紧紧地拉着绳索的末端回答道：“塞拉，离结束还远着呢。”

“这不过就是时间问题。叮——咚——叮——咚——”她像挂钟一样左右摆动着手指，露出了一个邪恶的笑容。

☆　☆　☆　☆　☆　☆　☆

在第二个房间内，菲利普正准备施下最后一个咒语，但意想不到的事情发生了。

普西瓦变成一股黑烟消失得无影无踪，五个雷击咒中的两个将那条黑绳炸成粉末，剩下的则在地上爆炸开来。菲利普看到眼前的景象，目瞪口呆，更确切地说，他被吓到了。在先前的一连串进攻中，他几乎耗尽了全部的力量：物化术、魔法圈，还有雷击咒。如果这些都没有作用，他真不知道自己还能坚持多久。

菲利普还没有缓过神来，而他失败的惩罚可不会等他！随着一阵黑烟弥漫，普西瓦出现在菲利普魔法圈的对面。普西瓦奸笑了一声，向魔法圈中间施了一个攻击咒。因为咒语是从另一面施下的，所以咒语的力量被弱化成原来的五分之一，打到了菲利普胸口上。普西瓦当然知道他的咒语会被减弱，但是这个咒语的威力还是足够强大，以至于把菲利普冲撞到墙上。不仅如此，菲利普的身体立即被一股无形的力量紧紧压在墙上动弹不得。

“哎哟！”菲利普强忍疼痛，“你是怎么……哎哟……躲过……哎哟……我的袭击的？”身体的伤痛使他的声音颤抖起来，要是普西瓦再用点力，他的骨头甚至会被压碎。

“我喜欢把这个法术称为‘黑烟脱壳’，这是一种化成黑烟后瞬间转移的魔法。这是我自己发明的，本质上跟你那条眼镜蛇物化术差不多。”普西瓦边说边张开手掌，随着手指慢慢打开，菲利普又痛苦地尖叫起来，他的胳膊和腿被无形的力量朝四个方向拉扯。“现在交出那本书！这样做你可以毫无痛苦地死去，不然我会用最残忍的方法杀死你，然后根据我们战斗的约定得到那本书。你怎么看？你还真的没有别的选择了。”

“真的吗？”菲利普反驳道，手掌中迅速形成了一个白光球，普西瓦不得不遮住自己的眼睛。但在眼睛被白光晃到的前一秒，他迅速挥动手臂，把菲利普用力甩了出去。

菲利普重重地摔在地上，几乎没有了知觉，普西瓦走到了菲利普面前，说道:“我可以向你保证，那个小把戏是救不了你的。你就放弃吧，你会死得比你想象中更畅快。”

菲利普挣扎着站了起来，愤怒地朝普西瓦喊道:“只要我还能动，我就不会放弃！”

“能动不能动得看我的心情。”普西瓦轻蔑地笑了一下，伸出像爪子一样的右手，一股力量立刻抓住菲利普的咽喉，把他举到空中，几乎要掐死他。随着普西瓦手臂的摆动，菲利普像网球一样在左右两堵墙之间甩来甩去，菲利普觉得自己与墙撞击的时候，心脏都快停止跳动了。他不止一次地想要叫出来，但是撞击他身体的力量总让他喘不上气,更别说尖叫了。不知经过多长时间的折磨,菲利普最后一次撞到屋顶,普西瓦松开手，让受到重伤的少年重重地摔在地上。

房间里的一切都静止了,连一丝声音也没有……“咳咳！”菲利普不断地咳出血来，他想站起来，但是稍用力，一口血又吐了出来，身体再次失去了平衡。让他继续战斗下去的是绝境还是勇气呢？现在无法分辨，他只知道就算所有的希望都落空，他的精神也不许他放弃。输掉这场决斗就意味着送出了自己的小命，更意味着背弃了自己曾经对艾伦立下的誓言，所以他绝不会放弃！

菲利普握紧拳头，感觉自己的一大半身体已经跨进了鬼门关，但他还是爬了起来，朝普西瓦挥着拳头。“哈哈！这场决斗的规格低到这种程度了吗？街头斗殴吗？”普西瓦讥笑着，“太野蛮了！”他摇了摇头，在菲利普的拳头挥过来之前，变成一股烟不见了。他不会相信小男孩现在的拳头还能对自己造成什么伤害，哼，逗他玩呗！

菲利普的拳头只打到一股黑烟，普西瓦出现在了离他几米远的地方。菲利普没有停顿，发出一声吼叫，再次使出蛮力挥舞着拳头。普西瓦又和上次一样消失后重新出现在了几米开外的地方,让这个虚弱的男孩又只能打到一股黑烟。如果菲利普能用脑子思考，就会明白普西瓦正在玩弄他，不幸的是，他已经虚弱到失去理智。他现在唯一能感受到的就是心脏在不停地跳动，伤口疼痛，他的蛮力比魔法力量消失得更快。菲利普重重地喘着气，很快就累得喊不出来了，只有两行无望的泪水流下来。房间里已经没有决斗开始时那种强光四射、火药弥漫的激烈气氛，现在只有菲利普沉痛的呻吟和虚弱的喘息。

在跌跌撞撞地厮打了几次后，菲利普眼前开始变黑，他感到呼吸越来越困难。在最后一次打中那股黑烟之后，他失去了平衡，脸撞到了墙上。砰！声音大得在房间的四个角落里都能听得清清楚楚。“哎哟，疼死了！”菲利普呻吟着，再次倒在了地上。他用手捂住正在流血的鼻子，眼前金星乱冒，只能听到普西瓦对他说：“我原本可不是想通过这种方式拿到你的《知识宝典》，不过你要想这样多撞几次墙，我看最终效果也不错。”

这话听起来可算是雪上加霜，但好的一面是，这次撞墙总算是让菲利普恢复了理智。“哎哟！原来用头打架是这么疼！”他捏了捏自己疼痛的脸庞，人家常说“不撞南墙不回头”，但自己也没必要真去撞墙试试。唉，气糊涂了，真“撞到墙”了。过去的某个片段突然闪现在他脑中，他发誓他过去肯定在哪里听到过类似的话……对啊，是在精灵首领宙的那片森林里！宙曾送给他一个水滴形状的玻璃瓶子，里面装着一种叫作“塞瑞拉的蓝色之泪”的液体。这是一种很强大的魔水，可以封印住魔法的力量。他还记得宙告诉自己，当“撞到墙”的时候，这个魔水就会很有帮助，还露出了很诡异的笑容。“哈哈……”他虚弱地发出了一连串笑声，悄悄把手伸到衣服里面，摸到了玻璃瓶。

发现了这瓶希望之水后，菲利普的心情迅速平复下来，呼吸也变得均匀。普西瓦走过来，说：“我很好奇，在这一阵猛敲乱打之后，你还能做些什么？”他抬起手，准备施下最后一个咒语结束菲利普的生命。

菲利普捡起从墙上掉落的几块碎石，回答道：“我想把你介绍给我的新朋友！”

“年轻人……”普西瓦不高兴了，他没有再劝说菲利普投降，直接从指间发射出一股能量，把扔向他的碎石炸得粉碎。但他却没想到，自己脚下升起一道蓝光，涌入他的眼里。“啊！”普西瓦惨叫一声，连连后退，他的眼睛被一层奇怪的液体覆盖了。同时，他感到自己的法力像泄了气的皮球一样，急速消散，仿佛有一个黑洞正吸走他所有的魔法。普西瓦四肢虚弱，倒在了地上。

几秒前，菲利普知道自己只剩下这一次机会了，碎石完全是为了转移对手的注意力，真正的目的是用咒语快速而安静地把魔水瓶转移到普西瓦脚下借机偷袭。“你完了！”菲利普看着普西瓦在地上虚弱地往后撤退，“‘塞瑞拉的蓝色之泪’已经开始消解你的能量了，每过一秒钟你就会变得更虚弱。只要你同意，我们就能马上结束这场决斗，任何人都不会付出惨重的代价。你觉得呢？”

“啊……哈哈哈哈哈哈哈！”普西瓦疯狂地笑着，挣扎着站在了房子的中间，那里的地面上画着由三个三角形组成的魔法圈。“区区一瓶魔水是不可能打败我的！”随后，普西瓦开始低声念着一些古怪词句，周围出现了一股魔风，魔法圈周围形成一道光墙。“我原以为那个只是画着好看呢！”菲利普思索着，想在《知识宝典》中找到一些关于这个魔法圈的介绍。

魔风变得越来越强劲，菲利普突然被《知识宝典》中的一段文字描述吓呆了。“不可能！你在召唤恶魔，对不对？”

普西瓦并没有回答，但从他那扭曲的笑容里可以看出这是毋庸置疑的。

“你想让我们俩同归于尽吗？你现在根本没有力量保护你自己了，为什么要这么做？”菲利普焦急地问道，脑子里闪现出另一个想法，“除非……”

“除非，召唤这样一个恶魔能够抵消掉那个该死的精灵魔水给身体带来的影响。”普西瓦接过了他的话，“在人类文明史上，每逢祭奠圣人的重大仪式，人们都会沐浴更衣。我身下的这个魔法圈启动后有着同样的效果。年轻人，我还是要赞扬你，没想到你竟然能够把我逼到这个地步，现在你也该尝尝使我愤怒的后果啦！”

话音一落，一阵烟雾就在普西瓦脚下弥漫开来，整个房间都被一层薄雾笼罩着。恶魔出现了！一片巨大的阴影从普西瓦脚下升起，把他托举到半空。从外表看来，这个怪兽长得跟老虎差不多，但体形比大象还要大。两颗锋利的獠牙伸出口外，像两把尖刀。它的四肢壮硕有力，每迈出一步，地面都要颤一颤。“嗷！”恶魔朝着满脸恐惧的菲利普吼叫一声。

“有没有搞错！”菲利普畏惧地盯着慢慢逼近的怪兽，“我的魔水以及这一次的召唤术严重消耗了你的体力，你根本没有多余的力量再把这个怪物送回去。”

“没关系，”普西瓦淡淡地说，“等你一死，我就能拿到宝典，然后我会打开这个房间的封印逃出去。谁会管一头释放出来的怪兽呢？另外，这是一头非常低等的怪物，我还在考虑是不是当宠物养着，也许我还可以专门用它来对付像你这样讨厌的孩子。”

“你让我感到恶心！”

“恶心？不，我要让你死！”普西瓦强调，并命令恶魔展开进攻，“你不要妄想杀掉我，得到我的魔法然后逃出去。虽然这是我们协议的一部分，但是我们的魔法力量存在于我们的血液里，如果我死了，这只恶魔会吃掉我，带走我所有的魔力，什么也不会留给你。你的死期到了！”

菲利普使出自己仅剩的一点力量，施了一个闪电霹雳咒。“试试这个，老油条！”亮光穿过房间，直接打在了怪兽的头上。但是，咒语碰到怪兽身上的毛发后就被弹开了，连皮都没擦破。

“拜托，”普西瓦斜眼看着菲利普，“就凭你现在的魔法水平，根本就不是恶魔的对手。”

“你根本不配做一个魔法师！”菲利普反驳道。还是老样子，就算最后失败了，菲利普也不会败在口头上。当然了，如果说几句话就能打败一个人，那他肯定是常胜将军。但是现在还有什么出路吗？自己的力量也快耗没了，身体上到处都是伤，他根本不知道怎样才能打败那怪兽。“等等！宙还告诉过我什么来着？”他自言自语，“有时候，最简单的咒语反而能对付最可怕的怪兽……最简单的咒语……我知道的最简单的咒语是什么……我明白了！赌赌看吧！”

“年轻人，是结束这场决斗的时候了。”

“我也正有此意！”菲利普说道。他向前伸出手臂，念出了咒语：

“良善之光融坚冰,阴冷角落见光明。愤怒之火轻抛却,欢快和风耳畔跃。摒弃凶残，享受温暖！”

他的手掌被一圈五颜六色的光芒环绕，菲利普每念出一个字，光就变得更加鲜亮一点。普西瓦讥笑得更大声了，但是菲利普的注意力完全集中在咒语上，根本听不到普西瓦的声音，咒语念完后，便将手上的光铺满了怪兽的脸。

“你根本就是在浪费时间，小屁孩！无论你做什么都不可能打败我的，无论什么！”普西瓦吼道，施下的咒语像雨滴一样落在菲利普身上。随着一阵微弱的爆炸声，其中一个咒语落到菲利普的胸膛上，再次把他击倒。接踵而来的两个咒语也打在他的身上，使他在地上翻滚了好远，差点把命给丢了。

见证奇迹的时刻终于到了！菲利普觉得他身体的承受力已经到极限了，他的每一块肌肉都在颤抖。透过那模糊的双眼，他还是能判断出怪兽正在慢慢逼近。“拜托，一定要起作用，拜托……”他不断地祈祷着，再一次举起双手，拼命地念起咒语。他感到一阵强风拂过脸庞，毫无疑问，这是怪兽的爪子挥过来引起的。“完了！”他闭上眼睛，希望在自己尽力做出那么多事情之后，死得不会太痛苦。

他得偿所愿了。实际上，他什么都没有感觉到。“我死了吗？”菲利普睁开眼睛，脊背上冒着冷汗。怪兽停止了攻击，爪子贴着菲利普的鼻子一动不动。

普西瓦看到此景相当惊讶，眼里甚至闪过一丝恐惧，随即催促道:“恶魔！我命令你杀死他！”可是没有任何作用。怪兽收回了它的爪子，在房间里歇斯底里地跑了起来，看起来是想把普西瓦从自己的背上颠下来。“你做了什么？”普西瓦大叫道，尽力抓紧怪兽。

“哈哈……喔……喔……天哪，真可笑。”菲利普微笑着，忘却了胸口的疼痛，“这是我知道的最简单的咒语，叫作‘好心情’。这是我发现那本书的时候学会的。简单点说，这个咒语能让心情变好。”

“但让恶魔的心情变好，这也该对我有利！是我在控制着这只恶魔！”普西瓦叫嚷道，他实在无法理解其中的逻辑。

菲利普摇了摇头，说:“人类不可能完全控制恶魔。即便是对最低等的恶魔来说，反抗也是它的本性。它服从于你，是因为它觉得你有能力杀死它。但要是让它认为或者感觉到它可以战胜你的话，那会发生什么呢？”

“不！不可能！”普西瓦对自己的疏忽后悔不已，他随即被怪兽扔了下来，重重地摔在了地上。“结束了，我打败他了！”菲利普欢呼着，但他的兴奋立刻就被打断了，普西瓦再次站了起来，抬起手对准了菲利普。“还没有结束！我还是能赢！”话音一落，普西瓦的手掌中发射出巨大的光束，以一股排山倒海的势头冲向菲利普。

菲利普呼了一口气，用自己最后的力量凝结成一个庇护罩。菲利普就像被疯牛撞到一样，被光束冲撞在坚硬的墙壁上。他全身的肌肉不受控制地颤抖起来，好像随时都可能断裂一样。但他还是一直举着双臂，死撑着自己的庇护罩。“这人真是老顽固、死心眼，钻牛角尖！”他心里抱怨着，嘴里又吐出了一口鲜血。

以前在村里的时候，为富不仁的人往往是最容易被盯上的，而菲利普作为一个狡猾的小偷，从某种意义上对这些有钱有势的人十分崇拜。他希望有一天自己也能被其他人盯上，因为他喜欢被人注意的感觉。然而现在有人执意要杀掉他了，他不得不承认这并不如当初想象的受人关注的感觉快活。“在决定想要什么的时候我真应该谨慎一点的！”菲利普反思着。现在他觉得自己离崩溃不过就是一眨眼的工夫了。

就在这关键时刻，菲利普从眼角瞟到怪兽正在普西瓦身后移动，于是他大喊：“停战！恶魔就在你身后！”

普西瓦大笑：“哈哈哈，老把戏……”悲剧的是，他再也没有机会说出他未讲完的话了。怪兽的巨爪拍下来，终于结束了，黑暗魔法师普西瓦战死了。可是他的死亡和他曾对菲利普造成的伤害相比，真的是不值一提。

菲利普虚弱地倒在了地上，现在他能做的唯一一件事就是看着怪兽吃掉普西瓦，然后自己也成为怪兽的盘中餐。根据决斗约定，如果普西瓦输了，菲利普能得到他所有的魔法能量和经验。但普西瓦也说了，当恶魔吃掉他时，会吸走他所有的魔力。这样，菲利普就没法得到普西瓦的法力，那还要普西瓦的魔法经验做什么呢？“对不起，艾伦。我输了……”菲利普悲伤地想着。

菲利普闭上眼睛，放弃了求生的希望。他在等——等着怪兽的致命一击。命运就是如此神奇，不知道从哪里冒出一股魔风，包围了菲利普，身体上的疼痛感也慢慢减弱。怪兽发出了一声怪异的嚎叫，黑烟从嘴里、皮肤里冒出来，汇入菲利普的身体里。这是一股崭新的力量，使菲利普恢复体力，治愈了他的伤口，甚至还补好了他的衣服。

等到魔风和黑烟都消散开来，普西瓦召唤的那片黑暗也消失了，菲利普顺畅地呼吸着空气。“我能感觉到，我现在已经掌握了普西瓦在决斗中使用的魔法和他的全部法力。可是……”

“普西瓦撒谎了，主人。”一个声音从他大脑里传了出来。

“管理员，是你吗？”

“是我，你的魔力得到了提升，我可以暂时这样和你说话。”管理员回答道，“普西瓦召唤的这块地方是以前旧神的战场。所以决斗约定的各项都是有效的。普西瓦后来那样说是单纯地欺骗你，让你主动投降。”

“唉，差点就上当了。”菲利普松了一口气。他转向怪兽，恢复了曾经自信的面容。“现在，我该试试什么魔法呢？”怪兽怒吼着，朝他奔袭过来。“啊，对了！”少年咯咯一笑，好像他曾经练习过千百遍的魔法一样，他把注意力集中在怪兽头上的一片区域，自己的

身体瞬间被黑烟淹没，转瞬出现在了自己刚刚看着的那片区域。

在他已经转移后，那头愚蠢的恶魔还是铆足了劲向前冲，直接把头撞进了坚硬墙壁里。菲利普看着怪兽，痛苦地摇头寻思：“我撞到墙的时候是不是也和它差不多？”虽然很好玩，但是菲利普知道自己不能在此地久留。于是他伸出手臂，想施放一个召唤术，除掉这头怪兽。可手掌里却出现了一股黑烟，黑烟随即化成了一把短小、纯黑的魔杖。魔杖顶端做成一朵半开的鲜花，有两片半开的花瓣里面包藏着一个靓丽的黑珠。“太酷了！”菲利普称赞。

“这是你的武器，主人。”管理员又说话了。它是由你的魔法汇聚形成的，只有当你的魔法达到一定水平后，它才会自动出现。

“哈，我真要谢谢普西瓦了。他要是没执意要杀我，我现在多半会为他感到遗憾。”菲利普叹道。

“我的小主人，让我给你展示一种唯有你才能使用的黑暗魔法。”

菲利普感觉到有一股强劲的力量引导着他的手臂，咒语在他眼前浮现出来。他顺着那股力量，拿着魔杖指着怪兽。他身上所有的能量都汇聚到了魔杖的另一端，在黑珠周围形成了一个黑色光球。他念道：

“以吾星之名，我召唤于你，故黑暗之神，我誓必效忠于你，请赐予我惩戒之力，驱除邪恶之力，摧毁一切恶魔之力。现在，用黑暗掩埋光明！黑暗之光！”

一股黑色能量从魔杖顶端喷射而出，就像一束光芒，只不过这束光芒是纯黑的。菲利普施下这个咒语后感觉异常地恐惧。虽然黑暗之光只从房间一端射到了另一端，但它却带来了一片死寂。实际上，这个咒语让他周围的一切事物都暂时静止了。世界上所有的情感，像希望、梦想、愤怒，甚至是恐惧，都陷入黑暗之中消失了。那头怪兽刚好抬头看着光束照向自己的脸，跟这个房间里所有的事物一样，它没有痛苦的呻吟，也没有可怕的嚎叫，陷入了一片死寂之中。

一瞬间，黑暗之光消失了，菲利普感觉好像经过了一辈子的时间。黑暗之光完全消失不见时，那头雄壮的怪兽的上半身也不见了。骇人的结论就是这个咒语不仅杀死了怪兽，还完全把它上半身从这个世界抹杀了。“我……我做了什么？”菲利普颤抖着问道。

“你刚刚战胜了第一个不死之身。”管理员回答道，“‘黑暗之光’是你力量的精华——一种能摧毁不死之身的力量。”

“像恶魔和僵尸吗？”

“不只是它们。黑暗之光甚至能战胜神圣的生物，比如天使或者其他圣洁的灵魂。”管理员紧接着说，“我必须警告你，不要用这种力量对付普通生灵。这是一个杀生咒，所有的杀生咒都有反作用。像这么强的杀生咒，它的反作用可能会摧毁你自己，千万要记住我说的话。”

“这一点你不必担心。”菲利普说，他的心脏还因为黑暗之光的威力激烈地跳动着。

他认为自己不会再次使用这个魔法，更不用说用它杀死其他人了，不管是普通人还是拥有不死之身的生灵。他沉思着，慢慢落到地上，准备解开这个房间的封印。突然传来一阵奇怪的嗞嗞声，他停住了脚步。环顾四周，他发现声音来自恶魔没有消失的下半身，那堆物体正释放出一种刺鼻的黑色液体。菲利普咕哝着："不要告诉我这还没有结束。"

"恶魔……还在……释放……罪恶……"管理员在他脑中说道，但声音越来越小。

"看来管理员能和我说话的时间要结束了！"菲利普陷入惊慌，他急忙请求道，"走之前告诉我怎样处理它！"

"送回它……"管理员回答道，然后声音就消失了。

"送回它？回哪里？噢！"菲利普微微一笑，他眼前又闪现出另外一个咒语，他把手中的魔杖指向怪兽残渣，念道：

"我祈求黑暗之力，赐予恶魔最后的诀别。我召唤黑暗之力，把这堆邪恶送回安息之地。"

咒语念完后，液体和怪兽残渣全被火焰淹没。没过几秒，一切就全都消失了。菲利普挥挥手中的魔杖，两边的门都打开了。

"菲尔！噢，我好担心。不管我怎么做，就是打不开这扇门。"阿玛蓝莎冲进房间，额头上还冒着汗珠，"你还好吗？"

"我很好，非常好。"菲利普微微一笑，看着手上精致的魔杖。纯黑的杖身上，用古老的语言写着一行字：萨米亚达森欧涅博（用黑暗掩埋光明）。

第十三章
黑凤凰

焱和失去意识的布莱恩身陷困境，他们的命运完全悬挂在天池上面的一根绳索上。经过长时间的悬挂，焱的胳膊已经麻木了。起初他还能迫使自己坚定信念淡忘疼痛，但是僵持太久，身体开始不听使唤。时间一分一秒地度过，放手的欲望就变得越来越强烈。有什么意义呢？焱潜意识里想着，觉得自己在迅速接近极限。“就算我能一直抓着不放，等到中午太阳升上来，屋顶还是会消失，所有人都难逃一死。”他看了塞拉一眼，她正悠闲地坐在洞边，等着欣赏他们死掉时的痛苦。“难道就这样结束了？”焱不断问自己。

焱的心理防线崩溃了，他的手心传出一丝簌簌的声音，绳索就从他手里挣脱。他马上就感觉到他和布莱恩受到重力的牵引，径直往下坠落。“糟了！”焱在心里呼喊，怒骂自己懦弱无能。“可恶！”他紧紧抓着布莱恩的衣服，想把他扔回池边。他不清楚自己还有没有力量，但已经没有时间考虑这些。就在他用尽力摆动手臂的那一刻，一股无形的力量抓住了他俩，把他们平稳地拽回天池边。这对焱来说无疑是根救命稻草，他趁机紧紧抓住布莱恩，并借助这股力量安全着落。

塞拉迅速站起来，转身朝门口望去。菲利普正走进房间，身后紧跟着阿玛蓝莎。“非常遗憾地通知你，他们的空降表演取消了！”菲利普松了一口气。

公主拿出短叉指着菲利普。“又进来了两个入侵者吗？好吧，反正我也闲得无聊。”她抬高了声音，“我叫塞拉·艾琳，艾拉诺的公主。报上你的名字来！”

“噢，我太伤心了，你竟然记不得老朋友了。”菲利普一阵叹息，还极其夸张地用手捂着心口。

“菲尔！上面！上面！”艾伦在悬于空中的笼子里兴奋地叫着，“我就知道你一定会来救我的，我一直在等你。”

菲利普面露喜色，什么也没说。行动总是比语言有力，他已经等不及让艾伦见证这一点了。阿玛蓝莎走到他身边，小声说:“布莱恩好像受伤了，我得马上过去看看。”菲利普点了点头表示赞同，他让阿玛蓝莎把手放在他手上，他俩瞬间被一阵黑烟环绕，随即消失不见了。

塞拉惊呆了，急忙环顾四周，寻找菲利普和阿玛蓝莎的影子。突然，侧面传来一个声音，两人竟已经站在布莱恩和焱的身边。“你怎么做到的？”公主很惊讶。

“怎么了？嫉妒吗？”菲利普戏弄道。

“哼，不过是小把戏而已。”

“至少，她那傲慢的态度依然如故啊。”菲利普冷笑着转向焱，“你累不累，被‘挂’了这么久。”

“比不上你啊，我又不会飞。”焱抱怨地看了看阿玛蓝莎，她正在检查失去知觉的布莱恩。“他怎么样了？”焱问道。

“太险了。”阿玛蓝莎小心翼翼地撕开染满鲜血的衣服，一道鲜血淋漓的伤口便露了出来。“他失血过多，胸部严重创伤。箭没有刺穿他的重要器官是不幸中的万幸。”

“你能治好他吗？”焱又问。阿玛蓝莎点了点头，一道蓝光出现在她的手掌上，她用手掌覆盖住伤口。看着小治疗师手下温暖的蓝光慢慢包裹了布莱恩，两个少年终于松了一口气。在这样的时刻，他们感觉自己那些打打杀杀的伎俩和阿玛蓝莎相比，真是微不足道。

然而，现在还不是放松警惕的时候。艾伦和其他几个孩子都还在铁笼里，如果在正午前找不到解救他们的方法，那么……“我们走吧，菲尔，让公主等着我们多不合适。”焱和菲利普一起朝塞拉走了过去。

在走向塞拉的时候，焱简短地和菲利普讲了一下这个即将消失的屋顶和艾伦的危险境地。“速战速决，开始吧。”菲利普热切地说。

“等等！现在还剩一点时间。也许塞拉知道阻止屋顶消失的办法。”焱边说边摸着下巴思索，“可是她今天的态度绝对有问题。”

“那有什么关系？她是我们的敌人，她想杀掉我们的朋友。况且她曾经两次试图杀死我，差点就得手了。现在我要把她撂倒！”菲利普冷冷地说。在焱制止他之前，他便化成一股黑烟。

菲利普悄无声息地转移到塞拉背后，利落地发出了一个雷击咒。让他惊讶的是，公主迅速闪到了一边，躲过了雷击。她旋转着身体，左手握着短叉，朝菲利普飞扑过来。菲利普急忙往后跳了一步，躲开攻击。但是塞拉很快拿出第二支短叉刺向菲利普的胸膛。

菲利普的身体立刻消失在一片黑烟之中，短叉只划到了空气。“什么！”塞拉震惊了，听见身后不远处传来一阵轻微的衣服摩擦声。塞拉预感到将要发生什么，迅速闪到一旁，另一道雷击从离她身体几厘米处划过。“好吧，你再试试这个！”她用力把双叉插到了地上。在叉与地触碰的一瞬间，两道火舌喷涌而出，沿着地面不断向外扩散，把附近铺上了一层火毯。

菲利普无法瞬移到近前，只能向外跳出了火圈，他举起手掌对着公主。“近了不行，远了也成啊！”他大叫一声，两束交织的闪电掠过火毯。塞拉并不躲闪，而是朝菲利普挥出拳头，一股火焰如原子弹爆炸一般腾空而起。“轰隆隆！”两股力量在空中冲撞，形成了夺目的光焰，房间里热浪滚滚，狂风恣肆。菲利普和塞拉彼此被冲击波炸飞到墙壁上。

“她到底是怎么回事？”菲利普惊讶于塞拉强劲的反击，“我从普西瓦那里得到了新的力量，现在却只是和她打了个平手。”在他准备开始第二轮的攻击时，头顶传来几声尖叫。“啊，不好！”他发现悬挂在屋顶上的笼子因为爆炸产生的冲击而左右摇摆。“如果我继续用这种方式来攻击，吊着笼子的铁链可能会在屋顶消失之前自己断掉。”菲利普咬了咬牙，升到空中，躲过了两个火球。

“小心！”他身边突然传来一个声音，一对覆满黑羽的翅膀遮蔽了他的视线。是烈焰！菲利普被塞拉的攻击牵制着，完全忘记了她的妹妹。鹰爪趁机扑了过来，让他手足无措无处可躲。幸运的是，叫他小心的那个人推了他一把，一道白影冲到了他和烈焰之间。

“焱！”菲利普兴奋地叫了出来，和焱一起落在了地上，焱的臂膀上留下两条抓痕。“多谢相救。”菲利普气喘吁吁地说。

焱捂着受伤的胳膊说道：“我想你现在也知道了，你不能用强劲的咒语来对付塞拉。只要笼子完好无损地挂着，艾伦就没有危险。况且要是战火波及阿玛蓝莎和布莱恩，事情会变得更糟。”

菲利普望向房间的另一端，阿玛蓝莎正忙着为布莱恩疗伤。由于布莱恩伤得太严重，她不得不集中所有的力量来治疗。这也就意味着此刻她不能受到影响而走神分心。“你觉得我们应该怎么做？”菲利普问道。

“如果不全力以赴，我们是不可能打败塞拉和烈焰的。而且我个人认为就算打败了她们，一切也不会结束。”焱困惑地说，“我真不明白，上次见面的时候我还觉得她是一个非常值得尊重的战士。是我错了吗？”

菲利普看着塞拉脸上冰冷的表情，对焱说：“在第二个房间我听到了一些怪事，可能对我们有帮助。有人告诉我塞拉曾经发过血誓效忠沃尔特皇帝，然后皇帝赐给她一条项链，让她时刻谨记誓言。最有意思的是，项链上的水晶有时候可以用来控制佩戴者的心智。”

“真的吗？”焱盯着塞拉的脖子。她胸前果然挂着一条镶嵌水晶的项链，以前没有注意到是因为这条项链和公主的红色裙子颜色十分接近。“你的意思是如果我们拿掉那个水晶……”

“难说，”菲利普摇了摇头，“我确定塞拉的失忆和那个水晶有很大关系，其他的纯属个人猜测。我不明白你为何评价她‘值得尊重’，有可能这就是塞拉·艾琳的真面目。”

“但愿你是错的。”焱走上前，准备加入这场战斗，“我来取下那块水晶，烈焰就交给你了。”

菲利普看了一眼巨鹰，咯咯一笑：“开始吧。”他升入了空中。焱也朝塞拉冲了过去。

艾伦看到菲利普飞到自己跟前，完全忽视了自己的处境，兴奋地叫着。虽然菲利普没有做出任何回应，但他心里也非常高兴，距离上一次在艾伦面前表演已经有很长一段时间了。菲利普带着无法抑制的愉悦朝烈焰施放出一道闪电，但烈焰轻而易举地闪过了，并且近距离地掠过了菲利普的脸庞。“哇！”菲利普拍了拍脸，让自己镇静下来，“注意力集中，注意力集中，艾伦还没得救呢！”

菲利普静下心来之后，开始认真对待自己的对手，尽力让每一次攻击都能奏效。好在这一次与烈焰的对战，不需要同时应付塞拉的袭击。并且由于房间大小有限，烈焰变身后的体形也不如以前那么大，但是这样一来，菲利普要打中它就比较困难了，尤其是在空战的情况下，烈焰作为一只鸟，有着天然的优势。

菲利普同时发射了五个能量球，烈焰都灵敏地躲了过去。同样在这有限的空间内，烈焰朝菲利普俯冲了五次，把他的衣服扯成一片一片的。

“喂，你就不能不折腾我的衣服吗？我才把它补好！”菲利普挥着手臂大叫，一股黑烟随即出现，出现了一条巨大的眼镜蛇。

菲利普手指烈焰，大声叫道：“现在！捆住它！”眼镜蛇张开血盆大口，嗖的一声冲过去。烈焰面对冲过来的巨蛇没有表现出一丝惊恐，它展翅盘旋一周，用爪子划破巨蛇的身体。巨蛇瞬间变回了一股黑烟，形成了无数条小眼镜蛇，缠住烈焰。

正如苍蝇奋力从蜘蛛网中挣脱一样，越是挣脱，缠得越紧。菲利普看着眼镜蛇变成一条条黑色的绳索，紧紧捆住了烈焰，不禁自满起来。然而，他还没来得及称赞自己一番，烈焰就变回了小鸟的躯体，从绳索的空隙中飞了出来。紧接着，烈焰快速变回一只巨鹰，张开鹰爪直扑菲利普。菲利普一阵慌乱，不得不再次使用黑烟转移，躲过袭击。等他重新出现在另外的地方时，他彻底愤怒了：这样完美的逃脱应该是自己的专利啊，真没想到自己竟险些着了一只鸟的道儿。

菲利普在空中被烈焰惹得火气冲天，地上的战斗也在升级。塞拉没有时间从地上抽出自己的双叉，而之前弓被焱砍断，现在她只能用拳头肉搏。赤手格斗是焱最擅长的事情，这样一来他就可以更容易地从公主脖子上夺走水晶项链了。但是，公主每次出拳都附带火焰喷发，使得焱没有占据战斗的有利形势。焱在功夫方面是一个大师，但这并不意味着他不怕火烤。

出拳、弯腰、躲闪，这是焱不让自己燃烧的节奏。“真是毫无进展。”焱一边想一边躲过了塞拉的又一次攻击。“哎，我真的不应该感到震惊。毕竟她将是七星之一。”他咬着嘴唇，摇摇头，“我在想什么啊？哪有时间称赞对手！”在他再次准备反击时，他看到不远处折射出一道亮光，那是他的剑！

焱立刻滚了过去，躲过了一个火球，顺利拿到了武器。等他站起身来，三个火球朝他飞了过来。“该我反击了！”他叫道，使手中的剑和身体里的气融合在了一起。他左右一舞，火球被弹开到了一旁。公主见状，深吸一口气，张开双臂，火焰包裹着她的身体，她的双手上出现了两个巨大的火球。她推动两个燃烧着的火球，朝焱射了过去。两道火光汇聚成一朵巨大的火浪，有排山倒海之势。

“焱！”艾伦担心地叫道。焱举起剑直指天空，奋力朝那朵火浪劈了下去。剑风形成一道强有力的气刃，把巨大的火浪砍成了两半，火焰从他两侧飞过。

“焱！”艾伦又叫了一声，声音里饱含着惊喜。

“哈哈，看来不只我一个人学到了新技能啊！”菲利普与焱对视了一眼。这一刻，他们心中所想的不谋而合：是时候收场了！

菲利普伸手召唤出另一条眼镜蛇，这一次他没有简单命令蛇发动攻击，而是相继施下了另外一个咒语，把蛇分成了碎片。“女士们，先生们，现在为您展示的是天罗地网。”正如他所说，那些眼镜蛇碎片没有变成更小的蛇，而是结成一张大网，朝烈焰飞扑过去。

接下来发生的事情完全在菲利普的预料之中。烈焰变回小金鸟，试图从网格里飞出去。菲利普咯咯一笑，直接将网口收紧。“现在我可抓到你了！”他对烈焰的头部施下了一个咒语，把她封在那个想逃走的网格里。紧接着，网格变得越来越细密，包裹住了她小小的身体。

地面上，焱像一匹脱缰的野马，以惊人的速度冲破了塞拉的火焰。公主露出惊慌的神色，后退几步，试图重新发动进攻，但焱哪里会容她再次攻击。但用剑会伤及对方，焱索性扔掉剑，和塞拉近距离搏斗。

公主愤怒地叫喊出来，打出包裹着火焰的拳头。焱咬着牙，一只手接住了公主的拳头，另一只手抓住塞拉脖子上的项链。“塞拉！睁开你的眼睛！”他大吼一声，把水晶坠子从公主脖子上拉了下来，用力将其摔得粉碎。

“我想是见证奇迹的时刻了。”菲利普说，他看到塞拉脸上渐渐浮现出一种疑惑的表情。终于出现了好兆头，公主身体周围的火焰慢慢消散了，同时，烈焰也停止了挣扎。

“我在哪里？发生了什么？”塞拉疑惑不解。

“看起来好像有点作用。”焱对菲利普说。他看着自己的左手，最后抓住塞拉满是火焰的拳头时左手被严重烧伤了。“这也值了。”他微微一笑。

“你真乐观，”菲利普嘲讽地说道。正在他准备接着往下说的时候，头上闪过了一丝明亮的阳光——是从挂着笼子的屋顶上射下来的，屋顶正在消失。“艾伦！”

焱急忙转向公主，催促道：“塞拉！快点告诉我们怎样才能救出艾伦他们，不然就太迟了！”

“焱，是你吗？救人？你在说什么？”塞拉依然处于迷糊状态。她顺着焱的手势看上去，几天前的记忆迅速出现在脑子里。她没说一句话，急忙跑到离天池最近的一根石柱跟前，拉开了旁边的幕布，几个操控杆显露出来。她拉下其中一个，正在消失的屋顶立即恢复到原来的位置，阳光也消失了。

“我们成功了！”焱擦了擦额头上的汗水，转向塞拉，“谢谢你！”

“虽然我不注重细微礼节，但是我应该谢谢你。”公主为了避免目光接触的尴尬，将脸庞转到一边。

菲利普朝着塞拉咯咯一笑，问道：“难道就不应该也谢谢我吗？”

“你还困着我的妹妹呢。”

菲利普皱起眉头反驳道：“你还困着艾伦呢。”

“菲尔！”焱用一种平和的口吻劝说道。

“开玩笑。”菲利普一挥手，束缚烈焰的网化作一股黑烟不见了。“你可以走了，哎哟！”他话还没说完，掌心一阵疼痛。“它咬我！”菲利普抱怨道，当他想把烈焰抓回来之前，她早已飞回到塞拉的肩上。

塞拉摸了摸烈焰的头说：“我忘了告诉你，她被绑着的时候脾气可是很大的。”

“我感觉到了！”菲利普说。

“同布莱恩相比，你的待遇算是很不错的啦。”焱接了一句。

“那倒是真的。布莱恩是一个很讲义气的朋友，我们会记着他的。”

“太悲观了吧，我还没死呢！”布莱恩的声音从天池的另一边传来。他已经恢复意识了，虽然还没有足够的力量站起来，但他一直都关注着朋友们的安危。当然，他很高兴两个朋友还惦记着他，但是如果他不朝他们喊两句，恐怕他们会为自己举行一个葬礼。

“呵呵，这么有精神，看来一时半会儿是死不了的啦！”菲利普微微一笑转向塞拉，“我猜这些操纵杆里面肯定有一根是可以放下艾伦的，对吗？”公主点点头。“那你是否可以放了他，也放了那些无辜的孩子们呢？难道你需要我再劝劝你？”

塞拉完全忽略了菲利普的威胁，眼睛盯着笼子里的艾伦。“如果我把这些孩子放下来，就违背了海因里希皇子的命令，但是……”她咬咬牙，拉下了其中的一个操控杆，“我有自己的做事方式，我不喜欢任由皇族摆布！”

随后，屋顶传来一阵金属链条拉动的咔嗒声，笼子随着铁链降落下来，落在了天池口上面。铁笼的门锁打开，在门和天池边缘形成了一座桥。

“我是对的，你的确是一个值得尊重的战士！”焱很高兴。

“不要忘了，我还是这个房间的守卫。不管我是不是被控制，不管我有多么不同意皇族的观点，但我起过血誓。我必须服从皇子的命令，从现在开始我会尽最大努力来阻止你们离开。”塞拉理智地说，“只不过，我会以我自己的方式去做事。”

“如果这是你所期望的。”焱点了点头。

与此同时，笼子里的孩子们小心翼翼地走出牢笼的束缚，穿过桥，一个接一个地走到安全的地方。艾伦一直沉浸在为朋友们欢呼的心情中，踏上桥时，地下发出的阵阵风声才把他拉回现实。他往下一看，目睹天池的“风景”，脑子里忽然一片空白。重力像魔鬼一样，模糊了他的视线的同时，也把他从桥上拽了下去。

“啊！”他大叫一声，本能地闭上眼睛。幸运的是，他的手腕被强有力的手掌抓住。等到艾伦重新睁开眼睛，他发现救自己的人正是公主。公主用力把他拉回到桥上，牵着他走到安全的地方。“非常感谢你！”他气若游丝地说道。塞拉只是笑了笑，就走开了。焱和菲利普意味深长地对视一眼。

等到所有人都下桥之后，布莱恩在阿玛蓝莎的搀扶下，也加入了队伍。“你能活过来真是太好了。”焱对他说。

“应该感谢你和阿玛蓝莎。再加上……没事。”布莱恩停下来，咯咯一笑。他偷偷地看着阿玛蓝莎，心想：“再加上可以让她照顾我，这叫因祸得福。如果我知道事情是这样，我会让自己更早受伤。”

“你伤口又开始疼了吗？”阿玛蓝莎看到布莱恩脸上扭曲的表情，问道。

菲利普哈哈大笑，替布莱恩回答：“他身体好得很，只是刚才他大脑转速快了点。”布莱恩虽然没有回答，但是红彤彤的脸已经回答了一切。

阿玛蓝莎天真地看着这两人，她不明白菲利普这些话隐含的意思，于是把注意力转向公主，致意道："塞拉，很高兴能再次见到你。"

"我也一样，我希望你不要参加这场战斗。"塞拉说着，拔出了插入地面的双叉，将其中一把指向他们："现在，我要回到我开始的职责。菲尔！焱！只要我还是这个房间的守卫，你们就不可能逃出去。"

"塞拉……"阿玛蓝莎想劝说。

菲利普立刻走上前。"不要，你不要这么做！"艾伦拉着菲利普的胳膊，喊道："你不能这么做，你们俩都是好人，好人是不会互相残杀的。"

"对不起，小朋友，我们别无选择。"菲利普坚定地说，"我向你保证过，一定会救你出去，但是要救你出去就不得不这么做。对面的公主对皇族发过血誓，现在她必须信守誓言，阻止我们离开。所以我们必须要战斗，我说得对吗？"

塞拉点了点头："正是你说的那样。不过即使我没有发过血誓，我也有必须服从皇帝的原因。"

"原因？"

"是的，原因是……"她的话被意外变故打断，她脑子里一阵绞痛，并且越来越严重。塞拉很快就站不起身了，痛苦地嘶叫着。烈焰也拍打着翅膀，发出不同寻常的鸣叫，她的身体不断地由小鸟变成巨鹰，然后又变回来，跟坏掉的机器一样。

"塞拉！"艾伦伸出双手，但菲利普阻止了他。直觉告诉他要发生一些不好的事情了。

塞拉被突如其来的痛苦折磨着，她抱住自己的脑袋，蜷缩在地上。"不，我想以自己的方式进行战斗……"她仿佛正用自己剩下的所有意志力对某个看不见的人说道，"求您……我求求您……我……我不想这么做！"她支撑着身体，发出痛苦的叫声。

火焰像喷发的火山一样从塞拉身体里迸溅出来，阵阵热浪在空气中升腾，把大多数孩子都吓倒在地。烈焰再一次变身飞升到了屋顶，但和以往不同，她像一只被火焰包裹着的凤凰。

"塞拉？"艾伦惊恐地看着包围着烈焰和塞拉的火焰开始变成黑色，随着颜色的变化，热浪也变成了寒流，光明变成了黑暗，整个房间都被危险、恐怖的气氛笼罩着。在这片邪恶中，公主站了起来，带着一个极不自然的笑容看着少年们。艾伦看到塞拉眼里充满了从未有过的暗影，吓得脊背发凉。"她怎么了？"艾伦问道，他全身都在颤抖。

菲利普把艾伦拉了回来，唤出了魔杖。焱也捡起地面上的剑，站到菲利普旁边。"怎么回事？我们不是摧毁了那块水晶吗？"

"喂，不要什么都问我嘛！"菲利普抗议道。他现在更担心那只全身燃烧着黑色火焰的凤凰。黑凤凰不是吉祥的预兆，他把魔杖握得更紧，一天内对付一头恶魔好像还远远不够。

黑色火焰慢慢把塞拉升到空中的黑凤凰前面，公主邪恶地一笑，用一种诡异的声音说道："你们好啊！很高兴能在这里见到传说中的七星，虽然只有光明与黑暗完成觉醒了。"

"塞拉，你怎么了？"阿玛蓝莎关切地问。

公主冷笑一声："愚蠢的女孩，我不是塞拉·艾琳，我只是借助这个懦弱的女孩说话而已，我受够了她那无意义的武者尊严。"

"懦弱？"焱握紧拳头大叫道，"你觉得遵循自己的信念，维护自己的荣誉是一种懦弱的行为吗？你是谁？你是怎么控制塞拉的？"

"啊！多么冲动的小男孩！我的名字就留给你们猜吧，至于我是怎么控制她的思想的，因为我是一名皇族成员，艾琳公主曾对我们起过血誓。你们摧毁的那块水晶不过是一个传感装置，我并不需要用一个装置来控制一个人思想。当然，哪怕没有血誓，我也能随时控制一个小女孩的思想。毕竟，谁的力量能超过这个国度的皇后呢？"

"皇后？不，不可能！"布莱恩惊呆了，慌忙往后退了一步，"你……你是黛娜·奥莉薇雅皇后，女巫王后吗？"

"女巫王后？"菲利普觉得他以前好像在哪儿听到过这个称呼。

布莱恩解释道："黛娜·奥莉薇雅嫁给沃尔特皇帝之前是一个很强大的女巫，大家尊称她为'女巫王后'。成为皇后以后，她依旧被称为女巫王后，并且以六大王后之一为人传扬。"菲利普这才想起来，安娜曾经告诉他奥莉薇雅皇后的事。不过他当时也没想到自己会在这种情况下见到这个皇后。

奥莉薇雅皇后通过塞拉的身体说道："说得好，布莱恩·康拉德，康拉德爵士之子。你的父亲还告诉过你什么呢？说出来听听，让我高兴高兴。"

"只告诉过我你比历史上任何人都渴望权力。"

"谢谢你的赞扬，也许我不会杀你哟！作为九大骑士之一的儿子，你可以说服你的父亲成为效力于我的勇士。"

布莱恩的愤怒一泻千里，他大吼道："我宁愿死，也不会成为你的阶下囚！我的父亲是效忠于艾瑞克皇帝的骑士，我不会让你侮辱他的！"

"说得好！"焱微微一笑，这还是他第一次看到布莱恩表现得像一个铁骨铮铮的骑士。

皇后没有再说话，黑凤凰和塞拉都发出一声怒吼，一道黑光横扫屋顶。焱能感受到一股强大、刺骨的气流沿着墙壁蔓延开来。墙壁上那些长长的幕布碰触到火焰后就消失了，但它们不是被黑色火焰烧掉的，而是被火焰吞噬的。菲利普以前从未看过这种景象，这片黑色之火好像就是专门折磨对手的，直到消磨得他们什么都不剩才让他们陷入地狱。一阵金属破裂的声音响起，曾经拴住铁笼子的铁链也抵挡不住黑色火焰的侵蚀。黑凤凰发出一声愤怒的啼鸣，笼子随之跌进了天池。

布莱恩皱起眉头，往池下看了看："哇，底下的房子要有天窗了，但愿别砸到人。"

菲利普一乐，注视着那只黑凤凰："不知道为什么，比起在上面，我宁愿是站在底下的人。"

“塞拉！听我说！”焱走到那只可怕的黑凤凰和公主前面：“我知道你还在这里，你要坚持住！不要忘记了你作为战士的信念和尊严！我们相信你，让你的族人的拥戴给予你力量。塞拉！你不软弱！让她看看你有多么强大！”

塞拉扭曲的脸颤抖着，闪现出一丝仁慈和温柔，她挣扎着抬起手臂，抓住一把短叉。“对，你能做到，不要放弃！”艾伦照着焱说的话，在地上跳动，鼓励着公主。他们都能清楚地看到塞拉正进行着一场激烈的斗争。

突然，塞拉用短叉对准自己的胸膛。“不要！”地上的孩子们惊呼。可惜太迟了，短叉已经深深刺进了她的身体。

伴随着两声哀号，黑色火焰消散了。黑凤凰也变成了小金鸟，和塞拉一起往天池掉落下去。焱立刻朝身旁喊道：“菲尔！”

“我知道！”一股黑烟飘过，菲利普出现在塞拉身体下方，轻轻地接住了她。

“我来接她的鸟！”布莱恩一跃而起，将烈焰握在了手中。“啊，不好！”他惊慌地叫着，因为他在匆忙中忘记了一个问题——他不会飞！幸好，菲利普用自己的法术抓住了他，大家一起安全落地。“噢，我得救了！”布莱恩松了一口气。

布莱恩看着手中的小金鸟，不禁发出一阵叹息。血从鸟的胸膛源源不断地流出来，和塞拉的状况一模一样。虽然有人曾告诉他艾拉诺公主和鸟之间的联系，但现在他才理解了这种联系的严重性。他急忙和菲利普聚到一起，把烈焰放在塞拉的胸口。阿玛蓝莎蹲在公主身边准备医治时，公主把她的手推到了一边，说：“你是一个很好的治疗师，阿玛蓝莎。但现在没人能救得了我。你看……”塞拉举起那只被血浸湿的手，血液正开始慢慢变黑，“我……我起过血誓……现在我背弃……背弃了誓言。作为……这种背叛行为的代价，我……我的血液都会变成毒液。”她的声音变得断断续续，呼吸也在急速减弱。

“求求你，我肯定能帮你做点什么的，什么都行！”阿玛蓝莎眼里已经蓄满泪水。

塞拉痛苦地喘息着，虚弱却坚定地说：“菲尔……你曾问我为什么要遵守皇族的指示……这是因为我有责任……对我的族人的责任……对那些信任我的男人和女人们……我只有服从皇帝……才……才能保护他们……”

“你不要再说了，保存点体力。”菲利普的声音里流露出了尊重，“你现在还不能死，我们的战斗还没有结束。”

公主虚弱地笑了一下：“我必须死，我违抗了命令。只要我还活着，皇后就会把她的怒气撒在我族人身上……我不愿让这种事情发生……”

“那就抓住我们来兑现你的承诺吧！和我们待在一起，大家会没事的。”艾伦抽噎着，“你关心我，还救了我的命，如果我放弃我的生命能挽救你，那也值了。”

“不要……不要做傻事。”塞拉痛苦地吸了一口气，盯着艾伦的眼睛，“每一个生命都是珍贵的……这也是它值得我们来保护的缘故……对吧？”说完，塞拉闭上了眼睛。

“不要！不要死！千万不要死！”艾伦扑到公主的身体上痛哭。焱和其他人一起走进城堡的时候，设想了很多种结局，但谁也不会预料到事情会发展成这样。菲利普把艾伦拉了起来，想要说点什么来安慰他，却不知从何说起。

在这一刻，天池里的亮光变成一片黑暗。从窗户向外看去，刚刚还阳光明媚的天空一下子变得漆黑，房间里响起一阵绝妙的音乐。天池里又闪现出一道红光，呈 N 形照射到屋顶又折回地面，落在了塞拉和烈焰的尸体上。

如火星落入干柴堆里一般，两具尸体很快淹没在了红光中燃烧着的火焰里。“不要！”艾伦大叫着，想扑灭火焰，但是菲利普用力把他拖回来了。他听出了那是天籁之音，虽然笼罩之光的颜色有差异，但这个情形与他和焱获得星辰的力量时非常相似。

“我们现在只能期待奇迹的发生。”菲利普说，他还从未像现在这样如此期待奇迹发生。

塞拉和烈焰的遗体数十秒内就被烧成了灰烬，一切重新恢复了正常。“现在怎么办？”艾伦看着那一堆灰烬，在菲利普的臂膀里抽泣。

菲利普没有回答，从那堆灰烬里，他感觉不到任何气息，但是他的直觉告诉他应该再等一会儿。

突然，灰烬周围卷起一阵风，灰烬随风飘浮，一个个红色光点跳跃起来，生命之火再次点燃了，急速转动的风立刻变成了一堆大火。火焰产生的热量不断升高，焰火越来越密集。最终，火焰如同烟花从中心绽开，热风吹倒了所有的孩子，还震碎了房间里所有的玻璃窗。

等孩子们回过神来观看烟花时，炸开的光焰冲到屋顶，变成一只巨大的火鸟。他们甚至认为这只巨鸟如果再大一点，屋顶就要被掀翻了。凤凰俯视下方，嘹亮地啼叫一声，它那如火的尾翼下，一个少女的影子出现了。正是骄傲的公主——塞拉·艾琳！她的服饰没有太大的变化，她依旧穿着一件红色连衣裙，脚上什么也没穿，脚踝上戴着一个金环。她手上依旧拿着短叉，背上背着一把崭新的弓和一满筒箭。另外，她的红裙外还套着一件崭新的铠甲，保护着肩部和胸部。塞拉走出那片火堆，烈焰变回一只小金鸟，落在了塞拉的肩上。她们回来了！

“凤凰浴火重生，完成涅槃。从此以后，我们都会以这样的形象存在。”塞拉温柔地抚摸烈焰的羽毛说。天池重新恢复了光明，那醉人的音乐也消失了。

“你不知道看到你回来我有多高兴。”艾伦满脸泪水，抱着塞拉的腰。菲利普看了看焱和阿玛蓝莎，然后把目光转向重生的塞拉。有件事是确定的：塞拉的星辰已经被唤醒。

“你能回来我太高兴了！”阿玛蓝莎兴奋地握着公主的手。

“能回来真是太好了。”塞拉回答道，她转向菲利普和焱，“塞拉·艾琳，艾拉诺的公主已经死了，所以她对沃尔特皇帝发过的血誓也不作数了。我不会阻止你们任何一个人离开。”

“那你接下来要做什么呢？”焱伸出自己的双手问道，“你要和我们一起走吗？有你

的加入我们会很开心的。”

塞拉考虑了一会儿，看了看菲利普：“我们作为敌对双方战斗过，很有趣。如果我们能站在同一方来对抗敌人，肯定会更有趣。而且艾伦好像很喜欢你。”

“那，你就跟我们走吧。”焱点点头。

“我不知道。”塞拉看着其他从笼子救出来的小孩，她还是能从他们眼里看到不信任。而且在今天一番恶斗之后，自己也不得不在某些程度上赞同他们。“我们是能变成黑凤凰的，假如我们把他们烧死了怎么办？”她和烈焰交换了一下想法，准备拒绝这个提议。

“我师父曾经教导过我，”焱说，“信任跟荣誉和尊敬一样的，是需要自己努力去赢得的。坦白来说，我们第一次见面不太愉快，对你的加入不能说没有任何想法。但是我相信我们能够重新开始，在不使用武力的前提下，开始了解彼此。”

“但是……”

布莱恩走上前，接过焱的话：“坦白来讲，我不喜欢你。”他摸着刚刚长好的伤口，“但焱是对的。每个人都应该拥有第二次机会。喂，你们！”他朝着那些脸上还写着“不同意”的孩子们喊道：“我们是来这里救你们的，如果她能跟我们一起走，我们就有更好的机会逃脱。明白吗？”那些孩子相互看了一眼，不情愿地点了点头。

不管怎样，最终达成了共识。塞拉叹了口气：“多么好相处的一群人啊！好吧，非常荣幸加入你们。”说完，她握了握焱的手。

艾伦摸了摸下巴，边想边说：“如果你现在不是一个公主了，那我们给你个新的称号，怎么样？”

塞拉不假思索地举着弓说：“烈焰弓箭手怎么样？”

艾伦赞同地拍了拍手掌，烈焰也自豪地拍打着翅膀。布莱恩在一边大声地对焱耳语：“虽然她变成了一只凤凰，但脑子依然和鸟类差不多大。”塞拉怒气冲天，从指间弹出一团火焰。考虑到她的急躁脾气，布莱恩急忙跑到艾伦后面，把艾伦推到了他和塞拉中间，说：“看到没！我坚固的盾牌！”

每个人都发出久违而轻松的笑声。菲利普对焱说：“七星……”

“……我们已经聚集了一半。”焱说完了他的话。

☆ ☆ ☆ ☆ ☆ ☆ ☆

塞拉最终站到了少年们这一边，但是现在面临一个重大的问题——怎么逃出去。目前，他们还在距离地面几千米高的房间内。布莱恩说：“唯一一条路就是从入口出去。”菲利普提醒布莱恩用虚无通道的危险。他还指出了一个事实，就算海因说话算话，让他们毫发无损地走出城堡，他还是认为那个皇子不会让他们走出城堡大门五十米。毕竟他并没有许诺孩子们离开城堡后不会再被抓回来。

那反过来，他们还有别的选择吗？难道从天池跳下去？可是这样的高度，在摔死前就会被冻成冰块。“谁先跳下去试试？”布莱恩耸了耸肩，“别瞪我，我只是随便说说。”

“我知道一个让咱们降落得舒服一点的办法。”塞拉说完，迅速跑到房间的另一头，开始在墙上寻找什么东西。敲击了几次之后，她打开了一个隐蔽的隔间，拉出了一卷毛毯。铺展开大概有三米宽、五米长的样子。

“这看起来确实很舒服，但我不觉得它大到可以让我们所有人都能坐上去。”布莱恩疑惑地拍着头，“你在想什么？你觉得这是一块魔毯吗？”

塞拉竟然点了点头：“说对了，你有时候比自己的长相看起来要聪明一点哟。”她走到魔毯的一端，很轻巧地就把自己塞了进去了。

等到塞拉消失不见后，烈焰很快也跟着进去了。布莱恩摇了摇头，说：“你没开玩笑吧？”说完，也跳进了塞拉消失的那个点上。菲利普、焱、阿玛蓝莎、艾伦也跟着进去了，剩下的那些小孩也都跟着走过来。魔毯里面可比外面大了好几倍。虽然没有什么家具，但四面都被同样柔软的毛包裹着，就连顶端和底面也是。

“这毛毯里面就是空了点！”布莱恩说道。

“这个魔毯是用来急救的，绝不是为了好看。那些皇室贵族从未想过有一天也会用到它，所以更不会在里面摆放什么东西了。”塞拉走到空间的一端，打开了一扇小门，露出另一个小隔间，里面有一个桌台，中间放着一把椅子。桌台前面和两侧都是墙，椅子背后站着的是塞拉和布莱恩他们。“这是操控室，我听说只有会魔法的人才能启动它。”

“像我这样的人吗？”菲利普坐在椅子上，向前伸出双手，掌心下马上形成了两圈亮光。桌台前面的三堵空墙瞬间变成了三个巨大的屏幕，展示着地毯外部的景象。台面还有一些小窗口，上面刻着标度、记号，还有一些不知道作用的光点。菲利普好奇地移动着双手，根据上面的古文拉开了所有窗口。整个过程看起来就好像他们从魔法世界跳到充满科技的世界中。菲利普的科学水平并不高，但他觉得如果那些科学生产的高科技机器可以让人看起来像变魔法，那魔法自然也能让自己看起来十分的先进。再怎么说，他们还处于魔毯中，而魔毯是靠魔法运作，而不是机器。

菲利普摸索了差不多十分钟，朝其他人点了点头，说：“我相信我能让这个东西飞起来。让其他人都进来吧。我们停留的时间越长就越难逃离。”很快，所有的孩子都钻入了魔毯。虽然魔毯内部空间宽敞，但是装着二十多个人还是有点挤。

菲利普胸前出现了两条交叉的绳子，像安全带一样，把他捆在了椅子上。等到捆紧后，他使劲挪动了手掌下的光球。当他举起手中的光球时，魔毯也随着光球开始上升。因为他没能同时举起两只手，所以魔毯在左右摇摆了几次之后，才被稳住。布莱恩极其担心地对菲利普说：“你确定能让这个东西飞起来吗？”

“飞起来？当然可以，不过我要是你，会考虑怎样让这个东西落地。”

右边屏幕上弹出了一个窗口，是一个非常简单的图表：最上方有一个小绿点，在绿点下方一条红色的线横跨过屏幕四分之三的地方。菲利普嘀咕着：“看来我们现在的高度远远超过了魔毯的极限，只有降到红线下我才能控制它的升降。”

“那是什么意思？”布莱恩问，不过他很快加了一句，“算了，我还是不知道的好。”菲利普笑了一下，左手移动到中心，右手往前推。魔毯沿着墙壁飞行，不断加速。达到一定速度之后，菲利普做出推和抬的手势，魔毯朝着天池正上方飞了过去，升到了屋顶，随即，魔毯一百八十度旋转，正对着池子。所有的传感器全部开启，闪烁的红灯发出紧急鸣叫，三个屏幕上弹出许多窗口。

看着他们面前这个无底洞，布莱恩咽了一下口水，抓紧艾伦的手臂：“哎……菲尔……我们真的要……”

“那是当然！”菲利普兴奋地大叫了一声，魔毯立刻就被天池吸进去了，魔毯里面一时间充满了尖叫声和惊呼声。惯性把所有人都送到了前面，要不是魔毯的大部分空间被这些小孩占据，恐怕有人已经被甩到墙上了。墙壁、屋顶和地板都开始剧烈地震动，仿佛所有的一切随时都会坍塌，并砸在孩子们身上。

没想到的是一股风刮过，剧烈地冲撞了魔毯。里面的孩子上下窜动，好像被困在罐子里的苍蝇一样。除了菲利普由安全带绑住，其他的孩子在魔毯平衡之后一个压在另一个身上。这里块头最大的布莱恩被扔过了菲利普的头顶，落在了他的大腿上。“喂！把你屁股从我面前移开！”菲利普生气地吼道。右边屏幕上闪现了一个绿点，他们刚刚降落到了魔毯允许的极限内。菲利普喊累了，在一片惊慌和抱怨之中大力一推，魔毯马上呈直线飞行，菲利普兴奋地叫着：“呀……”

左边屏幕上又弹出一个窗口，上面很多红色的点包围了那个绿点。“我猜想这个标志的出现有点不妙。”布莱恩躺在菲利普的腿上说道。

菲利普把布莱恩推开，说：“猜什么？你看看前面。”孩子们都抬起头看着前方屏幕，发现有很多黑色阴影飞向他们，那是灭龙，至少有二十只。菲利普打开后面的窗口时，发现后面比前面还多。看着灭龙嗜血的巨爪和骑士手中的闪闪发亮的武器，他们发现早先从几千米的高空跳下来也不见得是最糟糕的事。

“让我出去吧！我和烈焰一起就能解决他们。”塞拉把手放在菲利普的肩膀上，自信地说。

菲利普摇了摇头：“现在没有地方给你战斗，就我们现在的飞行速度，你一出去就回不来。不要担心，我会尽力避开他们。大家把心放到肚子里，这将是一场很有意思的飞行！”

“定义一下‘有意思’。”布莱恩说道。

“惊险、刺激，多半九死一生！”菲利普用手调整着魔毯的速度，在躲过两只灭龙的俯冲之后，他们发现前面的路被另外两个骑手堵死了。因为他们所在的魔毯从外部看非常薄，菲利普迅速调转飞行角度，让魔毯从灭龙的两只巨爪之间穿了过去。重新回到了平行的状态时，他们已经冲出了敌人的包围。不过布莱恩不太高兴，因为他又被摔了个狗啃屎。

看着身后的画面，他们发现那些骑手紧追不舍，不过分秒就越来越近。很明显，魔毯的速度比不上灭龙的速度。焱往下看了看，指着附近一处雪山说："在天空中我们太显眼了，如果想甩掉他们，我们得飞低一点。"菲利普同意焱的说法，带着他们往山峰中飞去，打算利用山石躲过一劫。

阿玛蓝莎忽然指着正前方说："好漂亮的城堡！"

"什么？"

"山顶有一座城堡，你们看不见吗？"她有点惊奇。

"我能看见。"塞拉举了下手。

菲利普有点疑惑，再次检查了窗口和传感器，然后说："我什么也没看见。"布莱恩也确认了一番，还嘲笑两个女孩子需要检查一下视力。菲利普朝焱看了一眼，确定自己没有看错，焱摇了摇头——他也没有看见城堡。

两个女孩疑惑地看着对方，忽然，塞拉抓着菲利普的肩膀大叫："往上拉！我们快撞到了！"布拉恩大笑起来，可是魔毯前方十几米的地方瞬间出现了一座巨大的水晶城堡。菲利普非常吃惊，但更多的是害怕。他尽最大努力调整着方向，但是太迟了，以他们的速度要想急速回转上升是不可能的。

魔毯左侧撞到城堡上的一座塔楼时，桌台下方发出巨大的爆炸声，随之而来的是剧烈的颤动。孩子们痛苦地大叫着，左面控制台爆炸了，冲击到菲利普的手臂，他痛苦地呻吟起来。左边的窗口立刻关闭，红色的警报灯又亮了起来。左臂被炸得没有了知觉，菲利普咬咬牙，想用右手引导魔毯到达安全的地方。几次上下颠簸和左右回旋之后，另外两面窗口接连变黑，但是菲利普成功地让魔毯滑落到柔软的雪地上。

等到颠簸过去，中间和右边窗口重新回到了工作状态。阿玛蓝莎帮菲利普站起身来，焱带着其他的人都走到魔毯外面去。菲利普用没有受伤的右手检查着窗口上的传感器，看起来他刚好把所有人都空降在了城堡大门前，不幸的是，魔毯已经坏掉，不能重新启动了。他惋惜地看了一眼，跟着其他人一起走了出去。

布莱恩伸伸脖子说："难怪你要担心降落，真是太可怕了。"

"喂，听过这样一句古话吗？只要是能平安走出来的降落就是成功的。"菲利普说道，活动了一下自己麻木的左臂，便把注意力转向了城堡。城堡通体用白水晶建造，除了门柱顶端的两座蝙蝠一样的恶魔雕像，再没什么奇特的了。菲利普看到怪兽的眼睛时打了个寒战。出于好奇，他朝大门走去。

大门传递出一种孤傲、敌对的气氛，好像整个城堡对于他们的到来充满敌意。菲利普没有走到门前就停了下来，这里的气氛太过沉重，肯定潜藏着危险。焱站在他身旁，也停下来，用手握住了剑柄。焱表现得如此谨慎可不常见，可见他和菲利普的感受是一样的。果真是刚出狼窝，又入虎穴。

"这个地方真的很漂亮，对不对？"阿玛蓝莎兴奋地说，女孩们也极力赞同。"嘿，你看看那两个天使雕塑，多漂亮。”

“天使？”焱和菲利普感到奇怪万分。那两座雕像不明明白白是两头恶魔吗？难道在她们眼中呈现的是不同的景象吗？这到底是什么魔法？菲利普非常疑惑。但就在他打算问问那些女孩是怎么回事的时候，雕像发出尖叫。这是他此生听过的最可怕的叫声。一瞬间，菲利普发现自己的力量全被吸走了，他跪倒在了地上。

菲利普见到的最后一个画面就是焱和其他的男孩都在痛苦地挣扎，而那些女孩的脸上却洋溢着开心愉快的神情，好像听到了最动听的音乐一样。随后他眼前一黑，就什么都不知道了。

第十四章
七星预言

菲利普感觉自己置身于一个冰冷的墓中，刺骨的寒冷令其难以承受，但他压根不想动，只想躺着休息。但是……好像有点不对劲。不行！大脑里传来一阵尖锐的叫喊，他不能就此睡下去。他的每一位朋友都在努力战斗，好不容易救下被关押的孩子，还有……艾伦！艾伦的名字像一道闪电直击他的心灵，他终于睁开了眼睛。

菲利普从梦境中醒来，眼睛被外界的强光照得不能轻易睁开。适应了几秒钟后，周围的一切才重新展现在他眼前。他第一个看到的就是焱，焱正坐在他旁边，看起来也是刚刚苏醒的样子。“我刚刚做了一个奇怪的梦，可以说是一个噩梦。你呢？”菲利普带着倦意，打了一个哈欠。

“你最好快点清醒过来！我们已经被包围了。”

看到焱严肃的表情，菲利普急忙视察周围的情况。“哎呀！”他们竟然在一个广阔的水晶大厅，大厅一端是一扇巨大的水晶门，另一端竖着一面巨大的水晶镜。水晶表面是如此晶莹透亮，多半只需一根蜡烛就能照亮整个房间。不过，水晶装饰的大厅也非常寒冷，就像一个冰窖。“难怪我会梦到睡在一个冰冷的墓中。”菲利普顿悟。

环顾四周，菲利普发现周围有很多穿着白袍的人。他们的脸大部分都隐藏在了白袍中，其中有不少人留着染过色的长发。他们戴着闪闪发光的耳环，脖颈上、手腕上还戴着一些精致的珠宝。菲利普猜想她们大部分都是女性。“品位还不错嘛！”看着她们的饰品，他转头想问问其他人有什么观点。突然，他发现自己身边除了焱，其他孩子都不见了！阿玛蓝莎、布莱恩、塞拉、艾伦，还有其他被救下来的孩子，都不见了！这个发现吓得他跳了起来，可是一阵倦意再次袭过全身，他倒在了地上。“到底怎么回事？我的身体怎么这样虚弱。”他握起右拳，力量也变弱了，不妙啊！

“菲尔，站起来！”焱的话打断了菲利普的纠结。他抬起头，看见白袍人中有四个人举起手来，一道紫光凝聚在她们的指尖。焱和菲利普默然无声，背对背站着。“听着，我守护你的身后，你注意我的身后，明白吗？”焱边说边拔出了他的剑。

菲利普强行挤出了一个笑脸，他立刻召唤出自己的魔杖，回答道:“我保证不会让任何一次攻击从我这边伤害到你。我保证！”

就在此刻，四个魔力弹同时发出，将两个少年围在中间。菲利普汇聚所有力量施放出足够坚韧的庇护罩抵挡攻击，焱则挥动佩剑形成一股剑风，抵挡面前的袭击。冲击过后，焱把剑插在地上，支撑着自己的身体，累得气喘吁吁:“不对劲，我感觉身体很虚弱，每次挥完剑之后都要停下来休息一下。”

“我也是这样，但我们总不能期望那些人会等我们感觉好一点再发起进攻吧。”菲利普回应着焱的焦虑，眼睁睁地看着那些满怀敌意的人准备开始新一轮的攻击。“跟她们拼了！”他咬咬牙，用力抓紧自己的魔杖。

“够了，我已经看到我想看到的了。”一个神秘的声音传入两个少年耳中。这声音是一个女人发出的，冰冷的语气让人毛骨悚然。那些白袍人撤回双手，全部转向那个巨大的水晶镜。

随着她们目光的转移，两个少年也盯着那个水晶镜，里面竟浮现出一个女人的形象。他们很难看清那个女人的长相，因为她缥缈得像鬼魂一样。她穿着一身轻便的白纱裙，皮肤白皙，眼里覆盖着严酷，冰冷如霜。如果在黑暗的山谷里碰到这个人，菲利普肯定会把她当作一只恶鬼。

女人看着两个少年，开始鼓掌。“很好！很好！我城堡里的魔法会减弱男性的体力和魔力。在过去的五十年间，没有一个踏进城堡圣地的男人可以自己苏醒过来。你俩不仅醒过来了，还有抵挡进攻的体力。星辰的力量真是令人生畏啊！”

“既然你已经知道了关于星辰的事，那我们能不能知道你的名字，还有我们在哪里？”焱问道，他在心里祈祷着这个人最好不要和沃尔特皇帝有什么关联。

“还有，你对我们的朋友做了什么？”菲利普接着问。

“你们可以称我朱西亚女士，现在你们在我的女巫学校里。她边说边优雅地抚摸着下巴。嗯，因为你们俩不是这个世界的人，所以没有听说过我也不奇怪。我还有另外一个称呼，这个你们也许听说过。人们都称我为‘帕萨帕瑞莎的雪之女王’，是这片土地上的六大女王之一。”

焱和菲利普同时叹了口气，彼此交换一下眼神。他们还没有完全从上一个女王的阴影中挣脱，现在又来了一个。在这么短的时间内能见到两个如此有名的人物真是荣幸之至。假如在其他时间和地点，他们或许会为这样的好运气欢呼雀跃，但是现在菲利普脑海中的想法是：“我讨厌这种运气。”

“你们的朋友们很安全。不难想象，你们的男性朋友还在昏睡，但是女性朋友都是我欢迎的客人，她们待在一个温暖舒适的地方。只要你们俩表现好，你们的朋友就不会受到任何伤害。”

听到朋友们都安全，焱放下了武器，菲利普也收起魔杖问道：“如果你真的决定不伤害我们，那你会让我们离开城堡吗？你知道我们从没想过要闯入你的领地。”

“你们的魔毯还在修复中，明天或许就能完成。我不会管你们男孩的死活，就算你们现在离开，我也不会阻止你们。但是我不会让那些女孩也加入你们的自杀行为之中。”

焱认真思考着她的话。他们在白雪覆盖的山顶，要是没有交通工具，一出去就会被灭龙骑手发现。“先谢谢你热情的款待。”焱最后做出决定。

“识时务。”朱西亚女士点了点头，解释道，“你们在这里的这段时间，我会派出女巫学校的两个学生来陪伴你们。只要你们和她们待在一起，哪里都可以去。还是要提醒你们一句，只要一步踏错，越过界限，小命不保就不用说了，跟你们来的那些男孩们也会遭殃。”

焱和菲利普听到雪之女王冰冷的声音后，不由自主地颤抖了一下，他们知道她没有开玩笑，于是立刻点头答应。朱西亚女士正准备送他们离开，菲利普再次问道：“你为什么要帮助我们？”这是他琢磨了很久的一个问题。迄今为止，雪之女王所做的每一件事情对他们来说都很有帮助，但是无功受禄，寝食不安。

女王停顿一会儿，说:“帮助你们？不要太天真了。我只是在兑现六十年前的约定，没有别的意思。”她朝两个男孩挥舞了一下手臂，命令道:“退下吧！”

一道金光包围了焱和菲利普，接下来他们被移到了另一个宽大的房间。“我们这是在哪里？”菲利普好奇地问，同时他有一种似曾相识的感觉。他发现自从开始这场疯狂的旅程之后，他就一直不停地问这个问题。现在他们身处在一个温馨敞亮的房间，四壁都是洁净溜光的石块，里面有三十张床排成三列，他们救下来的那些男孩，包括艾伦和布莱恩，正躺在床上酣睡，而所有的女孩却非常清醒，聚在一起聊天。

“你们总算过来了，怎么花这么长时间？”塞拉一边抚摸肩膀上的烈焰，一边走了过来，阿玛蓝莎跟在她身边。

“看到你们清醒过来真的很欣慰。”阿玛蓝莎接着说，“昨天，我们和朱西亚女士谈了很长时间，我真希望菲尔或者布莱恩能在身边帮我们把一切都解释给女王听，我真的不擅长讲故事。”

“昨天？我们睡了多长时间？”焱急忙问道。

“二十四个小时左右。”

两个男孩非常惊异地相互看着对方。居然一整天都在没有意识地昏睡，并且自己一点都不知道，想起来都后怕。不过他们发现了一个有趣的问题，菲利普摸着肚子，说:“奇怪，我都不觉得饿。”

阿玛蓝莎笑着说:“你当然不觉得饿。女巫们喂你们服下了这里最好的魔水，即便到第二天结束都不会有饥饿感。”

“别说这些不重要的。”塞拉插入谈话，“菲尔，你为什么不早点告诉我有关七星的故事和那个预言，还有天眼？当阿玛蓝莎对朱西亚女士解释时，我真的是大吃一惊。”

“我倒是想早点告诉你啊，可是我也是在火焰山对战后才听焱说的。”

塞拉点点头说:“我承认我也感受到你们身上有些特别的地方，但还以为是我战士的直觉断然告诉我‘你们是敌人’。”

“是吗？”两个男孩不约而同地发出疑问。早知道是这样，他们真的应该早点告诉她，这样也许能减少不必要的苦难。

在他们聊得正欢时，房间里闪现出一道金光。两个穿着蓝袍的女巫从光源处走了出来，她们的年纪与焱和菲利普差不多。看来她们应该就是朱西亚女士所说的那两位“学生”了。菲利普发现其中的一个女巫看起来异常眼熟。

“安娜？”菲利普脱口而出。这是他来到这个世界上碰到的第一个人。天眼曾预言有一天他们会再见面，现在竟然真的见到了。虽然见到安娜是很开心，但他不禁为被天眼掌控的感觉而恼火。“你在这里做什么？”菲利普问道。

“这不是明摆着的吗？我是朱西亚女士的侍女，也是女巫学校的一名学生，就像我曾经承诺的那样。”安娜微微一笑，把头发拨到耳后，左耳垂上露出一个白色的水晶耳环。“看到没，这个是雪之女王女巫学校的标志。这标志可以做成各种各样的戒指、项链，还有徽章，但是我最喜欢耳环。”

“很适合你。”

“谢谢！先不说这个，你居然是七星之一啊！我听说你现在已经是一个黑暗魔法师了。你是怎么在如此短的时间内就得到这个称呼的？我以为这要经过好几年的修习才能得到呢！”

菲利普挠了挠头，笑道：“呃，说我被授予这个称呼不如说是被我抢来的。我打败了一个真正的魔法师，并杀死了一头来自地狱的恶魔。”

“你们俩认识？”阿玛蓝莎问道。

“对，我们认识。不过那是以前的事了。”很明显菲利普现在不愿讲述“他的屁股”和“狼人”的故事，“先不管这个了，看来雪之女王就是你那时要拜访的那个医生。”

安娜点了点头说：“那时我告诉你我要去一个冰雪之地，对吧？不幸的是，我妈妈在来这里的路上就病倒了，但唯有女性才能穿过这座城堡的魔法保护，所以我不得不独自爬上山来。”

“很幸运你没有成为那片雪地中的一片风景！”菲利普开着玩笑。

“万幸，万幸！”安娜点了点头，转向身边站着的另一个女孩，“她叫哈拉，是我最好的朋友，也是被指派过来带你们观光的。在这里，达到什么样的巫术水平，就穿什么样颜色的衣服。你看到了，我们衣服的颜色代表最初级的学生。”她急忙加了一句，“不管怎样，在我们的陪同下，你们可以进入城堡的任何区域。所以哈拉你就带着……焱，你是叫这个名字吧？菲尔我就带着你，我们出发吧。”看来安娜那果断的性格一点也没变，话毕，她就拉着菲利普跑了出去。

焱看着哈拉，茫然地问：“刚刚发生了什么事情？”

“看到我每天都要忍受些什么了吧。”哈拉回答道。

“彼此彼此。”焱咯咯一笑。

☆　☆　☆　☆　☆　☆　☆

安娜带着菲利普穿过幽深的走廊。这座城堡实际上就是一所学校，很大一部分区域都被规划成教学区、实验室、研习区等，每一块区域对菲利普来说都是一种全新的体验，因为他以前从没进过学校。

安娜则格外开心，能在这所学校学习还是比较自豪的，尽管这片天地让她体会到“折磨”这个词的各层含义。她每把菲利普拖到一个地方，总能感受到周围投射过来的各种或羡慕或嫉妒的目光。不必说，她是乐在其中。学校里上百个学生都在大厅见过菲利普的能力，并且朱西亚女士还亲口称赞他“力量强大”。虽然他看起来不算是玉树临风的翩翩少年，至少也符合安娜的审美标准。最重要的是，他紧紧地跟着安娜，所以从这一方面来说,他就是属于她的。“啊,‘被人关注’的感觉太……好了。”她幸福地小声欢呼。

菲利普也深有此感。他很想在这里学习，倒不是因为他喜欢学习，他也曾亲身体验过学习魔法是多么劳心费神。他对在这里学习如饥似渴的真正原因是那种被一教室女学生盯着的感觉，简直让他飘飘然了。“过去的五十年没有一个男性可以打破这个城堡的魔咒，我想我可以在我身上贴个标签——‘国宝’。”菲利普笑了。

“哎哟！你打我干什么？”菲利普后背遭到一阵捶打。

“你怎么笑得像个傻子似的。看谁呢？想什么呢？”安娜下了个命令，“我是你的导游，你的眼睛只能看着我，不要到处观望。”

“但是观光的目的不就是要到处看看吗？”

安娜叹了一口气:“男孩子怎么都这么笨呢！”无奈之下，她给出了一个非常官方的答案:“你还记得朱西亚女士说的话，对吧？如果你自己到处游荡，是会被杀掉的。”

菲利普咽了一口口水:“……好吧，现在起，只盯着你一个人。”他咬着嘴唇，跟安娜来到了一处满是青草和鲜花的空地。这是城堡的中央空地，好像一个平坦、宽广的足球场。他们能清楚地看到宁静而湛蓝的天空。虽然上面没有屋顶,但冷气却被挡在外面，所以这里像春天一样温暖。“这是一个花园吗？”菲利普好奇地问道。

“这是女巫的训练场地，不过这里足够开阔，甚至可以举行野外会餐。现在是上课期间，不会有很多女巫过来训练。”

“那肯定是一大景观！”菲利普的语气中透露着一丝失望。

安娜站在草坪上，左右摇动着手指，说:“我要给你展示一下我刚学会的魔法，作为对你的特别感谢。”

“感谢什么？”

“当然是因为你给我提供了一个逃课的好理由。”安娜说完拉下挂在脖子上的一串白水晶项链，“帕萨帕瑞莎之水晶，请赐予我力量……巴特夫里欧斯！”

菲利普发现水晶里发出一道微弱的亮光，而安娜指间射出一道金光，投向一棵小树苗。菲利普本以为那棵树会被爆炸开来，变成无数碎片，但什么也没发生。失败了？他想着，正准备说几句话安慰安娜。然而，此时他的眼前一道金光闪过，小树苗瞬间变成了无数只金光闪闪的蝴蝶。

蝴蝶飞过，好像一块丝绸飘过眼前，菲利普欣喜得合不拢嘴。他从来都不知道魔法能创造出这么美丽的景致。过去见过的、学会的、使用的魔法从来没有一个像安娜刚刚做得那么让人赏心悦目。真的是既厉害又美观。女巫的魔法真的很不一样,他满心佩服。在他还没来得及祝贺时，那些飞着的蝴蝶变成了木块和树枝，砸到了两个人的头上。菲利普疑惑地看着安娜，她解释道:“哎哟，本来蝴蝶是应该飞到空气中消失掉的，这个咒语肯定有什么问题。”

“肯定是出了问题，但问题不是出在咒语上。”一个穿着白袍的老妇人穿过回廊走了过来，她捡起一个木块，手一挥，地上的木块就随着一阵闪光插进土里。她手指轻轻一弹，土里的木块瞬间就变成了一棵果树。“这才是巫术的真谛，安娜小姐。还有，我告诉过你不下一百遍了。不要以为你戴着一个水晶吊坠，就无视规章制度，在没有人监督的情况下擅自使用危险的魔法。送走这位客人之后到我办公室一趟。难道说你很享受每天都到我的办公室报到吗？我至今没有用魔法来惩罚我的学生是因为我不喜欢用，但是只要理由足够，我还是会的。”

“我错了，麦当娜女士。”安娜唯唯诺诺地低下头。

“还有你，小男孩。”麦当娜女士对菲利普说。菲利普立刻抬起头，感觉脊背上直冒冷汗。“我希望你能理解，我们不允许你在城堡内练习任何魔法。听明白了吗？”

菲利普沉重地点着头，跟着安娜走出这片草地。“她是谁？”他声音里透露着焦虑不安。

“她是我的一个老师，也管我的生活。我把她当作我的第二个妈妈，不过是不讨人喜欢的那一种。”

“我觉得我对你的老师有点过敏。”

“哈，这是学校里常有的病情。”

“对了，那块水晶有什么特别之处吗？”

安娜从脖子上摘下那块水晶，让菲利普能看得更清楚一点，她解释道：“你还记得我左腿上的伤吗？因为毒液已经深入骨髓，治愈它唯一的办法就是用帕萨帕瑞莎的冰水晶。它是这片土地上稀有珍宝中的一件，有着无与伦比的净化力量，在这学校里尤其突出，因为整个城堡都是用它建造的。”

“真的吗？”菲利普好奇地摸着冰冷的墙壁，它们从哪里看起来都不像水晶。

“几十年前，朱西亚女士被一个男人背叛了，他把她丢弃在帕萨帕瑞莎矿区里，让她自生自灭。为了自救，朱西亚女士把自己的力量注入魔法水晶，然后她的身体也完全融进水晶里面，最终形成了这座城堡。她能按照自己的意愿改变城堡的外观，如果她乐意，她甚至能够把这座城堡完整地移到别处。所以说，这座城堡就是朱西亚女士的化身，而我们在她的身体内部。至于我的水晶，也是这座城堡的一部分，每次我在这里使用它的时候，都可以借助朱西亚女士的力量。”

“难怪别人都叫她帕萨帕瑞莎的雪之女王。”菲利普跟着安娜走到下一处景点。

经过另一处房间和回廊的连接处，他们通过一扇玻璃门。这是一个设计独特的房间，不像其他教室，这个房间是一个八边形结构，八面墙壁上都挂着镜子。空间大约有其他教室的三倍大，房顶不是一般的高，那里悬挂着五个水晶吊灯。

菲利普朝房间里望去，几个女巫正在和一些穿着考究的男人们跳舞。菲利普十分不解：“我以为这里没有任何男人呢！”

安娜微微一笑，脸上闪过一丝羞涩的神色：“这里是舞蹈教室，那些男人都不是真的，是那些女巫用魔法变出来的。”

“你们女巫还能做这个？”

“只要在合理范围内。”安娜甜甜地一笑。

“当然当然，”菲利普取笑道，“那我们为什么要来这里？”

“哈哈，你可能不信，在所有同学当中我是跳舞跳得最好的。”说完，她让菲利普在教室中间等她，她自己却跑到另一头那些年长女巫那里，跟她们其中一个人说了几句话，好像还引起了一阵骚动。听不到安娜究竟说了些什么，但是她双手合十放在胸前，模样十分可爱迷人，好像在请求什么。菲利普发现安娜的这一面非常讨人喜欢。

过程好像有点长，其中一个女巫终于做出了决定，安娜很快跑了回来。

“你在干吗？”菲利普问道。

“嗯，我想光说不练又怎么能让你知道我精妙的舞姿。”安娜的面颊上微泛红晕。

“跳舞？不,不,不,我……我不会跳。”菲利普局促不安,他举起手想拒绝这个建议。但让他郁闷的是，安娜好像根本没有听进去，她直接抓起了菲利普的双手。一瞬间，教室里的灯光全部熄灭，屋顶中间的吊灯变成了一个漂亮的满月，剩下的四个吊灯变成了数不尽的星光。这一切称得上是女神的赏赐。一道温馨的黄色光线从屋顶上打下来，正好照在他们俩身上。一首柔和的乐曲奏响，因为房间的独特设计，音乐回荡在每个舞者的耳朵里、心里。

“跟着我就行。要不是我答应接下来的几周我都要替那些姐姐们做苦力活，她们是不会帮我把这个地方变得这么美的，我们一定要好好玩才够本。”

菲利普不大情愿地点了点头。安娜感觉到了少年的犹豫，所以把他的手放在了自己腰上，还重重地按了下去。她小声地跟他说了一下社交舞基本的步调。这是菲利普至今为止遇到的最困难的任务，他不知道该怎样移动自己的身体和脚步。他双手僵硬，不想把手牢牢地放在她腰上，这让自己感觉到有侵犯她的意味。可如果他不抱紧，又感觉安娜会从他手中摔倒。“天哪！和十头恶魔打斗都比这个容易。”他想着，越来越多的血液涌入脑子里。不过在内心深处，他得承认自己喜欢这种怪异的甜蜜感。

在菲利普走神的时候，安娜小声哎哟了一下，因为她的舞伴不小心踩到了自己的脚。菲利普急忙往后退，想要采取措施补救，但他的脑子里一片空白，反倒再次踩在了安娜的脚上。安娜一直在鼓励菲利普，尽最大努力掩饰自己对菲利普的失望。菲利普心下也明白他得想办法改变这个现状。一个想法闪过他的脑海，他在安娜耳边小声说：“等等，我知道一个更好的舞步，紧紧抓住我，行吗？”

安娜点点头，把自己发烫的脸颊埋到少年的胸膛里。菲利普闭上眼睛，唤出体内不多的力量。他祈祷着，就算大部分法力都被这座城堡抑制，自己应该还能施下一个咒语。慢慢地，菲利普的身体开始上升，安娜也随之腾空。

“怎么样？喜欢吗？”菲利普睁开眼，额头上已经冒出几滴汗珠。他们悬浮在空中，

像一对伴随着美妙乐曲翩翩起舞的仙鹤。

“何止喜欢？我太幸福了。”安娜紧紧地抱着菲利普的腰，被深深地打动了，“你要小心，不然女孩子天天都想要这样的经历。”她小声说。

“无论何时，无论何地。”菲利普浪漫地回答，不过声音里已经透出一股虚弱。他体内的魔法在急速消耗，他不知道自己还能坚持多久。可安娜完全没有注意到，因为此时的菲利普在她眼里是最完美的。

“这是在干什么？”一个粗鲁的声音打破了这片和谐，房间又变回原来的模样。一位级别很高的白袍女巫出现在视野中。“马上从上面下来！”她厉声喝道。

菲利普尽力让他俩平稳地落在地上，安娜迅速走到那个不速之客面前。“默哀”都不够形容她的心情了，不过她还是挤出了一丝笑容：“您好，蒂娜女士，我这次又做了什么错事？”

“不要和我狡辩，小姐。作为惩罚部的主任，我的职责就是认真执行学校的规章制度，刚刚发生的一切都是不允许的。”老女巫冷冷地看了一眼菲利普。菲利普胃里一阵翻腾，他刚刚完全忘记了自己是不能在这里使用魔法的。幸运的是，蒂娜女士并没有在这一点上做文章。

“安娜小姐，我希望你送回这位客人之后来我办公室一趟，我已经和麦当娜女士谈过了，我们决定重新教导你一下关于学校的规章制度，你最好有点心理准备。现在从这里出去。”

安娜马上把菲利普拽走了，蒂娜女士最后朝他们喊道：“走廊里不准快跑，不准喧哗……”不过，他们很快就跑开了，再也听不到蒂娜女士的叫声。

确定跑出蒂娜女士的视线之后，安娜嘀咕道：“我讨厌她，她总是找我的麻烦。”

“我很抱歉，给你惹麻烦了吧？看来你晚上很难熬了。”菲利普担心地说。

“不会的，”安娜无所谓地拍着手掌，“她们的话你听一次就都记住了，从来没有新内容。再说，那些规则根本就不适用于我。要学会新魔法，就得承担风险。”

“同意得不能再同意了。”

☆ ☆ ☆ ☆ ☆ ☆ ☆

接下来的一个小时，他们走访了另一些教室和场所。可是，长时间的步行开始让菲利普筋疲力尽，尤其是在施下那个浮空咒之后。

安娜也感觉到了菲利普身体状况欠佳，因此决定返回。这也许和她的计划有点出入，但她不想看见菲利普因为自己的原因倒在这座城堡的魔法之下。再说，那支舞已经超出了她所有的期望。

“来吧……七星…… ”就在他们往回走的时候，菲利普耳朵里瞬间传入这样一个声音。

“是谁？”菲利普环顾四周，但是除了安娜没有其他人。他疑惑地看着安娜：“你刚刚听见有人说话了吗？”

“来吧……黑暗之星……”

“又出现了！”

“我什么也没听见。喂！等等，你要到哪里去？”安娜看到菲利普开始往回廊尽头走去，急忙抓住了他的手臂。

菲利普没有回答，或者说他不知道该怎么样回答。开始，他以为那是朱西亚女士的声音，因为这两个声音非常相似，但他很快否定了自己的想法，因为这个声音听起来相当年轻。“我不知道那是什么，或者是谁，但是我觉得，我应该过去看看。”菲利普把注意力全部集中到了那个神秘的声音上。

“来吧……来我这里来……很好，再走几步……”

菲利普越走越快，最后停在了一扇大门前，房间里摆放着数不清的书架和书。图书馆？他猜测。

“你吓到我了，菲尔，你到底在找什么？”安娜抱怨着。

“嘘……”菲利普停下脚步，指着图书馆尽头隐藏着的一扇小门，“声音是从那里传出来的。”

“你确定？”安娜望着菲利普手指的方向。她还是没有听到菲利普所说的那个声音，从他听到声音的地方到这里，他们已经穿过了差不多半个城堡。不管怎样，她试着推开那扇门，但是没有反应。“不好，这扇门只有高等女巫才能打开，对不起。”菲利普皱了皱眉，还是不愿意就这样放弃。他知道这很怪异，但是里面仿佛有很重要的人在召唤他。他无可奈何地把手放在门上摸索。“让我进去。”他想着。让他和安娜惊讶的是，门自行打开了。

“你怎么打开它的？”

“这也是我想知道的。”

“太奇怪了，我以为一个男性在没有女性的协助下，在这座城堡里什么事都做不成。这也是我陪着你的原因。”安娜疑惑地嘀咕着，她从头到脚打量着菲利普，“呃，你确定你是男孩吗？”

“这是什么问题？我当然确定！”菲利普激烈地反驳道。安娜笑嘻嘻地跟着他走了进去。

房间并不比魔毯内部的空间大，整个墙壁都被书架填满了，不过书架上放着的不是书，而是上百个子弹大小的水晶球。房子中间放置着一根一米左右粗的柱子，好像是专门研究细小物品的摆设。然而这里好像还缺点什么——人。房间里一个人都没有，可是菲利普依然能听见那个声音回荡在这个有限的空间里。只是这一次，他听不清对方说的是什么。他慢慢地绕着房间走动，扫视着每一个角落，每一件物品。他从架子上取下了一颗水晶球，兴奋地叫道：“就是它！”他小心翼翼地拿着水晶球，转向安娜，“我不知道是怎么回事，但声音肯定是从这个水晶球里面传来的。”

“那你现在要做什么呢？”安娜奇怪地问。菲利普径直把水晶球放在房屋中间那根奇怪的柱台上。

他们身后的那扇门自动关上了，房间里变得漆黑一片。水晶球发出万丈光芒，像一个小太阳照亮了周围。他们发现自己到了一个巨大的建筑里，这里很宽阔又很凌乱，有很多古老的柱子支撑着满是植物的屋顶。“这地方多半是一座破旧的寺庙，或者是什么建筑的废墟。”菲利普想着，把视线转向了地面。这里有很多人，不只有男人和女人，还有精灵、矮人、魔族生灵等。虽然种类不同，但每一个生灵都专注于寺庙的中心。那里有一个巨大的石阶，一位年轻男子站在石阶上面。他的头顶上有一扇天窗，太阳可以通过天窗直接照进厅内。密集的阳光像通往天堂的入口，洒在那个年轻男子身上。想必已是正午时分了。

“菲尔，这是怎么回事？”安娜在菲利普身边小声问道。

“好问题。”菲利普看着离他们最近的那个人，那是一位年轻漂亮的小姐，穿着一件美丽的白袍，和城堡里那些高等女巫一样。“我们问问吧。”他想握住那个女人的手，但是他的手直接穿过了女人的身体，好像碰到一个鬼魂一样。“这是……”他吸了一口冷气，慢慢把手伸到一边，直到撞到了一个看不见的东西。“我明白了。这是水晶球投射出来的幻象。看，墙壁和书架都还在这里。”为了证明这个事实，他还敲了一下幻象里没有的墙壁。

“我从未见过这样的东西，”安娜兴奋地用手划过那些人的形象，“这就好像一本演绎真实生活的故事书一样。”

“问题是，这究竟是一个什么样的故事呢？”

回头看看幻象，天窗上射下四道亮光，变成了四个穿着黑色斗篷的人，围住了那个年轻男子。与此同时，石阶周围也开始现出几个魂魄似的形象，用古语低唱。他们俩都听不懂。一个穿着黑色斗篷的人开始用一种清晰有力的声音说道：“祝贺你，你已经证明了自己，你可以担得起‘天眼’这个称号，并拥有它的能力。”

“啊！”他们俩都惊呆了。现在他们知道这是个什么故事了——是‘天眼’的就职仪式。“我要看看这个！”菲利普集中注意力，确保每一个细节都逃不过自己的眼睛。

第二个黑衣人接着说：“但在我们赐予你力量前，你必须先发誓……”

“对！”第三个黑衣人接着说，“一个接收力量并且背负责任的誓言。”

中心的那个年轻男子点了点头，跪在地上，声音清晰明亮，确保整个寺庙里的人都能听到：“以第一任天眼及我面前的所有天眼之名，我庄严地宣誓，我将铭记守护伟大而美好的未来的职责。绝不会用我之能量谋求个人利益，也不会用我之能量破坏世界平衡。如违此誓，我的肉体会被恶灵撕成碎片，我的灵魂会因罪恶而永世不得超生。”

“一切依你所言！”寺庙里的所有观众见证了那个男子庄重的誓言，大声宣布。

最后，第四个黑衣人说："代表过去所有的天眼，我现在赐予你曾属于我们的力量！"神圣的光环顷刻间覆满了整个寺庙，千千万万个光球从天窗飞入。就像千千万万只萤火虫，它们环绕在男子身边，迅速融入他的身体。年轻男子发出一声痛苦的尖叫。

慢慢地，声音平息了，年轻男子站起身来。他注视着周围的一切，眼里散发出异常坚毅的亮光。先前的那个男子已经不存在了，随之诞生的是新一代的天眼。短暂的沉默之后，年轻的天眼仰望天空，有力地说道：

"岁月如梭，光阴似箭。魔法圣域，祸乱连天。
罪恶滋生，奸邪萌动。七星会聚，混沌之中。
至善帝王，仁爱传扬。破曦亮芒，扬帆起航。

探秘诡域，搜寻圣器。英明睿智，夺取胜机。
天人一言，大地悲戚。六颗邪星，凶狠奇异。
王者战队，毫不畏惧。神龙宝座，一较高低。

纲常不存，战火滚滚。信义尽失，和泰难存。
众志成城，团结一心。剑指苍穹，破世刃临。
唯有斩断，时光之链。日月重现，光明复返。"

宏伟的寺庙中一片肃穆，年轻的天眼清了清嗓子，说："七星预言到此结束。"

四个黑衣人互相看了一眼，点头示意，随后变成四束亮光消失了。随着它们的消失，近旁的那些魂魄也消失了，寺庙里顿时人声嘈杂。对菲利普来说，他最关心的事就是用心记住每一个词，然后转述给淼和其他伙伴。相信当他们听到时肯定也和自己一样激动。

在他反复记诵预言时，安娜兴奋地拉着他的手臂，让他看看眼前出现的另一个景象。让菲利普惊讶的是，年轻的天眼穿过人群，走到了离他们不远的地方。"啊，朱西亚女士，能在这里见到你真是惊喜啊！"他给两人身旁的白斗篷女士鞠了个躬。

安娜发出一阵惊叹："啊！我竟没认出她以前的样子。"他们俩注视着这个优雅的女人，不敢想象如此惊艳绝美的女人有一天竟变成了雪之女王。

啊！菲利普终于听出来了，那时叫他过来的正是她，难怪声音听着要年轻一点。这个房间里的每一颗光球想必都是朱西亚女士重要的记忆，而他们此刻观看的这个记忆肯定是在长年累月的魔法浸泡下有了生命，指引菲利普前来了解七星预言的始末。他知道这有点难以想象，但这就是魔法的魅力所在，总是让你猜来猜去。

朱西亚女士回答天眼："'惊喜'？'喜'有可能，但'惊'我很难相信。能知过去和未来的天眼什么时候能有'惊'这一说？"

"也许吧，不过'喜'肯定是有的。"

"为何我有此等荣幸能和天眼说话？"

“我只是想伸出援助之手。”天眼回答，“我想你一直都在寻找罕见的帕萨帕瑞莎水晶，对吗？我有一些信息可以让你获得精准的位置，作为回报我只要一个承诺。”

“说来听听。如果是在我的能力范围之内，定当尽力而为。”

“这倒不是件困难的事情。多年后，一群小孩会降落在你门前。我恳求的是你一定要让他们在你那里休息好，并且给予他们帮助。行吗？”

“不会是你预言的七星吧？”朱西亚女士睿智地问道。

“谁知道呢？”天眼哈哈一笑。那一刻，菲利普几乎可以确定这个男子正注视着他，但那怎么可能呢？难道他真的知道许多年后，这个场景、这些话会被菲利普看到、听到？不，不可能，菲利普不敢轻易确定这个想法。

图像很快消失了，一切又再次归于黑暗，他们听到的最后一句话是朱西亚的回答：“如果这是我唯一要做的……那我向你保证……”随后，门打开了，光球飞回了支架上。

负载了这么多的信息后，菲利普只顾着消化，甚至都没有注意到安娜已经把他带回宿舍区，直到阿玛蓝莎和塞拉跟自己打招呼才回过神来。那时，焱早已观赏完城堡回来了，而他的导游哈拉也早已离开。听焱说，他好像在历史课上玩得很开心，那些女巫告诉他的故事真的是太有趣了。这虽然和焱的性格爱好不太相称，但他和一些想把武术融合到咒语里的女巫还是交流得十分投机。作为答谢，他还得到了她们馈赠的一种珍贵魔水。只不过他想自己肯定不会用到，因为魔水是用来染发的，使用者想染出什么颜色，魔水就会变出什么颜色，还能保证一个月都没有头屑。“收着也没什么坏处，等遇到‘头发糟糕的日子’，这个魔水也许会有点帮助。”焱考虑到这个可能性，便把这个精巧的小瓶子放到了口袋里。

菲利普为他们讲述完预言后，大家沉默良久。焱说：“朱西亚女士说她会帮助我们是因为六十年前的一个约定，现在我们终于知道这个‘约定’是什么了。”

塞拉用手托着下巴：“知道这个预言是一个很好的开始，但恐怕这些信息还不够，还不能确定什么。盲目解释预言是一件很危险的事。”

“我同意。”焱点了点头，“还有，要是我们不知道接下来会发生什么事情，要理解这个预言是很困难的。”

“我的想法和你一样。”菲利普说，“不过我倒认为那个仪式是很值得观看的，你们要是能看到就好了。”

阿玛蓝莎失望地说：“在家的时候，我也听说过天眼的就职仪式。那四个黑衣人肯定是前四任天眼，那些魂魄一样的人物，肯定是先古的天眼。我真希望能见到其中一个。有史以来，还不曾出现一个人比天眼更有名、更有影响力的人。”

“我不知道‘影响力’，但我终于明白他们所说的‘赐予你我们曾拥有的力量’这句话的真正含义了。”菲利普说着，脑海里闪过一个问题，“你们觉得海因有可能知道这个预言吗？”

“很有可能。”塞拉说，“他多半会觉得自己就是预言里提到的那个‘帝王’，不然他怎么想要七星都效忠于他。我听说沃尔特皇帝要选继承人了。”

“那就对不起海因了，我可没想加入他的队伍。”菲利普说。

“哎，其实他没有那么坏。”阿玛蓝莎争辩道。

“但你也不能说他是一个好人。”

讨论持续了一会儿，夜色变得凝重起来，焱和菲利普再也承受不了身体的疲惫，只好自行去睡了。等菲利普再次睁开眼睛时，他已经被转移到了城堡的入口处。城堡大门正上方依旧是那两座恐怖的恶魔雕像。起来之后，他看到其他的男孩也慢慢苏醒，女孩们却站在一旁笑个不停，安娜也和女孩们站在一起。艾伦和布莱恩打着哈欠，还没有意识到发生了什么，只是说梦见自己被困在冰窖里。布莱恩甚至说，从没想过自己会这么想念塞拉的火球，和她那只会飞的烤鸡。

一道火焰掠过布莱恩的脸庞，塞拉和她肩上的烈焰一起站到他面前。“布莱恩，你能这么想念我们真的很令人高兴。那么，你是想先尝尝我的火球呢，还是先尝尝我妹妹——‘烤鸡’的利爪呢？”

“我还有第三个选择吗？”布莱恩问完，就飞快地跑开了。

“睡得好吗？”安娜笑了一阵后，转身问菲利普。

“很好，谢谢你昨天的陪伴。但我们不能再作停留了，很抱歉。”自从被那个预言吸引之后，他就再也没有给安娜任何关注，现在心里很过意不去。

“噢，没有！不要这样说，我也玩得很开心。”

“昨晚麦当娜女士和蒂娜女士的惩罚苛刻吗？你没事吧？”

“小菜一碟，不管那些女巫做什么，我都经得起考验。不过她们让我牢记学校规章制度上的每一个单词，甚至还有标点符号，这着实让我头疼。”安娜举着拳头发誓道，“从上次我们见面到现在，你改变了很多，真的给我留下了深刻印象。但下次，我会成为那个让你印象深刻的人，明白吗？”

“那就说定了。”菲利普用自己的拳头轻轻碰了一下她的拳头。

让他始料未及的是，安娜竟上前一步靠近他，悄声在他耳边说：“好好照顾自己，好吗？”然后在菲利普脸颊上深情一吻，便跑回了站在大门里的女巫当中。

“哇！”菲利普身后同时发出两声惊叹，布莱恩和艾伦正笑着盯着他。

菲利普觉得一股热血翻涌到自己脸上：“不要这样看着我！”

“哪样啊？”布莱恩笑道，“我们只是想知道我们错过了些什么。说吧！告诉你的朋友们一点细节嘛！怎样，为什么，什么时候，在哪里发生的？嗯，我已经知道了‘为什么’，‘什么时候’和‘在哪里发生的’。现在我们感兴趣的是‘怎样’发生的。”

“想知道啊？就不告诉你们。”菲利普坚定地走开了，但后面还跟着两个坚持不懈的采访者。

不久，所有男孩都苏醒了，每个人都充满活力，孩子们一个接一个地走进升级完毕的飞毯。一个穿着黑色斗篷的女巫对菲利普说："我们提升了它内部的面积，还有整体的飞行速度，但我们不确定它会飞得比灭龙快。我们自己觉得最满意的一点就是，控制系统被安装在了外面，这样你在外面就可以控制它了。当然，只是一些基本的操控，没有那些更高级的传感器和警报器。"

"这不会让飞行变得更加危险吗？"菲利普有点担心。

"这就是我们为什么很自豪的原因了。在外面驾驶的时候，乘坐者只要身体的一部分接触到魔毯就不会掉下去，即便是倒着飞也是安全的。不过我不建议你去尝试。"

"非常感谢你们给我们提供的帮助。"阿玛蓝莎礼貌地鞠了一躬。

"对，谢谢！"塞拉搓着手，第一个站到了魔毯上面，"在外面我们就可以反击了，这对我们顺利逃脱更有利。"

"同意。"焱也走上魔毯，"阿玛蓝莎和塞拉站在最后面保护我们的后方，我站在菲利普旁边。至于布莱恩，我们需要你来指明方向，所以你就站在我身后。剩下的人快点走进魔毯坐好了。让我们一次解决所有问题。"

"谁让他负责的？"布莱恩小声问菲利普，不过菲利普的眼神却表示，他安排得很恰当。

艾伦抓着菲利普的胳膊，恳求道："拜托，让我站在外面好不好？"

"太危险了。"

"噢，不要紧张。放松一下，好吧？"布莱恩按住艾伦的肩膀，"他坐在我旁边，我会保护他的，行吧？"

菲利普犹豫不决地看着他俩："你们一定要老老实实地坐在我的身后，如果随便乱动，就都不要在外面飞了。懂了吗？"他俩用力地点着头，走到了他们的位置。菲利普叹了口气，他告诫自己这次一定不能再失败了。最后，焱、阿玛蓝莎、塞拉，加上布莱恩、艾伦和菲利普站在了外面，其他孩子都进了魔毯内部。

菲利普召唤出自己的魔杖，随着魔杖慢慢抬升，魔毯也随之从地面升起。悬浮在半空时，菲利普最后看了一眼那一列白袍女巫。"保重，安娜。"他默念着，把魔杖往前推了出去。

"我们出发啦！"魔毯快速飞离了这座受魔法保护的水晶城堡。

第十五章
土石之路

魔毯急速飞向天空，雪之女王的城堡在菲利普的视野里渐渐消失。只有女性才能欣赏到这座城堡的美丽真是太遗憾了，毕竟附近只有海因的城堡拥有如此雄伟的气势。在这群少年看来，森林中皇子的城堡，就像是连接地狱的大门。当他们注意到城堡方向悬着的一片好似有生命的浓密云雾时，地狱般的体验更加真实了。

“灭龙！”塞拉惊呼着，把目光投向云层之上，“我至少看见了四十只，看起来海因皇子认真起来了。”

“是吗？那我们更要如此了！”布莱恩指向前方山峰的东南边，“山的那一边是山精居住的森林，我们最好在那里把海因的军队甩掉。能做到吗？”

还没得到回答，他们身后便传来一声洪亮的号角。他们根本想不到，地面上竟然埋伏着六个灭龙骑手，而他们已经向海因的城堡发出了信号。“想来他们一直在等着我们。”焱不禁朝城堡那边看了一眼，城堡上空的黑云正朝着他们的方向靠过来。

“挺给面子的，但只凭他请不动我们。”菲利普开玩笑道，让魔毯顺着布莱恩手指的方向飞了过去。这时，那六个灭龙骑手已经紧紧跟上了他们。虽然女巫们对魔毯进行了改进，但这些凶残的灭龙挥着一对强劲有力的巨翅，速度仍远远快于魔毯。

“不打是不行了……”塞拉拿出了她的弓，她把箭搭在弦上的那一刻，箭头立刻燃起火焰。拉满弓、松开弦，这支带着火焰的箭穿过空气，带着一股热流，击中了一只灭龙。令人吃惊的是，箭碰到灭龙身体的一刹那产生爆炸，焰火完全摧毁了覆盖在灭龙身上的钢甲，灭龙连同它身上的骑手从空中坠落。

见到塞拉的弓箭的威力，灭龙骑手随即改变了飞行策略，想让塞拉难以揣测他们的飞行路径。塞拉对骑手的这一应对调整嗤之以鼻。她能够在百米之外击中一只小苍蝇且不杀死它，所以不管那些巨大的怪兽怎么移动，她也不会漏掉任何一只。塞拉从箭筒里抽出第二支箭时，阿玛蓝莎按住了她的手，镇定地摇了摇头。她知道战斗期间塞拉的一切攻击都是没有错的，尤其是为了拯救这群异界的孩子，但是塞拉下手有点太狠，令阿玛蓝莎感觉太过极端。难道这才是人性最真实的一面吗？或者这些事情不得不以暴力方式解决？难道因为自己是一条美人鱼才会对这些血腥的对战难以接受？还是因为自己真的不了解人类？

“你还是到毯子里面去吧，让我们来处理。”布莱恩建议道。

阿玛蓝莎坚定地摇摇头，笔挺地站在原地。“我不知道怎样才算是真正的人类，但……”她一边思索一边伸出双臂，一股水流便沿着双臂变成了护甲，“但是我要做我能做的来捍卫我的信仰！”她下定决心，挥动双臂像一个翩翩起舞的天使。伴随她的舞动，水流在空中形成了三条巨大的海蛇，迅速缠住了朝他们飞过来的三个灭龙骑手。阿玛蓝莎随即双手一扭，三个被绑住的猎物好像陷入漩涡一样在空中盘旋，最终，三个漩涡融汇一处，三个灭龙骑手相互碰撞在一起。之后，小治疗师推出双手，造出一个巨大的水泡，包围了已经晕头转向的骑手和他们的灭龙坐骑。三名灭龙骑手径直向地面坠去，随后水泡触地破碎。毫无疑问，那三个骑手并无大碍，可是他们一醒来会头疼得厉害。

“哇！”魔毯上站着的每一个孩子都惊叹不已。这是他们第一次见到阿玛蓝莎出战，也许“沉默的人往往是最具实力的人”这句话是有道理的。

剩下两个骑手中的一个已经飞到他们头顶上方，他驱使灭龙张开血盆大口，朝孩子们俯冲下来。焱立即按着菲利普的肩膀叫道：“现在旋转三百六十度！不要问原因，照做就行了！”

“没问题！”菲利普顺手举起了魔杖，魔毯像过山车一样急速上升翻转。前一秒他们还头顶着天空，这一秒他们已经头朝地倒挂在魔毯下面。这导致灭龙俯冲下来扑了个空，骑手的背也因此毫无防备地暴露在孩子们眼前。就在这个关键时刻，焱从魔毯上跳了出去，在空中利索地翻身，落在了灭龙背上。他在骑手身后用手指点中了骑手的穴位，让他不能动弹。焱接着拔出剑，朝灭龙的翅膀砍了过去。紧接着，他在龙背上使劲一蹬，跳跃起来，重新安稳地落在魔毯上。

“你疯了吗？”布莱恩责备道，不过他的声音里更多的是赞赏。至于灭龙，由于它的主人能力丧失，自己的翅膀也被砍伤，径自逃走了。

“你是我的英雄！”艾伦兴奋地喊道。

“现在还不是庆祝的时候，我们还有一个问题要解决。”菲利普指着前面说，最后一个灭龙骑手已经飞到了他们面前，准备与他们硬撞。布莱恩慌忙看着同伴，期盼塞拉或者阿玛蓝莎能够提供一些帮助。可是菲利普到目前为止什么绝技都未上演，他渴望亲自做出一些漂亮的行动，而不是等着朋友们轮番攻击来救助自己。谁说不能够在驾驶飞毯的同时作战呢？他一腔热血激昂澎湃，大喊：“等我数到三的时候，大家一起往前跳。”

“什么？跳？”布莱恩被他这种近乎疯狂的建议吓倒了。

“一！”

“不是吧！”

“二！”

“哦，天哪！”

“三！”

“我还没准备好！”布莱恩惊慌地尖叫着，但是他还是和焱一同把艾伦架起来，跟着其他人跳了出去。魔毯从灭龙爪下十厘米的地方滑了过去，孩子们则从骑手的头上跳了过去。这仅仅是一个开始。当菲利普的背部对准骑手的背部时，他就张开手臂，施展出自创的三百六十度身体逆时针方向转动。他左手穿过气流，施下一个咒语，稳住了空中的朋友们，右手拿着魔杖对准骑手的背部。一束黑光闪过，骑手如遭电击般从灭龙背上跌下，坠落到了下面的森林里。小魔法师没有丝毫停顿，继续凌空翻转，当他完成三百六十度旋转时，正好重新落在了魔毯上，恢复了对魔毯的操控。他左手顺势一拉，把其悬空的朋友们安全拽到魔毯上。

布莱恩剧烈地喘着气，瘫软在魔毯上，朝菲利普喊道："下次，你能不能在实施计划之前告知我们？我还不想死呢！"

"不要告诉我你这个未来的骑士会害怕这小小的挑战。你的勇气表现在哪里呢？"

"我不害怕挑战，但是你拿生命冒险作出的行动无异于自杀啊！"布莱恩抗议道。还好经过这一步险棋，他们几乎到达了山峰顶端。可这时，另外几只灭龙出现在山顶，挡住了他们的路。看来海因已经预测到了他们的逃跑路径，所以在这里安排了一支队伍。

"我们现在要怎么办？"艾伦问道。

"很简单，如果我们不能绕过去，那就只好从他们中间杀出一条血路！"塞拉回答道，并朝前挥舞着手臂。伴着一声清脆悦耳的鸣叫，烈焰朝骑手首领扑过去。烈焰的翅膀发出金色的光芒，变成层层火焰，幻化成一只惊艳的火凤凰。她俯冲过的地方，三个灭龙骑手被逼退到一旁，打出一个突破口。魔毯随即飞过那道临时被打开的突破口，烈焰则停在后方镇守，试图抵挡一切追逐者。

即便尽了最大的努力，火凤凰也没能阻挡所有的骑手，摆脱烈焰困扰的三个骑手依旧继续追赶魔毯。菲利普迅速查看地面，他发现一条极窄的峡谷把山峰分成两半，中间还流淌着一条小溪。他明白不能停下来对抗追逐者，因为海因的大部队离他们越来越近。于是他重新调整魔毯的飞行方向，让它在峡谷中飞行，以争取一些时间。

他们在高空时，只有风能告诉他们速度有多快，但那也只是感觉而已。菲利普把魔毯降低至离河流一米高处，两侧紧贴着的悬崖峭壁凸显出了他们的飞行速度。布莱恩终于意识到让艾伦留在外面是一个错误的决定。此时此刻，穷追不舍的骑手朝他们扔过来一些蓝水晶，焱立刻就认出那些水晶便是曾经和雳与罗斯在山洞里，想活埋他们的村民所使用的。可是，即便知道接下来会发生什么，他们也已经无力阻止。

爆炸引发了山崩，碎裂的岩石顺着崖体滑落，即将阻挡他们的道路。焱见势迅速命令道："阿玛蓝莎，把河里的水升起来，快点！"小治疗师立刻依照指示把前方的流水升了起来，阻截那些坠落的石头。霎时，焱水平挥出利剑，往魔毯正前方的水壁上劈出一道强有力的气刃。气刃劈开水壁，让魔毯暂时得到一条狭小的通道安全穿过。他们刚一过去，水流和坠落的岩石就混合下跌，把三个紧紧追逐的骑手砸入水里。"太险了！"焱擦了擦额头上的冷汗，布莱恩则高兴地拍着他的脊背。他们终于飞出了山谷，进入山精居住的森林。

在森林中飞行，以魔毯的速度想躲过纷杂的树枝并不是件容易的事。塞拉提议大家回到魔毯内部，这样可以避免不必要的危险。菲利普不乐意地哼哼唧唧，他才开始找到点乐子。不过考虑到孩子们的安全，他遵从了大家的意愿。

突然，一只灭龙从上面穿过密布的枝叶，冲到他们面前。菲利普只瞥到这个骑手的红色斗篷，灭龙巨大的翅膀就横在面前，他不得不侧转魔毯避免撞到灭龙的獠牙上去。尽管他成功地躲过了骑手的拦截，然而这个突如其来的袭击让毫无准备的少年难以应对。魔毯重重扎进混杂的灌木丛中，他还没能稳住神儿，身体就撞上一个巨大的树干，从魔毯重重地跌落到坚硬的土地上。

时间好像停滞了。菲利普躺在那里一动不动，周围的景物不受控制地旋转，他感到体内的血液汹涌澎湃，似乎要在身体上找一个伤口流出去才能释放。他喉咙里开始出现咸咸的腥味，觉得自己随时会吐出一口血来，可是除了潮热的气体什么也没有。短暂的沉默之后，菲利普发出了一声痛苦的呻吟，他慢慢地翻身，试图爬起来，但是剧烈的疼痛让他再次跌倒在地上。“我背部的骨头是不是受伤了？哎哟，百分之百是伤了。哎，就这样我还得感谢上天……哎哟……以我们的飞行速度，仅背部受伤真是不幸中的万幸……哎哟……我应该听取朋友们的建议……”他埋怨着自己的错误，不禁有一种似曾相识的感觉，这正是当初因为自傲把艾伦弄丢的那种感觉。“总有一天，我会死在自己手上。”他自言自语道。

灭龙的嚎叫声越来越近，它们找出菲利普所在的位置并不需要很长的时间。现在最要紧的是尽快找到其他人，但是……他们在哪里呢？菲利普不知道魔毯坠落在哪里，但是没有驾驶员，魔毯应该不会飞太远。他深吸一口气，想用法术把自己升起来，这样可以方便他寻找朋友和魔毯。可是发生了一件奇怪的事，他觉得自己的力量凝聚不起来，像泄了气的皮球。菲利普震惊不已，他的魔法可能因为背上的伤而短路了。“天哪，今天真是太倒霉了！”他仰视天空抗议。

更让他沮丧的是，附近的灌木丛里传来一阵急促的脚步声。菲利普很久没想过自己怎样在失去魔法的情况下自卫了，这让他心里涌现出一种久违的恐惧感。幸运的是，从灌木丛中出来的人并不是骑手，而是布莱恩，艾伦也紧随其后。“这就是你超速行驶的报应。”布莱恩说完，迅速帮菲利普检查身上的伤口。

虽然菲利普坠落得如此猛烈，庆幸的是没有一根骨头摔断，只是扭伤了背部而已。“我们把你抬到阿玛蓝莎那里去吧，她能治好你。”艾伦用手臂撑起了菲利普。

“希望你能得到教训！”布莱恩责备道。

“哈，就你机灵！”菲利普反驳道，好不容易在艾伦的帮助下站了起来。

突然，一阵强风卷过，伴随着重重的落地声，一个灭龙骑手落在他们前面。这个骑手竟然是女性。菲利普刚开始没有认出来，但是他注意到了对方身上那件红色斗篷，不会错，她就是造成魔毯坠落和自己受伤的人。布莱恩走到骑手和朋友们中间问道：“哎哟，哎哟，幸会幸会，这不是步芮妮丝嘛，灭龙骑第三兵团的首领，又来护送我们回海因的城堡里吗？”

布莱恩的话没有错，这个女性骑手正是步芮妮丝——先前他们准备进入海因城堡时碰到的那个人。她那深红色的斗篷，金色的发箍，还有那双杀手般冷酷的眼睛，使人过目不忘。

步芮妮丝举起手中的长矛，指着布莱恩三人说：“护送？开什么玩笑，我是奉命用尽一切手段来抓捕你们的。”

“甚至是杀死我们吗？”

“生要见人，死要见尸！”步芮妮丝重复道，邪恶的笑容挂在脸上。从她的表情来看，她没有撒谎。

如果是以往，布莱恩会寻求菲利普的魔法助威，可现在他很清楚小魔法师不适合战斗，这也就意味着他必须站出来成为一个英雄。不过英雄和烈士只有一线之隔，他犹豫着，摆出了一个迎战的姿势。

“你真的想同我决斗吗？男孩，你疯了。”

“你会发现我还是很有实力的。”布莱恩毫不客气地回应，并从地上抓起了一根长树枝，“我是布莱恩·康拉德，康拉德爵士之子。我是不会轻易被打倒的！”

步芮妮丝直接将长矛刺向布莱恩的胸口，布莱恩信心百倍地挥动树枝像使权杖一样挡开攻击，闪到一旁，顺手把树枝当矛刺出。步芮妮丝敏捷地将长矛一甩，打落树枝，接着毫不留情地发起了接二连三的攻击。

布莱恩不得不在地上滚来滚去才得以避开。撇开这些不利的处境，他的“滚动”不仅躲过敌手的攻击，还成功地让战场远离了菲利普和艾伦。“我们得做点什么来帮助他。”艾伦嘀咕着，对于自己总是观战感到十分愧疚。

菲利普很赞同艾伦的话，但是他现在只能感到背部不断涌起的疼痛。“布莱恩能保护自己。你没看到他在第四层的表现吗？”

“没有。他进门的一刹那就被塞拉射倒在地了，并没有机会战斗。”

“噢……虽然他不是我知道的最幸运的人，但从另一个角度看，否极泰来，他应该可以。”菲利普辩解道，看着步芮妮丝的长矛把布莱恩的树枝截成两段，“至少我希望是这样……”

重新回到战场，布莱恩似乎有点绝望。面对步芮妮丝的长矛，他除了躲避什么也不能做。就在他思考着事情会如何进展时，灭龙好像不耐烦了。“啊！”布莱恩感到右臂传来一阵撕心裂肺的疼痛，随后就看见自己的半边身体已经被灭龙的巨口紧紧咬住。

“布莱恩！”艾伦尖叫着，差点冲上战场，好在菲利普及时拉住了他。

“看样子要到此为止了，康拉德爵士之子。”步芮妮丝大笑，她命令灭龙把布莱恩拖离地面。“现在，你是想被活活吃掉，还是我仁慈一点，先拧掉你的脑袋呢？我的小宠物可不在乎猎物是死是活，它的胃口很好，什么都能吃得下。”

“你一定是在开玩笑。”

“你说什么？”

“我说‘你一定是在开玩笑’！”布莱恩感觉灭龙的牙齿深深咬进自己的肉里，如果没有这么多年作为骑士的训练，恐怕灭龙咬下第一口，手臂就已经给撕飞了。“这有可能是我的死期了，但我要像一个骑士那样死去。”他心想，用尽最后的力气压制着钻心的疼痛，说:“如果你觉得我需要你的怜悯，那你就错了。我宁愿为护卫我的朋友而死去，也不会乞求你的怜悯。”他镇静地看着对手。

“既然如此，不如先让你看着朋友死去。”步芮妮丝说完，用矛指向菲利普和艾伦。

“只要我还有一口气在，这种事情就不会发生。”布莱恩握紧拳头。他盛怒之下伸出左手对准灭龙的下颌猛击，想使其松口。这根本就是徒劳，但他依然决定不计一切代价来抵抗步芮妮丝。对他来说，这是报答朋友们多次救命的最后时机。他知道自己永远都不可能像焱一样敏捷，也不可能像菲利普一样灵巧，虽然他从未公开承认过这一点，但他一直都很羡慕他们两人的才能。此刻，朋友们需要自己，需要自己来挽救他们的生命，如果自己不用尽一切方法争取，就不配做一个骑士，更不配冠上父亲的姓。

突然一段神曲奏响，白昼变为黑夜，星星闪现在天空。布莱恩一点也没有意识到发生了什么，他依然执着地击打着灭龙的下颌。他的身体开始发光，他感觉到灭龙的撕咬力正在减弱。让在场每个人惊讶的是，怪物的嘴被逼得张开了。

布莱恩竟然单手掰开了那些咬合在一起的如钢铁般的牙齿，直到他从危险中逃脱，才瞥了一眼自己的身体:手臂上的伤口完全愈合了，身上的衣服也变成了一套古铜色铠甲。和焱那件短甲不同，布莱恩的这件铠甲覆盖了他的肩膀、前臂、膝盖。看起来，这件厚实的铠甲非常沉重，也很坚固。新的装扮上身后，一阵旋风卷起，笼罩在布莱恩身上的光芒便随着夜空和那美妙的乐曲一起消失了。

“菲尔？”艾伦合不拢嘴。

“谁能想到！”菲利普津津乐道，他感觉一股新的能量流入体内，好像自己生命中的一部分复苏了。他不能预知接下来发生的事情，但他坚信局势就要逆转，而且他绝不能错过这场好戏。

步芮妮丝大吼一声，再次举起了长矛。布莱恩看着长矛朝自己刺过来，于是闪到一边，顺手抓住了长矛。步芮妮丝轻蔑一笑，讥讽眼前这个小男孩天真地以为自己足够强壮。她毫不怀疑自己的能力，单手拉回自己的武器……竟然拉不动！

“怎么回事？”不管她使多大的劲，长矛分毫不动，就像刺入石中的剑一样。布莱恩不禁露出一个笑容，用力把矛推向步芮妮丝的胸口。随着一声惨叫，刚烈勇猛的步芮妮丝被击飞，摔在地上一动不动，铠甲上留下一个深深的凹痕。

“我太厉害了！”布莱恩举起长矛，对自己获得新生力量兴奋不已，“菲尔！看看我。”

“布莱恩，你现在也是七星之一了。”艾伦兴奋地叫道，突然又迅速提醒布莱恩，“小心！”

没了骑手的灭龙没人能控制得了，它满嘴腥臭味，对着布莱恩嚎叫起来，并且毫无征兆地甩出尾巴。布莱恩急忙举起长矛来抵挡它的攻击。可是，长矛在碰到灭龙坚韧的尾巴时被折成两半。“这真是我所见过的最不精良的长矛！”布莱恩愤愤不平地抱怨。还没回过神来，灭龙的尾巴已经抽在他的身上，他整个人横飞出去，径直撞到一棵大树上。

因为力量过大，树干无法承受强烈的冲击，倒在了地上。

树枝扬起的灰尘立刻遮蔽了布莱恩的视线。“布莱恩！”艾伦惊叫。随着一阵咳嗽声，他看见布莱恩毫发无损地站了起来，并没有受到什么伤害。

“那件铠甲很是坚固啊，我也想拥有一件！”菲利普艳羡，感觉自己背上又涌来一股疼痛。

布莱恩擦掉脸上的灰尘，觉得自己就那样被击倒在地真是莫大的屈辱。盛怒之下，他冲上去徒手抓住灭龙的上下颌，然后奋力一呼，用力把灭龙甩了出去。灰尘再次遮蔽整个战场，一个少年和一头怪兽扭打起来，谁都想赢得这场战斗。这是力量的对决，每一次击中对手，地面都会跟着震动。当然，旁边观看的两个人都震惊于这场蛮力的较量。兴奋之余，菲利普也禁不住好奇，布莱恩的星辰之力应该不只是仅仅依靠自身的蛮力和那一身坚不可摧的铠甲。

“我受够你了！”布莱恩大叫一声，挡住了灭龙尾巴的猛击，然后用尽全力挥出拳头。奇怪的事情发生了，在他的拳头将要打到灭龙的时候，地面的土壤瞬间也形成一个巨大的拳头，打得灭龙横飞出去，撞到了树上。等布莱恩收回拳头，土壤拳头也随即垮成碎屑。

“土？”艾伦十分好奇。

菲利普点点头：“这就对了，土之星。他能够按照自己的想法来控制大地。我知道精灵有土形术，也能改变土地的形状，不过我觉得布莱恩的水平要相对高一点。”

布莱恩还在对自己的成就迷惑不解。“我是怎么做到的？”他想再次驱动土层，但什么也没发生。“也许如果我……”他的思绪被空中的号叫声打断了，七个骑手正在迅速飞向他们。“肯定是和那只没人骑的灭龙的打斗招来的。怎么办？怎么办？”他思考着，那棵倒在地上的树映入眼帘，“我能不能？算了，豁出去了！”他放低肩膀，遵从自己内心的想法，举起了一整棵树。

艾伦吃惊不已：“他这是要做什么？”

菲利普咯咯一笑，看着布莱恩玩弄自己的力量。布莱恩举着树转动身体，大喝：“一……二……三！”树便从他手中飞了出去，直击中间的一个骑手。在这个巨大的物体飞过来的时候，骑手们根本没反应过来冲过来的是什么，其中一个就被打中了。由于树干的巨大冲击力，击中中间的骑手后继续向前，又击中了另外一个，然后重重地坠落在了森林里。剩下的五名骑手面面相觑，看着坠落的两个队友，心中十分疑惑：“刚刚发生了什么？”

菲利普发出一声轻笑：“不愧是布莱恩啊，头脑简单的人总是用蛮力解决问题。”

“喂！”布莱恩大叫，“我能听到你说什么，注意点哟！”

“好吧，如果你还能看到的话，这一场恶斗还没有结束！”菲利普看着天空，剩下的五名骑手正以不可思议的速度接近布莱恩。

“我有计划，不用你担心！”布莱恩辩解。他还真希望自己有个计划。虽然他可以

再用蛮力折断另一棵树再次扔向那些骑手，但他现在没有那么多的时间。何况就算他做到了，也不一定能再次一石二鸟。“我要怎么做呢？”他望着地面思索。

“布莱恩！他们来了！”艾伦忧虑地抓紧菲利普的手臂。

布莱恩望着那些刚刚形成土拳的土块，“我还是有一个办法的……”他开始计算自己和骑手之间的距离。“六十米……五十米……三十米……十米……就是现在！”他跳了起来，用右拳使劲击打地面。灰尘瞬间扬起，菲利普和艾伦感到地面一阵颤动。布莱恩拳头下的土地荡漾出一道波纹，这道土波移动到灭龙的正下方，地面上的土层像跃起的鲤鱼一样不断向上生长，土壤形成的几个柱体质密坚韧，并且生长迅猛。骑手和灭龙被这些土柱夹在半空中，无法动弹。布莱恩并没有就此罢休，他再次跳起，举起左拳，又是一次“地震”，但这次攻击并没有土波出现，取而代之的是地面上生出裂缝。裂缝向刚刚形成的土柱延伸过去，就在裂缝延伸到土柱底端的一瞬间，那几根土柱接连崩塌，骑手连同灭龙失去平衡坠落。最后，布莱恩两手抱拳，第三次击打地面。地面裂开发出的声音如雷鸣一般雄壮，裂缝越来越宽，骑手来不及挣脱，他们身体下方的地面出现一个巨大的洞，把他们全部吸了进去。

布莱恩拍了拍手上的灰尘，满意地看着自己制造的大洞。艾伦跳上跳下，虽然亲眼所见，但还是难以置信。菲利普却表现得比较沉稳平和，他鼻子朝天，用一种指教的口吻说道：“那一招虽然看起来很漂亮，但是实际上相当简单。第一击把土敲起来，在土层深处造成一个大洞；第二击就是摧毁土柱，给地面施加更多的压力；第三击仅仅是把表层土壤击破，让大洞显露出来。”

布莱恩听到小魔法师的评价相当失望，他反驳道：“听起来你好像是在说你可以做得更好。”

“对，既然你问到了。”菲利普指着地上的碎石，“你难道就没想过，以你的力量就算是一颗小石子也能在那些骑手的铠甲上打出一个凹痕吗？那你为什么不扔点小东西，反而要扔出一棵树？”

“噢！”艾伦和布莱恩都张开了嘴。“怎么我没想到这一点呢？”布莱恩摇了摇头，试图扯开菲利普的话题。他看着森林，说：“我们去找其他人吧。”就在此时，一只小金鸟飞入他们的视线，落在了布莱恩头上。布莱恩用一种低沉而厌恶的声音对小金鸟说：“很高兴见到你，会飞的‘烤鸡’。你是故意落在我头上的，对吧？”烈焰咕咕一叫。“站在这里你心安理得，对吧？”烈焰又咕咕一叫。“你在试图激怒我，对吧？”烈焰最后又咕咕叫了一次。“我要烤了你！”布莱恩愤怒地吼叫着，对空气挥舞着拳头，可是烈焰一下子跃入半空，飞进森林里。“你给我回来！我们之间的事还没完呢！”

“哈哈，我们跟着它吧。它会把我们带到塞拉那里，希望其他人都在。”菲利普在艾伦和布莱恩的帮助下，慢慢跟着烈焰前行。幸运的是，他们和塞拉的距离并不遥远，虽然菲利普背部受伤，行动不便，但他们只花了大约五分钟就看到了其他人。他们到跟前时，恰好看到塞拉的最后一击，她拉满弓弦，对着两个飞来的骑手中间射出了一支火箭，箭在骑手中间烧成一个火环，两只灭龙的翅膀被火焰和热浪淹没，挣扎着从空中坠落下来。同时，烈焰也变成了一只巨大的火鸟，只是简单一划，另外三个骑手瞬间从天空跌落。随后火焰消失，烈焰也变回原形，落到塞拉手臂上。

“嘿，你们三个发生了什么事？”塞拉收起了弓，“菲尔，你怎么了？”

“疼得要死。阿玛蓝莎和魔毯呢？”

“在这边！”阿玛蓝莎从旁边的灌木丛里走了出来，后面跟着焱。在他们身后一些折断的树枝下，菲利普发现了魔毯的一角。“感谢星辰，你们都很平安！”阿玛蓝莎开始检查菲利普的伤势。

“对了，告诉你们，布莱恩现在也是七星之一了。”艾伦兴奋地宣布。布莱恩的脸上露出了笑容。

“我感觉到了！布莱恩，我为你感到高兴。”阿玛蓝莎拍着手叫好。

“他的力量在我们的天空房间战斗后才出现，真是太不给力了。”塞拉笑道，心里却暗自庆幸，幸好是这样，不然那时候自己就是四星对一星了，就算当时心智没有被控制，她也不确定自己能否打赢。在艾伦绘声绘色地告诉所有人布莱恩是怎样移动土层和他那撼天动地的力量时，塞拉咯咯一笑，悄悄对阿玛蓝莎说：“不愧是布莱恩啊，头脑简单的人总是用蛮力解决问题。”菲利普听到后忍不住咧开嘴巴：英雄所见略同。

艾伦摸摸下巴：“既然布莱恩的星辰是土，那我们就叫他‘大地骑士’好了。”

布莱恩看了他一眼，摇了摇头：“很诱人，但是你不能认为一个人够格做骑士就叫他骑士。这是一个称号，是一个国家的国王或者王后才能赐予的称号，不像‘弓箭手’。”

“喂，那是什么意思？”塞拉生气地反驳，烈焰也配合地拍打着翅膀。

“噢，天哪，我的声音很大吗？怎么都让你听到了。”

“好啦，没必要吵架！”阿玛蓝莎一边调解双方，一边检查完菲利普的伤势。“我看出问题来了。呃……这有点难办。”

“不要告诉我你治不好！”菲利普对阿玛蓝莎这出乎意料的反应有些担心。

“呃……我能治好，但也许会有点疼。”阿玛蓝莎嘀咕着，一句“准备好”都没说，便用覆满蓝光的手猛推菲利普的脊背。这过程真是太痛苦了，菲利普忍不住疼得叫出声来，趔趄着往前跳。有趣的是，他往前跳的时候，竟变成了一股黑烟消失了，等到重新出现时已经在几米外的地方。

菲利普睁大饱含泪水的双眼大叫：“你想要了我的命吗？哎哟！”这时他才发现自己的力量已经回来，又可以运动自如了。“我还以为你的治疗方法从来都不疼呢。”菲利普语气中带着一丝埋怨。

“对不起，但不是所有的治疗过程都没有疼痛。”阿玛蓝莎解释道，“你的脊椎严重扭曲，上面甚至还出现裂口。如果我只是把骨头上的裂痕治好，而不把它们重新对位接好，你的下半辈子就只能驼背了。以后要小心一点，人的身体比你想象的要脆弱得多。”

“哎，好吧。”菲利普点了点头。面对阿玛蓝莎如医书般的解释，他也不好意思再埋怨什么。不管怎样，菲利普的身体已经恢复，于是他手一挥，覆盖在魔毯上的那些断枝残叶就移到了一旁。随后他手指轻弹，魔毯再次飘到了他的跟前。看到魔毯没有损坏，他松了一口气。

“这是一个好消息，不过我有一个坏消息。”塞拉看着天空，烈焰正盘旋在那里，“我们好像被包围了。”

“是灭龙吗？”

“不只有他们，还有步兵。肯定是灭龙骑手把他们带过来的，在我们都忙于战斗的时候包围了我们。”说完她让烈焰飞回到手臂上，“他们到达这里用不了五分钟，我不认为我们几个能对付所有追兵，因为我们还要保护其他人。”她看到布莱恩自信的脸庞，指着魔毯里剩下的孩子们补充道。

得快点离开这里，但是他们能跑到哪里去呢？他们之前试着飞走，却重重地摔在地上。地面已经被赶来的士兵封锁，如果不能飞行，也不能步行，那么……“布莱恩！我们需要你打造一个地下通道，你一定能做到，对不对？”菲利普鼓励朋友。

“这个我还真不知道怎么才能做到。没理解错的话，你是想让我在不破坏土地的情况下做到这点，对吧？”布莱恩回答。

“对。我们不能挖一个大洞，那样追兵就追过来了。所以你只能在魔毯内部完成一切，打出一条只限魔毯通过的缝隙。”

“我不知道……”

阿玛蓝莎拍着布莱恩的背，鼓励道：“你能做到。如果你不会利用土的力量，那么星辰就不会赐予你这样的力量。我不懂火啊、土啊之类的星辰，但是在我想召唤出水的时候，我就能感觉到水在周围，在我身体里。我不会作为一个主人来召唤它们，而是作为朋友呼唤他们，它们就是我身体的一部分，明白了吗？”说完，她抬起了手掌，唤出一个漂浮着的水涡，“把自己和土融为一体，用心去塑造它。”

“我试试。”布莱恩马上想到，这可是向她证明自己的一个好机会，一定得成功。这应该就是“为了一线希望，不放弃一切机会”的意思吧。这个可怜的少年，就算最后失败了，他还是会为赢得阿玛蓝莎的一丝赞赏努力吧。

因为所剩时间不多，孩子们一个接一个地跳进魔毯。菲利普走进去的时候，看到里面变得如此宽敞，目瞪口呆。经历了飞翔和打斗之后，他还未曾想过要进来看看女巫到底对里面做了哪些改进。她们说里面变大了，这里几乎比原来的空间大了两倍。所有的孩子都不用紧紧地挤在一起了。如果能合理利用空间，他们甚至可以躺着。

看着孩子们，菲利普脑袋里好像敲起了警钟——如果他们失败了，后果将不堪设想。他迅速跑到操控室，打开所有感应装置。触碰屏幕之后，上面显示出一个图标，和他们首次飞行时的差不多。屏幕中间有个绿盒子,许多小红点正从四面八方包抄这个绿点。“在追兵找到我们之前还有不到两分钟的时间了。”菲利普说完，手掌下面便浮现出两个光球，他把魔毯的方向调整好后，说:“布莱恩，该你了。”

布莱恩左手抓住椅子的边缘，对着中间的屏幕伸出了右手。他按照阿玛蓝莎的指引感觉土地，用手推开它们。“没用。”他依旧用力推着，但是力量只施加在空气中。

“你太紧张了，不要让手臂限制了你的力量。”塞拉建议道，“用心体会身体里的力量，让它释放出来，超越手臂可以触及的范围。”

“我在试……”他咬咬牙，手掌因为注满力量而颤抖不已。

“起作用了！”菲利普手一挥，屏幕上显示出一条长长的红线。很明显那片区域的土壤开始移动到两边，中间出现了一道小小的缝隙。“我们需要它再开阔一点。”说完，菲利普看着后方的一块屏幕。时间一分一秒地过去,红点离中间的绿盒子越来越近了。“快点，布莱恩！”

“大叫也没有用！”布莱恩嚷嚷道，随后加大了力量。那条红线变得越来越粗，地面上的缝隙开始变得清晰可见，但还是不够大。看着那些红点越来越近，塞拉忍不住捏着布莱恩的手臂，用力拧了他一下。“哎哟！”少年尖叫一声，奋力挣脱手臂。随着他的动作，土层终于像贝壳一样张开了，屏幕上的红线也变成了绿色。

“女士们，先生们，我们要飞下去了！”菲利普喊道。在第一个骑手看到他们的前一秒，魔毯飞进了裂缝中。房间里一片唏嘘，真是太险了，今天发生的一系列事情都惊险刺激。何况，只要他们还在海因的势力范围内就不会脱险，每个人心中所期盼的事就是希望下面等着他们的不要比上面糟糕。

布莱恩轻轻揉了揉手臂，埋怨塞拉那毫无征兆的拧掐。“我只是觉得你需要借助一些外界的推力，仅此而已。效果很明显，不是吗？”塞拉反驳道，脸上的愉悦之情实在无法隐藏。

“外界的推力？不如说是不需要的拧掐！”

“安静一会儿，孩子们！”焱插入了他们的对话，“布莱恩，你的任务还没有结束。为了安全，我们把魔毯横过来之前还需要往下再打通一段路程。”

☆　☆　☆　☆　☆　☆　☆

在地下飞行很安全，同时也很平静、无聊、疲惫。除了菲利普和布莱恩，剩下的孩子都在休息。因为布莱恩制造的裂缝，没有士兵能继续追击，那些士兵甚至没有看到他们进入裂缝。他们还要感谢女巫把魔毯里面的空间改进得如此宽敞，整个团队可以躺在里面小憩，其中的一些孩子甚至开始互相攀谈历险见闻，他们以前可都没有这么丰富的经历。

至于两个正在执行任务的男孩,已经无聊到骨子里了,魔毯正在土层之间缓缓移动。他知道这个策略肯定能摆脱追兵，但他从未想过这样的飞行是如此之慢，两个小时左右才移动了八百米不到，而且根据地图来看，他们还是停留在森林中央。“什么时候是尽头啊！”菲利普叹了口气，布莱恩也回应着他的想法。布莱恩很快便掌握了灵活运用土层的奥秘，但这令他精疲力竭。平行移动时，他要一直在飞毯前方挖洞，还要保证隧道不管多么稀薄都不会崩塌。而且，挖洞在他心里并不是英雄行为，何况他还是七星之一。生活到处充满失望。他摇了摇头，心情十分低落。

在这个单调的环境里行进非常安静，布莱恩突然对其他人说：“前面有点奇怪。”

“奇怪？在这种地方？”菲利普很好奇，大家都聚集到了屏幕前。菲利普按下几个按钮后说道：“我什么也看不见。魔毯里的探测器到地底就不能工作了，你能看出那是什么吗？”

布莱恩擦了擦汗，说：“我能感觉到前面的土层开始松动，那里有可能是一个出口。”

“真的？我们不是从地表下降到二十米深的地下了吗？你觉得那可能是一个悬崖峭壁吗？”菲利普还是很奇怪。

“我也不知道。”布莱恩两手一推，前方松动的土壤坍塌，出现一个洞口，火光从洞口照进来。他们小心翼翼地从裂缝里飞了过去，里面看起来像是一个不大不小的隧道。原来那束光是一种砌在隧道两壁摆放整齐的发光石照射出来的。“不像是天然的嘛。”布莱恩说道。

“不像，让我担心的就是这点。”菲利普回答道。如果有人居住在这儿，这群孩子肯定又要陷入危险之中了。抛开疑惑，他们能做的就是在被发现之前离开这里。于是菲利普调转魔毯方向，试图朝着他们出来的裂缝里面飞回去。仿佛是命中注定，在他们到达洞口的那一刻，魔毯剧烈震颤，菲利普急忙调出了后方画面，让他恐惧的是，一个巨大的阴影抓住了他们的魔毯。“不管那是什么东西，我甩不掉了！”他绝望地通知大家。

“我来对付它。”塞拉往魔毯后方走去，想要反抗那个未知的袭击者。可是没等她走到一半，魔毯就开始弯曲，所有的灯都熄灭了。孩子们惊慌失措，他们就像弹球一样在魔毯里撞来撞去。

“大家都冷静一下！”菲利普的声音压制了所有尖叫，魔毯里的吵闹声慢慢消失了，但是大家依旧非常惊慌。魔毯还在不断震颤。“魔毯肯定是被卷起来带走了。只有等它再次被展开时我们才能出去。”

“你是说我们被困住了。”

“啊，不要！”

“救命啊！”

“安静点，吵得我头都疼了。”菲利普再次提高嗓音，“你们看，我们还活着，总会把事情搞清楚的。”虽然菲利普的话不能完全说服众人，但大部分人还是安静了下来。在魔毯里面，孩子们能感觉他们被一个生物传递给了另一个生物。通过传递的节奏来判断，外面的人一时半会儿没打算把魔毯放在地上。不过可以确定，不管外面是什么生物，他们都不懂得“小心轻放”这个礼节。

在经过半个小时痛苦的滚动和弹跳之后，魔毯终于被扔在了地上。现在该怎么办？他们急切地等待着魔毯被打开。令他们恐惧的是，周围的墙壁开始发出刺眼的白光，光线非常密集，所有人都闭上了眼睛，等到白光消散后，他们发现自己已经置身魔毯外，而魔毯却不见了踪影。

他们环顾四周，发现这是个巨大的洞穴，里面的气味很难闻，墙上插着许多发光石，整个空间显得十分明亮。巨大的生物松散地站在两侧，甚至有一两个躺在那里，好像睡着了一般。“它们是山精吗？”菲利普猜测，他好奇而警觉地看着那些生物。它们的确是山精，高大魁梧、黑灰色的身体全被难闻的泥土和青草覆盖着。因为它们一生都在挖矿，生活在地底，所以它们的皮肤比普通岩石还要厚。据说山精比真正的巨人要小得多，但在一群十四岁左右的少年眼中，它们和巨人并没有什么分别。它们没有穿戴任何铠甲，唯一的武器就是一根做工粗糙的木棒，好像是随手折断的树枝。再往前看，他们发现洞穴的中间坐着一个山精，看起来是首领，它和其他的山精相比，显得更魁梧、强壮。有趣的是，坐在他旁边的那个人，还是一个类人女子。她大概四十岁左右，身材异常高大，穿着一身猩红套裙。按理说她还算是好看，但因脸上妆容太过妖艳，让任何正常人看着都十分不舒服。

“抱歉，我讨厌浪费时间，所以我用自己的魔水把你们拉了出来。你们偿还完债务之后我就会归还你们的魔毯，所以现在不用担心它。”女子用一种极其尖锐的音调说话，让孩子们觉得汗毛直颤。

“艾薇拉，是你吗？”阿玛蓝莎满怀深情地问候。

女子迅速走了过来，拉着阿玛蓝莎的手：“亲爱的，我们快有二十年没见了吧，对不对？你一点也没变，还是那么年轻貌美。”

阿玛蓝莎兴奋地点了点头：“真的很久了，我很想你。”孩子们相互对视，猜测着阿玛蓝莎的实际年龄。阿玛蓝莎又问：“上次见你的时候，你说那个叫波尔的瘦小男子是你的真爱，你要追求他。结果怎么样了？”

“委婉点说，我奋不顾身地冲了过去，结果摔得粉身碎骨。”女子大笑，“其实经历过那么残忍的分手也不是什么坏事。多年之后，我看透了‘漂亮不过是外表’这个事实。现在，我只同不怕显露真实自己的人约会。”她面带笑容地指着山精首领，“他们真是魅力十足！”她小声地在阿玛蓝莎耳边说道。

“真是太好了。”阿玛蓝莎点了点头，其他小孩在想阿玛蓝莎对“好”这个词到底是怎么理解的。

塞拉虽然不想打断这二位交谈，但这可不是聊天的地方，于是她说：“阿玛蓝莎，能给我们介绍一下吗？”

“当然，十分抱歉。”阿玛蓝莎清了清嗓子，“这是我的好朋友——艾薇拉·芭布拉。

她是这片土地上独一无二的魔水配制师，也是五十五位圣贤中的五大圣人之一——药圣。”焱听到这个名头后扬了扬眉毛，至今他们还没有多少和圣贤友好相识经历，所以他不自觉地认为这一位也不怀好心。

塞拉问道：“芭布拉女士，你刚刚用过‘债务’这个词，这是什么意思呢？”

山精首领坐在那里愤愤不平，他想说点什么，但是他的舌头好像不太灵活，所以没有吐出一个字。芭布拉安静地走到他旁边，温柔地握着它的手，说：“亲爱的，不要动气，我会处理一切的。”布莱恩做出呕吐的表情，焱迅速敲了一下他的背，免得他得罪了圣人。“你们这些孩子闯进了山精部落管辖的森林，不仅仅这样，你们还引来灭龙摧毁森林。如今，你们竟然闯入了它们居住的洞穴。”

“那这些山精想让我们怎么做，让我们赔钱吗？”布莱恩开始抱怨。

“不用那么麻烦，在平常他们会吃了你们，要是没吃完，无论剩下什么活的都可以离开。”芭布拉漫不经心的回答引得山精哄堂大笑。“不要担心，阿玛蓝莎的朋友就是我的朋友，所以我提议他们用你们来取乐，而不是吃掉你们。”

“取乐？”焱问。

“可以说是小型问答游戏。”芭布拉解释道，“我为你们这些孩子建立了三扇门，通过每一扇门必须运用聪明才智。我想这是你们学习的好机会。”

“噢，饶了我们吧！”布莱恩嚷嚷道。

芭布拉脸上闪过一丝微笑，她挥手扔出了一个魔水瓶。菲利普急忙伸出手臂，想在瓶子摔碎之前使用魔法接住它。但是，瓶子根本不受他的影响，在他脚下摔碎了。一阵粉红色的烟雾迅速弥漫在空中，像蟒蛇一样包围了孩子们。焱让孩子们捂住鼻子和嘴，与此同时，他们的视线完全被烟雾遮蔽了。

等到烟雾消散，菲利普再次环顾四周。他们已经被转移到一间小石室，空间只够他们所有人站着。前面是一条通道，延伸到洞穴更深处。除了这唯一一条可见的路径，这里的每个角落都是密闭的。菲利普这几天已经被不情愿地转移过很多次了，这次唯一的好消息就是大家都还在一起，安然无恙。“你怎么看？”菲利普问焱。

“我开始厌倦这些曲曲折折。”

布莱恩抓抓头发，抗议道：“对啊，在过去的两天，我爬了上千个阶梯，闯过了四道关卡，不知道从多么高的天空掉落下来，更不知道在水晶城堡里昏迷了多长时间。现在又是这个境况，我们什么时候才能安安稳稳地吃点东西啊？”

“朱西亚女士曾请我们女生吃过一顿丰盛的大餐。”阿玛蓝莎更正了他的话。

“哟，想到这我真的是很高兴！”布莱恩发出一声长长的叹息，他指着屋顶说，“如果我们的命运早已被写好，我要给那个书写的人几拳出出气。”

“哈哈！”塞拉笑道，“你全身除了气还有什么？”

“好笑，太好笑了！”布莱恩讥讽着走向了通道，“我们走吧，那三扇门在等着呢。”

第十六章
通往自由的三道门

孩子们走到通道的尽头，发现前面分出三条漆黑的道路，三条路看起来完全一样，根本望不到尽头。唯一的区别在于起点竖着的石块。左边的石块蓝白相间，中间的黑色石块泛着紫色光芒，而右边是橘黄色的石块。在孩子们为选择路径争辩时，芭布拉的幻象出现在他们面前："欢迎来到第一扇门。你们的任务就是找出正确的道路，通过第一扇门。"她朝身后的三条路轻松地挥挥手臂。

"如果我们猜错了会怎么样？"一个女孩问道。

"我劝你们不要猜错。为了公平，下面是给你们的一些提示：如果你们想成功通过第一扇门，首先不要被通往天堂或者地狱的道路迷惑；其次，你们得迎合女考官，选择一条和女人相关的道路。我相信你们一定能够找出正确的道路。"说完，她就消失了。

"我相信你们一定能够找出正确的道路。"布莱恩模仿着芭布拉的语调，"她这是严重的心理问题。"

孩子们看到布莱恩滑稽的模样，捧腹大笑。接着一个男孩问道："有什么好主意吗？"

"有一个！"塞拉上前一步，朝三条道路上分别发射了一个火球。她想驱散黑暗，但是三个火球不仅没有照亮道路，反而在石头路标处回弹了过来。

菲利普迅速移动到塞拉前面，布下一个庇护罩，挡住了弹回来的三个火球。"我们不要这样盲目打了，好吧？看来只能找出正确的道路然后走过去。"

布莱恩盯着三条道路，沮丧地说："天堂……地狱……女人……噢，我凌乱了。这个谜题有没有谜底啊？搞不好下半辈子都要待在这里了。"

"噢，你太乐观了！"菲利普打趣儿道。

"答案肯定和每条道路上的石头有关系。"几个孩子猜测，但它们的联系在哪里呢？

塞拉探头看了看三块石头，说："这些石头各不相同，我一个都不认识。不过我不得不承认，虽然芭布拉女士对于男人的评价比较奇怪，但她对于珠宝的品位还是蛮讲究的。"

"喂，小姐！我们是在想办法离开这里，而不是在欣赏珠宝。"布莱恩不耐烦地甩着手臂。

"我也没见你提供多大帮助，你给我乖乖闭嘴！"塞拉毫不留情地反驳道，然后转向阿玛蓝莎，"你认识这些石头吗？"

阿玛蓝莎闭目思索一番，说："我说得未必正确。左边的石头叫亚特兰蒂斯石，中间的叫彩虹曜石，右边的像是皇家黄玉。"看到其他人好奇的目光后，她加了一句："我喜欢收集宝石。"

"它们都有什么特别寓意呢？"焱好奇地问。

阿玛蓝莎娓娓道来："它们有不同的用途，比如……啊！我……我想我知道该走哪条路了。"

"什么？这么快！"布莱恩兴奋得几乎跳了起来。

"只是猜测而已，不过我觉得应该是竖有亚特兰蒂斯石的这条路。每块宝石都有自己的寓意，有些还带着自己的故事。彩虹曜石通常和地下幽冥世界的神祇联系在一起，所以我们可以认为它是地狱的标志；皇家黄玉是天堂守护者佩戴的圣石，因此我们可以视它为天堂的象征；与这两者不同的是亚特兰蒂斯石，它被称之为海豚石，是唯一跟女性联系在一起的石头，寓意为母亲的博爱或者女性的温柔。"

“哎，听起来倒不像是猜测。”塞拉拍了拍阿玛蓝莎的肩膀，“等有时间，我要教你变得更加自信。”

“你饶了她吧，你会把她教成一个小魔鬼的！”布莱恩叫着跳到了艾伦身后，因为他预感到要惹祸上身。

菲利普哈哈大笑，他没想到这个团队有了塞拉的加入，会变得如此有趣。看布莱恩和塞拉吵架真的是太好玩了，这非但没有伤和气，反而有助于活跃队伍的气氛。“你们两个消停一会儿吧，等我们从这出去了，你们就是把对方撕碎又何妨。现在，我们得进去啦！”菲利普说。但除了星辰召唤的少年、艾伦和一两个孩子之外，剩下的小鬼犹豫不决，不敢走向那条所谓的出路。毕竟，这样的选择是拿性命作为赌注。

看到孩子们眼里的恐惧，阿玛蓝莎大义凛然地说：“在这里等着，我先进去。既然是我做出的选择，就由我来解开这道题。”

“开什么玩笑。”布莱恩坚决不同意，“你独自走过去，那我们还算什么朋友呢，对不对？”他向那些犹豫不决的人投去鄙夷的目光。虽然不友好，但终归是有点效用，大家再没有什么抱怨，一起走向漆黑的道路。

在最后一个人进入路口的瞬间，黑暗突然被光明所取代，大多数孩子都举起手臂抱住头颅遮挡假想的侵袭，有些人甚至还低声哀号起来。实际上什么都没有发生，这里是没有危险的，而且前方还出现一扇门。孩子们发出阵阵欢呼，塞拉也兴奋地拉着阿玛蓝莎。阿玛蓝莎长长地舒了口气，身上压着的重担一下子放下了。“亲爱的海洋母亲，感谢您的恩赐，如果不是您塑造了我的生命，我怎么可能成功挽救我的朋友。”她在心里默默祈祷大家能够安全通过另外两道门。

焱和菲利普合力推开大门，他们面前呈现出一个小房间。房间尽头镶着另外一扇门，看来是出口。他们在房间里四处观望，并未发现什么可疑之处。搞什么名堂？大伙儿看着布莱恩不耐烦地朝出口走过去，在布莱恩触到把手之时，他的手和门之间亮起一道暗淡的光。这难道是个魔法结界？布莱恩迅速退后。此时门的流光中传出一个声音：

“你们有三次机会回答我的问题，否则房顶坠落，屋毁人亡。”

“房顶？”艾伦嘀咕着抬起头，他立刻感到背部冒出一层冷汗。正上方的屋顶悬挂着密密麻麻的石锥，一旦房顶坠落，所有人将成为蜂窝。紧接着，孩子们的惊呼声再度响彻房间，因为刚刚进来的那扇门已经悄无声息地消失了。那个神秘的声音继续道：

“炎炎烈日下，人们需要寻求我祖先的帮助，天寒地冻时，他就像一块石头，坚不可摧。我的哥哥总像个警觉的骑士，但只有拿着探照灯才能见到他。作为最小的女儿，我担负着神圣的职责，我展现真实而非虚假的美丽。告诉我，我是谁？”

声音消失后一切归于平静，布莱恩抱着头抓狂：“又来了，我讨厌这个游戏！”菲利普非常能够理解同伴此时此刻的心情。和第一道门相比，这个更可怕。他们有三次机会找出正确答案，可对于布莱恩这样的毛头小子来说，什么都可能是答案。

焱托着下巴沉思：“要想知道她是谁，我们得先弄清楚她的祖先，还有她哥哥的身份。但……”

“噢，管她呢！”布莱恩再次走上前去，“我来用力量解决这个问题。”他使劲捶打着屏障，拳头又快又狠。流光里闪现出一个人的形象，一样挥舞着拳头。两股力量隔着一层光晕相撞，两个人招架不住彼此的神力，纷纷后退了几步。当所有人把注意力投向流光中的神秘人，他们发现这个人被黑暗笼罩了一切，只能从轮廓上看他的身材体格和布莱恩相差无几。

“打斗会导致永远被困，我的属下和你们力量相当。你们现已命悬一线，唯一的希望就是思量。”

那个神秘声音再次响起，它的话让布莱恩更加愤怒。布莱恩指着流光屏障大声叫道：“我宁愿战斗，也不愿在口舌上浪费太多时间。你给我出来，难道你是懦夫不敢出来！”他以为屏障内的神秘人会因恼羞成怒而现身，不料适得其反！那个神秘的声音回应道：

“第一个答案极其错误，白鲸的牙齿是对你的惩罚。”

声音一消失，布满石锥的屋顶立刻下落数尺，此时的屋顶像是将要咬合的鲸齿。孩子们见状惊叫不已。屋顶在他们头顶上方稍高的地方停了下来，他们明白要是屋顶再降落两次，后果将不堪设想。

菲利普生气地敲着布莱恩的头：“你要杀死我们吗？”

布莱恩推开他的手，强忍着怒火与委屈，露出一个惭愧的笑容：“对不起，她不是胆小鬼，好了吧！”

“不，不能这样说话。”焱一把揪住布莱恩，可是已经迟了，那个神秘声音再次响起：

“第二个答案依然不对，应有的惩罚为你们送上。”

屋顶又一次震颤着降落，石锥径直地朝地面上的孩子们扎去。屋顶第二次降下的高度很大，大家争抢着趴在地上。布莱恩惊恐万分，他脸色惨白，喘着粗气，六神无主。

塞拉愤怒地抓住布莱恩的耳朵咒骂道：“要是你再说出一个词，我会把你烧得连骨头都不剩，听明白了吗？”布莱恩只好默默地点了点头，他的头脑里一片空白，只能麻木地躺在地上。现实很残酷，所有的人都没有再发出声音，唯恐被崩塌的石锥戳穿身体。

过了一会儿，菲利普打破了沉默：“我觉得好热。”

“‘热’？如果这么说的话……”塞拉看着菲利普，仿佛一道灵光照进脑门。她迅速把脸转向水治疗师：“阿玛蓝莎，她的祖先可不可能是……”

“对啊，我怎么就没有想到呢！那她的哥哥就是……”阿玛蓝莎和塞拉相视一笑。

布莱恩看到这俩人的对视感到特别欣慰，他非常想知道她们是否已经找到了答案，但是他害怕自己开口会酿成恶果，只能眼睁睁地望着两个姐妹花，安静地听她们分析。终于，阿玛蓝莎清了清嗓子，开口说：“在烈日下帮助人们，但在寒冷的空气里会变成固体的东西，如果没有猜错的话，你的祖先应该是……水！”

塞拉接过话头：“时刻陪伴左右像个警觉的骑士，但要看到他却需要借助灯火搜寻。哈哈，毫无疑问，你的哥哥是……影子！”

“水和影子之间的联系就是他们都能够反映出一个人的形象……”

“而你声称展示给人们真实的东西……”

在所有人的注视下，阿玛蓝莎和塞拉同时答道："因此，你肯定是……镜子！"

她们话音一落，几个年纪稍小的孩子就闭上了眼睛，仿佛要承受最后的审判一样，直到神秘的声音再次响起：

"镜子，墙上的镜子，你们是世界上最聪明的女子。第三个答案非常完美，通道已经畅通无阻。"

石锥房顶消失了，门上的流光变成了一面巨大的镜子。在它现形的一刹那，镜面上绽开许多裂纹，须臾便碎成了一块块不规则的玻璃。继而，门打开了，整个房间都被光明铺满。

孩子们开始欢呼雀跃，布莱恩更是欣喜万分，毕竟他浪费掉两次机会。艾伦乐呵呵地拍着布莱恩的肩膀，说："太棒了！我们通过了第二道门耶！"

"不用感谢他！"菲利普嘴上如是说，却把手伸向布莱恩，"不过，鉴于没人受伤，我们就原谅你吧。"他眨巴着眼睛，把布莱恩从地上拉了起来，同孩子们一起走进第二道门。

这里没有通道，没有屋子，也没有洞穴，他们好像穿越到了另一个时空。孩子们站在一个奢华的大厅里，空间十分宽敞而且富丽堂皇，足够办一场百人大宴会。实际上他们现在恰好置身于宴会中，与会者大都是锦衣华服，人潮涌动。

菲利普认为芭布拉是相当了解异界风情的，因为这里人们的穿戴同异界西方世界的风格非常相似，不过她的认识还不够深刻，来客中有牵着炼狱猫的。餐盘在空中飞来飞去，把蛋糕和饮料送到客人手中。天花板上吊着的水晶灯发出夺目的光芒，它们是不需要借助电力的发光宝石。

塞拉仔细观察这片区域，伸手指向大厅唯一的一扇门，位置离他们不远。焱带着同伴朝门口走了过去，他很清楚这扇门不会轻而易举地打开。如他所料，一个男人慌忙跑了过来，挡在门前。男子与其他客人一样，衣着考究，穿戴齐全，但他的眼睛红红的，仿佛被泪水浸泡过。

"我不是说过吗？在小偷被抓到之前，任何人都不允许离开这里，否则……否则我就自杀！大家全部沉入水里！"说着他便从口袋里摸出一把水果刀搁在脖颈上。

"等等！"塞拉对这番话饶有兴趣。此人若不是绝望透顶就是太蠢了，她猜想着事情的来龙去脉。从男人的话中可以听出，他们已经在一艘船上了，虽然她知道这一切都只是幻象，但最起码这次是个新颖的地方。她朝男人挥挥手，急忙劝说道："等等，能先告诉我们发生了什么事吗？"

"你们是睡着了，还是喝多了？那足够让我以性命相抵的财宝不见了，那可是世界上最珍贵的宝石吊坠。噢，天啊，真难以置信，这么糟糕的事情竟然发生在我身上！"泪水在男子眼里打转。

"搜查船上所有人不就能找到了吗？"艾伦脱口而出。

男子无奈地摇摇头，沉浸在无穷无尽的悲伤里："我已经搜遍船上每个角落，但我不能搜查我的客人。你们太小，不懂人情世故，这里大多数人都是政界或者黑道上呼风唤雨的人物。他们势力强大，并且每个人都配了武器。如果搜查他们，我的生命怕是到此为止了。可是我找不到宝石吊坠，一样会死。我能不绝望吗？”孩子们点点头，终于明白为什么之前他会轻生，他实在得罪不起“客人”。他只能把那些客人服侍好了，使他们不会过早离开这个地方。

“呵呵，难道这不是件有趣的事吗？”菲利普的话让人匪夷所思。他转向同伴，用一种异常兴奋的语气解释道：“游戏规则已经确定了。如果我们想通过第三道门，我们必须得找出那个偷东西的贼。如果我们抓错了，估计这里的客人会群起而攻之。也就是说，我们只有一次机会。”

“怎么才能从几十人中精准地找出盗贼呢？”布莱恩再次陷入烦躁。

“我哪里知道，只是我发现这事儿很好玩，和往常相反，我这是第一次要作为侦探去找出小偷。”菲利普兴奋地宣布，但是除了艾伦没有人能理解他的意思，毕竟只有艾伦见识过他的偷盗技巧。菲利普没有理会大伙儿困惑的眼神，转向那个男人，说：“现在告诉我们事情的经过，也许我们能帮助你抓到小偷。”

男人有气无力地叹了一口气，“好吧，这样至少能帮我减轻一些压力。”他擦擦眼角的泪痕，“我是这艘船的主人。三天前，一个十分阔绰的男子找到了我，他说有一个非常重要的吊坠，这片土地上的每一个人都不能离开它而生存。他希望我带着珍宝环游海洋，如果顺利归来，他将会给我一大笔酬金，他甚至还向我展示了他保险箱里的财富。但是，如果发生不测，比如珍宝损毁或丢失，我就得倾尽所有赔偿。”讲到此处，他忍不住呜咽起来。布莱恩摇摇头：商场如战场，错一步就要付出沉痛的代价。

船长哽咽了一下，接着说：“环游的重要规则是把吊坠放在大厅显眼的地方展示。他说我的船上经常搭乘一些显要的人物，因此特地准备这道亮丽的风景来迎合他们。”船主把少年们带到人群后方的展台前，地面上有很多碎玻璃。很明显，吊坠先前摆放在展台中心的一个红色方枕上，现在方枕上除了碎玻璃什么都没有，地上躺着一把紧扣的小锁和一根铁棒。显然，盗贼没用钥匙。如果把这些细节拼在一起，原先的情景大概是：一个镀金边的玻璃柜里面放着一个小红枕，红枕上摆放着宝石吊坠，玻璃柜放在一米高的展台上供人观赏。柜子上配置的一把金锁小巧精致，但似乎只是为了装饰，盗贼没有撬锁，而是用铁棒从上方直接砸碎玻璃柜，拿走了吊坠。

菲利普试着捡起铁棒，但是铁棒比他想象的重，他用尽九牛二虎之力才勉强抬起铁棒。“天哪，好重。”他只好把铁棒放回在地上。

“当然重了。这是用来移动甲板上那些重箱子的。如果不够坚实，很容易造成事故。这铁棒平时都是跟货物一起放在仓库的。”船主说。

“那你应该可以查到是谁从储物间取出了这根铁棒。”焱问。

“据我的船员所说，他曾看到一个瘦削的男人在储物间闲逛。但是这位船员认遍了船上所有乘客，也没有找出那名男子。”船主语气坚定，“在这件事发生之前，没有一个人在宴会厅里见过这根铁棍。所以盗贼肯定是随身携带着的，直到……”他抽泣起来。

菲利普检查了一下现场，他感觉事发过程中有些地方不对劲。“有线索了吗？”艾伦好奇地问道。

“什么？噢，我不确定。”菲利普迟疑地说。他警觉地意识到事件的破绽将要出现，但具体细节依旧找不出来。“你不觉得这个玻璃柜不太适合做展柜吗？”

船主明白菲利普的话，回应道：“这个常识我知道，但宝石吊坠就是摆在这个展柜中被送来的。那个有钱人担心我会用假吊坠换掉那个真的，所以他当着我的面锁紧了柜子，然后带走了唯一的一把钥匙。钥匙是被施过魔咒的，不能复制。而且在船起锚前，那个人带着钥匙亲自向我告别，所以应该没人能够在短时间内偷到钥匙。坦白说，船起航的那一刻我曾以为这样一来任务反而变得简单了，因为我只要看护好这个柜子就没什么问题了。结果……我的人生即将毁于一旦……”

“那个吊坠是什么样的？”塞拉好奇地问道。

船主略显尴尬，他含糊地说：“我也没有仔细观赏过。宝石对于我来说就是块石头，但这块吊坠肯定是价值连城，不然那个有钱人也不会花大价钱来运送它。”

“接着说，告诉我们开船之后发生了什么。”布莱恩催着船主将故事道出，而不是一味尴尬下去。

“我被偷了，就这么简单。”船主沮丧地回答，“在船正常行驶后，我把客人召集到这里来欢庆。在宴会开始之前我下令将所有的灯都关掉，只留下舞台上的灯光。”他指着大厅另一端的舞台，“我准备发表一段演讲来为客人助乐。在演讲结束前的几分钟，我的太太会站在舞台前方等候我，并为我送上鲜花和热吻。”他指了指站在舞台旁边的白纱裙女子，“当我再次把灯打开的时候，我们将一起为客人们祝酒。事情恰好发生在演讲即将结束时，盗贼趁机打破柜子，偷走了吊坠。”

“我想你关闭出口的原因是想确保打破柜子的人留在这里吧？”焱问道，“那么你的心里应该有怀疑对象吧，或许是离盒子最近的人。事发之后，灯光很快亮起来了，对吧？”

“是的！”船主坚定地回答。他悄悄地指向人群：“有可能是其他人，不过那三个人在人群的后方，离展柜最近。”第一个是身材高大、体格健硕的男人，他现在站在厅门旁边，右手放在口袋里，好像在摸什么东西；第二个是年近七旬的老太太，她这时离吊坠展台最近，即便在室内，她还是穿着一套厚实的衣服，手紧紧地抓着脖子上的围巾，她的胳膊上还挎着一个包，包上绣着时尚的花纹，她咳嗽得不停地颤抖，显然是年迈多病；最后一个人是漂亮的红衣女郎，她目前是在大厅的另一个角落，离舞台很近，她一只手拿着小巧的手提包，另一只手端着酒杯，举止优雅，慢慢地饮用红酒。

“或许，盗贼就是他们中的一个。”菲利普心想。他再次转向船主，问：“事发之前，你有没有觉察到这三人有可疑之处？柜子碎掉时他们都在做什么？”

“一切都很正常。红衣女子活跃在一群男人中间，宴会开始前她在展台周围走动了很多次，沉醉于男人们的注视和称赞，但是案发之后她却变得十分平静。高个男子是客人中最凶狠的，也是最难惹的，他不爱说话，可是只要一开口，出来的都是很粗鲁的词句。实话告诉你们，他刚进宴会厅没多久就和一个客人打了一架。”船主指着大厅一角，那里堆着些被打坏的桌子和椅子，看起来打得还挺凶。“我花了一番工夫才把双方都安抚好，之后他就站在那里不停地抽烟。”“好奇怪，为什么现在他不抽烟了？”焱心里暗自想着。

“那位老太太呢？”艾伦问道。

“她是最容易招待的客人。她告诉船员她生病了，需要船员把食物送到房间。当我得知她十分乐意参加宴会时，我很是惊讶，她给我的印象非常深刻，她是最后一位登船的客人。她行动不便，来迟了，因此延误了开船时间。宴会上，她没有同任何人说过话。不过就算说话，也没有人能明白她说了些什么。她的喉咙肯定十分难受，因为她总是紧紧抓着脖子上的围巾。噢，她是盗窃案发生前唯一一个离开过大厅的人。”

“你确定那个老太太没有带走宝石吊坠吗？”塞拉问道。

“嗯，那是在我演讲开始后的几分钟，船员告诉我，她只是去了趟洗手间，很快就出来了。清洁工也跟着进去了，不过没有发现异常。并且，我的太太在我演讲开始几分钟后就站在展台旁，她说那老太太不管是去洗手间前还是回来后都一直和她待在一起，直到演讲快结束，她才离开舞台。”船主停了下来，似乎想起了一些漏掉的细节，“噢，黑暗之中，我好像看到地面上闪出一束光，就在玻璃被砸碎之后。”

听完船长的故事，菲利普转向同伴们，说：“现在我们分散开来，收集信息、寻找线索，在重新集合之前不要妄下结论。”每个人都认真地点了点头，然后钻入人群中。

焱独自检查地面，他想找出盗贼留下的蛛丝马迹。他看到地毯上有一些灼烧的痕迹，这些痕迹离展台并不遥远。通过仔细观察，他还发现烧痕周围残留着一些灰烬，灰烬中还夹杂着棕黄色的叶芽儿。他捏起一撮放在鼻子前，一股怪味扑面而来。“这些是什么呢？呃……可能是……”焱心里闪过一个想法，便不动声色地走开了。

菲利普和两个男孩在检查展柜的残骸。一切似乎都很正常，那些碎玻璃片覆盖了小红枕，盗贼肯定是用地上的那根铁棒从正上方直接敲碎了玻璃柜。他们注意到地上那把锁着的小锁，无论怎么看，这把锁被用来保护如此珍贵的宝贝都是不安全的。菲利普仔细检查展柜残碴，他发现个别玻璃碎片上有血迹，是谁留下来的呢？一个男孩找到两条变形的玻璃柜边沿，边沿各有一个变形的圆环焊在它们表面，两个环的作用不得而知。另一个男孩还发现红色枕面上有白色粉末，附近的地面上也有。他蘸了一些，用舌头舔了舔，马上吐了出来。“呸，妈呀！咸死了！”菲利普咯咯一笑，自己舔了舔后，确认白色粉末是盐，但盐粒是从哪里来的呢？为什么会在这里呢？

那种捕捉破绽的感觉再次袭来，菲利普的直觉告诉自己突破口就在这诸多的疑点之中，但是真相却还是模糊一片。在他反复琢磨的时候，人群中传来了一阵喧哗，布莱恩好像和那个高大的男子吵了起来。菲利普希望布莱恩能管住自己的嘴，以免惹是生非。幸好阿玛蓝莎和塞拉与他待在一起，能够及时制止他鲁莽的行为。

菲利普把目光投向老太太，艾伦和几个小孩正在询问她。可是看到他们一脸茫然的样子就明白，他们根本听不懂老太太讲的是什么。虽然幸运的话，或许真的能捕获到一些有用的信息，但菲利普对此不抱太大希望。

既然朋友们正在盘问坏脾气男子和虚弱的老妇人，那现在应该是自己盘问红衣女子的好时机。他还是没能忘记自己心里不安的感觉，但一直盯梢也无济于事。找到谜题的破绽，还需要主动去收集线索。

于是菲利普轻轻地走了过去，仔细观察红衣女子。她的确很吸引人，棕色的卷发倾泻在肩头，一袭修身红裙完美地勾勒出迷人的线条。菲利普注意到了三个有趣的地方：第一，她化着浓妆的眼周有清晰可见的红晕；第二，在她摘掉了戒指的手指上有一圈白纹；第三，女士红裙右侧膝盖处有点破损。“见到你很高兴！”菲利普对女子说。

“真的吗？”

“当然，你今天非常漂亮！”他用成人的口吻回答。

“谢谢你的赞美，年轻人。我能为你做点什么呢？刚才我看到你和船主谈话，你是想询问有关吊坠失窃的事情吗？我可以告诉你我对这次盗窃案一无所知。”

“那你觉得谁有可能偷走它呢？”

一阵讥笑之后，女人意味深长地说：“我只是好奇为什么会有人偷这么个不值钱的东西。”

“不值钱？你认为这件珍宝是假的？”

“这是我父母从小到大教我的本领。世界上任何宝石我只要看一眼，就能报出它的价格。我可以明确告诉你那块石头一文不值。”

这番话激起了菲利普的好奇心，他急忙问道：“那你能告诉我失窃的石头到底是什么吗？”

“不行！”女人面露微笑，“你怎么可以不动脑子，就想知道答案呢？现在让我好好品酒，祝你玩得愉快！”她朝菲利普举了举杯便离去了。

“吊人胃口！”菲利普默默嘀咕着，同其他人集合去了。不久之后，伙伴们都结束了调查，大体上可以断定盗贼是一个惯犯，乘客都不了解这个人。唯一能确定的是盗贼是男性，单独作案没有同伙。正如菲利普所料，从高大男子和老太太那里没有得到什么有用的线索。让他烦恼不堪的是在他内心深处，他知道明明破解案件的希望之门就在眼前，可是却没有钥匙能够打开。

这时候布莱恩开始陈述自己的推断：“首先，我觉得不是那个穿红裙的女士。如果她想偷东西的话，她绝对不会把自己打扮得如此引人注目。然后就是那个老妇人，她有不在场证明，船主太太一直都和她待在一起。况且，她那么虚弱，不可能拿得动那根铁棒，更不用说用它来砸碎玻璃柜了。所以盗贼肯定是一个强壮的男性……”

突然，菲利普扬起眉毛，默念道：“船主太太……砸碎玻璃盒……是个男性……单独作案……等等！等等！芭布拉女士不是曾说过……不可能！”他被突如其来的灵感震慑住了。撇开布莱恩的讲述，他迅速回到破碎的玻璃柜旁边。再一次仔细检查之后，他微微一笑，心里欢呼道：“我明白了！盗贼是……”

“盗贼是……”身后传来布莱恩的论断。只见他举起手，指着人群，嗓音响亮地说：“就是你！这个体格高大、脾气暴躁的男子！”

菲利普惊愕地张大嘴巴，不知道该笑还是该怕布莱恩鲁莽的天性又要闯祸，只听他继续说道："三个嫌疑人中，红衣女子和病重的老妇人都是女性，而这种案件只有男性才能做成，你是唯一的男性。以你的力量和身材，携带并隐藏这根铁棒是相当容易的。还有，如果你是清白的，为什么会拒绝回答我们的询问呢？现在证据确凿，是真相大白的时候了！我甚至可以断定被偷的吊坠就在你右侧的口袋里。另外，你站得离门如此之近，是为了方便逃脱，对不对？唉，可惜你碰到了名侦探布莱恩·康拉德！"

"原来是你！"船主气愤地吼叫。菲利普看了看布莱恩难掩兴奋的脸，又看了看那个高大男子恼怒的表情，他只好用手挡住了眼睛，心里嘀咕：噢，我看不下去了，有一个像布莱恩这样的队友，还需要什么敌人呢？

在高大男子准备反驳之前，人群后传来了另一个声音："当然了，除非我们能找到证据证明你与盗窃案无关。"人群移开，焱走进大家的视野中，说："如果我的推理正确的话，你的手被烧伤了，对吧？"焱走到布莱恩身旁，用力把他拖到身后，"无疑是在黑暗中，盗窃案发生时，你的烟灼伤了你的手指。证据就是地毯上的灼烧痕迹及残留的烟草灰烬。我还发现在你捻灭烟头之后，掉落的残碴被工作人员清理掉了。这也能解释盗窃发生之后你没有再抽烟的缘故了。"他指着大厅角落的一个垃圾桶问道："我说的没错吧，先生？"

那人没有辩解，而是伸出了右手。跟焱推测的一样，他的食指和中指指尖轻微红肿。塞拉悄悄地走到布莱恩后边，在他耳边低声训斥："你死定了。"

"呃！"布莱恩沮丧地望着焱，"那么焱，你来告诉他们，谁是真正的盗贼。"

焱没有做出正面回答，菲利普明白是他上场揭露真相的时候了。于是他清了清嗓子走上前来，"我们在揪出盗贼之前，得先搞清楚一些事情。"他走到玻璃柜残碴旁边，"请大家把注意力集中到小红枕上面的玻璃碴。你们不觉得奇怪吗？"

"有什么奇怪的？玻璃柜碎裂，残碴势必会掉落在红枕上面。"布莱恩回答道，塞拉急忙拍打他的后背，警示他闭嘴。

菲利普笑着点了点头，说："如果我是盗贼，我肯定不会打碎展柜。至少不会用力直击，因为我不想损坏里面的珍宝。因此，我会从旁边敲碎玻璃，而不是直接从上面敲打下来，这样里面的吊坠就不会受损。如果我们考虑一下武器的重量，情况就更当如此了。还有，我们可以仔细看看小红枕上的碎玻璃，你们不觉得太密集了吗？不管是玻璃掉在吊坠上的时候，还是盗贼拿走吊坠的时候，枕垫中间肯定会有地方没有碎玻璃，但这里密密麻麻。"

"也许吧，但在盗窃过程中小红枕也有可能被移动过，玻璃碎片也有可能被移动过啊。"阿玛蓝莎在一旁问道。

菲利普又点了点头，继续解释道："没错，但你忘了玻璃柜所放置的台面的大小。那个台面其实并不大。盗贼只有几秒钟时间取到吊坠，所以他必须行动迅速。即便红枕受到轻微震动，玻璃碴也会晃动，碎片肯定会滑落到地上，而不是稳稳地待在枕面上。你们自己来看看。"菲利普一边说，一边尽可能快速地拿起枕面上的一块碎玻璃。顷刻之间，许多碎片便也掉落在地上，枕面上出现了一片空隙。

"小子，你到底想要说什么？"船主震惊地问道。

“我是说也许玻璃盒被破坏的时候吊坠已经不在里面了。”他语气坚定，“证据就是地上那把锁和有两个金属环的玻璃盒边。柜门上面的金属环是配给门锁的，我们可以看到这把锁完好无损，但它没有和两个金属环扣在一起，这一点很奇怪。而且，这两个金属环只是扭曲而没有断掉，因此我断定，在柜子破碎的时候，玻璃门并没有上锁。”

听到这儿，布莱恩实在是忍不住了，他不顾塞拉的捶打，问道：“那么盗贼为什么不把门锁上呢？”

“我认为她把吊坠偷走后，船主太太却正好走到她身旁。因为旁边有人，虽然她顺利把吊坠和钥匙都拿出大厅，但她没有机会把小锁再扣到门环上。”菲利普停顿了一下，所有人的目光便集中到另一个人身上。“没错！老妇人，您就是盗贼。”

船主看着那个瘦弱的老太太说：“可是她有不在场证明啊。”

“她没有！”菲利普辩驳，“在你演讲的时间里她的确和你太太在一起，但这并不能说明你太太登上舞台之后她不会跑过去打碎柜子。而且，就算她真的有不在场证明，根据我的推理，她是在你演讲开始时就已经偷走了吊坠。”

“但……但我不明白如果她已经得到了吊坠，为什么还要打碎玻璃展柜呢？”

“你的脑筋可真有点迟钝。”塞拉从布莱恩身后走了出来，“你说那个给你吊坠的人只有一把钥匙，这把钥匙是不可能从他身上偷走的，也不可能复制。那么盗贼用钥匙打开玻璃展柜偷走吊坠，别人会怎么想？”

船主震惊地回答道：“你的意思是，这个老妇人就是那个有钱人雇来偷吊坠的吗？”

“哈哈哈哈哈！”老妇人突然大笑起来，“很好……咳咳……滑稽的推理，小子。但我几乎不能运动，谈何举起一根铁棒……咳咳……其他嫌疑人可比我有能耐得多……咳咳……你能确定其他人都不相干吗？”

“当然！”菲利普回答道，老妇人的眼神发生了一些微妙的变化。“实际上，我还有很多证据可以排除其他两人的嫌疑。首先，我们先来说说这位先生。正如布莱恩所说，他的确有携带铁棍的力量。但是如果他随身携带，那么他就不会让自己陷入与他人的打斗中。我的意思是这样剧烈的打斗会使其露馅。再加上焱的证据，我们就能排除他了。当然了，红衣女子也不可能在她的衣裙里面藏匿一根铁棒。”

“但她也有可能偷走吊坠。”老妇人还在抵赖。

“不会，她只是失恋了。”

“你说什么？”塞拉被菲利普的这番话勾起了兴趣。

菲利普哈哈一笑，转向红衣女子，问：“介意我泄露你的事情吗？”

“请便。”女士再次举起了杯子，温柔地笑着。

“谢谢。”菲利普礼貌地点点头，“她的眼眶周围还有泪痕，看来是刚刚经历情绪波动。她手指上有戴着一个戒指的痕迹，这暗示了她悲伤的原因。她为什么如此活跃，因为她想忘掉那段失败的情感。如果你们仔细观察，会发现她的裙子右侧有裂口，这意味着盗窃发生期间，她站得离展台非常近，上面掉下来的碎玻璃划破了她的裙子，甚至刺伤了她的皮肤。我找到了一些带血的碎玻璃能证明这一点。但我确定她不是盗贼的原因在于她的伤口在右侧，如果是她砸碎了玻璃柜，那么她裙子上的裂口应该在前面，两条腿都会受伤。我说得没错吧，小姐？”女士高兴地点了点头，将酒杯中的琼浆一饮而尽。

“咳咳……说得好，男孩……咳咳……我想你也找出了很多证据来证明我就是盗贼吧。你说我把吊坠带离大厅，那你怎么不搜船呢。噢，等等，船主已经做过了，对吧？哈哈哈哈哈……咳咳……既然他没找到，我想我应该是清白的吧。”她嘶哑地说道，声音听起来又重又干。菲利普看着她说话时疼痛难忍的样子，咯咯直笑。

“啊哈！”布莱恩卖弄，“我们当然会找到那个吊坠的，对吧，菲尔？”

“不，找不到了！”菲利普出乎意料的回答让在场的每个人都摸不着头脑了，“根本没必要找。你把吊坠和钥匙拿出大厅不是为了隐藏它们，而是为了扔掉了它们，对吧？”

人群再次唏嘘不已，船主不解地问：“不可能！她扔掉的是自己费尽心思偷走的贵重吊坠啊！为什么？”

菲利普讥笑道：“贵重？那个有钱人曾经说过它很贵重吗？同盐块相比，你的毕生积蓄更有吸引力，对吧？”

“什么！”宴会厅里的每一个人都困惑不已，他们很难理解这个少年天马行空的思绪。

“那么我之前尝的那些白色粉末真的是盐！”那个和菲利普一起调查的男孩说道。

阿玛蓝莎用一种学者的口吻说道：“本质上那个有钱人并没有撒谎，他说这个吊坠很重要，所有人都离不开它。的确如此，盐是构成体液的主要物质。如果你缺盐，你就会缺水；如果你缺水，就会贫血；如果你贫血，你就会死。这就是我们要吃盐、偏好咸味食品的原因。我说得对吧？”她看了看菲利普，可菲利普完全没听懂阿玛蓝莎说的，但不懂装懂总是对面子无害，于是他微笑着点了点头。

菲利普准备继续进行推论的时候，眼角瞟到焱那豁然开朗的笑容，于是他问道：“噢，你也有答案了吗，焱？”

焱点点头，说：“你能在这么短的时间内推断出如此繁杂的案件，真的是非常厉害。这里是你的舞台，所以这次我做你的助手。”

大家看着这两个人，眼神里满是困惑和好奇。菲利普走上前去，开始审问老妇人：“如果你还有什么想说的，我建议你现在就说出来。”

“胡扯！”她满脸不屑，“你还什么都没查到呢！咳咳……一个虚弱的老太太怎么能做出这么暴力的事情，真是难以置信……咳咳……而且，那个……那个……”她还想说些什么，但是却停了下来。

这正是菲利普一直在等待的精彩时刻，他立刻逼问：“你为什么要停下来？你为什么不拿出对你有利的证据呢？”

布莱恩依旧不解：“什么证据呀？”

“她分明是一个妇人，但小偷是一个男人。并且大家不要忘了，偷走铁棍的也是个男人。”

“对啊，那她为什么不说？”

“她不能。她害怕我会问‘你真的是女性吗？’”菲利普说道。话音未落，他迅速地闪到一旁，焱顺手捡起一块碎玻璃片一弹，碎片便像一支锋利的飞镖直接刺向老妇人的喉咙。出乎意料的是，老妇人敏捷地躲过袭击，但玻璃片还是把她的围巾划破，碎玻璃片和围巾都掉落在地上。

人群中一阵骚动。因为老妇人围巾包裹下的皮肤非常平滑细腻，凸起的喉结显而易见。菲利普与焱对望一眼，然后回头指着“老妇人”说：“请看，喉结又叫‘亚当的苹果’，

我还听人们称它为‘甲状软骨’。虽然这是人类共有的特征，但是男性的软骨比女性的更为突出。这个‘老妇人’实际上是一个男人。”

“我不信。”船主倒吸了一口冷气。

“我开始也不信，但当排除掉一切不可能之后，不管剩下了什么，不管多么不合情理，它肯定是真相！”他转向“老妇人”，继续解说：“你伪装得很好，我得称赞一番。在行窃期间你变过几次脸，对吧？如果我的推理无误，你计划用真面目去见船主，把一颗假吊坠交到他手上。在你离开之后，你要花时间伪装成一位老太太，所以‘老妇人’登船时便迟到。你登船之后就偷走铁棒。你假装生病老人，没有人会注意到你男性的嗓音，你厚厚的衣着也为你提供了一个藏匿铁棒的隐秘空间。所有计划达成之后，等到船靠岸时你就会再次以本来面目去见船主，要求其赔偿你的损失。可惜百密一疏，你唯一的失误就是船主太太的出现使你无法在盗窃后把锁环扣上。”

菲利普解释完之后对船主说：“也许您想亲自把那个人的面具撕下来。”说完又转向老妇人，微微一笑，“小偷先生，你不知道这样重的装扮会影响健康吗？”

船主仍在震惊之中，但还是勉强地走过去，抓住伪装的老妇人。没有过多抵抗，假面便被撕了下来，一个苗条的中年男子出现在人们的视野中。“果然是你！”从船主的反应中，大家便可以认定他就是那个有钱人。

阿玛蓝莎惊讶地指着那个人说：“等等，你是……”

“他叫波尔，对吧？”菲利普说。

“对啊，你怎么知道的？”

“我得谢谢芭布拉女士。”菲利普回答，“我和那个红衣女子交谈过后便想到她就是芭布拉女士的化身。人们编故事时一般都习惯把自己对号入座放进故事中去，我觉得就算是五大圣人之一的她也不例外。既然有了这样的设想，那联想到这个故事里的坏人是

几年前和她分手的那个人也并不难。事实上，我能够断定波尔伪装成老妇人行窃，正是因为芭布拉小姐跟我们说的一句话——漂亮不过是外表。”

大家都为菲利普送上热烈的掌声，同时兴奋地欢叫着。焱走过去，伸出手与菲利普合击掌庆祝，他们俩同时喊道：“结案了！”

第十七章
自我牺牲

菲利普满意地对船主说:“我们已经抓到小偷，现在可以离开了吗？”

船主虽是满脸怒气，但依然不失礼节地点点头，并鞠了一躬，说:“谢谢你们的帮助。”然后他亲自把门打开，一条黑漆漆的道路出现在孩子们面前。

通过了最后的考验，大家都心情舒畅。如果不是拿生命来做赌注，这三道门无疑是非常值得玩味的。孩子们兴高采烈地向门口走去，然而一件意想不到的事情发生了。

波尔——这个被揭穿的盗贼发出一阵邪恶的奸笑，让所有人的心情再次紧张起来。孩子们马上将注意力转移到波尔身上。大门立刻闭合，孩子们无可奈何地看着出口消失在视线中，仿佛一块石头重重地压在心头。

疯狂的波尔唱道：

“始于请，征询你们‘提出的’要求。只有卖掉中间的才不失公允。如亚历山大的名号一样衰退。这世上唯一值得信任的人是我，唯有我，只有我。”

这些话到底是什么意思？孩子们简直摸不着头脑。就在这时，波尔被一束强光吞噬，继而强光穿过大厅，在门前形成了一道栅栏。“不要！”孩子们失望地叫道。可是话音未落，一件更残酷的事情发生了:所有人消失不见，大厅的四个墙角裂开，水流汹涌地从缝隙灌入船舱。

“怎么又是水攻！”布莱恩抱怨了一句，随后游到栅栏前，使出浑身力量欲把栅栏推开。但是他忽略了一个物理问题，在某些地方力量无效，比如空中、水里、沙漠里。“塞拉，你能用烈火烧毁栅栏吗？”他问道。

“在水下？”塞拉指责着，并催促烈焰升上屋顶，看来凤凰在水中也只能逆来顺受。两人争吵未起，大厅内的积水已经淹至鼻尖。幸好多数孩子会游泳，会游泳的帮助不会游泳的，大家暂时平安。可是，孩子们都明白，这里很快就会被水淹没了。

阿玛蓝莎见状，使出浑身解数造出一个巨大的水泡，并把剩余的空气和所有孩子封存在水泡中。大家绝望地看着积水迅速淹没水泡，充满整个大厅。屋顶吊灯上发光的水晶在水中发出一种很不自然的绿光，犹如鬼火幽魂一般盘旋在上空。

“我不知道现在说这个是否合时宜，杀掉一只凤凰并让它无法重生的唯一办法就是水淹。”塞拉紧紧地抱着烈焰，布莱恩第一次真切地感受到她声音中的恐慌。

菲利普焦虑不安，他看着自己被浸湿的斗篷，开始后悔:如果知道怎样在水下施咒就好了……见鬼啊！明明在海因的城堡里就已经得到教训了。

阿玛蓝莎的保护罩被水死死地挤压在大厅中心，随着时间的流逝，因压力和氧气的减少变得越来越小。据菲利普估算，保护罩里面的空气顶多能撑十分钟。

水压让阿玛蓝莎痛苦不堪，大厅里的水仿佛还在不停地疯涨，要完好支撑水泡变得越来越困难。水好像是压在她的身体上，而不是保护罩上，这让她喘一小口气都变成挑战。阿玛蓝莎感到力量不支，倒在了地上。她蜷缩成了一团，闭着眼睛，不停地颤抖，细微的呻吟响彻水泡传到每个人的耳朵里。

“不要放弃我们！”一些孩子开始惊慌。

“喂，你还记得你要保护我们吗？”

“加油，站起来，你能做到的！”

“就这样结束了吗？”

“有没有人来救救我们！”

“住嘴！”艾伦突然怒吼着扑到阿玛蓝莎身旁，“你们不要再嚷嚷了！难道你们没有看见她十分痛苦吗？”他把手掌放在阿玛蓝莎颤抖的肩膀上，温柔地说：“我相信你，阿玛蓝莎，不管发生什么事。”小男孩的话让所有人陷入了沉默。

在这样的时刻，少年们和一个幼小的孩子相比，竟没有多出一丝成熟。其余几颗星面面相觑，他们根本就感受不到自己存在的价值。菲利普、焱、塞拉，尤其是布莱恩，他们根本就做不了任何事来扭转局面，或者缓解阿玛蓝莎的痛苦。他们现在才意识到自身的弱小，意识到阿玛蓝莎对于团队的重要性。不管陷入何等危险境地，他们都清楚自己可以依赖阿玛蓝莎来恢复活力，现在她有了危险，他们却什么都做不了，甚至连一句安慰的话也说不出来。

渐渐地，阿玛蓝莎停止了抽搐。水压攀升令她窒息，但她还是听到了艾伦所说的每一个字，她感到心里涌起一股暖流，这是未曾有过的感觉。这是人类才会有的感觉吗？她默然不语，思绪在脑海中翻涌，过去自己还是小人鱼的一切不断在眼前闪现。

她还记得，美人鱼的生活总是无忧无虑的。人们常说，水是生命之源。这一点对于美人鱼来讲尤其正确，因为她们是大海孕育出的神奇生命。只要条件成熟，海洋里汇聚的生命精华就会形成一颗卵，卵在大海的怀抱里孵化，一条美人鱼就诞生了。所以从某种程度上来讲，美人鱼只有一位母亲——海洋。历史上也有男性人鱼的存在，不过因为人鱼不需要通过交配繁殖，所以在过去的四百年间仅有过一两位男性人鱼。不管是美人鱼，还是男性人鱼，他们都是海洋里的生命精华，这意味着他们有较长的寿命，甚至比精灵和神龙更长寿。这种神奇的生命力也正是美人鱼力量的来源。当阿玛蓝莎为大家疗伤的时候，实际上就是把自己的生命精华注入伤口中，使破损的骨头、肌肉、组织快速愈合、恢复。她也能用自己的生命力为虚弱的人注入精气活力，精气在伤者体内循环时，她可以检查出对方身体中的异常，所以用不着检查伤口她也能快速而准确地判断出受伤部位和伤势，并且不用消毒包扎就能治愈伤病。其实说白了，美人鱼就好像是一个盛满医疗设备的美丽盒子，疗效绝佳且永远都不过时。

阿玛蓝莎回想着过去无忧无虑的生活，很欢乐，很幸福。每天她都跟着姐姐们一起学习，一起在珊瑚丛中嬉戏。她虽然很内向，但却喜欢一次又一次地钻出水面，对陆地上的聚居生活产生美妙的幻想。她经常躲在礁石后面或废弃的船只中间，偷偷地看着人类在沙滩上嬉戏，大人和小孩，男人和女人。对于自己来说，他们玩得是那么开心、有趣。他们撒开两腿自由地奔跑，而自己却只能拍打着鱼尾。

当然她的冒险行为也曾为自己带来惊险。她记得有一次离岸太近，不小心落入了渔网。当时她十分惊慌，以为会被两条腿的人类吃掉。因为姐姐们经常告诫她："人类是危险的动物，他们会不惜一切代价来抓捕美人鱼，因为我们的血液是最好的药浆，我们的肌肉里富含活力精华，所以你要牢记——远离他们！"也许是她运气好，她被船主的女儿艾薇拉·芭布拉救下，此后她俩成为很好的朋友。这一段经历她没有告诉任何人，但从那天开始，她的心就已经驰骋在陆地上了。

于是命中注定的一天到来了。那天，美人鱼女王召见了她，这也是连陆地上的人都尊敬的女王第一次召见她。珊瑚宫是海底的天堂，从它的名字就可以知道，整座宫殿都是用五颜六色的珊瑚搭建而成，它们不仅光彩夺目，而且仍在持续生长。由于它们的触角可以分泌毒素，所以这里成为许多小生物的庇护所。最绝妙的地方在于——它并不是依靠魔法建成的，而是出自海洋母亲的鬼斧神工。因此，珊瑚宫殿是人鱼族最神圣的地方，是智慧与力量的象征。宫殿的光辉时刻提醒着族人：她们是谁，她们属于哪里，她们来自哪里。

进入女王殿，两边站立着带武器的美人鱼，她们身穿紫金甲手握三叉戟。殿堂深处，一位美人鱼优雅地坐在珊瑚椅上。虽然女王是族人中最老的，至少活了几百年，但从外表看来，她不过就是位中年女子。"放松，阿玛蓝莎。这里的每一个人都是你的姐姐，不用紧张。"女王张开双臂，"孩子过来，让我抱抱你。"小美人鱼点点头，想到要被海底最高贵的美人鱼拥抱便异常兴奋。女王用一只手温柔地梳理着阿玛蓝莎那金色的长发，说："过去几年间我也听过你的一些事迹，你是最优秀的学员，也是最有礼貌的孩子。如果你没有故意躲开你姐姐的看管，只身钻出水面，你早就可以自由出入宫殿了。"

阿玛蓝莎咬着嘴唇，颤抖地回答道："我知错了。"

"错什么呢？"女王微微一笑，"是我们亲爱的母亲赐予我们好奇心，你并没有什么过错，而且这正是你的命运。"她的声音里充满了悲伤，小美人鱼不禁抬起头来。

"怎么了，女王陛下？"

"没什么。我先来问问你，你知道美人鱼诞生需要多长时间吗？"

"知道。在生命力汇聚到一定程度后，几分钟之内，有时只几秒之内，就会诞生一条美人鱼。历史上用时最长的是一个小时，那就是女王陛下您了。"

女王满意地点点头，说："很好。美人鱼诞生的时间越长，她拥有的生命力就越强大。我确实是花费时间最多的那一位，但那是在过去。"她把手伸进阿玛蓝莎的发丛中，"我的妹妹，你是我亲眼所见的诞生时间最长的，也是最有灵性的美人鱼。你知道我们的母亲孵化你花了多长时间吗？七天，亲爱的妹妹，整整七天啊！"她用慈母般温柔的声音说道。

阿玛蓝莎惊讶得合不拢嘴。历史上还未出现过一条美人鱼的降生超过一天的现象，可自己竟然用了七天！她感觉到殿堂两边的姐姐们把目光投向她，从头到尾打量着她。

“为什么？为什么以前从来没有人告诉过我呢？”她不知该如何接受这个令人震惊的消息。

“因为时机还不成熟，没有到让你知道的时候。从你出生的那一刻起，我就知道海洋母亲孕育你时，心里有个伟大的计划。她创造你也是为了保护那些远离她的孩子们。”

“您指的是居住在陆地上的人吗？”阿玛蓝莎瞬间明白了女王的意图，她摇摇头，眼眶里滚出两串咸咸的泪珠，她祈求道：“女王陛下，我……呜呜……不想……呜呜……离开。”她抽泣着，把脸埋进了女王的怀里。

“我明白，亲爱的妹妹。”女王将阿玛蓝莎扶起来，“但在这里我们已经没有什么东西可以教你了，已经到了你出去闯荡的时候。”她递给小美人鱼一条简单朴素的项链——用一根线穿着的贝壳项链。“只要你戴上这条项链，你就能拥有人类的形体，但你始终是一条美人鱼。当然，你在地面上以人的形态施法时，只能使出所有力量的五分之一。也就是说，在陆地上你并不具备自身的所有的力量，而且释放力量必须通过舞动双手才能奏效。”她把项链交给阿玛蓝莎，语重心长地说道：“陆地上的人类非常贪婪，所以你要对我发誓，绝不会泄露真实身份。如果违背誓言，你就会受到诅咒死去。我们不允许任何人滥用海洋赐予我们的神奇力量，你明白吗？”

阿玛蓝莎望着女王的眼睛，她知道自己的命运已经不可违逆。于是她带着沉重的心情宣誓：“我以海洋母亲的名义起誓。”宣誓完毕，她用指甲在左手手腕上割出一道口子，温热的血液融入海水。但瞬间，伤口便愈合了，水中殷红的血渍也迅速消失不见。

“好了。启程吧，跟姐妹们道个别，然后尽快离开。到地面后，你就以‘水之治疗师’的称号行动，有一个称为‘天眼’的老人会在岸边等你，他会向你解释一切，并引导你的行程。”

回到现实中，阿玛蓝莎慢慢睁开眼睛，水泡依旧完好无损，只是颤动得更激烈了。在艾伦的帮助下，她虚弱地站了起来。“这种情况不会持续很久，我支撑这个水泡已经到了我人类身体的极限。要挽救朋友，我只能……我必须这样做……”阿玛蓝莎一边想一边转向孩子们，斩钉截铁地说：“大家请屏住呼吸。”

“什么！不要放弃我们。”一个女孩惊叫起来。

阿玛蓝莎摇了摇头：“我们没有太多时间了，我……我有一个办法，能救所有人，请你们相信我……”她颤抖着，感受到水压就快冲破水泡。

“我们相信你。大家屏住呼吸，少说废话！”焱下完命令后，深吸一口气。

随着一阵破裂声，水流从四面八方汹涌而来，把孩子们冲得七零八落。几秒钟后，水浪静止下来，孩子们已经被封在一片水墓之中。由于缺氧，孩子们的视觉开始模糊不清，意识也开始涣散。忽然，眼前一束蓝光闪现，他们逐渐恢复了知觉。光的源头正是阿玛蓝莎，她浮在大厅中央，完全不受暗流的影响，她伸开双臂，看起来如此轻松、平静。孩子们发现光源实际上来自她脖颈上的某个地方——一条神秘的项链。

“我的姐妹们，女王陛下，亲爱的海洋母亲……”阿玛蓝莎在水中开口说话，仿佛水是可以呼吸的空气。“请原谅我，为了拯救我的朋友们，我没有其他选择，只能违背誓言。”她坚定地抓住脖子上的项链，毫不犹豫地扯了下来。

恰似夜空中绽放的烟花，一股无形的力量从阿玛蓝莎身体里迸发出来，一场不可思议的魔术在众人面前上演。阿玛蓝莎金色的头发变得越来越长，直达膝部，她蓝色的连衣裙开始分解，上身只留下一抹蓝纱裹着胸部，裙摆部分缠绕着她的双腿融进她的肌肤里发出蓝色的粼光，双腿优雅地融合成了一条鱼尾，细腻光滑的皮肤也变成了闪闪发光的鱼鳞。变身完成之后，那个少年们熟识的水之治疗师已经不复存在，取而代之的是一条惊艳的美人鱼。

布莱恩十分震惊，他张开嘴巴想说点什么，但是一个“美”字没出口，水已经填满喉咙，布莱恩赶紧闭上嘴。至于焱，他对阿玛蓝莎这一转变所获得的能力更有兴趣。如果他没猜错，仅从自身的力量来判断，阿玛蓝莎已经和菲利普、塞拉一样强大了，但总感觉她的能量里缺少一些东西，这些缺失的东西就好像是一堵坚不可摧的墙壁，把她和七星永远分开。

至于小美人鱼，她感觉到自己所有力量已经重新出现在身体里，她伸出手臂，指间散发出几股波动的水流，水流散发着蓝光，射向四面八方。她从余光中看到，一些孩子已经开始吐气泡了。艾伦的情况似乎更糟糕，他已经耗尽了胸腔中的空气，看起来非常痛苦。阿玛蓝莎轻微弹动手指，一些携带着空气的小水泡便漂浮到艾伦鼻子前形成一个气囊。“我得快点了！”她看着自己射出的那些水流，原来细小的微波现在已经变得和孩子们差不多大了。她双手挥舞，恰似一位母亲在召唤孩子们回家，而这些“水蛇”听话地游回阿玛蓝莎四周，形成漩涡。

“我祈求你的出现，水之神龙！”阿玛蓝莎念道，她把手掌中凝聚的力量朝门推了过去。体内的神力喷涌出来，这股力量把她反推向了屋顶，神力另一端的水流中出现了一头巨大的水怪，有着蛇身、鳄头、狮爪、鹿角。它愤怒地张开巨口，孩子们确信他们听到了神龙发出的号叫声。它叼起栅栏，朝门冲了过去，墙上即刻被撞出一个巨洞，房间就像崩塌了的水坝，一切都随水流倾泻进黑漆漆的通道中。

这真是既惊险刺激又发人深省的经历。孩子们在水中像垃圾一样被冲来冲去，焱在被冲到门旁边的墙上之前，至少撞到了三个孩子。等到他浮出水面，重新稳住身体之后，他立刻把那些头还沉在水底的孩子们举了起来，让他们换一口气，然后让他们再去帮助其他人。

通道两旁的火炬神奇地点亮了，积水消失不见，塞拉抱着烈焰走出了通道，后面跟着七八个孩子。“我检查过了，没有人走丢。大家都怎么样？”

“得救了！”菲利普呛出一大口水来，站在艾伦旁边，“在过去的几天里我们历经了太多惊险，这次最玄。”

“是呀。要是再浸泡几分钟，恐怕烈焰已经被淹死了。”塞拉抱着烈焰，看起来，

水下的折腾已让她筋疲力尽。

“要好好地感谢阿玛蓝莎。对了，她人呢？”艾伦四下巡视，当看到阿玛蓝莎时，他吓了一大跳，小美人鱼躺在墙脚的水洼中。“怎么回事？”布莱恩惊慌不安地叫着，塞拉则飞快地冲了过去，把美人鱼抱在怀里。

“男孩们后退，让女孩们来处理。”塞拉把阿玛蓝莎的身体翻转过来，小美人鱼的背部插着一块锐利的铁片。看起来是什么饰品的一部分。塞拉寻思着,随即看了看屋顶。不出所料，铁片果然是屋顶上垂下的灯架上的。“会有点疼，你要挺住了！”她轻声告诉阿玛蓝莎，然后用力拔出了铁片。受伤的美人鱼发出一声极其痛苦的惨叫，几个小女孩四下找出遗留的布条，不太熟练地包扎着伤口。

“她会没事的，对吗？”布莱恩问。

“我不知道，”塞拉担忧地回答，“伤口太深，而且离心脏很近。我曾在战场上看见一些比这还轻的伤都能致死。好在阿玛蓝莎是人鱼，不管她身上的伤口有多么严重，只要她还有一口气在，就能完全自行治愈。”

听到塞拉的一番话，所有人都在等待奇迹的出现。“有点不对劲，我们得把她叫醒。”焱说道，虽然其他人感受不到，但他却能感觉到阿玛蓝莎的生命力和身体里的精气正慢慢流失，就像失去太阳引力的星星一样不断飞出轨道。“我不明白，她为什么不医治自己？”焱很是疑惑。

感受到肩膀的晃动，听到不断的呼唤声，阿玛蓝莎重新睁开眼睛，但是目光异常涣散。“塞拉，是你吗？我的眼睛好像看不见了，告诉我大家怎么样了。”

“嗯，我们都很好，非常感谢你。”塞拉回答，“可是你在流血，阿玛蓝莎，你得医治自己，不然就太迟了。”

受伤的美人鱼虚弱地摇了摇头，说:“已经太迟了。我曾经发誓，绝不透露真实身份……”她痛苦地抓着塞拉的手，“……现在我违背了我的誓言，死亡是应得的惩罚，这样我的身体就不会被奸邪之人利用。”她的声音里没有恐惧，反而十分安详，她自愿接受命运的安排。话音刚落，她左手腕上的伤口也裂开了，这正是她在女王面前划开的伤口。她虚弱地叹道:“我死后会回到母亲的怀抱，我只是遗憾还没有变成像你们一样的星辰。”

“不要这样说。”塞拉眼里已满是泪水，“你是不是七星之一,一点都不重要，真的一点都不重要。我们的力量只能造成毁灭，只有你，你拥有治愈的力量，你的力量可以带来生命和活力。正如刚才，我、布莱恩、焱，还有菲利普，我们什么都不能做，只有你拥有拯救生命的力量，并且你做到了。”

“真的是这样。我们需要你留在这里，和我们一起，求求你了。”布莱恩的鼻子也开始发酸。

小美人鱼微微一笑:“谢谢你，我的朋友……”话没说完，她的身体就不再动弹了。

此刻，焱感觉到阿玛蓝莎体内最后一滴生命流尽了，他转过脸去，试图掩饰自己的悲伤与痛苦。

大厅里满是抽泣声。布莱恩悲愤地狂叫着，用力把拳头打进墙壁。“我连朋友都救不了，要这力量何用！”他咒骂着自己，眼泪顺着下巴流淌，随后腿一软，跌坐在了地上。

艾伦抽泣着问道：“我们现在怎么办？”

“我们要做的唯一一件事就是从这个鬼地方走出去。”菲利普擦擦脸上的泪水。

布莱恩愤怒地跳了起来，大叫道：“等我出去了，一定要用拳头捶死那个恶毒的女人。”

“等等！”焱让其他人冷静下来，不要只想着报仇这件事，但他找不出合适的理由，甚至不能说服自己做到泰然处之。事实上他也想让芭布拉女士为其所作所为付出代价。她提醒孩子们穿过三道门不需要使用任何魔法，但是如果没有阿玛蓝莎的自我牺牲，恐怕所有孩子都已经死掉了。“带着报仇的心态解决不了任何问题，我要冷静下来。”他放空思想，深呼吸，想让自己冷静下来。“我得找到一个方法引导大伙儿走出悲痛欲绝的心情……我要冷静……我要……咦？”有些什么东西在触动着他的感觉，焱一时没有辨别出那是什么，但他清楚距离很近。难道是？他把注意力转移到丧失生命的美人鱼身上。阿玛蓝莎确实没有生命力了，但让焱震惊的是，她的生命力离开身体之后并没有消散，而是像数百只萤火虫一样团团围绕着曾经的家园。“还没结束！”焱脱口而出，大家都把目光投向他。“把阿玛蓝莎安放好，然后全部后退。相信我！”焱安排着，塞拉点点头，缓缓地将阿玛蓝莎放在地上。

四周陷入一片沉寂。所有人都把手握在一起，屏住呼吸，期盼奇迹降临。“喂！看那边！”后面的女孩发出一声惊呼。当所有人的注意力都集中到女孩所指的方向时，他们看到一个小小的贝壳浮到阿玛蓝莎身体上方。

“那不正是她的项链吗？”塞拉立刻认了出来。焱发现聚集在美人鱼身体周围的生命力被吸入贝壳，贝壳的表面流动着一层蓝光。瞬间，蓝色的流光包裹了阿玛蓝莎的身体，将其抬升至半空。贝壳飘浮到阿玛蓝莎的尾部，点点蓝色荧光潜入她舒展的身体里，贝壳开始围绕她的身体旋转，从头到尾，回环往复。阿玛蓝莎的身体发生了变化，她的鱼尾重新变成了两条腿，蓝色的鳞片化为蓝色连衣裙，但这件长裙和她以前穿的那件不太相同。这件长裙下摆较短，方便走动，但没有塞拉身上的短，也没有任何铠甲。头发倒是回到了先前的长度，身上的血渍和泥土都已清除，最终，她被轻轻地放落在地上。“咳咳！”阿玛蓝莎发出轻微的咳嗽声，重新睁开了眼睛。

“她活过来了！”艾伦破涕为笑，拉起布莱恩一同欢快地跳舞。焱点点头，他甚至感应到阿玛蓝莎和其他星辰力量中间的屏障也完全消失了。看来，水之星觉醒了。

阿玛蓝莎看了看朋友们，又看了看自己的身体，左手腕上的那道伤口已经愈合，伤痕也消失不见。“我不明白，我不是应该死去吗？”说完，她放松神情，深吸一口气，“我怎么感觉有点怪怪的。”

“我亲爱的妹妹。”她头顶上传来纤细柔和的声音，声音来自那个飘浮着的贝壳。

“女王陛下，是您吗？”

“是的。”美人鱼女王回应，“我曾在这个贝壳中封存了我的一些思想，如果你听到这个声音，那就说明你已通过了最终的考验，你已经够格成为守护人类的星辰。因为你博爱无私的心灵，你得到了对你而言最高的奖赏，得到了人类的生命形态。”

“我……我变成人类？”她不断抚摸着自己的手臂，实在太不可思议了。她现在是人类了，但另一个残酷的事实就是她将不再是一条美人鱼。“这是不是意味着我再也不可能见到姐妹们了？”

“不要担心。不管你变成什么模样，母亲还是你的，姐妹们也还是你的。”女王回答，“变成人类是你的命运，没有人可以阻挡。因为你发过死誓，而且违背了誓言，你的美人鱼生涯才会到此结束。你所有的能量都将转入你人类的身体里，这样即便在陆地上你也可以自由施展才能。换句话说，如果没有这次自我牺牲，你永远不会成为水之星。”

阿玛蓝莎思索着这些话，迷茫地问道：“我现在应该怎么办呢？我很害怕。”

“勇敢一点，我的妹妹。和你的朋友们一起前行，为你自己和整个世界创造一个光明的未来。我只要你记住一件事，不管你走了多远，海洋永远都是你的家，总有一天我们会再次团聚。”贝壳闪闪发亮，像是一件来自秘境的珍宝。亮光幻化成美人鱼女王的形象，她温柔地握住阿玛蓝莎的手臂，说：“你始终是一条漂亮的美人鱼，我们知道你会是我族人最好的代表。我们爱你。”女王亲吻了阿玛蓝莎的额头，然后随亮光消失了。

贝壳重新落在少女手中，她紧紧地握着贝壳，眼泪从她脸颊上滚落。塞拉梳理着阿玛蓝莎的头发，温柔地问道：“你会好起来的，对吗？”

阿玛蓝莎擦干眼角的泪水，微笑着站了起来：“再没有比现在更好的啦！”

艾伦马上扑向她，塞拉也与他们拥抱在一起，“你能回来我们真是太高兴了。”

“嘿嘿，我就知道你一定会挺过来的。”布莱恩在一旁卖乖。

菲利普笑了笑，看着布莱恩在墙上捶出来的洞，说：“你当然知道啦，我确定那边的墙也会相信你说的话。”

“我们能走了吧？噢，对了，先等等。”阿玛蓝莎伸出右手食指一弹，孩子们衣服里的积水都跳出来，落在了地上。

“烈焰让我代她说声谢谢。”塞拉道谢，小金鸟则拍打着翅膀，抖动着身上干爽的羽毛。

孩子们在身体上和心理上都得到一些抚慰之后，便跟着阿玛蓝莎走进了通道。可是他们没想到，几步之后隧道中出现了另一扇门！看着第四道门，艾伦紧咬嘴唇，极不乐意地问道：“我们应该怎么做？”

“跟原来一样呗，恐怕我们得再过一关。”菲利普说。

“喂，别开玩笑了，这并不好玩。”布莱恩咒骂，“我就知道，那个变态的女人是在玩弄我们。”

“不会，艾薇拉是我的朋友，肯定不是她把我们困在水里的。”阿玛蓝莎更正布莱恩的话。

“但……”

“我不否认之前发生的事情太过残忍，但你们还记得波尔之前唱的歌吗？”她边说边用手指戳着脸颊，“有四句话，每句话都暗含一个词。‘始于请，征询你们“提出的”要求。’这句话是在问我们，哪个词语以请开头并含有‘问’和‘要求’的意思，答案是‘请求’；第二句话，‘只有卖掉中间的才不失公允’，波尔在第一句话中强调的词是‘提出的’，我们把中间的字去掉，剩下的就是‘提的’；第三句话，‘如亚历山大的名号一样衰退’，许多故事在世界各地传扬，其中一个就是关于‘亚历山大大帝’的故事，如果他的名号衰退，就是说他没有那么伟大了，因此，第三个暗藏的词语是‘伟大’；最后一句话，‘这世上唯一值得信任的人是我，唯有我，只有我’，表达的都是同一个意思，完全可以用一个词来概括——‘唯一的我’。”

“等等，难道说……”布莱恩似乎找到了答案。

阿玛蓝莎点点头，继续分析这道谜题的谜底：“如果这‘唯一的我’是现今存在的‘先知’，那我们把这四个词联系在一起，就是‘伟大的唯一的先知，也就是天眼提的请求’。”

菲利普笑着把手掌按在脑门上。他十分佩服芭布拉女士的聪慧，她确实只设了三道门，这第四道门是天眼设的。“我还以为天眼是站在我们这一边的呢！”布莱恩质疑道。

“他是引导我们的人。”阿玛蓝莎更正，“如果他没有及时封锁第三道门，我的力量也不会被唤醒。”

门打开了，孩子们的视线被一片强光晃得睁不开眼睛，芭布拉的声音传了过来：“答得好！”在孩子们的视觉恢复后，他们已经回到洞穴里，依旧被山精包围着，芭布拉和山精首领在台上注视他们。“太精彩了！太精彩了！”芭布拉拍着手，“我亲爱的阿玛蓝莎可把我担心死了，但我答应过天眼要这么做，很抱歉。”她伸开双臂，抱着阿玛蓝莎，说：“生日快乐。”

“生日？”

“她说得没错。”塞拉对阿玛蓝莎说，“你重生为人类，所以按常理讲，今天就是你的生日。”

“这么说来，你的生日也刚过没多久。”艾伦的话让塞拉想到之前自己浴火重生的情景。

“这叫双喜临门！我们需要食物，我们需要庆祝！”芭布拉兴奋地叫道，山精首领举起权杖示意，然后带着山精走进了侧面的一条隧道里。

“等等，那我们的自由呢？”焱不假思索地问道。

芭布拉用同样兴奋的语调回应：“我会遵守承诺的，光之战士。在我把你们的魔毯修好之前，你们需要吃点东西补充体力。”

“它坏了吗？”菲利普十分担忧。

“没有，山精决定帮助你们度过困境，所以给你们补充一点水和食物。虽然我不像女巫那样会施咒语，但作为药圣，我还是懂得一些小伎俩的，我可以再次帮你们扩大魔毯内部的空间。你们觉得怎么样？如果你们现在就要走我也不会阻拦你们，但我不建议你们这样做，因为现在地面上还是大白天呢。”

焱看看其他伙伴，说：“我的确有点饿了。”

“你这话我爱听。”布莱恩说完，便跟着山精走向山洞餐厅。这个地方至少有二十米高，里面还有一池干净的地下水，简单的餐桌沿池边摆放。从山精们的体格和穿着依稀可以分出老幼，至于男性和女性嘛……也许这个世界里的某些事物还是保持神秘为好。大家走到水池边缘，看到地上放着几片洁净而巨大的树叶，叶子上面摆满了食物，这些一定是为大家精心准备的。

“噢，我开始喜欢这个地方了！”布莱恩跳了起来，像只饥饿的山精一样把自己埋进了美食堆里。

“男孩碰到食物就会变成怪兽吗？”塞拉咯咯一笑，捏起一片熟肉，“噢，我可不希望这是我认识的什么人身上的肉啊。”

这番话几乎让布莱恩把吃进肚里的食物吐了出来，芭布拉看着他呕吐的样子笑道：“不要担心，山精们有些年没有吃人肉了，当然，它们还是吃人的，只是我们的肉太少，满足不了它们的胃口。”虽然解释不是那么中听，但对于布莱恩和孩子们来说已经足够了。面对美味的食物，他们都埋头大吃起来。阿玛蓝莎站在旁边，看着那些美味的食物，却没有食欲，芭布拉走到她旁边，打碎了一小瓶魔水，变出一些简单的食物。“尝尝，你的蔬菜餐。我知道你现在或许难以承受吃肉，希望你喜欢这些素食。”

阿玛蓝莎伸出手指，用指尖轻轻碰了一下食物，然后舔了一下手指，兴奋地说：“太好吃了！原来人类的食物是这样美味。艾薇拉，你太棒了！”她肚子里发出咕咕声。“这就对了，我现在是一个人，我会饿，会想吃东西。”她在心里为这些新发现感到高兴。

这顿饭总体来说还是相当美味的。也许很难相信，但山精的厨艺的确很棒。仔细想来倒也不足为怪，要满足那些如黑洞一样的口舌，厨艺必定要相当高。无论如何，这些正是孩子们需要的，他们的肚子慢慢变饱，气氛也越来越轻松。似乎是为了找点乐子，一个山精一手拿着酒桶，一手拿着几个靴子大小的酒杯，开始在人群中走动。不知是有意安排还是单纯的玩乐，这个山精围着这群少年走来走去，向每个少年敬酒，如果他们不喝，他就会嘲笑他们没见过世面。最后，这个山精坐到了阿玛蓝莎旁边，她也不知道什么是酒，盛情难却，便接受了。

开始布莱恩和其他几个孩子还在担心，阿玛蓝莎会不会因为喝太多酒失去理智，内心里，虽然布莱恩内心其实很想见识一下喝醉的阿玛蓝莎会是什么样子。可是不管喝下去多少酒，阿玛蓝莎都没有一点醉的征兆，只是脸上显出一片潮红。山精却没有那么大的酒量，才过几分钟，阿玛蓝莎就把他喝倒了。另外两个山精看着这个无用的伙伴，难为情地走过来，也要给阿玛蓝莎敬酒。阿玛蓝莎天真地想要结交朋友，便欣然接受了。一刻钟后，这两个山精也醉倒在地，可阿玛蓝莎还是站在那里，稳如泰山。

听到山精倒下的声音，菲利普惊呼："哎呀，没想到水之星会这么厉害啊！"

"领教，领教。"其他孩子们也奉承道。眼看着又走过来一个山精挑战阿玛蓝莎，就这样喝了两三个小时，山精们前赴后继地醉倒在地。直到芭布拉看到连山精首领也醉倒之后，她赶紧宣告喝酒结束。不然这样下去，它们得喝上几天几夜，山精们储存的酒都会被喝光。阿玛蓝莎兴奋地鞠了个躬，感谢山精们的款待。

不久之后，孩子们跟着芭布拉走进隧道，不多时，他们就被带到了地面。现在正是夜间，空中云层密布，正是潜行的好时机。芭布拉把魔毯交给孩子们，并告诉菲利普她已经兑现了自己的承诺，魔毯现在已经足够宽敞，所有孩子都能躺下睡觉，并且内部还装着几周的供给品。

"谢谢你的帮助，艾薇拉，我会想你的。"阿玛蓝莎即将离开最好的朋友，有些恋恋不舍。

"我也是，但我觉得我们下次见面肯定不会是二十年之后。"吻过阿玛蓝莎的脸颊后，她目送好朋友进入魔毯。

这次菲利普决定在里面操作魔毯，以便能使用魔毯内设的传感器。他娴熟而快速地驾着魔毯从地面启航，飞进了乌云笼罩的天空。菲利普看着显示屏上的可以称为'魔法世界的全境定位系统'的地图，发现他们已经出了森林，雷达探测显示没有灭龙骑追踪的迹象，而森林正慢慢从屏幕上消失。"我们终于逃脱了海因的魔掌。"菲利普长舒了一口气，"女士们，先生们，我们准备进入下一站——索拉，艾瑞克皇帝的领地。"

第十八章
守卫森林

与先前的经历相比，之后的旅途倒是相当顺畅。开始焱还担心会碰到海因的追兵，可却一个都没有。也许这是个好兆头，但并不意味着旅途会一直和谐愉悦。

飞行了几天之后，他们到达一座大城市，在那里经历了第一次交通堵塞。天空中到处飞行着五花八门的交通工具，由于不太熟悉此处的交通规则，他们撞到了一位骑着扫帚飞行的女巫。好在这个女巫友善爽朗，最终与孩子们结成朋友，大家从她口中获悉不远处有一个著名的温泉。自然，孩子们听到这个消息之后相当兴奋，决定借此机会休整一下。

在温泉里，阿玛蓝莎终于发现泡温泉实在是一件舒畅爽快的事。先前身为一条美人鱼，她并不喜欢温泉，现在她发现这种感觉舒服得不能用语言形容，她甚至贪婪地沉醉于温泉之中，要不是塞拉及时发现，她差点晕厥过去。除了偶尔的娱乐，为赶上同天眼约定的最后期限，少年们依然加速前行。焱从未忘记那串被施了咒语的念珠，念珠上每天都会消失一颗珠子，到达艾瑞克领地上的索拉还需要五周的时间。据布莱恩估算，以现在的速度前进，两周之内就能到达帝国边界。那里将会是这段旅程中最艰苦的地方，因为他们需要穿过一片魔法沙漠，并且只能依靠步行。如果能够成功穿越沙漠，剩下的路程就会畅通无阻了。

菲利普忙里偷闲地学会了一些新的咒语，他花大力气练习新魔法，尤其学习怎样能在水下使用法力。不是所有人都能像塞拉或者阿玛蓝莎一样死而复生，他再也不愿看到任何一个朋友死在自己眼前。不过，菲利普没有忘记苦中作乐，毕竟苦心学习、放弃乐趣的生活方式从来不是他的作风。在飞行期间，他花更多时间在外面操控魔毯，毕竟现在还没有任何追捕者的影子，单纯为了飞行而飞行实在是太棒了。

一个晴朗的下午，少年们还在美丽的蓝天中翱翔，菲利普独自在魔毯外面操控，艾伦给他拿了点食物过去，一切是如此顺畅。艾伦转身进入魔毯，突然，魔毯剧烈摇晃，还发出铮铮的摩擦声。地震？怎么可能？此刻可是飞在空中啊！难不成是撞到了什么东西吗？是只小鸟，还是一个飞行工具？不管是什么，因魔毯的滚动，魔毯内的孩子们纠缠在一起不断旋转。然后，魔毯急速坠落，内部的墙壁很快像安全气囊似的鼓胀起来，将所有空间填满。没过多久……砰！毯子内部的灯全部熄灭了。

过了许久，颤动停了下来，应急灯亮起，毯子内部恢复了平稳。孩子们就像是从一场噩梦中醒过来一样迷茫。“大家都还好吗？”焱在三个孩子身下挣扎着寻求支援，“有人能帮我一下吗？”

布莱恩把焱身上的人一个个拎起来放在地上，然后问道：“怎么样，没有被压扁吧？”

“别开玩笑了，菲利普还在外面呢。”焱站起身来向魔毯口奔去，可是舱门却打不开了。

“走开，让我来。”布莱恩走上前，挥动拳头对准门锁，一声巨响宛如惊雷，一道亮光透过舱门投入魔毯内部。只见舱外灰尘飞扬，到处是断枝残叶。布莱恩第一个跳出舱门，后面跟着艾伦和其他孩子。环顾四下，魔毯坠入一片古老的森林，最终撞到了一棵大树。树上堆积着浓绿的苔藓层，看来这片树林内的树木都是上千年的老树了。太阳光照在水雾弥漫的森林中，形成靓丽迷人的彩虹，这里安静得甚至能听到树木间的私语，仿佛一段温暖舒缓的旋律，林间漆黑的地方显得神秘又充满活力。

艾伦四处搜寻，喊着菲利普的名字。“找到他了！”塞拉叫道。不远处，菲利普被一根折断的枝干压在地上，陷入了昏迷。布莱恩小心地搬开沉重的枝干，让菲利普平躺在地上，阿玛蓝莎立即俯下身为他疗伤。不出一会儿，菲利普的脸色红润起来。

“感谢星辰，你没事了。到底发生了什么？”阿玛蓝莎把菲利普扶了起来。

“我们被一块大石头袭击了。”菲利普边说边抖掉身上的灰尘。“一切来得太突然了，我根本没时间反应，那东西就撞上了魔毯。魔毯失事后我便掉了下来，那块大石头随我一起坠落，应该就在这附近。”

“可你怎么会被压在树干下面？”艾伦问道。

菲利普舒展四肢，调整状态：“这也是我困惑不解的。最后一刻我使用浮空术升了起来，我找到魔毯的时候，发现它正在这棵折断的树下。”他指着那棵压着他的树干，“我正要将其挪开，这节木头竟跳了起来，扑在我身上。”

艾伦捧腹大笑：“噢，那时候布莱恩在……”

“哈哈，这个世界上奇怪的事到处都有，没有什么好困惑的。”布莱恩在矛头指向自己之前，打断了对话。

菲利普认为布莱恩的话有几分道理，便没有再继续追究，并上前检查魔毯。“我有个坏消息，我们的魔毯彻底坏了，至少以我的能力是修不好了。有谁准备了第二计划吗？”

布莱恩摇了摇头，说：“我一直以为坐魔毯逃脱是我们的第二计划。”

菲利普没有回应。他看着艾伦和其他少年们，心里有种苦涩的感觉。这是哪里？谁会袭击他们呢？但无疑他们不能留在这里。

烈焰盘旋在塞拉头顶，把一个棕红色的金属块丢在了塞拉手里。“大家看看这个。”她把金属块举过头顶，上面画着一头怪物——喀迈拉，这是沃尔特皇帝的标志。“我让烈焰去寻找那块袭击我们的石头，这是镶嵌在石头上的标志。”

“难道是海因吗？可他怎么会知道是我们呢？我是说，除非他打算打掉空中飞行的每一条魔毯，不然这是不可能的。”菲利普更焦虑了。

“这些事暂且不议，现在要紧的是走出这个地方。”焱话音刚落，盘旋在孩子们头顶的烈焰鸣叫起来。塞拉立刻拿出弓，提示大家小心行事。“我们被包围了！”焱和其他的星辰立刻将孩子们围护起来，森林变得愈加幽静，角落里好像有双眼睛在打量着这些孩子。

“不要紧张，小朋友们……”一个神秘女子的声音传入耳中。

“你们听到那声音了吗？”菲利普四处张望。那声音听起来如此之近，却找不到它的源头。这和雪之皇后说话的方式很相似，但这个人的声音听起来更温暖、更平和。

“听到了。”塞拉拉满了弓，“感觉像是精灵族的独门技艺——心灵感应。”“精灵？”菲利普嘀咕着，悄无声息地布下一个庇护罩，然后谨慎地环视着这片神秘的森林。塞拉的猜测和这片森林里不同寻常的幽静氛围，使菲利普记起在世界之树上与精灵首领宙见面时的经历，几近窒息的情境再度浮现在眼前。

“欢迎你们来到我的森林，随着我的弓箭手前来吧，他会带你们来见我……”那个声音再次响起。一个黑影从一棵高大的树上蹿了下来，平稳地落在地上。菲利普看到那瘦削而轻盈的身体、尖尖的耳朵和俊美的脸庞，点了点头——真的是一个精灵！这个精灵穿着一身绿衣衫，棕色的靴子，看起来非常整洁。精灵背上悬着一把弓弩和一个箭筒，腰间别着一把短叉。他走近鞠了一躬，说：“塞瑞拉女士命令我带你们去见她，请跟我来。”

“等等！你说塞瑞拉女士，这儿就是塞瑞拉女士的森林？噢，天哪，太好了，我们竟然到了精灵族的圣都。”布莱恩看起来非常兴奋，他紧跟着精灵走去，焱谨慎地拉住了他，想先听听他的解释。

“塞瑞拉女士是精灵女王，六大女王之一。”塞拉用轻快的语调说道，看来她已经松开了心头紧绷的弦。“她是所有圣人中最平和、最优雅的。如果这里是她的森林，那我们应该没什么好害怕的。”然而焱和菲利普并不觉得这些能够使他们放松警惕，前面两个皇后带来的噩梦还萦绕在心头，他们自然不可能毫无顾虑。

为了打消两位的忧虑，阿玛蓝莎补充道：“不要担心，我的朋友们。塞瑞拉女士在人鱼族中素来是以温文尔雅著称的。”

“哈哈！不好意思。”布莱恩得意地笑着，“现在是三比二，少数服从多数。大家都跟我走。”

既然大多数人都同意，焱和菲利普也不再多说什么，跟着他们一起走进了森林。经过几条小河、几片湿地，翻越几座绿草覆盖的小土坡之后，他们到达了隐秘的精灵城市。菲利普此前去过两片精灵森林，眼前的这个森林城市更宽阔、耀眼、宏伟。这里的树木如房屋般粗，小河在凸起的树根间流淌，色彩缤纷的蝴蝶大小的妖精在头顶飞来飞去，星星闪闪，惹人心动。

在穿过城市街道的时候，很多精灵从它们的树洞里窥探着他们，厌恶地指指点点，甚至想把石头抛向他们，幸亏带领他们的弓箭手及时制止。精灵的这些行为让焱和菲利普对这个族群的好感度再次降低。在少年们犹豫不决的时候，星辰们感到一股熟悉而又亲密的力量与自身的力量开始共鸣，虽然感觉很弱，但确信无疑，这肯定是七星的力量！少年们相互对视了一眼，不言自明——第六颗星就在这座精灵之城里！

走了五分钟后，他们到达精灵城的中心位置，那里立着一个看起来十分独特的木茧，构成它的藤条像闭合的花蕾一样吐着尖牙。茧里有一抹奇怪的光亮，忽明忽暗，像人的心脏咚咚地跳动，周围整齐分布着一圈武装完备的精灵，近旁还分散着一些弓箭手在树

枝上待命。

少年们走到木茧旁边，里面传来深沉的低语，木茧如一朵玫瑰慢慢绽放开来。孩子们惊异地看着它，想来里面一定是很奇异的东西。让他们失望的是，里面仍旧是一个茧状物。唯一不同的是这个茧裹着一层细腻亮白的壳，外部的木茧褪去后，茧状物的光辉更加明亮了。这时，一个女精灵的形象映射在发光的茧状物前，她个子高挑，体形瘦削，身着绿色长裙，一双湛蓝的眼睛如天空般明朗，同时也透着深邃。

“灵魂投射，果然厉害！”菲利普轻声对其他人讲解，“我只在书上读到过。大体来说，一个人将灵魂投映在体外，这样躯体可停留于原地，而灵魂自由运动。多数投射的形象如同魂魄一般，据说精灵能够施展实体投映。说实话，我也希望能学到这样神奇的分身术。”

“欢迎来到我的森林，这里是精灵之城——埃里森布拉。不能亲自欢迎你们，请见谅。你们也看到了，我的真身正在木茧中休眠。”塞瑞拉女士的问候中饱含着期待，“天眼几个月前来过此地，之后我就一直在等待你们的到来，我非常想见识六颗星齐聚的盛况。”

“六颗？”孩子们开始窃窃私语，而星辰召唤的少年们却并不惊讶。引起他们注意的则是“天眼”这个名字的出现，天眼到底是什么来历？菲利普很是好奇，但什么也没说。塞拉满心期待地问道：“第六颗星在哪里呢？”

“这里，这里！”一位少女从一棵老树后面走了出来。看起来她的年纪和少年们差不多，一头棕色短发潇洒清爽，一对尖耳朵，还有一双蓝宝石般的眼睛。她的耳朵上有耳孔，却什么饰品也没戴。她看起来比同龄人稍显稚气，身高相对矮一点，一身浅蓝色的精灵族服饰使她更加可爱了。

从她的服装和体貌特征来判断，孩子们确信她就是一个精灵，可塞拉却问："你是人还是精灵？"

这个精灵女孩面对这个问题显得相当震惊，但她很快回答道："你是怎么知道我不是精灵的？我来自二十一世纪的另外一个世界。我到这里的时候，烟雾朦胧，我不小心从悬崖上跌了下去。可谓一失足成千古恨！好在精灵救了我，给我输入他们的血液。虽然我的运气不好，但却因祸得福，我获得了精灵的力量。我还以为没有人会注意到呢！对了，我叫艾薇斯，艾薇斯·安妮莫尔。”

她的自我介绍虽然又短又快，不过孩子们都觉得艾薇斯的说话方式十分爽快。星辰能感觉到女孩体内的力量，不过有一种奇怪的感觉让她和其他星辰不能完全相融。由此看来，艾薇斯之所以能显出星辰的力量是因为她体内流淌着精灵的血液，以至于她的力量提早显现出来。当然这对其他星辰来说并不是头一次碰到了，塞拉和阿玛蓝莎未觉醒前给菲利普和焱的感觉也是这样。区别在于前两个少女的身体是天生的，而艾薇斯的身体却是事故造成的，所以同塞拉和阿玛蓝莎相比，她的力量就弱小多了。

塞瑞拉女士说：“艾薇斯经历的是一次非常恐怖的折磨。传统上来讲，在我们的族训里是不允许用血液来拯救她的，就算输血是救活她的唯一方法也不可以。”

“让我来猜猜。肯定是天眼让你改变了想法。”菲利普猜测道。

“也不全是。”精灵女王很自豪，“虽然天眼可以间接让我做出合理的决定，但是我们精灵也有预测未来的能力。所以，就算天眼不来，我们也会救活艾薇斯。黑暗之星，想必宙向你展示过我们是很有能力保护自己族类的。为了达到这点，我们不也救过你的性命吗？”

听到这些话，布莱恩飞快地转向菲利普，问道：“你怎么没告诉我们你见过宙？”

“没什么好说的，毕竟都是一些不舒服的回忆。”

“菲尔，你不会不知道宙是谁吧？”阿玛蓝莎自问自答，“他是七大首领之一，世界之树的保护者。”

“真的？原来如此。”菲利普嘀咕道。现在想来，难怪他的攻击连那老精灵的皮毛都触不到。

塞瑞拉女士接着说：“要是平常，我会为你们安排一席丰盛的餐宴，但是现在我还有些事要和你们说。”她的语气立刻变得很沉重，“这片森林已经不再安全了，沃尔特皇帝的士兵已经将这里重重包围，而且兵力要超出我方好几倍。”

“不可能！”塞拉打断了精灵女王的话，“几年前，您和沃尔特皇帝有过一个协定，皇帝发过誓绝不会侵犯精灵族。”

阿玛蓝莎点点头，说：“对，我也听说过皇帝的誓言。但如果森林外真有军队，这倒可以解释我们为什么会被石头袭击了。”

“等会儿，”布莱恩插进谈话，摸着下巴做思考状，“那是不是意味着我们其实并不是沃尔特皇帝攻击的目标？”

“有可能。”菲利普抓了抓额头，“换句话说，我们是被错打下来的。”

“难道还有其他可能吗？”艾伦问道。

“哎，至少是个更具戏剧化的原因吧。”菲利普说完，他转向精灵女王，“跟我们说说，那块石头对准的目标是什么？”

“当然是精灵之城了。”艾薇斯回答，“假如在森林作战，精灵有地理位置的优势，所以沃尔特皇帝在查出城市的确切位置之前是不敢贸然行动的。他们清楚森林里的这座城市周围环绕着一个魔法保护屏障，所以他们扔出石头想探探屏障到底在哪里。”

“但沃尔特皇帝还是不会袭击塞瑞拉女士的。”塞拉坚定地说。

精灵女王表示赞同：“你说得对，艾琳公主。沃尔特皇帝不会下令攻击我，他也没有任何意向要这么做，可是他的儿子会。”

布莱恩握紧拳头，生气地说：“肯定是海因。等再见面，我一定要他好看。”

“不，要袭击我们的人不是海因里希。而是他的哥哥，沃尔特皇帝的二儿子——海洛德皇子。你们难道从来没有想过，沃尔特皇帝那两个不问世事的儿子怎么会变得如此活跃？一个想要抓你们，另一个来攻击我。”

孩子们对视了一眼，摇了摇头。塞瑞拉女士解释道：“这个世界的两个皇帝已经在位差不多一百年之久了，他们都老了。小朋友们，很快，一个历史纪元就要结束。沃尔特皇帝曾秘密会见了他的三个孩子，决定通过考察，选拔出皇位的继承人。那次会议之后，他赐予每个孩子一支薄弱的军队，给他们六个月的时间，看表现定输赢。”

“你说的‘薄弱’是什么意思？”焱问道。

布莱恩接过话头：“这里最有效率的部队是那些具有武力和魔法、装备精良的合成部队。艾拉诺部落的军队是空中战队，但她们算是比较弱的，因为在战斗时她们不能使用任何魔法，而装备上也极少有魔法保护。无意冒犯。”他迅速回望塞拉一眼。

“已经冒犯了。”塞拉回答道，她同烈焰滑稽地一起把头扭到了旁边。

精灵女王继续说道：“他赐给大女儿——海瑞埃塔公主海军，赐给二儿子——海洛德皇子陆军。至于最小的儿子，海因里希皇子，赐了空军。”焱点了点头，心想：难怪海因总是用灭龙骑手。

“海瑞埃塔公主决定征服路道夫海盗——七大首领之一，公主想把他收编入自己的军队之中。事实上，路道夫在五十五个圣贤中并不算强大的，但他的兄弟路兰是十大英雄之一，是这个国度无比聪明的战略家。不过，路兰说过只会运用自己的智慧来帮助家人，显然公主这是个一石二鸟之计。”

“至于海洛德，他不知怎么打探到我现在的处境，准备效仿他姐姐来征服我这个精灵女王。”塞瑞拉女士的声音里充满了焦虑，“你们也看到了，我现在的本体正在休眠期，不能运动，更不用说保护这座城市了。我的身体完全苏醒至少还需要半年，如果埃里森布拉在这段时间被攻下，我的子民将陷入水深火热之中。”

塞拉举起拳头，大叫：“他怎么敢！真不敢相信，为了夺得皇位，他竟愚蠢到攻打精灵，树立外敌。好一个愚蠢的皇家子弟！”

“你说得对，这个男孩不像他的姐姐，也不像他的父亲，做事仅仅以满足个人私利为目的，而欠缺长远考虑。”塞瑞拉女士失望地摇了摇头，“我想你们都见过海因里希皇子了吧？他现在在奥莉薇雅皇后的帮助下，期望成为七星预言中的皇帝。我猜测他一定是被他的母亲——奥莉薇雅皇后利用了。”

“噢，海因，我为他感到遗憾。”阿玛蓝莎轻声说。

虽然布莱恩很不愿意听到这样的话从阿玛蓝莎嘴中吐出，但他也为海因感到遗憾。自己千方百计地执行了那么多的行动，却不过是自己母亲手上的一颗棋子。那么她究竟想要得到什么呢？哎，这是个简单的问题。一个权力欲极强的皇后还会想要什么呢？当然是更多的权力了。”布莱恩在心里分析着，又转身跟塞拉说：“我们先不要谈海因。我们会帮助您的，塞瑞拉女士，帮助您终结海洛德的阴谋。”

“你倒是很有自信，但总要为我们这些人想想吧。”后面的一个女孩抱怨道。

“对，我可不想现在就死掉。”另一个男孩附和道，还有几个孩子也吵了起来。

啪！焱打了声响指，打断了他们的争吵，“我们先来分析一下情况。有没有地图或者什么东西可以让我们了解一下对战双方的具体情况？”一个精灵走到中心位置，他用精灵的语言低声说些什么，树叶上的露珠便聚集到半空形成一个水板，就像一个电视屏幕一样，图景在框架内清晰地显现。

从地图中可以看出，这片森林呈橄榄球状，森林西面群山连绵，一条河流穿梭其中，在山的另一面形成一道瀑布。东边是一道悬崖，截断了森林与外界的交通，悬崖边沿看起来非常长，从北向南延伸到地图的尽头。跨过悬崖再往东又有一片森林，悬崖两边的森林好像是对称的，也许这两片森林原本就是同一片。不管怎样，他们现在所处的这片森林依傍群山、比肩悬崖，看起来穿过西边的山川是可行的，但也不是一件容易的事。

地图的南北两端各标出了三个敌人的驻军营地：右翼、中翼和左翼。南边中间的营地上有一个皇冠的标志，应该是海洛德所在的军营。虽然南边有三个营地，但可以视为两个。森林西边沿着山川顺流而下的河流流淌在左翼营地的左边，然而，森林里流出的另一条河流隔断了中翼和右翼的联结。这就意味着右边的阵营和另外两个阵营是分开的，而且处在河流和东边的悬崖之间。北部满是山丘和石堆，在森林和海洛德的军队之间形成了一道天然的屏障。照这样的情形看来，只有南方中间的营地能够不受任何阻挡地靠近森林。而精灵之城埃里森布拉位于中心稍偏西南的地方，四周被古老的树木和沼泽地环绕着。

看完地图之后，焱问道：“如果我说错了，请您见谅。海洛德要是把整片森林都烧了不就不攻自破了吗？对于海洛德来说，他唯一的目标就是消灭敌人，火攻不就是最显而易见的策略吗？”

艾薇斯望着焱，说：“你真的很聪明，但所有的精灵都能够使树以惊人的速度生长起来。因此，他们烧多少树木都没关系，新的树木会源源不断地生长起来。更有利的是，精灵们可以把树木变成阻燃物，这也正是它们能在树屋里面生火而不会烧掉树木的办法。”

塞拉一边听着艾薇斯的解释，一边查看地图，说道：“说实话，我们现在的处境非常危险，不知道能做点什么。精灵的数量还不及海洛德军队的五分之一，就算我们想帮忙，终究是寡不敌众。另一方面，我们还要前往索拉。可是现在却被围在森林中，这又是一桩难事。”

“您不能使用通灵隧道将族人迁徙出去吗？我知道，没有几个生灵能影响它。”菲利普问道，心中却早就猜到答案了。

塞瑞拉女士摇了摇头，“就算是要违背我的命令，我的子民也不会抛弃我，抛弃它们的家园。而且，我们也无法使用隧道了。”悬崖东边的森林中出现了一个绿色的圆圈。同时，森林外面离海洛德南边的右翼军营很近的地方，在两侧陡崖之间现出了一座桥。

“我来猜猜，您是想说那个绿色的圆圈就是隧道入口的位置。”菲利普看出了精灵为什么再也无法使用隧道。

“很多年前，这片森林比现在更大，可是东边发生了一些奇怪的事情，树木停止了生长，土壤也开始腐坏。我们没有能力挽救他们，不得不放弃。现在我们称它为黑暗森林，通灵隧道就在那片森林里。”她解释道。

一个男孩不解其意，跳起来叫喊着：“那我们还在等什么呢？那儿不是有座桥吗？我们现在就出发吧！”

“你难道看不到吗？”塞拉责备他，“这座桥几乎就在敌人的营地旁边，你觉得我们能够轻松穿过去而不被注意到吗？”

“还有一个问题。”艾薇斯在一旁提醒，“那座桥是精灵建造的，它没有固定的形状，只有精灵才能看到，对其他族人是隐形的。要使用的话，必须由精灵来激活，而且还必须于白天站在桥头触动关卡。还有，那座桥每天只能现形一次，每次只能持续十分钟。”

“噢！”菲利普被他们的神秘建筑搞得哭笑不得，精灵们为什么要建造一座如此复杂的桥梁？“你们这些精灵平时想必有很多闲暇时间。”说完，他看了看身后，一些胆小的孩子已经开始呜咽起来。

“给我安静一点！这么吵，我根本没法思考。”淼大声喝道。他的声音如此浑厚有力，震慑得所有孩子即刻安静下来。少年们看到淼这样发脾气都十分惊讶，但从他严肃的表情中可以看出他正在认真思考，不能被打扰。突然，淼问道：“我能和管理精灵军队的人谈一谈吗？”

五个武装完备的精灵同时走上前来，中间的精灵走在其他几个前面，说：“我是温弗莱——埃里森布拉精灵守卫队的司令员，我后面站着的四位是我的上尉。精灵不喜欢战争，所以我们没有正式的军队，只有守卫队。”他解释道。

“温弗莱司令，海洛德包围埃里森布拉多长时间了？”淼问道。

“五周。”

“你们采取过任何应对措施吗？”

“防守和巩固防守，但其中的细节是你们人类的智慧所无法理解的。”

“那是当然。”焱选择忽视司令员讥讽的言论，“你介意帮我在地图上标出被海洛德的石头打探过的所有区域吗？”

“为什么？”

“我好奇罢了。”焱轻描淡写地说道。司令员手一挥，地图上便出现一些红点，红点停止增加的时候，菲利普不免开始同情海洛德，因为王子朝森林扔出不下二百块石头，可连精灵城市的边也没碰到。这也不能怪他，这是一片浩瀚的森林。他想着，感觉就像看着王子在玩战舰游戏一样。

稍做停顿，焱脸上露出一个浅浅的微笑。艾伦不耐烦地问道：“你有妙计了吗？”

“应该说是灵感。”焱保持微笑面向大伙儿，“如果奏效，我能在一天之内保住这片森林，并把大家都转移出去。”

“那快点告诉我们。”一个男孩迫不及待地催促道。

“对，如果这个计划是可行的，那我们洗耳恭听。”塞瑞拉女士说。很明显，她的好奇心被焱的言行激起来了。

“我会说的，但是有一个条件。”焱出人意料地要求，“在接下来的二十四小时之内，精灵卫队要完全听命于我。”

“哈哈！”温弗莱发出轻蔑的笑声，“拜托，你是说你能在二十四小时之内打败一支强于我们五倍的军队吗？”

“不，我没有说，因为这根本不用我说。”焱回答。菲利普在他身后发笑，很是欣赏他口头上的回击。

司令员对少年的言行嗤之以鼻：“恕不能满足要求。”

“不！准许你的请求。”塞瑞拉女士打断他们的谈话，改变了温弗莱做出的决定。

“但是，女王陛下，您不会真的要将这座城市的安全委身于一个小孩吧。”司令员不敢相信地辩驳着。

焱打趣地说：“不要忘了，海洛德年龄也不大噢，您宁愿被一个小孩打败吗？”他看到司令员脸上冷漠的神色，改变劝说策略。“你我都很清楚，以您现在的举措根本无法打败海洛德，只能死守，他早晚会发现这个城市的准确位置。您真的认为可以保护所有的人，让他们毫发无伤吗？既然如此，不如在接下来的二十四小时之内请您信任我，让我来保护这个城市。”

“接下的二十四小时会有许多变数，尤其是战争期间。”温弗莱争辩道。

“没错，那就请您给我点时间，傍晚之前，我会证明给您看我是有能力保护这座城市的。”

温弗莱看着焱的眼睛，眼神里闪烁着自信的光芒。犹豫再三后，他勉强说道：“傍晚之前，你尽管来试着说服我好了。六个小时，够吗？”

“谢谢您。”焱鞠了一躬，转身指着地图上位于森林西北方的一处水面，“这个湖看起来非常合适。司令员，请问能够升起力量场的精灵有多少？”

“二十三个。”

“很好，把它们调遣到那个湖边。塞拉，阿玛蓝莎，你们俩能跟着精灵到那边去吗？”

“当然可以，你的计划是什么？”塞拉问道。

“制造一些浮尘和烟雾。”焱微微一笑，“那个湖是一处绝佳的地方，到现在为止还没被王子打探过。我想让阿玛蓝莎用湖水塑造出一个大型的水屏障，同精灵的力量场结合在一起，这样屏障应该会变得非常强大，足以抵挡石头的袭击。同时，你和烈焰去引起海洛德的注意，确保石头会被丢到屏障上。”

“我明白了，这样海洛德就会认为埃里森布拉在那边，而不在这里。”阿玛蓝莎兴奋地拍着手。

焱点了点头，继续说：“不要忘记在石头落地之后制造出一些烟尘，让这一切更加可信。”

“放心，交给我们吧！”塞拉大叫一声：“烈焰，我们走！”小金鸟从她的肩膀飞起来，阿玛蓝莎和塞拉跟在一个精灵身后，消失在森林中。

她们离开之后，焱转向菲利普说：“菲尔，我想让你将气体储存在木桶里，可以办到吗？”

菲利普点点头。布莱恩好像搞懂了焱的计划，提示道：“如果你想把毒气扔向海洛德战队，那是没用的。就算是排位最低的部队也至少配备有三到四名巫师，这是编排军队阵容的一个标准，这些巫师能召唤强风，把毒气吹回到我们这一边。”

“不用担心。”焱哈哈一笑，露出了一个菲利普和布莱恩相当熟悉的自信眼神，“我只是让菲尔造出一些五颜六色的气体，让它们看起来像毒气而已。”

“这是为什么？”菲利普问道。

“问得好，但是一个魔术师绝对不能在演出前泄露自己的秘密。在所有人当中，你应该是最清楚的。拜托，尽你所能多装一些木桶，让这些气体呈现出绿色。”

“好吧，我想现在轮到我来当魔术师的助手了。”菲利普耸耸肩，抚摸着艾伦的头，“一会儿见，兄弟，是我在炼丹术上大显身手的时候了。”说完，便跟着一个精灵离开了。

焱转向布莱恩，说道：“我需要你向南方打通一条隧道直达海洛德的营地。更确切地说，是要通到他的中翼和左翼。”

布莱恩看着地图，抱怨道：“你知道森林到营地有多远吗？我一辈子都打不完哪！”

听到他的话，温弗莱身后的一个精灵走上前来，说：“我是麦森，土魔队的首领。打造一条隧道对我们而言是相当容易的任务。”

“即便可以打通这条隧道，我还是不清楚你的策略。”布莱恩同焱争辩着，“我们到达那里难道是要发起一场偷袭吗？那是没用的。我们一旦开始向上挖掘就会被侦察到。”

“你没搞清重点，谁说要你们向上挖了？”焱朝布莱恩眨了眨眼，布莱恩终于领悟到朋友的计划了。“好吧，如果你理解了的话，就开始工作吧。当然在我下命令之前，不要贸然行动。”

“保证完成任务。”布莱恩说着，同麦森离开了。

焱最后转向温弗莱，说：“司令员，我想把不参加正面作战的精灵分成几个小组，我保证他们不会受到任何伤害，但请转告他们从今晚到破晓之前需要他们帮忙。还有一件事，在夜幕降临后，我想让您在西边的河道里修筑一道水坝，暂时截断瀑布下流。水坝不用很坚固，但在明天这个时间之前不能让一滴水流到下游去，能做到吗？”

“我是约旦，水魔队的首领，保证完成这个任务。”剩下的三名上尉中的一个说道。

“很好，那就剩最后一件事了。我需要有人在湖面周围建立防守，尤其是北面。”温弗莱点点头，看着身后剩下的两个上尉，他们鞠躬告辞。在他们离开之前，焱及时加了一句：“等等，我还想让你们准备一些引火装置。我本意不想伤害树木，但是我的计划要成功，就不得不做出一点点牺牲。”

“放心吧，只要树根还深深地长在地下，它们就不会死去。”其中一个上尉说道，然后消失在森林里。

焱深吸了一口气：“艾薇斯，你介意带艾伦和其他孩子去一个可以休息的地方吗？我还要在这里待一会儿。”然后，他向塞瑞拉女士鞠了一躬，她一直都在耐心地观望着焱的部署。“我能做的都已经安排好了。如果接下来的二十四小时之内都能按照我的计划发展，那么您休眠的半年内就不会再有敌兵干扰啦！”精灵女王非常感激地点点头，灵魂投射的身体便消失了。焱转向温弗莱，说：“我要到湖边看看进展情况，六个小时之后的午夜我会来见您的。”

“很好。”司令员点了点头，焱便跟着另外一个精灵卫兵走进了森林。

看着焱走进森林中，艾薇斯说：“他好棒啊！”

“不，他是最棒的！”艾伦争辩。

第十九章
焱的战略

各路人马按照焱的要求去执行相应的任务，艾薇斯便带着孩子们来到了一棵高大的树下，树杈上建着三个小木屋，木屋之间通过悬空的回廊连通。孩子们以为眼前这个精灵女孩会带领他们爬上去，可她却停在了步梯旁边，说道:“你们上去吧，这三个树屋就分配给你们了，每个房间里面都准备好了食物和饮用水。地板上铺的是兽皮，你们可以躺上去稍微休息一下。这里虽不是豪华客厅，但总比睡在土地上好许多。”

“那你呢？”艾伦好奇地问道。

“我猜想你一下子就可以跳上去，对不对？”另一个男孩接着追问。

“想必第六颗星也是身怀绝技，让我们开开眼吧。”后面几个小孩见状也开始起哄。

艾薇斯摇摇头，说:“我不喜欢太高的地方。”说完，她走到一边，照看所有孩子都爬上树屋。艾伦想和艾薇斯待在一起，但因为身后的人推着他走上步梯，他只能走进树屋。

艾伦吃饱喝足后便睡意蒙眬，没过多久，他便躺在地上进入了梦乡。这是他到异界以来睡得最舒服的一次，他能感受到和风轻柔的吹拂，听到树木的窃窃私语，闻到树叶散发出来的清香。在梦中，自己也是栖息于一棵粗壮结实的树下，感觉像是躺在母亲的怀中。

不知在亦真亦幻的梦境里遨游了多久，突然，一段美妙的乐曲传入梦中。这是精灵之城里的曲调，但这段乐曲里隐藏着一种失落、孤独和悲伤。听到凄凉处，艾伦挣扎着睁开眼睛，此时外面已是繁星满天。梦中的那段乐曲再次响起，不过乐曲里混杂着慌乱的脚步声和琐碎的吵嚷声。艾伦试着探身坐起来，但没成功。随着好奇心不断增长，他忍不住爬向了门口。

艾伦从门口向下张望，发现艾薇斯正坐于树下，手上端着一支长笛，忘我地吹奏。奇怪，男孩儿听得越投入，就越觉得命运凄惨。似乎这段乐曲是艾薇斯心灵的独白，至于掺杂的其他声音则是一群精灵造成的，他们正气势如虹地朝同一个方向行进。虽然小男孩很难看清他们的面孔，但他确定这群精灵中的大部分都是年幼的孩童，他们被大一点的精灵带领着穿过街道。艾伦从树屋里拿出一些水果，便走下步梯来。“想吃点东西吗？”他问精灵女孩。

“嘿，瞌睡虫。”艾薇斯说着，从艾伦手中拿了个苹果，让艾伦在她旁边坐了下来。

“那些精灵要去哪里？”

“六小时的期限就要到了，温弗莱想看到一些成果，所以焱部署了第二阶段的战略。”艾薇斯解释道，“他把那些精灵分成两组，分别派往森林的南边和北边，但他并没有透露要那些精灵做什么。”

“既然焱这样安排了，就一定有其道理。”艾伦看着精灵女孩手中的长笛，“我很喜欢你吹奏的那段乐曲。它叫什么名字？”

艾薇斯摇摇头，说:“我也不知道，这是我在此疗养的时候精灵教给我的，毕竟我得

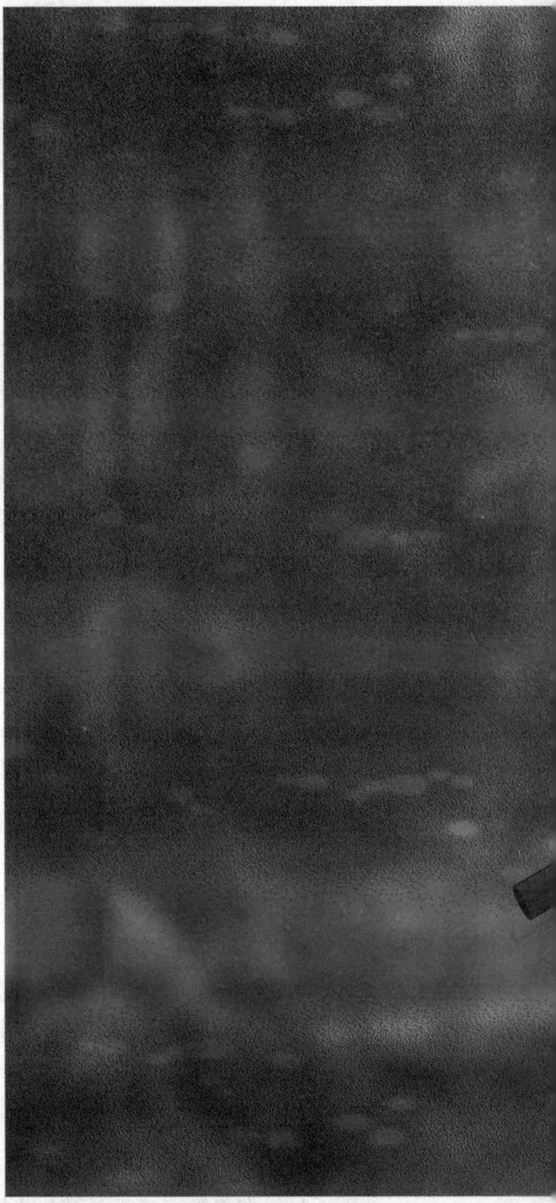

在一个没有电视、电脑游戏、音乐光盘和互联网的世界里培养一个爱好吧。”

“电视？互联网？那些是什么东西呢？”

“你不是也来自另外一个世界吗？”

“我到这里之后就失忆了。当时，我不小心摔到了头部，过去的事情都不记得了。”

“我想这样的不幸或许是种福气。”她梳理着小男孩的头发，“我在到这个世界掉入悬崖时的细枝末节我都清楚地记着。”

“这是多么可怕的经历啊！”艾伦以一种怜悯的口吻说道。

艾薇斯看着夜空中的星星回答：“的确是，每天晚上我都做着同样的梦，不断观摩自己死去的镜头场景地颤抖起来，眼睛里也闪烁着恐惧。”

艾伦握住她的手，将自己的脸颊贴上她的掌心，安慰她：“害怕是每个人都会有的感觉，我一直都在害怕，但是如果有人陪在我身边，我便不会再害怕了。”他们相互依偎着，坐了很长一段时间，直到艾薇斯的恐惧渐渐消散。

“谢谢你，你小小年纪便懂得安慰人，真讨人喜欢。”艾薇斯用食指点点男孩的额头，两人一起笑了起来。得到眼前这个不太熟悉的小男孩的安慰后，精灵少女觉得应该展现一下自己坚强勇敢的一面，要不然岂不是被他小看了。于是艾薇斯说：“你知道吗，虽然我的经历十分可怕，但我的收获也不少。除了身轻如燕，我还得到了一些精灵独特的力量。这些力量非常酷噢！比如，我可以通过心灵感应与其他精灵交流。最令我感到自豪的事就是能使用这个。”她举起手腕，两只手镯即刻分解重组成四个S形的刀刃。

“我从未见过这种武器。”

艾薇斯一笑，说：“你当然没见过，这刀刃是量身定做的。”她取出一个给男孩看。

那是两个由反向月牙形刀刃首尾联结在一起构成的，联结处是个拇指大小、滑溜溜的铁块，只能以手指夹住。艾薇斯为了演示这个特异武器的使用方法，她用两根手指夹

起一个刀刃，然后轻轻一弹，武器立刻像飞碟一样旋转起来，并以一种快不可及的速度飞了出去。它的射击刮起一阵轻风，还带着一阵低沉的嗡嗡声。武器在空中划出一个U形的飞行轨迹，触到一根粗壮的树枝，便折返到精灵女孩手中，她敏捷地用手指夹住月牙飞镖，收了回去。武器刚刚收回，被飞镖触碰的树枝便掉落在地上，切面非常平滑。

“这个武器是精灵用特殊工艺制作的，它的利刃能够切断坚硬的钢铁。”艾薇斯解释道：“由于武器轻巧锋利、速度迅疾，几乎是锐不可当的，它在抛投出去后能够及时回归，所以不用担心被夺走。当然，如果我身体里没有精灵血液，想要收回这武器也是万难。”说完，她便收起了飞镖。

“那你喜欢变成精灵的感觉吗？”

“我不得不顺其自然，毕竟我已经无法变回人类。事已至此，与其苦苦寻求回归本初，不如合理利用现状愉快地生活。”

“你和菲尔一样。”艾伦沉浸在回忆里，“他总是喜欢在苦闷的生活中找乐子，前不久他还沉浸于用魔法让东西在空中不停地飞。”艾伦看到艾薇斯表情微有异色，询问道：“你怎么了？”

“没什么，只是你说‘飞’字的时候，我想起塞瑞拉女士告诉过我的一些事情。”

“什么事情？”

“张开翅膀，你便能像风一样，自由地飞翔。”艾薇斯神秘地回答。

在艾伦要继续往下问的时候，菲利普伴随着一股黑烟，瞬间移动到了他们身旁。“嘿！”他简短地打了个招呼，抓起艾薇斯手上的苹果，狼吞虎咽起来。不知什么原因，他的身上散发着一股恶臭，好像是死鱼腐烂的味道。“食物！食物！我快饿晕了。”菲利普叫道。艾伦立刻爬上树屋，把充足的食物扔了下来，好让菲利普缓解饥饿。

艾薇斯看着菲利普狼吞虎咽的样子忍不住发笑，说：“哇，你的吃相好帅啊。”

“嗝……嗝……水……水……”菲利普痛苦地抚着喉咙，看来是吃得太猛。喝完艾伦取来的水，他才松了一大口气。“哦，天哪！差点没把我给噎死。”

“绿色气体准备得怎么样了？”艾伦问道，当他闻到小魔法师身上的味道时不禁哈哈笑了起来，“你身上是什么味道？”

“我做得稍微有点过分了。”菲利普拍着胸口，把食物顺到胃里，接着说：“在精灵的帮助下，我装了四十八桶绿色气体，一整个下午做出这么多还真是不容易。我以后再也不想炼药了。”他用斗篷抹净嘴唇，扔给艾伦一个高尔夫球大小的袋子。“喏，我留了一些给你玩儿。”

小男孩急忙打开袋子，里面全是粉末，这些粉末没有气味，是蓝色的。菲利普看出他的心事，说：“不要被它现在的样子所蒙蔽，你所需要的只是……”就在这时，一只小金鸟落在他胳膊上，开始啄食他手里的熟肉。“烈焰！自己找食去。”他想把肉夺回来，可是烈焰已经召唤了一圈火焰。菲利普只好放手，让烈焰把肉叼走，进而落在了艾伦肩上。“你这会飞的小鸡，一点礼貌都不懂吗？”菲利普抱怨道。

“你能至少表现得绅士一点嘛！”塞拉从森林那边走来，走近后，她也停下来嗅了嗅，“这是什么味道？”

“男人味。”菲利普走到一边，好让塞拉可以爬上树屋，问道：“我怎么没看到阿玛蓝莎呢？她不是和你在一起的吗？”

塞拉摇摇头，说：“焱的命令，估计她一整夜都得支撑着水罩。焱说虽然海洛德在傍晚时分就停止扔石头了，但他在午夜之后肯定会再次投石的。”

“希望阿玛蓝莎能够顶住，她已经支撑了很久，肯定饿了。”艾伦为同伴担忧，但除了等，什么忙也帮不上。“看这里，你们看看我从菲尔那里得到了什么。”他托起粉末，让塞拉和烈焰都能清楚地看到。

“喂，小心一点那些粉末！”菲利普急忙提醒，但是已经迟了。一些粉末粘在火鸟的嘴上，使她不断地打喷嚏。烈焰和一般的鸟不同，她每打一声喷嚏，鼻腔里都会喷出一团火焰。砰！粉末遇火产生一场爆炸，一股绿色气体立即冒出来，很浓而且很臭。正在熟睡的孩子们被爆炸惊醒，捂着鼻子从树屋里面冲了出来。只见菲利普早已瞬移到树下咯咯直笑，并打趣地问小伙伴们：“喂，闻起来怎么样啊？”

☆ ☆ ☆ ☆ ☆ ☆ ☆

海洛德皇子营地的南边，夜幕已经降临，军营内灯火通明，几个值夜的守卫转来转去。同森林里的精灵们相比，营地中陪伴战士们入眠的是武器的剐蹭声、守卫的脚步声和野外阴冷的寒风。一个青年正酣睡在军营中的一个宽敞的帐篷里，他梦见自己光明而美好的未来。也就在这甜美的梦里，他将被残酷的现实吵醒。

不知是哪儿来的一阵揪心的噪声，扰乱了帐中人的美梦。噪声里混杂着吼叫声、斗殴厮打声，还有军队行进的跑步声。海洛德惊恐万分，他从床上滚了下来，摔了一脸灰。当他终于清醒后，便迅速爬起来，呼唤守卫觐见报告军情，他得到的报告是：精灵突袭了！

海洛德慌忙穿上铠甲，令人取来武器。帐篷之外，整个营地都被篝火照得通亮，只是片刻时间，大营里就布满了成千上万披挂完整的战士，战士手中拿着长矛举着盾牌。此时，战争的号角吹响，战士们迅速在首领面前列队站齐，须臾间，宁静的夜空已充满了战争的味道。

海洛德的军帐里，各路指挥官、上尉、骑士等将领已经集合完毕，等着他下令。“那些精灵在哪里？”海洛德问道。

他的问题还没有答案，噪声便消失了，营地前面的森林又变得一片寂静，好像什么也没发生过。海洛德环顾四周，疑惑地问：“精灵收兵了？”他下令守卫保持警惕，打算等所有敌情上报完毕再部署行动。从方向上判断，那些声音无疑是精灵发出来的，但没有一个精灵露面。差不多半个小时之后，海洛德才松了一口气，放下心中的疑虑。

此刻正值深夜，所有战士把身上重重的铠甲脱下，舒服地躺入被窝。但是还没睡安稳，噪声便再次袭来，像猛烈的风暴一样突然爆发，比上一次更加震撼，整个营地又笼罩在恐惧之中。战士们比上一次更迅速地武装好准备领命，只见海洛德也走出帐篷，可是……一切又恢复了平静。到底是怎么回事？所有的人都带着同样的问题伫立在军营中。

此后的两个小时内，同样的场景不断上演。噪声响起，将士被惊醒，然后噪声在他们未来得及行探之前就消失了，在他们完全放松警惕之后再次响起。终于，这番折腾让海洛德愤怒地对着森林吼叫，随后下令，如果自己不能安稳入睡，那就让精灵同样睡不着。于是在月光下，海洛德军队又开始朝着焱伪造的埃里森布拉扔石头，而海洛德则将自己关在帐篷里，使得他的指挥官们都无法上前劝阻这无谓的攻击。

此时，森林西边的断崖上，两个人正站在建好的水坝上观看。他们正是焱和温弗莱司令。焱解释完自己的整个计划，乐呵呵地看着飞过来的石头，“看到了吧，就连噪声也可以当作武器来使用。”

温弗莱改变了冷淡的态度，说：“很巧妙的战略，你把我们无战斗力的精灵组成啦啦队，通过声音来打击人类军队的士气。但是你怎么知道他们不会直接冲进来呢？”

焱自信地回答道：“此前一个月，海洛德都在扔石头，这说明他对精灵的能力十分警惕，所以他不可能，也不敢以牺牲军队为代价，在漆黑的夜晚冲进森林。料到这一点之后，我想如果他自己不敢进来，那他肯定会扔点什么东西进来。所以我才让阿玛蓝莎一整晚都待在湖面。”他看着石头不断向那座假城飞过去，得意地说：“当然，等到天一亮，他肯定会发起攻击，这让我想到了……”

“你说的是布莱恩和麦森上尉吧，他们已经在尽快赶工了，不过要完成那么大的工程还需要一些时间。另一方面，我收到了黑暗魔法师的通知，有色气桶已经制作完毕，并放在了你指定的地方。”

“太好了！”焱把脸转向温弗莱司令，“那么，您认可我的计划吗？”

司令员探身鞠躬，回答说：“战争期间我会遵循你制定的计划，人类少年。”

“我不会让您失望的。睿智的战士会先估计胜算，然后才开始战斗；昏聩的战士则是慌忙进入战斗，再寻找战机。我对海洛德表示遗憾，这场战斗的结果已成定局。”焱吩咐，“请把这个命令传达下去——破晓时分，全军迎战！”

☆　☆　☆　☆　☆　☆　☆

通过温弗莱司令的审核后，焱跟着一位精灵走到了孩子们休息的新地方。虽然森林两边十分吵闹，但精灵城里却极其安静。他爬上新树屋，叫醒了菲利普，邀请他谈话。菲利普点点头，抓起焱的手，两个人化作一团黑烟悄无声息地转移到了树下。

“哇，下次要这样做的时候先提醒我一下。”焱摸了摸自己的身体，检查腿脚是否健全。

菲利普哈哈一笑，说：“有什么大不了的，等我们解决完这堆破事之后，我打算建立属于自己的航运公司。‘菲利普黑烟航空公司’，这个名字很恰当吧？”

“抱歉，我更喜欢无烟的航空公司。”

“算了，你要说什么？”

“一个光荣而艰巨的任务。”

“哈，我应该感到荣幸，对吗？”

“得看情况。你觉得你能胜任吗？”

☆　☆　☆　☆　☆　☆　☆

黑夜被黎明替代，早晨明媚的阳光照亮了整片森林，一场激烈的战争即将开始。森林里，那些制造噪声的精灵早已被全副武装的精灵换下，精灵守卫隐藏在了森林的各个角落。森林外，海洛德的军队整装待发，战士们经过一晚上的折腾十分疲惫，在清晨第一束阳光被请入海洛德帐篷的时候，战争的号角便如同雄狮咆哮一般吹响。双方战士都怀抱着同一个想法：拼了！

在埃里森布拉城内，焱正在观看实时地图。海洛德的军队慢慢地移向森林，精灵的蓝色防线像水波一样围绕着湖泊和城市。焱转向一个精灵，命令道：“让阿玛蓝莎停止支撑水罩，并以最快的速度与菲利普会合。还有，撤下帮助她的那些精灵，让他们马上返回埃里森布拉。对了，让塞拉来见我。”

布置完毕，焱重新盯着地图。北边代表海洛德军队的红点已经碰到了蓝线，很多小点变白，然后消失，双方的损失在地图上一目了然。焱闭上眼睛，沉重的愧疚溢满心房。虽然自己不是正面对战的一员，但想到这残酷的情景，似乎痛苦的尖叫声就在耳旁，精灵身体上的伤口仿佛就在自己身上。战争就是一把双刃剑啊！我做的是对的吗？他反复问着自己，因为伤亡所带来的内疚让他一时喘不过气来。

“报告指挥官，塞拉·艾琳前来报到！”小弓箭手走到焱身后，半开玩笑地敬了个礼。“就这样开始了？”她看着地图出神。“等等，南边发生了什么事？”地图上南边的红点正进入森林，没有受到任何阻拦就穿过了蓝点组成的防线。看起来双方没有发生任何冲突，因为双方都没有人员伤亡。如果继续下去，海洛德的人马很快就会到达伪造的埃里森布拉。

焱并不在意地回答：“我命令温弗莱首领和南边的前三条防卫线隐藏起来，等我的指示。要取得成功，得让敌方战士都走进森林深处才行。唉……”讲解完这些战略，他倍感失落。

“你怎么了？”

焱闭上眼睛，沉痛地问道：“塞拉，你过去曾是个战士，也是个领袖。你觉得我像一个杀人犯吗？”

“你在说什么呢？”塞拉反问，“你是一个英雄。要是没有你，精灵族不可能躲过毁灭的厄运。”

焱沮丧地低下头，说：“没有我，很多人也不会丢掉性命。不管谁赢了，都会有人丧命于此。就算我不是正面搏杀的人，但今日的战争结束之后，我的双手一样会沾满鲜血。坦白说，我在提出这个计划时唯一没想到的就是我此刻内心要背负的重担。”

塞拉走到焱的身旁，拍拍他的肩膀，安慰道：“我懂。你为那些伤员和牺牲的战士感到遗憾，感到悲伤。我的母亲过世之后，我便成为族人的领袖，每次和族人一起作战，我就知道自己所做出的每一个决定都关系到他们的生死存亡。看到他人为你的决定来承受后果不是一件容易的事，很多时候我希望死去的是我而不是他们。”她动情地说，烈焰飞到焱的胳膊上，用羽毛轻抚着他。

“每次我心情低落时，总会想到参谋对我说过的话。士兵们选择我为他们的首领，并不是他们觉得我可以保护他们，而是觉得我可以带领他们保护自己的家人。焱，所有人都知道战争意味着什么，作为一个领导，这不是你应该考虑的问题。我知道这会让你伤感失落，但是请你想想你的战略将会救下多少条性命。不管今天发生了什么，我们都会站在你身边，所以你不必独自一人背负这样的思想重担。”

焱望着塞拉，感激地点了点头，说：“谢谢你，我觉得现在好多了。”

“不用谢。”塞拉微微一笑，让烈焰重新飞回自己的肩膀。

“现在我来告诉你你的使命。”他整理了下心情，语调沉稳，“你看到将敌方南部军队分为左右两翼的河流了吗？在河流的上游，你会看到我们亲爱的黑暗魔法师制造的木桶，我希望你到那里去，把那些木桶都推入河中。之后，等到第一个木桶顺水穿过敌人营地之时，将所有的木桶点燃。明白了吗？”

“明白了。这样那些粉末爆炸后会形成烟幕，让右翼无法支援其他两翼。”“噢，它们能带来的好处可远不止这些。”焱想着，但并没有点明。“好的，你完全可以信赖我和烈焰。我会点燃所有的木桶，一个都不会漏掉。”塞拉提前把手放在鼻子上，这种气体的味道实在难闻。

“那就交给你啦！我去看看布莱恩，然后与你会合。”焱看着地图自言自语，“海洛德皇子，十分抱歉，你的横行霸道将在今天终结。”

☆　☆　☆　☆　☆　☆　☆

焱的计划进入最终阶段，森林里的血肉搏斗逐渐升温，越来越多的战士走进了密林深处。枪箭齐发，无情地穿梭在精灵和人类中间。尖叫声和碰撞声比昨天晚上的表演要响亮千百倍。这里没有什么友善、仁慈，战场上只有一条残酷的真理——毁灭或者被毁灭。

南部森林外边不远的地方，海洛德站在他的指挥官和骑士之间，依旧幻想着登临皇位的美梦。皇子收到的情报说，北部军队受到精灵的顽强抵抗，南部军队已经突破精灵的防线。当然，轻而易举地突破南部防线也使他心生怀疑，可是如果埃里森布拉在北部，防守自然要比南部严密。况且，他拥兵自重，认为自己的军队数量要远远超过精灵，所以取得胜利不是件困难的事情。

“据我的‘内线’说，没有了塞瑞拉女士的守护，精灵们相当软弱。”海洛德对于精灵的负隅顽抗嗤之以鼻，“我海洛德皇子，征服精灵女王之后将被尊称为伟大的精灵征服者，并且问鼎下一任的皇帝宝座，我的姐姐和弟弟只能站到一边，那时……”他放肆地大笑着，“我，海洛德皇子，将会成为一代传奇。”

“殿下，但我还是无法相信您所说的‘内线’。”海洛德左边一个穿着银色铠甲，披着黑色斗篷的骑士说。

“希尔伯德大人，你怎么能这样同殿下说话呢？”海洛德右边一个穿着黑色铠甲的骑士斥责道。

希尔伯德反驳：“伊萨博爵士，你可曾听说有人能够探入精灵内部，且能独善其身吗？何况我们现在所征讨的是六大女王之一。据我所知，没有人能做到！”他进一步强调，“不管是出于什么目的，我们都得看紧那个‘内线’。如果他真有能耐骗过精灵，谁知道这个‘内线’会不会背叛我们呢？”

“哈哈！”海洛德大笑，“希尔伯德爵士，我知道你一直都不同意我袭击塞瑞拉女士。所以，你不信任我的‘内线’也情有可原。不过，我不是那些弱小的精灵，我是海洛德·沃尔特皇子，很快就会变成沃尔特皇帝二世。所以我建议你多想想和自身利益相关的事情吧。”伊萨博爵士望着希尔伯德，轻蔑地一笑，希尔伯德脸上显出十分难堪的表情。

海洛德忽视了下属间不和谐的争执，说：“既然塞瑞拉女士无法帮助她的民众，摧毁埃里森布拉并且俘虏她就变得相对容易了。纵观历史，精灵族的魔法和工艺确实值得称赞，但战略上就不是这么回事了。事实上，他们相当缺乏战斗经验。”

“而且在殿下您的带领下，我军一定攻无不克，战无不胜。”伊萨博爵士及时地迎合奉承。

海洛德得意得合不拢嘴，正准备下令让部队迅速前行。此时，他听到了一声清脆的鸟鸣。他转过身看着东边，一道火光烧红天空。在熊熊燃烧的火焰中，一对带着火焰的翅膀掠过天空，火鸟顺着河流俯冲过来。战士们都惊呆了，他们甚至不知道看到的是什么。随着凤凰燃烧的尾巴划过河面，真正的表演才算正式开幕。

如一根点燃的火柴被丢到油桶里一般，河面上漂着的木桶立刻爆炸开来。砰！砰！砰！爆炸声响彻两岸的营地，一团团绿色气体散发着恶心的味道融在空气里，宛如一块巨大的幕布覆盖了整条河流，把右翼营地和另外的两个营地完全分隔开来。岸两边的战士在绿色气体里抱头鼠窜，尖叫着、挣扎着。看到此状，伊萨博爵士催促信使传令巫师做出一些应对措施，把气体吹到森林里去。可希尔伯德立刻制止道："不行！告诉那些巫师把气体挡在河岸之间。我们的大部分军队都已经深入森林。如果我们把气体送入森林那无疑是自杀。”说完，他转向海洛德建议撤兵，但海洛德气急败坏地打断了他的劝说。

“继续进攻！”海洛德命令，“气体也许斩断了我们的后援，可我们根本不需要支援也能取得胜利。我，海洛德皇子，不会就此被打败的。继续进攻！这是命令！”他怒吼着，自信地挥舞着手臂。不幸的是，他的自负要再次付出代价。脚下的地面开始颤抖，并且传来雷霆般的响声。“又怎么了？”海洛德转过身来。

两大阵营中尘土飞扬，里面混杂着轰隆声和尖叫声。帐篷、守卫塔、营地护栏都开始向地面塌陷，马儿疯了似的逃跑，完全不管会踩到什么东西。紧紧跟在马身后的是惊慌的士兵，他们好不容易从灰尘里爬了出来。营地下面不知道什么时候出现了一个巨大的坑，就这样神不知鬼不觉，两个营地像下沉的船只一样被吞没了。虽然多数士兵及时爬了出来，但是武器以及供给都埋进了土里。

海洛德震惊地看着自己的营地被毁灭。刚刚发生了什么？那些精灵怎么可以对他做出这样的事情？他是一个皇子，他是海洛德皇子，并且不久之后，他就要成为沃尔特皇帝二世！海洛德皇帝！海洛德的手因为愤怒而剧烈地颤抖着。“我的……我的营地……我的皇位……我……美丽……美丽的……皇冠……”他盯着森林咆哮，“我诅咒你们！你们这些精灵都会被斩草除根，我发誓！”

海洛德怒火中烧，怎料一个骑士骑着马横跨西边的河流，急忙下马奔到海洛德的跟前，报告说："殿下，精灵们点燃了北边的森林，我们的军队遭受到重大的损失。简尼特将军请求战略撤退。”所有的士兵和骑士都仰望北边森林，如来报所述，烟雾和红光已经覆盖了北边的天空。

海洛德握紧拳头，对着那骑士怒吼："转告他，如果他还想要活命的话，就不许撤退！精灵也遭到重创，他们也撑不了多久，这很明显是他们最后的抵抗了。我军定能冲破他们的防线，摧毁他们。”

希尔伯德急忙劝说："请深思，殿下。我们已经失去了后援和营地，我们应该……”

可是几近疯狂的海洛德拔出剑，大喊："听到你的建议了，但我不会这么做！我是海洛德皇子，我说进攻，就要进攻！”说完，他剑指森林，命令士兵：“撤退的人会立刻受到军法制裁！我，海洛德皇子命令你们进……”他的声音戛然而止，愤怒的皇子突然从马上摔了下来，肩膀上插着一支箭。希尔伯德和其他的几个首领急忙从马上跳下来，抱起受伤的皇子，原地防卫。

附近树顶上传来一阵大笑。那是温弗莱，他一直藏在附近，见证焱的妙计良策奏效——气体升起、土地裂开、森林燃烧。他充分利用敌人心神不定的时机，拉弓射下了海洛德。看着自己的箭扎入海洛德的肩膀，他提高了嗓音：“听好了，你们这些愚蠢的人类，赶快带着你们受伤的皇子滚回去！永远都不要再回来了！”说完他将手一举，灌木丛中、树枝之间隐藏的暗洞立刻闪现出精灵的身影，每五六个精灵在一处拉满手上的弓。“射击！”温弗莱手一挥，箭像一片乌云压过来，将前排的士兵射倒在地。“进攻！”声音响彻森林，他跳入战场，后面紧跟着一波英勇无畏的精灵。

希尔伯德转向海洛德，想把箭拔出来，但他停住了，他发现海洛德的血液开始变黑。“全军撤退！”他下令道。

“可是殿下说……”伊萨博爵士想要劝阻，不过看到他希尔伯德愤怒的眼神，只好闭上了嘴巴。

“箭被毒水浸泡过，我们要想救殿下的话，现在就必须离开！”希尔伯德说完，便把王子扛到自己的马背上，然后转向伊萨博，说：“精灵斩断了我们的后援，摧毁了我们的营地和供给，伏击了我们大部人马，射伤了殿下。这场战斗我们已经输了，即使你不想承认。”说完，他便带领全军撤退。由于东边被毒气帐幕阻隔，南边被摧毁营地的大坑阻隔，他们没有别的选择，只能向西面行军，穿过河涧。

等到希尔伯德领兵到达河边时，他发现水位异常浅，正好可以踏水过河。如果在平常，河流最深的地方有两米深，可是现在连马的膝盖都不能没过。尽管他察觉到事情有些蹊跷，但是怀里抱着奄奄一息的海洛德，顾不了太多。于是，他迅速穿过了河流，来到了另一边，就在他准备驾马离开的时候，他的直觉告诉他这条河很不对劲，他回头望去，只见多半部队已走到河中央。“不好！”他倒吸一口冷气，大声喊道：“从河里出去！这是个陷阱！”然而太迟了。

水流的咆哮声传遍河道，震颤山谷。士兵们向上游望去，一股汹涌的水流从上游奔袭而来。瞬间，狂怒的河水就淹没了在河里四散逃跑的士兵。希尔伯德为自己的大意悔恨不已，但听到怀里的海洛德发出痛苦的呻吟，他只好调转马头匆忙离去，无奈地将呼救的士兵丢在身后。

第二十章
风之翼

焱对海洛德的作战计划奏效，精灵守卫和海洛德军队打得不可开交。借此良机，位于森林东南边陲的少年们开始向东边的悬崖赶去。队伍中有艾薇斯、菲利普、阿玛蓝莎、艾伦，还有来自异界的所有的孩子，以及百十个精灵守卫。一路上，艾伦都在担心焱、布莱恩和塞拉三人的安危。菲利普只是点点头，什么也没说，因为他的心里只有昨晚与焱的那场对话。

临行前，繁星满天，菲利普接到了最艰难的任务。“明天的战局我是这样计划的。”焱解释给他听，“塞拉、布莱恩和我会留在这边完成战略部署，而你要带领其他人提前到达森林的东南边陲。一旦看到绿色烟幕分开敌军右翼和其他两个营地，他们的巫师势必会被缠在河的两岸。你必须抓住这个时机，带着所有孩子逃出森林，以最快的速度跨过悬崖。我已经安排精灵通过心灵感应和桥边的精灵守卫交涉。艾薇斯将同你们一起前往，虽然她的力量没有被完全唤醒，但她体内的精灵血液足以使桥身现形。我挑出这百名精灵守卫护送你们，他们都会使用实体的灵魂投射，用投射出来的幻体来保护你们，不让实体受伤。但是请你记住，它们灵魂投射的形体不能承受沉重打击，如果被击中就会消失。我安排了你们提前穿越通灵隧道，如果能够成功，你们将直接穿越魔法沙漠，到达索拉附近的一个精灵城市。”

“这算什么？”菲利普抗议，“你，塞拉，还有布莱恩留下当大英雄，而我却像懦夫一样逃跑。没门！”

“不,你别误会,我分配给你的是一个最为重要的任务。”焱心平气和地看着菲利普。“我们想让你保护艾伦和那些孩子。”

“但……”

“听着，精灵们在明天就能取得胜利，但不能保证海洛德会完全撤军。尤其是他的右翼势力,因为他们不会遭受到任何损失。同时,我们还要确保在约定的期限抵达索拉,也就是说，明天也许是我们唯一的机会。阿玛蓝莎明天早上会与你们会合，但她辛苦一夜，体力不支，这意味着明天你是唯一能够保护孩子们的人。”焱把手搭在菲利普肩上并盯着他，“你必须得做这件事，只有你能胜任。”

虽然焱把话说得如此明白，但菲利普还是放心不下，问道:“那你们三个人怎么出去呢？桥身只现形十分钟啊！”

“嘿，相信烈焰是能够载我们三个人跨过悬崖的。毕竟，她是一只凤凰。希望她不要烤了我们吧，哈哈。”焱开玩笑地说，“你觉得怎么样？”

“我会照你说的做，但我还是不喜欢。”

就这样，菲利普带着沉重的心情领孩子们快步奔向悬崖边缘。突然，土地开始颤动，数块巨石飞到空中，然后聚集在一起构成十个石头怪物。“石巨人！”菲利普惊呆了，“那些巫师在这里施了咒语，大家小心！”

“我们该怎么办？”一个小男孩惊恐地问。

“看！”一个小女孩的叫声把大伙儿的注意力吸引到浮在河面上的绿色烟幕。岸边正有一群巫师在施咒，升起的石巨人已经引起了他们的警觉，并把注意力转移到孩子们所在的方向。

“我必须得找个法子……呃……呃……我想到了！要让巫师无法干预，扔给他们……一堆……呃……鲱鱼。”菲利普手忙脚乱地念出几乎不成篇的咒语，然后快速地伸出手指。哪曾想，那些巫师头上即刻覆盖上千条鲱鱼，把他们压在了下面，一时间动弹不得。

“哇！”艾伦看到这滑稽的一幕，很是惊喜，“你怎么做到的？”

“这个简单。如果想即刻使用魔法做事，但又找不到合适的词，只要音律押韵就行了。快速吐出咒语并用足够的力量激活咒语就好了。”菲利普回答。

“你是怎么想到把他们都压在‘鲱鱼’下呢？”

“这是我能最快想到与‘干预’押韵的词语，紧急情况下能想出这个词语已经不错了。”菲利普辩驳着，再次把注意力转向那些石巨人。他把手一挥，一道闪电与其中的一个石巨人撞击在一起，石巨人变成一堆破碎的石砾。然而，在菲利普准备继续摧毁剩余的九个石巨人时，他看到其中一个石巨人把拳头向地面一锤，那个已经碎成石砾的巨人立刻复原并站起身来。“怎么……”在他话还没说完的时候，几个精灵守卫已被两个石巨人拍入土层，消失了。

“菲尔，救救我！”艾伦看到一个石巨人跳到空中，向自己俯冲过来。菲利普急忙施下一个庇护罩，挡开向他打来的一记石拳，另一只手射出一个黑能量球，摧毁了跳向艾伦的石巨人。虽然石巨人变成了碎片，但残碎的石砾还是向艾伦压了过去。幸运的是，艾薇斯一把抓住了艾伦，将他拉开。“非常感谢。”艾伦已是上气不接下气。

“救命啊！救救我们！”身后传来一连串哭喊声，几个男孩被三个石巨人从三面围住了。

“放开我的朋友们！”阿玛蓝莎大喝一声，拼尽全力召唤一股水流，向三个石巨人喷涌而去。阿玛蓝莎双手一开一合，三个石巨人被水鞭缠住，互相碰撞在一起，立刻破碎了。这一连串的动作终于让阿玛蓝莎耗尽体内的力量，晕眩像风暴一样席卷了她，她毫无知觉地躺在了地上。

阿玛蓝莎倒下的一瞬间，一个巨大的阴影将其覆盖了。一个石巨人已经举起了结实的石拳。“想得美！”艾薇斯一边叫着，一边扔出了三把飞镖。那些闪闪发光的刀刃像飞碟一样盘旋着，在石巨人周身来回穿梭，眨眼工夫，那个石巨人被削断手脚倒在地上。那些飞镖则飞回艾薇斯手中，刀刃没有一丝破损。“还不赖哦！”艾薇斯自豪地说道。

菲利普松了一口气，想着怎么处理剩下的五个石巨人。然而，同样的事情再次发生了。其中一个石巨人将拳头捶到地上，那些被毁掉的石巨人立刻重生。“这比我的想象要更复杂，只要有一个活着的，其他九个就不会死去。”他稍稍沉思，心中已有计谋，当下不再犹豫，立刻召唤出一个黑色光环围绕着他的拳头。“既然如此，那我就一次性干掉所有石巨人。”说完，他变成一股黑烟不见了。

菲利普瞬间转移到一个石巨人头上，将裹着黑色流光的拳头捶进石巨人坚硬的头颅，但他并没有毁掉石巨人，只隐隐约约留下一个光点。紧接着，他再次变成一股黑烟消失，并出现在另一个石巨人的脖颈后，做出同样的举动。接连又重复了八次，菲利普化成一股黑烟出现在出发前的地方。他得意地举起右手，做了一个打枪的手势，指着最前面的那个石巨人，大喊：“砰！去死吧！”说完，原本环绕拳头的黑色光芒便聚集到他的食指尖，然后像一颗子弹一样射进石巨人身体里，接着菲利普捶打过的每一个石巨人相继爆炸，一共十次。一阵尘土扬过之后，只留下十堆松松散散的石砾。

“做得好，菲尔！”艾薇斯说完，迅速走过去检查阿玛蓝莎的情况，她吐出一口气，说：“谢天谢地，她只是晕过去了。”

“如果让我整夜支撑一个巨大的水泡，我也会累得晕过去的，现在就让她好好休息一下吧。”菲利普打了个响指，用魔法将阿玛蓝莎托离地面，“我们得快点了。”

艾薇斯点点头，跑到队伍的最前面。通过精灵之眼后，她很快锁定了桥的位置。“啊哈！”精灵女孩欢呼起来。一个箭步，她就冲到了桥头，现在要做的就是激活桥身了。“哎哟！”没想到在她和桥之间竟然有一道屏障，在触碰时出现一道电流，差点电麻了她的手。

艾伦急忙扶住艾薇斯。这时，菲利普意识到了一件可怕的事情：对手已经知道他们会来过桥。这个障碍肯定是那些巫师塑造的，但是这怎么可能呢？除非他们知道桥的确切位置。“在巫师的后援到达之前，我一定要打破这个结界。”菲利普在手心召唤了一个雷击咒，但结界太过强大，反而把雷电弹了回来。“哎哟！”菲利普来不及躲闪，只好硬生生承受着自己的攻击咒，倒退了好几米才消化了它。还好他事先在斗篷里施下一个庇护罩，不然非要被打成重伤不可。

“啊，有人来了！”艾薇斯指了指南边的营地。

菲利普顺着艾薇斯的手势看到海洛德的右翼营地，营门大开，士兵们鱼贯而出。想必菲利普打斗时产生的亮光已经引起敌人的注意。还好菲利普有所准备，他取出三个乒乓球大小的袋子，向营门扔去，紧接着射过去一个能量球。当能量球和那些袋子撞在一起时，一团火焰燃起，浓浓的绿色气体喷泻而出，笼罩了右翼营地的大门。这是帮焱制造的气体，菲利普不仅留了一袋给艾伦玩，自己还留了三袋，以防万一。

噗！

噗！

那是什么声音？菲利普把视线转向身后，正好看见两个精灵守卫被五彩的光击中，随即消失了，而四个手握魔杖的巫师正朝他们奔来。从他们扭曲的表情可以看出，被埋在鲱鱼堆下的滋味实在不好受。“早知道他们这么快就能逃出来，我就用鲸鱼了，那个韵脚是什么来着……不，集中注意力，菲尔，集中注意力……”菲利普默念咒语，伸出左手，形成爪状，闪电的光芒在他掌心流动，却并没有发射出去。菲利普用力控制住这些能量，稍顿才让他们迸射出去。这一稍顿，使得咒语上的力量猛增，以惊人之势向对面的巫师击去。作为反馈，一个巫师也射出一道光，试图摧毁菲利普的雷击咒。“砰！”两个咒语在空中碰撞，那个巫师相当讶异，自己的咒语不但没有拦截到雷击咒反而被吞噬。然后，雷电分解成三个稍小一点的雷击直接打在巫师胸口。“解决了一个，还有三个。”菲利普嘀咕了一句，才觉得左手有点麻木了。刚才，他不是施下一个雷击咒，而是同时施下了四个，他停顿几秒是为了确保它们能够同时射出。“虽然想法简单，但很有用。”他自豪地想。

剩下的三个巫师脸上闪过一丝惊异的神色，他们合力一起射过来几个不同的咒语。菲利普深吸一口气，走上前去，双手叠放在胸前，施下了自己所能施下的最坚韧的遮蔽咒。从某种程度上来说，他成功地保护了自己，前面的两个咒语都被庇护罩挡住了，但是第三个咒语所携带的力量险些刺透了他的庇护罩，顿时电光四射，逼得他倒退了好几步。

菲利普立刻摆摆手缓解疲劳，看着三个不断前行的巫师，他咬紧牙关。“好吧，同时放倒三个确实是个挑战。”他边想边前进几步，他知道在所有魔法使用者中，巫师最注重攻击速度。在三对一的情况下，菲利普绝对处于弱势。“等等！如果他们便是在桥边塑造结界的人，那么我应该让他们帮助我，而不是了结他们。”菲利普想着，把自己的魔杖召唤到手中。“我也来试一次。”说完，便默念了几句咒语。

此刻，三个咒语又朝着结界射了过去，菲利普举起魔杖，对准飞过来的光球。魔杖顶端形成一股黑色漩涡，就像一个磁场，一吸一压，将三个袭击光球炼化为一个。同时，菲利普的手不由自主地颤抖起来，他能感觉到那些能量正从魔杖顶端涌进他的手掌，越来越烫，他清楚自己控制不了多长时间了。菲利普发出一声呻吟，身体便随着那三个咒语的冲击力量不断后退，地面上留下两道清晰的痕迹。虽然又困难又痛苦，但菲利普最终还是稳住身体，将能量控制于漩涡中心。他一个侧转身，用尽力气把魔杖对准桥身周围的结界。来自三个巫师的能量球从魔杖顶端喷发出去，与结界相撞。

巨大的爆炸声后，结界便消失了。菲利普满身是汗，但很高兴，事情正如他所料想的那样。那些巫师是塑造结界的人，他们的力量自然能够打破结界。一连串的行动让菲利普十分疲倦，但就在此时，他突然感到背后剧痛不已，眼前一片漆黑，身体被那三股残余的力量推到悬崖边沿。幸好艾薇斯反应快，在菲利普要掉进悬崖的最后一刻抓住了他的手，把他拖了回来。此时，精灵守卫已在菲利普周围站成一圈，以便阻挡巫师的咒语，艾伦担忧地叫着菲利普的名字。突然，一股鲜血从菲利普口中涌出，魔杖从他手中消失。艾薇斯迅速把耳朵贴在菲利普的胸口——他还活着，只是晕过去了。

“我们现在该怎么办？”其中一个女孩问道。

“问得好，阿玛蓝莎和菲利普都倒下了，我不能让事情就这样结束。”艾薇斯急匆匆地在隐形的桥头举起双手。“以塞瑞拉女士之名，我命你现形！”她默念道，一瞬间，艾伦似乎听到了一名女子的歌声。忽然，一座摇摇晃晃的木桥便出现在孩子们眼前。“好了，抓紧时间，我们赶快过去。只有十分钟！”她宣布。霎时间，脊背上传来阵阵凉意，艾薇斯凭直觉一记后空翻，落在几米开外的地方。她刚一闪开，一根长矛便插进她了刚刚站立的位置。好悬！她擦了擦额头上的冷汗，转向偷袭的方向。不好，是海洛德的右翼士兵，他们已经穿过烟幕，现在那不少于百人的队伍正追赶而来。

顷刻间，五根长矛雨点般地插过来，艾薇斯果断扔出刀镖，截断所有长矛，让其坠落在地。但无论她的刀镖如何厉害，当二十根长矛抛过来时，她就不得不向后跳了，让同时精灵守卫举起盾牌，在孩子们身前形成一道防卫线。

“快点！快过桥！”精灵女孩催促着。可是，悬崖边沿冲过来一排弓箭手，开始向桥身放箭。除非孩子们是铜头铁臂，不然即便到达悬崖的另一边，也已是千疮百孔，跟筛子一样了。“我现在该怎么做？在桥消失之前没有多少时间了。”艾薇斯苦思，而手上则不停地用刀镖截断长矛、短箭。“我们需要帮助，我们现在就需要！”她吼道。

“啊哈，是该我们登场的时候了。”天空中传来一声清脆的鸣叫，一只巨鸟俯冲过来。三道阴影借势从鸟背上跳跃下来，是布莱恩、焱和塞拉。那只巨鸟，当然是烈焰了。回应艾薇斯呼救的人是布莱恩，他刚一落地，便在地面跺上一脚，在地表制造了一股冲击波，冲倒前来追击的士兵。“布莱恩来拯救你们！”

“噢，天哪，那你是代表全部啦！”艾薇斯说道，但她还是很高兴。

焱拿出佩剑，命令道：“时间不多了，我们掩护你们。现在就走！”说完，便挥剑对悬崖边的军队斩去，一道气刃随着剑身飞出，砍断了前排弓箭手的弓弩。同时，塞拉和烈焰一个在地上一个在天上，开始朝悬崖边沿放火，逼迫其他弓箭手撤退。另一边，布莱恩已经看到菲利普和阿玛蓝莎躺在同伴的怀抱里，他不知道发生了什么事，但他知道应该找谁算账。他愤怒地从地上捡起一根无头长矛，用蛮力摇晃着它，好像在打棒球一般，他轻轻一扫，周围的士兵都被送入半空。

终于，包围着桥身的箭帘被剪断，孩子们开始小心翼翼地在硝烟中穿过桥去。不过皇家军队还真是没那么容易折服，海洛德的士兵前赴后继，穷追猛打。塞拉让烈焰煽动火焰保护桥不受箭雨攻击，但那三个巫师射出三个有力的能量球，重重地打在了烈焰美丽的羽毛上。塞拉痛苦地叫了出来，她感受到妹妹翅膀上的伤痛，看着烈焰飞到另一边，变回小金鸟。

“塞拉！”焱叫了出来，用气刃砍倒向塞拉逼近的三个士兵，但焱并没有没杀死任何一个人。他特地避开所有致命点，只是让他们无法行动。不过看敌军的势头，焱再不开杀戒或许于事无补。在交战过程中，他一回头，发现艾薇斯和塞拉还在这边。“还在等什么？艾薇斯！快把艾伦他们带过桥去！听见没有！”

艾薇斯点了点头，可是就在她踏上桥的那一秒，变成精灵前掉下悬崖的一幕浮现在眼前，她害怕地闭上了眼睛，牢牢抓住桥上的围栏。“不行，我做不到……”她的身体再次颤抖起来。

然而，一只温暖的手紧紧握住了她的手臂。艾伦拿起艾薇斯的手贴在自己脸上，温柔地说:“就像我昨晚说的那样,我很害怕,但只要有朋友在身边,便也无所谓了。我们一起走，我会一路都支持你，让我们互相鼓舞。”男孩纯真的话让艾薇斯稍微克制了恐惧。

一步步，艾伦用手牵着艾薇斯走在桥上。她依旧十分害怕，甚至是很恐惧，但在桥上走的时候，她也能感受到小男孩的颤抖。艾伦说的是真的，他也在害怕。说也奇怪，一想到这点，艾薇斯渐渐放松，她不断告诉自己，尽最大的努力走过这座桥，哪怕为了身边的这个小男孩也要变得勇敢一点。

两人慢慢地挪动着,离对面越来越近了……终于,只剩下了一米远的距离。快到了!艾伦望着艾薇斯，开心地笑着。突然，桥随一道神秘的光芒闪烁了一下就消失了，艾伦的脚下已经踩空。不好！时间到了！男孩感觉自己的身体失去了支撑。就在此时，他感到背后被一股力量一推，他上身前倾，双手刚好能够扒到悬崖边沿。艾伦在其他少年的帮助下爬上地面。艾薇斯呢?“不要！”男孩悲伤地看着那幽深的沟壑。“艾薇斯！”他的眼泪喷涌而出，哭喊声响彻森林深谷。

☆　☆　☆　☆　☆　☆　☆

艾薇斯闭上眼睛，任由身体坠落，一阵强风卷起气流灌进她的耳朵，她的内心完全被恐惧所占据了。要死了吗?没想到自己的精灵生涯会跟人类生涯以同样的方式终结。

她依稀记得变故发生的那一天。那是学校里平常的一天，天气晴朗，她又打算逃课了。艾薇斯从来都不是一个好学生,很多老师都认为她的字典里根本没有“好”这个字，而“无可救药”这个词好像就是为她准备的。她成绩不好,又对服从纪律不感兴趣。不过，本质上说她的人品和脑子都不差，她总是在考试之前的晚上熬夜，然后第二天顺利通过考试。至于“纪律差”，她只是不喜欢被约束而已。

艾薇斯是男生共同的憎恶者，因为她总是和男孩子们打架。不过，给予她这样的评价是不公平的，也是不正确的。事实上，她只是保护自己和那些弱小者而已，不求回报，她只想让那些人尊重她。只不过她的做法有点极端了，这和她的年纪有很大关系。毕竟一个十二三岁的少女还没能懂得“尊敬别人，别人也会尊敬你”这句话的真正含义。不管怎么说，如果那群欺负别人的人是一群没家教的男孩的话，反击也就不能说绝对是她的错。比如有一次，她把那些男孩的自行车锁在一辆卡车后面，还有一次，她往男更衣室里扔烟火。过分是过分了一点，但也痛快。

说她是男生憎恶者，但她男朋友也有不少，她自然不能同那么多男朋友一起约会，但是每周六她都会换一个。这也不用藏着掖着，她只是觉得一个女孩在男朋友这方面应该要好好挑拣。

那天课前，艾薇斯正和一个朋友聊天。“昨天放学之后，杰克想要吻我呢！我的意思是，噢，天哪，他长着一张只有妈妈才会爱的脸。我告诉你，如果他敢再这么做，我会毫不客气地把他的屁股踢成两半。”她毫无顾忌地问，“想和我一起旷课吗？我从那家伙那里得到二十元，我们可以看电影，或者买些可爱的首饰。我一直都想买，而且我上周已经穿好了耳洞，现在还疼呢。不戴上耳环，耳孔就会长合。喂，你今天怎么了？”她看到朋友眼中的迟疑。

“没事，我很好。”她的朋友小心地回答，“只是我今天不能逃课，我没有你那么聪明，希尔姆斯老师说如果这学期我再挂掉一门课，我就会被开除。”

“哼！”艾薇斯不高兴地抬起鼻子，“该死的考试。好吧，随你便吧。”说完她就走开了，并生气地朝大厅角落里的饮水机踹了一脚。

“安妮莫尔小姐，我得警告你多少次，不要损坏学校的财物。”一个女老师急忙走过来。

艾薇斯涨红了脸，对着老师吼道：“我才不关心什么财物。”说完便跑掉了，一闪身躲入女厕所里。“混蛋！”她重重地甩上厕所门。每天都是一样的无聊，感觉好像她来到学校只是为了被某个人惹火，然后大叫几声，再奋力踢砸东西。等她终于平静下来，放学时间到了。“为什么所有人都要和我对着干？”她看着厕所破碎的镜子中的自己。“都见鬼去吧！”她大吼一声，再次猛踢已经松动的厕所门，好像是门对自己做了什么不公平的事。

一直踢到累了，她对自己说：“我多么希望能从这片垃圾场里逃出去。”然后一切就这么发生了。脚下一空，她便掉进了一个原本没有的黑洞里。她只能感觉到身体不自觉地坠落，随着重力跌进一棵大树中，伴随着刺骨的疼痛，她在几次痛苦的坠落后，终于摔倒在了地上。

眼泪在她的眼眶里打转，阵阵疼痛从身体的各个关节传来，使她呼吸困难，体内的血液汹涌澎湃，无法控制。意识清醒之后，伤口的疼痛更加剧烈，特别是脊柱屈伸的疼痛，让她无法坐起身来。看看身上的衣服已经破烂不堪，脸上、胳膊上到处是泥污，活像一个小丑。当她看了看纤细的双手时……噢，不要！几个指甲也裂开了。

躺了很久，艾薇斯挣扎着爬到一根树枝前，她用树枝支撑起身体，慢慢站立起来。显然，这个地方已经不再是那个小小的女厕所了。这里似乎是一片热带丛林，但不能十分确定，因为周围笼罩着浓重的雾气。

艾薇斯在树枝的支撑下缓慢地向前走去，但她能去哪里呢？“除了这里，任何地方都可以。”她心里琢磨着，眼睛已经湿润。身处此境，她不禁开始想念朋友，想念爸爸妈妈，内心的恐惧甚至让她想起了已经分手的男朋友，她觉得应该对他们说声抱歉。如果能从这场噩梦中醒来，那么她一定会好好表现。

也许是她不够虔诚，在这浓重的烟雾里，一阵可怕的咆哮声伴随着沉重脚步，在她身后的地面引起微震。艾薇斯头也不回，只顾扶枝前行，无论如何也要逃离那发出声音的东西，不管那是什么。可是现在，她连乌龟都跑不过。“啊！”伴着一声尖叫，她摔倒在地，慌忙之中竟扭伤了右脚踝。

咆哮声越来越近，迷雾里出现一个巨大的阴影。艾薇斯害怕极了，她用血肉模糊的双手抓着地面往前爬，可是前方已是森林尽头，她这才意识到自己在悬崖边。因为雾气浓重，根本看不出悬崖有多深。“我现在该怎么办呢？”她绝望地看着那个巨大的阴影慢慢逼近。这个怪物有着人的体形，如一辆巴士那么高大，它的身上沾满泥土和杂草。如果不是怪物额头上长着一只眼，如果它身上没有腐肉味，如果怪物的嘴不是像黑洞那样大，艾薇斯也不至于这样害怕。“啊！”艾薇斯大声尖叫起来。

怪物号叫一声，伸出脏兮兮的爪子，眼睛注视着艾薇斯，好像女孩就是一顿美味可口的饭菜。此时女孩已经退到了悬崖边沿，她脑子里一片空白，一个无意识的转身，女孩的世界便完全颠倒了。她的眼睛里只留下跌入悬崖的镜头，便什么都感觉不到了。

此后发生的事情十分模糊不清。艾薇斯好像飘浮在一片没有边境的黑暗之中，她很害怕，但什么也做不了。看不到、听不到、闻不到、摸不到，她几乎不能思考。“也许我的生命就这样结束了。”艾薇斯对着这一片黑暗放下了所有恐慌，她关心的事是生命结束之后自己会在哪里,天堂？不会。根据《圣经》所说,像她这样的多半会下地狱。“呵呵呵……”艾薇斯微微一笑，她不在乎了，死且不惧，还怕那些恶魔吗？

忽然，在这永无止境的黑暗中出现了一道亮光，亮光中，一个女人向她走来。她将艾薇斯抱在怀里，默念起如音乐般的咒语。那便是艾薇斯同精灵女王塞瑞拉女士的第一次会面。虽然女王的话她都听不懂，但她明白女王在呼唤她，让她不要放弃。渐渐地，温暖的感觉开始激活艾薇斯体内沉寂的细胞。塞瑞拉女士告诉她，她的身体被摔伤了，然后自己救活了她。

呼啸的风把艾薇斯拉回现实，她绝望地嘀咕着：“上天注定，我不能成为一个精灵。算了，反正已经体验过无忧无虑的精灵生活，值了……”

“不要放弃，我的孩子，没有人出生便勇敢，大多数人都是经过历练才变成一位勇士的。”一个熟悉的声音回荡在艾薇斯的大脑中。“时机已经成熟，面对眼前的恐惧，激发自己的潜能，掌握自己的命运……”

“塞瑞拉女士？”艾薇斯听出了这个声音，她下意识地动动双手，微微睁开眼睛，但是跌下来的那个可怕的画面依旧让她无法接受。“求求您，帮帮我，我……我不能……”

“勇敢一点，张开翅膀，你便会像风一样自由飞翔……”

“我不懂那是什么意思？”艾薇斯哭喊道。深渊的底部越来越近，艾薇斯终于狠下心来，强迫自己睁开了眼睛。奇怪，她吃惊地发现她能看见那些隐形的风像一条条彩色的纱巾在峡谷间穿梭，它们像河水一样在半空轻盈地流动着。艾薇斯被眼前的一切深深吸引，她伸出手想要触摸它们，身体周围的风立刻包裹住她，像毛毯一样柔软。“我是风！”她松了一口气说道，然后一记一百八十度的回转摆动着自己的身体，风在她张开的手臂下流动，为她插上了一双隐形的翅膀。

艾薇斯的双脚轻轻地落在了深渊底部，然后蹲在了地上。她微微一笑，张开双臂，一股强劲的风在她周围迅速卷起，她脚尖点地，双腿一蹬，像一颗出膛的子弹般急速向天空飞去。

“哈哈哈哈……”她的声音回响在深谷之中。

☆ ☆ ☆ ☆ ☆ ☆ ☆

悬崖顶部，海洛德的军队和三个勇敢的少年以及仅存的一些精灵守卫还在激烈战斗。“你们这些杀人犯！”布莱恩以为艾薇斯丧命，对着敌军大吼大叫。不过，挖了一整晚地道，他已精疲力竭。同样的，焱的动作也慢了下来。可是那些士兵还是源源不断地冲过来，这种持久战很明显不是他计划中的一部分。焱没想到菲利普会昏迷不醒，更没想到会失去艾薇斯，他当然也没预料到塞拉会受伤。烈焰受到袭击之后，三人不仅失去了通过悬崖唯一的希望，而且由于烈焰和塞拉之间的关系，塞拉的右臂也和她妹妹的右翼一样不能再动了。“我现在可算是黔驴技穷了。”焱万般绝望。

生死攸关时刻，敞亮的天空瞬间被黑暗笼罩，空中布满星辰。怎么又来了？大伙儿在心里猜测着。双方停止了战斗，望着天空。艾薇斯！焱、布莱恩和塞拉开始欢呼。他们清楚地感受到一股强烈而熟悉的力量在发出共鸣，满天繁星中，一颗明亮的星星发出绿色的光芒，射进了深谷。紧接着深渊里便卷起一阵飓风和一阵宛如神龙鸣叫的呼啸。焱脸上露出一丝微笑，他看到一个人携带着一股强大的气流飞出深谷。

“艾薇斯！”艾伦大叫。

“很高兴看到她不需要经历死亡就能觉醒。”塞拉边说边抚摸着受伤的胳膊。

艾薇斯在空中翱翔一圈，向西边飞了过去。“喂，她去哪儿呀？”布莱恩问。只见艾薇斯像一架战斗机，扎进浮在河面的绿色烟幕中。像是被惊醒的怪兽，十米高的烟幕暴涨到一百多米。而且烟幕受到风的吹鼓，仿佛获得了生命力，像潮水一般向悬崖涌去。“哦……哦！大事不好啊！”布莱恩深吸了一口气。

烟幕冲向他们的时候，敌兵也试图后退，但是他们身后唯一可以撤退的地方就是悬崖。现在焱、布莱恩和塞拉已经站在了悬崖边，如果这一情形持续下去，他们三个也会被挤下悬崖。在这关键时刻，一个士兵身上的一盘绳索引起了布莱恩的注意，千钧一发之际，他迅速夺过绳索，把绳索的一头递给焱。然后走到塞拉身边，脸上带着一抹奸笑，说：“冒犯了。”说完，快速用手臂抱起了塞拉。

“喂！放开我，你这个混蛋！”塞拉满脸通红，破口大骂。就在她要捶打布莱恩之际，她竟被他用力抛向悬崖的另一边。“布莱恩！”她发出一声尖叫，痛苦地摔落在悬崖的对面。事情进展得非常快，塞拉满脸怨恨地往回看时，发现焱也以同样的方式被抛了过来，不过焱早有准备，他以一记三百六十度空翻，完美地站在了地上，而且，焱的手中还握着布莱恩递给他的绳索。

焱一落地，便召集周围所有人抓紧绳索，然后给了布莱恩一个信号。布莱恩早已把绳索捆在了自己的腰上，“哇……”少年兴奋地叫着，在烟幕汹涌过来的几秒前像林间的猴子一样从悬崖上跳了下来。不过布莱恩似乎兴奋得过了头，触到崖壁时竟然忘记抬腿，于是他的脸重重地拍在了崖壁上。“哎哟！”他呻吟着，随后把目光投向对岸。艾薇斯制造的烟幕“潮水”已经淹没了悬崖的另一端，形成了一道绿色瀑布。自己跳下来的那一刻，所剩的精灵也都消失不见，只留下海洛德混乱的兵团相互推挤着落入悬崖。

孩子们把布莱恩拉上来，焱拍了拍他的背，说道："你做得很好，我现在才发现你的头脑里还有点别的东西嘛！"

"哎，我当然也有厉害之处啦……喂，你那是什么意思？"布莱恩对焱的说法表示抗议，可是他的背部传来一阵疼痛——是塞拉，她正满脸通红地瞪着布莱恩。"呃……"布莱恩痴痴地笑着，"嗨，能在这里见到你真好呀……呃……回见！"他在塞拉再次出手之前飞快地溜走了。"对，你最好快点跑，你这个混蛋！"塞拉大叫，"要是我没有受伤，我一定把你射死，然后把你挂在我的火炉上做标本。你给我记着！"

在大家的笑声中，他们都意识到自己再一次从死亡中逃脱。此时，艾薇斯从绿色烟幕中飞了出来，气流包围着她，使她免受绿色气体的侵害。等她一落地，周围的气流便消散了。"欢迎回来！"艾伦高兴地抓着艾薇斯的手，"对不起，都是因为我，还有……"

艾薇斯立刻用手指摁住艾伦的嘴唇，摇了摇头："不要说胡话，你没什么好抱歉的。实际上，我还得感谢你给了我面对恐惧的勇气。"小男孩点点头，他们对视着，露出笑容。

"你好，我好，大家好，可是……"布莱恩走到他们身旁，"下次行动之前还请你事先告诉我们一下，你制造的那股'潮水'差点把我们也淹死了，你知道吗？"

艾薇斯看着布莱恩，捂着嘴偷笑："哎呀！"

"'哎呀'？'哎呀'是什么意思？不要告诉我你没想到我们会被那股潮水淹没。"布莱恩还不罢休。

"哎，我那时根本没有时间考虑。我承认我的计划有些漏洞，但最后你们又没有受伤，这么认真干吗，对不对？"她毫不在意地哈哈大笑起来。

"噢，天哪！又是一个天才。"焱在一旁看着两人斗嘴，不禁有点哭笑不得。

"我觉得你很棒啊！"艾伦赞扬，"你肯定是风之星，现在每颗星都有相应的称号，你想要个什么样的称号呢？”

艾薇斯做了一个思考者的动作，然后打了个响指，说：“我喜欢不受束缚的感觉，‘追风者’怎么样？追寻冒险，追寻刺激，追寻时刻都在改变的风。”

“这太深奥了。”艾伦似懂非懂，只好赞同地点了点头。这个时候，阿玛蓝莎发出一声轻轻的呻吟，她恢复了意识。自然，布莱恩是第一个走到她身旁的，他用手臂抱着她，为自己的迟到表示歉意。可是，由于阿玛蓝莎的头脑还没完全清醒过来，布莱恩说的话她一个字都没听进去。虽然她对大伙儿的处境不大了解，但当她看见烈焰的时候就知道有朋友受伤了。她立刻起身去医治好烈焰的翅膀，然后帮助菲利普恢复知觉。

菲利普睁开双眼看到焱的脸后，便愧疚地说：“对不起，我的任务没完成。”

“不是你的问题，是我的错。我应该想到海洛德会知道这座桥的位置。”焱把菲利普搀扶起来，“现在想想，海洛德竟然能够成功收集到有关塞瑞拉女士的情报，倒也不简单。战争虽然结束了，我倒想问问他到底是怎么得到这些信息的。”

“我想塞瑞拉女士肯定也想知道。”艾薇斯点点头，“等等……呃……我刚刚收到从温弗莱司令那里的心灵感应。他说他依你的命令给海洛德射了毒箭，所有的部队都在撤退。我们赢了！噢，他在等你的信号时，听到海洛德谈到一个‘内线’，是这个‘内线’告诉海洛德塞瑞拉女士的所有情况。因此，战斗一结束，他就会派人追查这件事，直到挖出‘内线’为止。最后，司令员和埃里森布拉的所有精灵向焱以及其他英雄少年表示感谢。”

焱只是微微一笑，他问道：“你们觉得海洛德的‘内线’是谁？”

“谁知道呢？但我确信精灵们肯定会找出来的，不管那人是谁，精灵们的惩罚可不是那么好受的。”塞拉转向焱，“我以为你会下令杀死海洛德的，怎么只是射了支毒箭，然后就放他走了？”

焱摇了摇头，意味深长地回答：“如果精灵们真的杀死了海洛德，那么不管谁成为沃尔特的下一任皇帝，都会以此为理由来攻打精灵之城。另一方面，如果我们让他活着，这不仅可以展现精灵族是个爱好和平的种族，又能让海洛德眼睁睁地看着自己的皇位被他人夺走。我觉得这才是更好的惩罚，你不觉得吗？”

“明智。”菲利普鼓掌赞同。

“谢谢。”焱点了点头，向孩子们挥动手臂，“我们走吧！我们得找到那扇精灵之门。”说完，便带着孩子们走进黑暗森林之中。

事实上，在他们的这段旅程中，还有一件比赢得这场胜利更令人兴奋的事，那便是艾薇斯的觉醒，这使得七星中的六星会聚在了一起。

第二十一章
双 奴

少年们离开了混乱的战场，进入黑暗森林，找寻那个可以将他们直接传送到艾瑞克皇帝领地的通灵隧道。在这片神秘的丛林中穿行，焱记起来塞瑞拉女士说连精灵的智慧和技艺都没有办法维持这片森林的生机。环顾周围的树木和草丛，他才意识到情况的严重性。

森林中大部分的树木都已干枯，黑黝黝的表皮透露着死亡的气息，树木长得奇形怪状，令人生畏。至于那些似乎还残存着一丝生机的树木，扭曲的枝干上粘着几片黑色的树叶，看起来像是吸饱了污水。焱已经敏锐地看出森林的生命力正悄然流失，这就好像宇宙中的黑洞，源源不断地把各种物质吸纳进去。到底是什么力量使森林变成这个样子呢？竟然连精灵都不能阻止其衰亡。

虽然看起来十分可怕，但是这片森林的面积并不是很大，所以在找到隧道之前大概不会经历太多苦难。走在林荫小道上，艾薇斯不断对他人谈起原先的生活。所谓江山易改，本性难移，无论如何她都不是一个安静的人。既然现在成为七星团队中的一员，况且大家年龄相仿，话匣子一打开就说个不停。她告诉朋友们曾经在学校里面与恃强凌弱者争斗的趣事，讲述自己编造出的各种各样的逃课情景。虽然不是所有的孩子都爱听，但是他们都很感激艾薇斯打破了沉寂，缓解了森林带来的恐惧。

后来，话题慢慢转移到穿衣打扮上，从“和男朋友约会时穿什么”一直延展到“在橱窗外看炫目的服装”。艾薇斯兴奋地跟女孩子们说起见过的那些可爱、漂亮又时髦的裙子，这让她想起了自己还没来得及去买的那对耳环。塞拉得意地说有时间一定要让艾薇斯见识一下自己的衣橱，毕竟自己曾经是个公主，全部的服饰都是最时尚的。

布莱恩在女孩身后听着塞拉的炫耀，轻蔑地一笑。实在很难想象塞拉穿着长裙会是什么样子，那将是一副滑稽的画面吧，迄今为止她都只是身着铠甲、手握硬弓的铁汉形象！塞拉听到讥笑后恼怒地盯着布莱恩，她鼻子冲天说道：“只有你才蠢到辨别不出我是个女孩子。”

“不要理他！”艾薇斯边说，边举起手臂搭上塞拉的肩膀，“不管在哪里，男孩子们总是这般幼稚，他们永远不会理解一个衣橱的重要性。”

“说得太对了！”塞拉表示赞同，重新回到火热的闲聊中，完全忽视了布莱恩的存在。

“她俩什么时候变得如此亲密了？”布莱恩摸不着头脑，倒是心里萌生出一股后怕。坦白说，大家对于应该怎样说话都有共识，例如外貌上，男孩和女孩都关心怎么样更好看一点，布莱恩也不例外。事实上，他对艾薇斯和塞拉谈论的话题也是感兴趣的，即便自己时尚品位的确和艾薇斯与塞拉有天壤之别，可是，不知什么原因，他每次和塞拉说话时，总是不由自主地争吵。像这次，布莱恩扬声对孩子们说：“如果她们要开一场无聊的会谈，不如杀了我吧。”

除了布莱恩又来开始犯他那自找苦头的老毛病，行进途中并无什么曲折。虽然少年们渐感劳累和无聊，但经历过这么多事情后，没有一个孩子抱怨。不觉间已经在森林里漫步一个小时了，虽然行程不是很长，但是多数人已有倦意，尤其是阿玛蓝莎。复苏之后，她才刚恢复一点体力，多半需要适度的睡眠才能完全恢复好。意识到这一点之后，焱让大家小憩一会儿，这个建议受到热烈欢迎。

在孩子们休息的时候，艾薇斯走到焱身边，说:“我想四处看一看，我比大伙儿的速度快，我独自前去寻找通灵隧道会相对容易一点。”

“我能一起去吗？我能吗？我能吗？”艾伦打断了他们的谈话，摩拳擦掌的样子显得十分心急。

菲利普看看艾薇斯，她只摊开双手表示“随意”。考虑到这个地方除了走失之外不会有其他危险，菲利普在艾伦面前拉下脸告诫道:“好吧，但你得答应我听艾薇斯的，不然你就会发现自己被埋在一大群鲱鱼下面。记住了吗？”

“我保证！”艾伦欢呼着。

这个保证是不是有点太快了？菲利普见状，觉得十分好笑，但他什么也没说。艾薇斯蹲下身来，让小男孩爬到自己背上，等艾伦一爬上去，她清清嗓子正式宣布:“这是一只鸟，这是一架飞机。不，这是艾薇斯，身上背着一个小包袱。”话音未落，脚下聚集了一股强烈的气流，艾薇斯背着艾伦轻松地跳上一根高悬着的树枝，接着连续不断地跳了几次，两人便消失在森林中。

菲利普站在那里，直到两人的影子消失在视野中，回头发现塞拉的脸上洋溢着一抹笑容。“什么事情这么有趣？”菲利普问道。

“你的样子看起来像一个体贴的爸爸，这是你吸引人的一面哟！”

菲利普扬扬眉毛，说:“听到这样的评价很高兴，我找到女朋友的时候一定告诉她。”说完，他坐在树下。不知道为何，安娜的形象浮现在他的脑海里。

谈话间，艾薇斯和艾伦已经远离了休息的地方，从艾薇斯不断提升的速度和艾伦嘴里的惊呼声可以听出，他俩非常享受这样的经历。突然，艾薇斯停止了前进，探身往下看去。她敏锐的耳朵捕捉到了什么声音——是啜泣声，好像是个少女。

四下张望，她发现一个女孩正坐在一棵树下抽泣。女孩穿着一身蓝色的衣裙，深棕色的头发秀丽飘逸。“喂！你迷路了吗？”艾薇斯叫着，从树上跳下来。女孩立刻站起身来，惊得后退了好几步。艾薇斯这才看清楚她的脸，她有一双清澈如水的绿眼睛，真的非常好看。“很抱歉吓到你了，我叫艾薇斯，我不是坏人。你见哪个坏人行动时会背着一个小孩？”她边开玩笑，边把艾伦放在地上，“你叫什么名字？你迷路了吗？”

女孩克制住悲痛，让自己平静下来，她擦干眼角的泪水回答:“你可以叫我罗斯，我没有……没有迷路。”

“那你为什么一个人在这儿哭？”艾薇斯挨着女孩，坐在一棵倒下的树干上。

“我没哭，我只是有点控制不住情绪。”她挤出了一个生硬的笑容，然而眼睛里依旧饱含着泪水。

艾薇斯吹了个口哨，说:“哭泣、情绪失控，没什么不同啦！你为什么不告诉我发生了什么事呢？也许会好受一点。”

“我不知道该怎么说……”

“噢，放开一点。我们是陌生人，你告诉我们，分手后我们就会忘记，绝对不会用来做出对你不利的事。我的意思是，遇到问题时和别人说说，压在心里只会让事情更糟。而且，你在这里根本找不到其他人倾诉。”

虽然艾薇斯的说法有点牵强，但是罗斯还是同意了，并开始讲述她的故事:“我和一个朋友在此旅行。”

“男孩还是女孩？”艾薇斯好奇地打断了罗斯的话，看着罗斯满眼泪花，她俏皮地打趣道:“呜……”

罗斯急忙回答道:“没有什么特别的。他是个男孩，是我的朋友，但不是我的男朋友。他不是男朋友的合适人选，你懂我的意思吧。”

“那得看你对男朋友有什么标准。”艾薇斯笑了笑，“那他长什么样？”

“哎，”罗斯停顿了一下思考一番，然后描述起来，“他很强壮，很傲慢，以自我为中心，自以为是。不讲礼貌，不注重礼仪，他喜欢通过武力来解决问题。某种情况下，你可以说他很残忍。”她意味深长地笑起来，“但是他很仗义，对待朋友和周围的人都很忠诚。他关心朋友、乐于助人，只不过他太固执了点，十分爱面子。我经常觉得，他是一个孤独症患者。”罗斯的声音变得非常沉重。

“到底发生了什么事？”艾伦问道。

罗斯抬起头望着天空叹了口气:“几天前，我们骑马经过一个普通的山谷，周围的一切都是那么平和……”

“然后你们被强盗袭击了？”

“没有，我倒希望是这样。”

“为什么？”

“因为我的朋友要对付强盗可算是绰绰有余。”罗斯漫不经心地回答，“我们碰到的是更可怕的事情——地震，一场强烈的地震。我们惊慌失措。脚下的土地不断碎裂、塌陷，然后我就觉得身子快速坠落，我们……我们……”

“天哪！”艾薇斯轻轻地抚摸着罗斯的背。

“他……死了吗？”艾伦小心翼翼地问道。

罗斯摇了摇头，说:“没有，还没有。”她再次擦了擦眼泪，“他受了重伤，我的头也撞到了地，当时就没了意识。灾难过后，我们就被带到了这里，一个所谓的医生声称要帮我们治疗。”

“这里住着一个医生吗？”艾薇斯很好奇。她不曾听说这里还有人类居住，不过自己也是刚刚来到这个世界，精灵们有很多东西都还没有机会教自己。因此，她没有继续追问，回到了罗斯的“男朋友”身上:“那你的……呃……朋友呢？”

“如我所说的，他还活着。但是依旧处于昏迷之中，如果不及时治疗，恐怕他的余生都会是这样的状态。”罗斯忧虑地说。

艾伦急忙问:“他能被救过来吗？”

罗斯点点头，说:“只有一个办法，这也是我在这里举棋不定的原因。”她继而用沉重的语调解释道:“我有一个选择。根据那个医生所说，我和我的朋友得做出一点牺牲。所谓的牺牲其实也并没有什么残忍或见不得人的事，可是一旦同意之后，我们就会失去对我们各自而言最重要的一样东西。”

“那是什么？”

罗斯摇了摇头，回答:“对不起，我不能告诉你们。我只能说这是一样我非常不愿失去的东西，而且，我的朋友现在无法做出决定，我要代他做出决定。这让我无所适从。”她双手抱着头，“我很害怕，也很困惑。如果我选择救朋友，谁也不知道会有什么样的后果，他会怎么看我？我又将怎么看待自己？”

“那现在你是怎么看待自己的？”艾伦问道，这个问题让罗斯不由得盯住了他，“我不懂什么大道理，但我不想留下任何遗憾。这也是为什么我总要尽力做每一件事。”

艾薇斯认为艾伦的话有道理，她补充说:“我也不想在生命中留下任何遗憾。上次几近死亡的时候，心里满是遗憾，那可是炼狱一般的折磨。这是个很长的故事，不说也罢。”她看到罗斯满脸疑惑，继而补充一句:“总而言之——有时要放开自己，跟着感觉走就可以了。如果担心朋友，那就不要再迟疑了，不要总是被世事所迷惑，这样活着会简单很多。”

罗斯看着他俩，微微一笑:“谢谢你们，我感觉好多了。”

“乐意帮忙。”艾薇斯点点头，站起身来，“好了，艾伦，我们得回去了。焱应该担心了，我可不想看到菲尔把你埋在鲱鱼堆里。”小男孩咯咯一笑，爬到了她的背上。

菲尔，焱。罗斯听到这两个熟悉的名字时，眼里生出一丝亮光，问:“艾薇斯，如果我们能够再见面的话，我介绍几个朋友给你认识。让我想想……比如阿玛蓝莎或者布莱恩？”

艾薇斯惊讶地回过头:“喂，怎么这么巧！我也认识两个朋友，名字一模一样。”

“真的吗？”罗斯假装非常惊讶，“再见，祝你们好运。”说完，她目送艾薇斯背着艾伦飞到空中。两人走后，罗斯在心里嘀咕着:“没想到会在这里碰到他们，要是我们的情况好一点就好了……”

“你决定了吗，小姑娘？”神秘的声音在附近响起。一个金属球滚了出来，看起来像是一个机器。

罗斯看着那个金属球说道:“是的，我已经决定了。为了挽救雳的性命，我愿意接受你的条件，不用磨蹭了。”听到女孩的话，小金属球发出一阵阵噼里啪啦的声响。女孩前面的一棵大树立刻从中间分开，倒向两边，一个钢制平台升了起来，显出一个通道。

罗斯看着入口，脸上的表情就好像是前往地狱赴死一样，她深吸一口气，说："顺便问一下，我该怎样称呼你呢？"

金属球里面发出一阵邪恶的奸笑："有些年没有听到这个问题了，我得重新考虑一下。这个世界上还没有一个名字可以形容我所拥有的力量，等等……曾经有人称呼我为'教授'。既然我现在要做一个这个世界上前所未有的实验，你可以称呼我为'教授'。"

"好吧，教授。"罗斯走进漆黑的通道，入口在她身后闭合。

☆　☆　☆　☆　☆　☆　☆

艾伦和艾薇斯回来的时候，其他人已经休息得差不多了，他们两个都没有提和罗斯的偶遇，因为他们觉得在背后讨论别人的隐私是不礼貌的。塞拉轻轻地将阿玛蓝莎从睡梦中摇醒时，烈焰在树顶上发现一个黑影正向此处移动，原来是一个女精灵。她背着一张弓和一筒箭，跳落在孩子们前面，低下头致敬："我是维护通灵隧道的队员，很抱歉这么晚才找到你们。"

"哎，总比没找到好。"布莱恩说，"那么，就请你把我们带过去怎么样？"

女精灵摇了摇头："抱歉，我们还在做准备工作。"

"你是说我们现在还不能使用隧道？"菲利普问道。

"不能，要激活隧道必须依靠森林的生命力，你们也看到了，这里的树木不断消亡，打开隧道之门相当费劲。不过估计明天早上就可以使用了。"女精灵指向南边，"在这期间，我为你们找个地方休息怎么样？那是一个人类居住的地方，相信你们待在那里也会很舒服。跟我来吧！"随后，她便招呼大家往南边走去，大概半个小时后，大家来到了黑暗森林的边缘，那里有一座豪华的宅院。

大宅门前，一名中年男子和两个精灵正在等着他们的到来。这个人的穿着打扮非常有范儿，脸部饱满圆润，是个两手摸不到自己肚脐眼的大胖子。孩子们走上前去，领头的那个女精灵引荐道："这是埃莫瑞先生，他是一个聪慧的商人。在这片森林废弃之前，他帮助精灵和人类做生意。因此，我们允许他居住在这里。"

"生意兴隆和舒适的生活是我的人生目标。"埃莫瑞抚着他的便便大腹，十分得意，"艾琳公主？是你吗？啊，天哪！还有布莱恩·康拉德，康拉德爵士之子。真是三生有幸。"

塞拉和布莱恩有生以来第一次同时叹道："怎么是你。"两人对视了一眼，彼此耸了耸肩，相互致以微笑。

"看起来好像是一个很有趣的人啊！"菲利普想着，满脸疑惑。布莱恩解释道："他是这片土地上最著名的贸易商，为人风趣，待人友善，但在生意上却十分严肃。不知是何缘故，他总能赚取到丰厚的财富。"

"……而且他脸皮很厚，做起生意来从来不会觉得不好意思。赚到了便宜后，还总是带着一副无辜的表情。有时候我真的想……"塞拉戏谑地把拳头捶到埃莫瑞的肚子上，不过这肚子还真厉害，竟把小弓箭手的半条胳膊都吸进去了。

“真是坚不可摧啊！”菲利普开着玩笑。

塞拉摇摇头吗，说：“正好相反，要打穿它相当容易，不过把手抽出来可就难喽！”她挣扎要把手臂拉出来，好像还真不是特别顺利。

埃莫瑞哈哈大笑，他鼓起肚子，把塞拉的拳头弹了出去。就好像什么也没发生过一样，他悲伤地说：“噢，你这话真让我伤心。你们知道吗，我正节食呢，已经卓有成效了。”布莱恩和塞拉不信地“噢”了一声。“进来吧，你们肯定都累了。”随后，那三个精灵转身消失在森林中。

埃莫瑞豪宅里的设计比焱想象的要简单很多。整体格局是长方形的，进入大门之后，一个小花园映入眼帘，花园后面才是埃莫瑞的起居室，接下来是客房、厨房、储物间和仆人卧室。所有房间虽然色彩鲜明，却朴实简单。原本以为埃莫瑞是有钱人，装饰住宅肯定会极尽奢华。塞拉和布莱恩解释，埃莫瑞在这片土地的好多地方都有房子，而他其他的房子都装修得堪比皇家宫殿，只是这房子坐落在精灵之城的外部，所以就相对简单一些，以免触犯了精灵。

少年们进入迎客厅，埃莫瑞便开始道歉：“很抱歉，储物室里没有什么好吃的来招待你们，我这些天几乎都不在这里，准备明年的生意让我忙得不可开交。”

“明年有什么重要的事要发生吗？”艾伦问道。

阿玛蓝莎、布莱恩和塞拉异口同声地告诉他：“英雄比武大会啊！”

“哇……”菲利普一下子来了兴趣。布莱恩和塞拉倒也罢了，可是连阿玛蓝莎都说得这么兴奋，那肯定是非常有趣的事情。

布莱恩清了清嗓子：“你们都听说过两个帝国之间那条被施了魔法的界线吧？但是你们未必知道那片沙漠每隔七年就会变成绿洲，回到战争前的模样。”

阿玛蓝莎点点头，补充道：“那时，绿洲中央会升起一个巨大的竞技台，两国身怀绝技之士将在此举行一场武艺大比拼。优胜者将得到荣誉、财富，并且有机会被列入圣贤。”

“对！”塞拉证实，“五十五位圣贤中超过半数的人是通过这个竞技平台而扬名立万的，布莱恩的父亲也在其中。这件盛事也是缓和两国矛盾的一种方式。”

“而且，”埃莫瑞补充，“那一年的贸易额总是高于其他年份。此次我离开这里那么长时间，是因为要准备尽可能多的货物。噢，天哪，说起来我都已经迫不及待了。钱，我是说，顾客，肯定会很多的。”听到商人贪婪的话语，焱咯咯一笑。实在难以想象在一个宏伟的竞技场上比武，并且还被各族民众围观的画面。毫无疑问，那里是一代传奇产生的圣地。焱并不在乎胜败或是短暂的名声，但他明白这样的盛事无疑会吸引很多强大的参加者。这对一个真正的战士来说，是再好不过的战场。

“那是什么事情促使你回来了呢？”布莱恩疑惑地问，“你有比这更好的房子居住，而且此刻正值囤积货物的最佳时机。”

“其实我大部分闲暇时间都在这里度过，这个地方有我最珍贵的回忆。不管发生什么，我都不会永远离开这里。”埃莫瑞的脸上显露出意味深长的表情，“萨菲娜！给我的客人拿点喝的东西过来。”

房间后面传来一个女孩的声音：“是，主人！”片刻后，小女孩走了进来，端着一个木制的托盘，盘上放着几个茶杯和一壶热茶。她和少年们年纪相仿，一头乌黑的长发，棕色的面孔上嵌着一双迷人的眼睛。女孩手上布满了小伤口，明显是长期做苦工留下的。她的衣服虽简单朴素，却也干净整洁，全身上下没有任何首饰，只是脖子上套着一个古铜色的项圈。

焱几乎马上就认出了她——是雳和罗斯在市场上救下的那个奴隶女孩。不过萨菲娜好像并没有马上认出他，直到后来在递茶给焱的时候，女孩几乎惊呆了。她又是兴奋又是欢喜，结果一不小心把那茶水洒在了焱的腿上。

啪！埃莫瑞生气地扇了萨菲娜一耳光，她应声摔倒在地。艾薇斯看到埃莫瑞如此粗暴的行为，生气极了。她几乎是跳着站了起来，可是布莱恩用力按住她的肩膀。埃莫瑞转向了焱，说：“请原谅我这粗俗的仆人，她已跟随我多年，不知今天脑子里盛的是什么？快点起来，给客人道歉！”

萨菲娜没有半点呻吟，她跪在地上颤抖着说：“很抱歉，请……请原谅我。”

焱立刻站了起来，热水烫过的大腿是很疼，但他觉得打在女孩脸上的耳光更疼。“没事了，不用道歉，不过是杯热水而已。埃莫瑞先生，虽然这不是我应当管的，但请您不要再惩罚她了，好吗？”

埃莫瑞点点头，生气地朝萨菲娜喊道：“好吧，现在不罚你。滚下去，快点！”萨菲娜一片惊慌，迅速站起来从客厅跑了出去。大家都认为这件事已经过去的时候，谁知一阵强风刮进房间，把茶壶吹翻在埃莫瑞的手臂上。埃莫瑞痛苦地叫着，从椅子上跳了起来，由于落脚不稳，“咕咚”一声摔倒在地。这一跌让地板都随之颤抖。

听到主人悲惨的叫声，萨菲娜再次跑了进来，满脸惊恐。阿玛蓝莎赶快过去检查埃莫瑞胳膊上的烫痕，布莱恩和其他孩子们趁机悄悄地看着艾薇斯。艾薇斯瞟也没瞟房主一眼，还不乐意地哼了一声。

好在阿玛蓝莎治愈了埃莫瑞的伤痛，所以他并没有追究那阵风。萨菲娜满心感激地替主人谢过阿玛蓝莎，然后把埃莫瑞扶回房间，清除掉衣服上的污物。主仆二人一离开，布莱恩便生气地问艾薇斯：“你到底在想些什么？”

“我正要问你同样的问题呢！”艾薇斯反驳，“你怎么就能在一旁眼睁睁地看着一个大男人欺负一个弱不禁风的小女孩呢？这简直就是野蛮行为，不可原谅！看样子她比我们还小，我们得设法帮助她离开这里。”

“我们不能见到一个奴隶就解救一个啊。”布莱恩争辩道，“你有没有想过那个叫萨菲娜的女孩，她可能是因为没有其他地方可以去，而自愿成为奴隶的？你说得对，她比我们小，但她没有能力自立，也没有可以养育她的亲戚。她的父母若不是真的没有办法了，怎么会让孩子卖身为奴呢？我觉得她继续做奴隶反而会过得好一点。”

艾薇斯气得满脸通红：“你也不听听自己在说什么。在学校的时候，看到有人欺负人，我会毫不客气地找他算账。而且我告诉你，如果再见到这个胖子碰那个小女孩一下，我就把屋顶掀翻，让他随屋顶一起飞走。”

菲利普悄悄地对艾伦说：“我喜欢她的思考方式。”这在菲利普看来不过是句玩笑话，但还是引起了艾伦的担忧。小孩认为“找人算账”有时候会很危险，尤其是像艾薇斯这样具备极强力量而且疾恶如仇的热血少年。

艾薇斯对于布莱恩的说法十分生气，她看着塞拉问道：“听说你曾经被控制了心智，那么为什么现在在这种情景下，你能够无动于衷呢？”

塞拉稍带情绪地站起来：“你这话是什么意思？我没有无动于衷啊！但是无论从法律意义上讲还是从魔法意义上讲，萨菲娜都是属于埃莫瑞先生的。这完全是他的家事，我们能做什么？”

“你说的‘魔法意义’是什么意思？”焱问道。

“塞拉指的是萨菲娜脖子上那个奴隶的标志——项圈。”布莱恩接过话，“那个项圈是用来警醒奴隶们效忠主人的。虽然他们可以自由移动，但项圈会束缚他们，不经主人允许是不能走远的。还有一点你也应该知道，当主人生病或者受伤的时候，奴隶们也会感受到主人十分之一的痛苦。”

“最重要的是，”塞拉接过布莱恩的话，“不要指望杀掉主人而给奴隶自由。依据法律，作为主人财产的一部分，他们会被转交到一个近亲手里。假如主人没有亲戚，他们就会成为皇室财产的一部分。你难道想让萨菲娜经历这些不幸吗？”

“大家没必要为了这件事吵架嘛。”阿玛蓝莎站到三人中间，想让双方都平静下来。

布莱恩深吸一口气，尽力降低自己的声音。既然阿玛蓝莎介入，他就不能再大吼大叫了，他说：“我和塞拉说的意思是，让艾薇斯去询问萨菲娜想不想得到自由，然后我们再讨论剩下的事情，行吗？”焱几乎是立刻站起来朝门口走去。“你干什么去？”布莱恩问道。

“去问啊！”焱回答。艾薇斯听闻便紧随其后，她对焱的反应非常满意，回头用冷峻的眼神瞥了布莱恩一眼。

☆　☆　☆　☆　☆　☆　☆

两人来到奴隶们住的地方，房间不大，陈设也不多，他们很快找到了正在厨房做饭的萨菲娜。焱和艾薇斯进来的时候，她正准备去洗一把舀饭用的长勺，萨菲娜见到他们后立刻鞠躬，对刚刚发生的事情再次道歉。她右边的脸颊上，埃莫瑞的掌痕依旧清晰可见。艾薇斯搭着萨菲娜的肩膀，拉起她俯着的上身：“喂，你道的歉太多了，放松一点嘛！”

也许萨菲娜不知道该怎样回应，所以她只是点了点头，把注意力转到焱身上。让她高兴的是，焱并没有生气，所以她放松紧绷的神经，问道：“您还记得在市场上救过我吗？我还没来得及好好感谢您呢！”焱听到这些话只是点点头，并没有回答。焱的内心深处涌起一阵失落感。那时候是雳出手解的围，人也是他救的。这个名字好久没出现在脑海中了，他们高下未分，而且焱还没有把匕首还给雳。

“姐姐，我清理完仓库了。”一个声音从三人身后传来，一个小男孩走了过来。他和萨菲娜一样，穿着朴素的麻布衣服，脖子上套着一个项圈，一头短短的黑发，一对和萨菲娜一样清澈的眼睛。但是小男孩的眼里燃烧着纯真、热情，而不是萨菲娜那样的平静、温柔。

萨菲娜看了男孩一眼，说：“那么你今天的任务就完成了。噢，对不起，这是我的孪生弟弟——萨夫德。”她急忙介绍着，把他拉到艾薇斯和焱面前。“他也是这里的一个奴仆。过来，他们俩是主人的客人，而且这个就是我说过的救了我的少年英雄。”焱听到萨菲娜的话，再次谦虚地点了点头。

男孩把头歪到一边，从头到脚地打量着焱，说：“我以为他要更高一点呢……哎哟！”话没说完，他便护住头叫喊，因为一把铁勺敲在了他的额头上。“姐姐，你干吗呀？”

萨菲娜像挥动令旗一样挥着铁勺，警告道：“我要你礼貌地称呼人家，否则……”

“好，好，天哪。”萨夫德埋怨着，对焱鞠了个躬，“对不起，先生，请原谅我。”

“现在好多了。”萨菲娜点了点头。

“我什么时候变成你的仆人了？”萨夫德抗议着。

“从你出生的那天。”

“你只比我大一分钟好不好。”奴隶男孩叫板，不料额头上又被敲了一下，“哎哟！我错了，我错了。”萨菲娜拿着铁勺在他面前晃来晃去，直到他不调皮为止。

看着萨菲娜对弟弟颐指气使的样子，再想想她在主人面前的表现，艾薇斯觉得很有趣。“我得想办法使她在众人面前一样不可侵犯，而不只是在弟弟跟前才有尊严。”艾薇斯心想，于是问道：“嘿，你现在有时间吗？我们想问你一些问题。”

萨菲娜看着手中的长勺，小心谨慎地回答：“我还有很多工作要做，所以……”

“我没事了，你们想和我谈吗？”萨夫德天真地问道。这让艾薇斯一时不知该说什么好，所以她只是微微一笑，牵着男孩走出厨房，把焱和萨菲娜留在了里面。

艾薇斯出去后，焱转向萨菲娜，问道：“那你接下来要做什么工作？”萨菲娜回答：“先洗盘子，然后为年长一点的、会做饭的仆人准备做饭的食材，还要到河边打水，把水缸盛满。”“我来帮你吧。”焱温柔地说。

萨菲娜自然不肯接受焱的帮忙，回答道：“不行，您是客人，怎能做这些事情。”

焱微微一笑，说：“那好，但如果我说‘客人想做这些事情’呢？”萨菲娜无可奈何，便没有再反对。在焱的帮助下，盘子很快就洗好了。食材的准备也比焱想象的要简单很多，整个过程并不累人，也没花费很长时间。况且，焱是在寺庙中长大的，做这些粗活累活也是正常不过的事情，这些劳动对他来说并不陌生。

于是他们拎着木桶，在宅子和河流之间来来回回提水。在这期间，焱开始询问萨菲娜和她弟弟是怎么成为奴隶的，谁料姐弟俩不是被卖给埃莫瑞先生的，而是一场恐怖的家庭惨案造成的结果。

萨菲娜清楚地记得他们一家四口生活在森林里的情景：自己、萨夫德、爸爸和妈妈。只有爸爸同外边的世界有联系，所以日常生活非常平静。与世隔绝不好的一面就是他们没有很多钱，不过因为林间有天然的果树、草药，她们可以做出可口的食物。而且，他们还培植了一个蔬菜园。虽然生活简朴，但同时也有很多快乐。

可是，在姐弟俩四岁的时候，家庭的温馨被乌云所代替。妈妈得了一场重病，他们的家庭就如同沙做的城堡一样，在风暴中即刻崩溃。由于药材昂贵，他们需要很多钱给妈妈治病，爸爸不得不到城市里去打工，这也就意味着全家都要和他一起离开。

他们离开森林的那天，天气很好，阳光绚烂。萨菲娜满怀希望，想象着到城市之后，温馨的家庭生活会恢复。她甚至还记得途中和弟弟、妈妈一起在马车后面玩的游戏。

谁承想，灌木丛中跳出来十多个蒙面强盗。她听到一声痛苦的呻吟，随后便看到爸爸倒在了血泊里。惊恐未消，母子三人被拖出马车，脖子上架着大刀。三人正准备接受命运审判时，埃莫瑞和几个奴仆骑马经过这片森林，商人及时制止了这帮强盗的恶行。一阵浴血拼杀之后，强盗便撤退了。不幸的是，爸爸就这样走了，妈妈也身受重伤，即将随爸爸而去。这是姐弟俩一生中最灰暗的时刻，他们抱作一团，看着恐怖的场景，不可抑制地颤抖起来。

可是他们的妈妈非常聪明，她用最后一点力气跪在埃莫瑞面前，请求他带走这对双胞胎，即便是当奴隶使唤。埃莫瑞能在一个陌生人需要帮助时伸出援手，可见他不是坏人。从他的衣着和随从数量也能看出他是一个有钱有势的人，所以他肯定有能力养活两个孩子。对于萨菲娜和萨夫德来说，做奴隶似乎是有点不公平，但这样至少有人愿意收留他们。

“所以我们跪在主人面前说，”萨菲娜用手摸了摸奴隶项圈，好像面对埃莫瑞主人一样起誓，“请接受我们的顺从，我们自愿成为您的奴隶。直到最后一刻，直到我们死去，我们会全身心地为您服务。主人，请接受我们。”

“那你的主人对你怎么样？”焱觉得是时候问这个问题了。

萨菲娜看着焱，仔细想了想，才开口说：“我喜欢我的主人，他救了我和弟弟的性命，小主人死了，他也没有赶我们走。”

“小主人？”

萨菲娜点点头，说：“埃莫瑞主人曾有个儿子，和我年纪差不多大。可是几年前，我们在黑暗森林玩耍的时候，他染上了一种罕见的疾病。那些日子我真的很害怕，我总觉得是因为自己的疏忽才使小主人不幸身亡的，我以为会被赶出去。”女孩看着埃莫瑞的豪宅叹了口气，“我的主人和蔼可亲，也很细心。虽然他打了我，但其实是在保护我。还记得在市场上发生的事吗？我的主人只是不想让我们受到他人的伤害，所以他总是自己先拦下错误，当面惩罚我们。我完全可以理解，真的。”她强调着，努力地向焱解释埃莫瑞打自己的缘故。

“那么你想一直待在这里吗？我的意思是，作为一个奴隶待在这里？”焱看着萨菲娜的眼睛。女孩没有回答，而是低下头，用手指摸了摸奴隶项圈。“我明白了。”焱急忙打住，因为萨菲娜曾发誓自愿成为一名奴隶，所以直接问她这样的问题是没法得到真实答案的。于是焱巧妙地转变交谈方向：“我明白你感激主人，但你长大后该怎么办呢？你的弟弟又该怎么办呢？”

萨菲娜深吸一口气，掩饰内心的惆怅，坚定地说：“既然我已经把自己的命运交给了主人，那么他便有权决定我的未来。他救了我，给我吃的，不管他怎样对待我，我都心甘情愿、无怨无悔。”

“那萨夫德呢？”

“呃……”女孩张开嘴想说什么，但又闭上了。弟弟的命运也握在主人手里，但她却关心弟弟的未来。“我的主人仁慈善良、公平正义，相信萨夫德也会乐意把命运交给主人，但是如果他能走出去，看看外面的世界就更好了。我是说，这样一来，他就能更好地为主人服务了。”她十分谨慎，对自己刚刚说过的话做一番掩饰。

焱微微一笑，说道：“你真是一位好姐姐。”女孩的脸一下子红了，在落日的余晖中泛着亮光，加之奴隶项圈金光闪闪，她看起来更漂亮了。

☆　☆　☆　☆　☆　☆　☆

“什么？”塞拉惊讶地看着焱和艾薇斯，“你们先前说要给一个奴隶自由，现在怎么又想解救两个呢？”

“埃莫瑞先生并没给他们带来任何伤害，而且把他们照顾得很好，我明白这些，真的。”焱解释道，“但是我知道萨菲娜和萨夫德也渴望走出去看看外面的世界，我不知道放他们自由这件事做得对不对，但我的心告诉我要这么做。”

“而且，他们是双胞胎，不管怎样，都只能算一个。”艾薇斯争辩道。她知道这是强词夺理，但她明白萨夫德离不开唯一的亲人。这就是姐弟情啊！

“你们想过没有，他们重获自由之后能去哪里？”

“他们可以和我们一起走，我会保护他们的。”焱回答道。菲利普在一旁看着他执着的模样，不禁露出一丝微笑。

可是塞拉却按着额头，焦虑地说道：“天哪，但愿我们的做法是正确的。”她转向布莱恩，“你以前也同埃莫瑞打过交道，我们俩一起去请愿吧。”布莱恩点点头，两人朝埃莫瑞的房间走去。

好像是在盼望考试成绩揭晓一样，每个孩子都不耐烦地在房间里等着，终于，两人带着萨夫德和萨菲娜回到客厅。他们一进门，艾薇斯就急切地迎上来，可是当她看到那两个奴隶项圈依旧套在二人脖子上的时候，希望仿佛石沉大海。姐弟二人扑通一声跪在艾薇斯跟前，把脸深深埋下去，这突如其来的举动把艾薇斯要说的话噎在了喉咙里。她疑惑地看着塞拉和布莱恩，赶忙把萨菲娜和萨夫德拉了起来。菲利普也十分好奇，心下却猜到了三分，于是问道:“你们谁先解释一下啊？”

“哎，值得高兴的是，在一场紧张的谈判之后，我们达成了协议。”布莱恩回答。

“但是埃莫瑞先生拒绝还他们自由。”塞拉接过话，声音里满是失望。

艾薇斯抗议道:“如果不能给他们自由，那达成协议有什么意义呢？”

“你都不让我们说完。”布莱恩不耐烦地摆了摆胳膊，“也许你们不相信，萨菲娜和萨夫德对于埃莫瑞先生来说非常重要。还记得他说过这个地方对他来说有着特殊的回忆吗？首先，这里是他的儿子——埃穆瑞特的葬身之地；其次，住在这里的萨菲娜和萨夫德对他来说也很重要，因为他们姐弟俩不仅仅是他的仆人，还是他过世儿子的玩伴。因为年龄相仿，埃穆瑞特死后，埃莫瑞已经把他们看作自己的孩子了。实际上埃莫瑞先生一直想给他们自由，并且给予他们除了自由以外的东西。”

“自由以外的东西？”焱重复着布莱恩的话语。

“是的。”塞拉点点头，“埃莫瑞先生认识我和布莱恩，而且他已看出艾薇斯和精灵之间微妙的关系，还体验过阿玛蓝莎出色的治疗能力。所以即便没有亲眼看见，他也会相信我们所讲述的菲利普和焱的英勇。”

“好了，别绕弯儿了，说重点。”菲利普说。

“不要打断我。”塞拉抢过话语权，“考虑到我们的实力，他决定把萨夫德和萨菲娜交给我们六个人，两年之后姐弟俩会被魔法转移到他身边。别激动，听我把话说完。”塞拉看到艾薇斯满脸不解地将要发作，便加快了语速，“回来之后，如果一路所学能使埃莫瑞满意，他保证给予二人自由，并且正式收养这两个孩子。那就意味着姐弟俩能够继承他的财产。你们觉得怎么样？”

艾薇斯捏着下巴问道:“那个胖子说‘要让他满意’是什么意思？”

“这得看在接下来的两年里他们能学到什么东西了。可以学任何东西哦，只要最后结果能出人意料。”布莱恩得意地回答，“我个人认为埃莫瑞先生是真心爱护他们的，而且愿意给他们自由。所以‘让他满意’的可以是魔法或者其他技术。就算这两条路都行不通，他们还可以试着学习武术。不要忘了，英雄比武大会就在明年，在我的精心训练下，谁知道会发生什么呢！”布莱恩自负地笑着，似乎完全忘记了比武大会的参加者是多么强大。

艾伦还是不解:“要是埃莫瑞先生真的想给他们自由，那为什么不直接这么做呢？”

“这个问题很简单。”塞拉回答，“埃莫瑞先生很重视自己的信誉，作为一个商人，他一贯严于律己。如果就这么简单地收养两个奴隶做儿女，那么将会有多少人以同样的方式来接近他呢？他可是拥有上百个仆人啊！你们以为奴仆们都会心甘情愿地服侍他吗？相反，如果他们俩尽全力来争取自由，不管对于他们自身还是埃莫瑞，事情都会好办得多。”

萨夫德和萨菲娜互相点点头，再次跪在地上，他们异口同声地说：“请接受我们作为随从，作为谦卑的仆人，我们会尽可能地服侍你们，就算是付出生命也在所不惜。请接受我们。”

塞拉把脸转向其他少年，问：“你们觉得这个结果怎么样？布莱恩和我已经同意了。如果你们四个也同意，这份协议便会生效。”

这并不是七星少年们想要的结果，他们都不喜欢奴隶制，尤其跪在他们面前的是两个只比他们小一岁的孩子。焱看看大伙儿，然后把视线转向萨夫德和萨菲娜，问：“你们俩对此满意吗？”

“是的，我们很满意。”

焱这才深深地吁了一口气，点点头：“那么在以后的两年里，跟我们一起走吧。”

“谢谢您，焱主人。”双胞胎奴仆一起致意，把腰弯得更低，几乎触到了地面。

焱立刻把姐弟俩拉了起来，说：“请不要叫我主人，我保证不会拿你们当仆人看待。”

“但我怎么能允许自己或者我弟弟不尊敬主人啊！”萨菲娜谦卑地回答。

“话是没错。”艾薇斯走上前，“不过，埃莫瑞把你们的监护权交给了我们六个，也就是说你们必须得听我们的。所以我们的第一道命令就是不要称我们为主人。如果你们觉得不妥，可以在他人面前这样称呼，但私下里坚决不准。明白了吗？”

“是的，女主……我是说，艾薇斯。”萨菲娜再次鞠躬感谢，然后和萨夫德抱在一起欢笑。

艾薇斯转向焱，说：“虽然这样还是让我觉得不舒服，但也只能这样了。”她挽起萨菲娜的胳膊，“下一个命令——好好穿衣打扮。和我一起去找件新衣服吧，要和我们一起走的话，至少得穿得像我们一样。我对这个世界的时尚不太了解，不过你们身上穿的这些衣服肯定不行。塞拉、阿玛蓝莎，你俩一起吗？”女孩们一起风风火火地走出房间，布莱恩咬咬嘴唇，抓着萨夫德的胳膊把他拖出房间，也要给他找套新衣服。

菲利普好奇地问焱：“除了战斗，我可从没见过你这么主动。你脑子里进了什么东西吗？”

焱望着屋顶，若有所思地回答：“我师父曾说，我不是一个格斗者，而是一个战士，我战斗的意义在于帮助别人。不仅如此，他还告诉我帮助人不只是为他们战斗。你不能命令人们改变，你得让他们想要改变。我想我现在开始明白师父的话了。”

“你不会想说要为黑暗带来光明吧？”菲利普开了个玩笑，同时对自己的用词稍感不安。

“不是，黑暗的定义因人而异，我不过是把一块石头扔进平静的湖面罢了。”小战士意味深长地说着，然后走出房间。

☆ ☆ ☆ ☆ ☆ ☆ ☆

夜幕笼罩了整个宅院，埃莫瑞已经为孩子们准备好一顿丰盛的晚宴。萨菲娜和萨夫德洗过澡，换上一套新衣服，赤裸的脚上穿了新鞋。虽然脖子上的项圈使他们看起来和仆人一样，但新衣服还是为他们带来了新的气象。布莱恩把萨夫德装扮成半个猎人，据他所说，在家的时候他就是这么穿的。艾伦认为由布莱恩来装扮萨夫德可能不是个好主意，在穿衣打扮这方面，布莱恩实在是一窍不通。和这个“没有时尚眼光的人”相比，艾薇斯为萨菲娜找了一件时髦的紫色绸裙，上面还有印度风情的刺绣。不愧是艾薇斯，这条裙子极其适合萨菲娜，如此一来，她的项圈看起来更像是个饰品，而不是奴隶的象征。事实上，她简直像个公主，全身都散发着雍容华贵的气息。

晚宴上，埃莫瑞和六颗星要求萨菲娜和萨夫德跟大伙儿一起吃饭，从二人脸上紧张的表情判断，这肯定是姐弟俩第一次与主人同桌用餐。他们开始只吃了一点东西，而且非常谨慎。不过，孪生姐弟到头来还是不一样。和萨夫德比起来，萨菲娜显得极不自然，好像她继承了家族里的“紧张”血统。而萨夫德却越来越显出他那很好的眼光和适应力，在晚宴后半部分，他积极地与大伙儿沟通交流。不管姐弟俩在处理事情上有何不同，要是有一天他们不再把自己当作奴仆，那今天的这场晚宴就当作引导他们的第一步吧。

晚宴持续了差不多两个小时，艾薇斯让大家都早点睡觉，因为明天要起得非常早。埃莫瑞为少年们准备了两个房间，一个男孩住，一个女孩住。虽然这里的房间并不比魔毯里面好，但是孩子们已经好长时间没有在一个真正的屋檐下睡过觉了。

深夜时分，大家都睡熟的时候，焱还在自己的床上练功。练完三四个小时的气功之后，他悄悄地走出宅子，让月光指引他穿过这片静谧的森林。皎洁的月光下，黑暗森林显得更加平和。偶然间，焱看到银色月光下有个女孩的身影，她正一动不动地盯着夜空。“萨菲娜？这么晚了，你在这里做什么？”焱问道。

奴隶女孩迅速转向焱，鞠躬问好：“很晚了，焱主人。希望没有吵到您。”

“你怎么会吵到我呢？还有不要叫我主人了，好吗？”焱走到她旁边。

“是……呃，焱。”她小心翼翼地喊出了焱的名字，然后重新望着天空，“今晚的星星格外美丽，不是吗？”

焱微微一笑，问：“星星对你来说意味着什么？”

萨菲娜思考了一会儿，回答：“是希望，我和弟弟经常对着星空许愿。噢，对了，我还把它们看作债务。”

“债务？”

“是啊，我一直都想还清自己和弟弟亏欠埃莫瑞主人的债务，他给予我们的太多，就像夜空中数不清的星星。我常常想，怎样才能偿还那么多的债务。”在皎洁的月光下，女孩那悲伤又失落的神情显得格外清晰。

听了萨菲娜的话，焱有些吃惊，他第一次觉得她和自己是这么相似。“相信我，我懂你的感受。”焱安慰道，“我也是个孤儿，和尚在河中漂流的篮子里发现了我，然后把我抚养大。我所有的一切，都是他们给的，如果他们有要求，我会全力为他们办到。可是他们一次都没有提过，实际上，我的一个师父还告诉我，‘你的生命是寺庙给的，可是寺庙的生命是更多人给的。与其试图报答寺庙的养育之恩，还不如适时地帮助这个世界’。”焱伸出双手，就好像在拥抱天空。“我的师父还告诉我，他们救了我的性命，只要我睁开眼睛，对全世界敞开心胸，有一天我也许会拯救不只一条性命。”

焱的话充满了正义，他的眼睛像星星一样雪亮。萨菲娜被焱的话所感染，说：“谢谢你！我会一直记得的。还有……还有焱，你是最好的主人，希望你能成为公认的英雄。”

“英雄？”焱起先不解，随之恍然大悟，“噢，你说的是英雄比武大会啊，我……我哪里够格啊……”他意识到萨菲娜正盯着自己，这才发现女孩的眼睛是多么漂亮，在皎洁的月光下，就像两颗闪闪发光的宝珠。不知是出于什么原因，焱感到一阵紧张。萨菲娜正用一种别样的眼神望着自己，不是愉悦，不是好奇，也不是疑惑，而是一种深刻的感动。很长一段时间，他们就这么彼此盯着对方，什么也没说，什么也不必说。

突然，焱察觉到空气中闪过一丝异动，他从地上捡起两块石头。“稍等一下。”他小声地对萨菲娜说，迅速转身。焱将两手一甩，两颗石头同时射了出来，一颗打入了附近的灌木丛里，另一颗飞到了树顶。石头打到的地方立刻传来两声“哎哟”，焱拍掉手上的灰尘，叫道：“菲尔，快点出来。艾薇斯，你也该下来了吧。”听到不情愿的几声嘀咕之后，菲利普和艾薇斯都现身出来。焱随即问道：“我能问问这么晚了你们俩在这儿做什么吗？”

“精灵的睡眠时间是人类的十分之一，对于我来说，睡一两个小时就足够了。”艾薇斯回答。

焱十分惊异，没想到这个精灵少女还真为偷窥找了个合适的借口，他只好转向菲利普，想听听他会编出什么理由来。小魔法师张了张嘴想说点什么：“哎……你也知道……我只是……真的，结果……有趣的是……呃……你懂我意思吗？”

“懂什么？你连一句话都没说完整，我怎么懂啊？”焱质问道。两个女孩在一旁咯咯直笑：“没想到你也喜欢偷窥别人。”

“我没有偷窥，”菲利普辩解，“我只是密切关注着你，你可以把我当作你的守护天使。”

“不要了，谢谢。没有你的话我会觉得更安全一点。”焱转身回房间去了。

☆　☆　☆　☆　☆　☆　☆

第二天早上，艾薇斯早早地在门外等着伙伴们，大家很快就准备好了，萨菲娜和萨夫德抑制住内心的兴奋向主人道了别。毕竟过去这几年，他们把这个地方当成家。说再见的时候，眼泪从萨菲娜的脸颊上滚落下来。萨夫德同样也感到一阵伤感，不过他觉得姐姐有点过于情绪化了，希望主人不会因此而改变心意。

擦干眼泪，说完再见，少年们跟着精灵走入黑暗森林的深处。大伙儿穿过了一条隐蔽的通道，到达一座废弃的精灵城市。这里和埃里森布拉一点也不像，很难想象它竟然曾是埃里森布拉的一部分。即便有精灵的魔法庇护，这里的树木还是在逐步枯死，土壤里没有养分，干旱的地面上满是裂缝。更可怕的是，这场灾难连牢固的树屋都毁掉了，精灵们不得不搭起帐篷。

看着这骇人的景象，布莱恩说："我不知道这是由什么引起的，但我能感觉到从大地上传来的力量要比其他地方弱许多。"塞拉、阿玛蓝莎和艾薇斯都赞同他的观点，都说她们各自的力量被减弱了，只有菲利普和焱并不确定，因为他俩没感觉到有什么异样。

在这座死亡的精灵之城中，有一个月牙形的门，门沿上散发着神秘的光芒。这无疑就是通灵隧道了。菲利普急忙告诉大家使用通灵隧道会出现的时空差异，最后，大多数人领悟到要竭尽所能地快速奔跑才能最早抵达目的地。

"希望你们一路平安，再次感谢你们的帮助，七星少年。你们赢得了精灵族的称赞，我们时刻欢迎你们的到来。"塞瑞拉女士的声音在每人的心中响起，虽然昨天才经过一场激烈的战争，她的声音依然非常温暖，"这扇门将把你们带到离你们目的地最近的一座精灵城，再见了，相信将来我们会再见的。"

"女王陛下，我永远不会忘记您的教诲。"艾薇斯在精灵女王的声音消失之前说道。看来今天萨夫德和萨菲娜不是唯一离开家的人。

焱和菲利普并肩站在最前面，其余少年紧紧跟在两人身后，等待信号。待大家准备完毕，菲利普转向焱，说："进去之前最后一个问题，还记得你昨天说的把一块石头扔进平静的湖面吗？水面会恢复平静，不是吗？"

焱意味深长地说："是啊，可是石头还在湖里啊，它变成了湖的一部分。"他回头看了看双胞胎，"也就因此，湖从此改变了模样。"说完，焱带领大家一起冲进隧道。

第二十二章
夜空下的派对

孩子们在流动着神秘之光的隧道里疾速前行，仿佛穿行于一条五彩斑斓的管道中，还能听到不远处有风雷之声。奔跑相当耗费体力，一刻钟的工夫，孩子们已经累得气喘吁吁，每个人都在揣测还要跑多远的距离。菲利普记得，上次从另一个精灵城市到魔旦城堡花了差不多五分钟的时间，如果以此推算的话，他们刚刚过了沃尔特和艾瑞克的分界线。索拉几乎是在艾瑞克领地的最南端，要到达那里至少还需要半个小时。

突然，隧道颤动了一下。难道是地震吗？孩子们猜想。可彼此间还没来得及交谈，一次更剧烈的颤动袭来，接着是一次更猛烈的震颤。孩子们开始惊慌地尖叫，原本笔直的隧道变得像蛇的身体一样弯弯曲曲。由于震动愈演愈烈，已经不能奔跑或者是继续走动，甚至连站稳都相当困难。孩子们都被迫颠来跳去，就好像是在一张蹦床上玩闹，只不过承接他们的是坚硬的地面。没过多久，孩子们已晕头转向分不出管壁和地面了。正当这噩梦愈演愈烈之时，一声断裂惊心动魄，耀眼的光芒照入隧道，一股强大的能量如漩涡般席卷了他们。

砰！

焱痛苦地睁开眼睛时，发现自己的脸埋进了尘土中，身体趴在一条扬满灰尘的山路上。他环顾四周，发现大家都在，不过每个人都显得十分狼狈。“谁知道刚才发生了什么事吗？”焱摸不着头脑地问道。

菲利普在艾伦的帮助下从一处灌木丛中爬了出来，说：“我觉得……咳咳……这隧道……咳咳……肯定是崩塌了。”

“你觉得？”塞拉讥讽道，安排烈焰去勘察地况，“大家都还好吗？”

“定义一下‘还好’是什么标准。”布莱恩一边咕哝，一边弹去肩膀上的泥土，“为什么每次停下来的时候总是会碰到这种事？”他一通牢骚指出了一个不可否认的事实。

艾薇斯舒展一下身体，说：“至少我们四肢健全地出来了。”

这叫不幸中的万幸，布莱恩认理，不禁平静了许多。他拿出地图，把帝梵格林的全景图投映到空气中，地图显示少年们已经跨过魔法沙漠，不过离索拉还有很长一段路程。“如果没看错，这应该就是艾瑞克皇帝的领地，同时也是八大国王之一——亚道夫国王的管辖区域。”他指着地图上他们所在地的前方，不远处有一个中型城镇，“这个城镇叫梭黎，我爸带我去过。也许我们在那里能得到一些帮助。”

焱摇摇头，说：“除非我们能找到另一条通灵隧道，否则恐怕时间来不及了。”他拿出天眼给的那串念珠，自从通灵隧道回到正常时空的那一刻，念珠就开始接连不断地消失，眼下只剩下一颗了。焱觉得没有必要再解释事情的严重性，在开启这段旅程的时候，天眼曾郑重地告诉他们必须得在最后一颗珠子消失之前到达索拉。现在，只剩下一颗珠子，可是到达索拉仍需几个星期的路程，怎么可能按时到达呢？而且，需要七星会聚在一起才能把异界的孩子送回去，可现在还少了一颗星。

几个孩子再度陷入绝望，他们甚至哭了出来。忽然，烈焰啼鸣一声，盘旋在孩子们头顶。“有人来了。”塞拉警惕地提醒同伴，她通过烈焰的眼睛已经看到异样，“提示一下，过来的是几个少年。”正如小弓箭手所说，三个十四五岁的少年来到大伙儿面前，领头的少年戴着一副破损的眼镜，后面紧跟着一个浅棕色皮肤的男孩和一个卷发的女孩。有趣的是三人的坐骑，看起来跟云朵一样，身体上满是白毛，浑圆的身体比绵羊稍小一点。这种奇怪的生物身体上没有凸显的眼睛、嘴巴和头，能表明它是生物的唯一特征在于一双瘦长的黄腿，和鸵鸟的腿很像。

三个少年停下来，领头的那个看着焱说：“喂，焱，还记得我吗？”

此时，焱才记起他是曾经同罗斯、雳一起救过的那个戴眼镜的男孩。焱急忙点点头，料定他身后的两个孩子也是来自另外一个世界。但那些孩子不是也要被带到索拉去的吗？他们怎么会出现在这里呢？“别告诉我，”焱摸着额头琢磨，“你们来到这里的原因是天眼预料到我们不能按时到达索拉，对吗？”

男孩点点头，回答道：“是的，他告诉我们，如果当初没有设下期限，你们怎么可能这么着急地赶路。而且，他让我通知你们，为了庆祝你们的到来，明天艾瑞克皇帝会亲临这个城镇。“什么！”布莱恩也惊叫起来，他的声音里透露着难以遮掩的兴奋。“天眼还说如果一切顺利，明天结束之前七星便可团聚，我们所有来自其他世界的孩子也将被送回家。”

自不必说，他的话给担忧的少年们带来了些许慰藉。经历这么多生死历练之后，孩子们终于可以回家了。菲利普抚着艾伦的头，曾许下保护他直到把他送回家的承诺差不多就要兑现了。

在去梭黎的路上，艾伦骑上云朵一样的生物。布莱恩向大家解释，这种生物叫“蔻绒”，是一种非常受欢迎的宠物。它们年幼的时候，经常给小孩当坐骑，像婴儿学步车一样。等长大之后，它们的腿就会消失，看起来就像一团巨大的棉花糖。据说它们再长大几年，棉花糖般的身体就会分成许多小的蔻绒，然后再次生出双腿，这个循环会一直进行下去。从经济意义上讲，它们的毛皮光滑柔软，能卖出相当高的价格，实用性也很高。“它太太太太太可爱啦！”许多孩子都嫉妒地叹了口气，争先恐后地聚到蔻绒周围，等着试骑。其实，这些毛茸茸的东西在派对上是极受欢迎的。

到达梭黎的时候，孩子们才知道亚道夫国王已经下令把这个地方布置好给大伙儿接风。而今这里聚集了差不多五十个小孩，超过半数都是从沃尔特帝国解救出来的。这个城镇并没有那么大，也没有那么富裕，大致呈正方形，平铺开来像是一个橄榄球场，正中间是一个广场。城镇的外侧是一片平坦开阔的田地，用作种植。除了市民，城镇周围还驻扎着士兵，据说他们被安排来保护异界少年。同海因城堡的布兵阵势相比，亚道夫国王的兵力真是差太多，城镇里估计只有二十个配备武器的兵将，也许国王想让这个地方看起来更加和平友好吧！

菲利普等人被告知他们被安顿在一个很大的农家，因为屋外是一片田地，地方很大，今晚为了庆祝孩子们的到来，主人打算举办一个派对。穿过街道的时候，大部分的孩子满心想要休息，只有少数几个充分利用这段时间观赏店家卖的首饰和珠宝，了解民风。萨菲娜安静地跟在队伍后方，她偷偷瞟了一眼店主摆出来的玩意儿。“你喜欢那些首饰吗？”焱出现在她身后，他知道萨菲娜身上没有什么贵重的东西，可是她终究是要重获自由的，那么就应该学着拥有自己的首饰。当然这个想法很物质，但是人的天性不就是如此嘛，大家都想让自己看起来漂漂亮亮的。萨菲娜默默地点点头。“好吧，我的钱还剩很多，我可以买给你。”说完，他拿出了一个小袋子，这是天眼赠给他的，他只花过一次，就是买佩剑的时候。

萨菲娜看起来十分吃惊。焱看不出少女是不是乐意接受自己的提议，他猜测以前没有任何人问过她这样的问题，而且她的眼睛里闪过一丝欢喜的光亮。可是，稍做停顿之后，萨菲娜却摇了摇头，“谢谢你，但是一个奴隶是不能拥有任何东西的，所以……所以……”

“嗯……要不这样，”焱把手伸进衣服里，拿出一小瓶紫色液体，“这是一瓶护发产品，是雪之女王城堡里的女巫送给我的，听说它是顶级产品，可以任意改变头发的颜色。你可以帮我试用一下，直到把瓶子用空为止。”他温柔地一笑，把瓶子塞到了萨菲娜手中。奴隶女孩高兴地点点头，紧紧地跟在焱身边。挨着他们的塞拉和艾薇斯都听得清楚，焱和萨菲娜走后，两个女孩兴奋不已，想着今晚的好戏也许不只是个派对。

孩子们走到了城镇东边的一处农家。这更像是个巨大的宾馆，里面配备齐全，有浴室、厨房，房屋后面是片农田。为了晚上的派对，空旷的院落里明显已经被打扫过，有三十多个孩子在帮仆人铺桌子、摆凳子、准备食物。从准备情况来看，今晚是要举办一场篝火晚会了。布莱恩、菲利普、艾伦等分别去帮忙，一个仆人把疲惫的孩子们领到房间休息。

焱走进了男孩休息区，这里的每一个房间都宽敞明亮，足够十个孩子休息，窗户旁的桌子上摆着一盘苹果。焱靠在窗沿往外看，孩子们都在为派对做准备。因为加入了些新“员工”，现在显得更加热闹了。布莱恩正扛着两个大木桶，从储物间里跑出来；菲利普施放挪移咒，让柴火和其他工具从厨房里飞出来。可是，一个男孩不小心把一篮橘子撒在地上，菲利普无意踩到一个。由于目光偏离了挪动的物体，所有浮在空中的工具和柴火都掉落下来，砸到一些搬运桌椅的仆人。所幸菲利普挪动的不是刀具。

焱微微一笑，陷入沉思。的确，这个地方看起来是很平和，但这一切都是真的吗？焱在经历过这么多的事情之后，他总是不由自主地多疑起来。他讨厌被天眼牵着鼻子走，每次只要这个预言家的名字出现在谈话中，随之而来的便是更多的危险。他不知道明天会发生什么，六颗星已经聚集到了这里，但要把所有孩子送回家还需要第七颗星。直到现在，每一颗星的觉醒总是伴随着灾难，一想到这里他就惴惴不安。

什么时候才会结束呢？他心里没底，他甚至觉得眼前这一切只是某些可怕事情的开端。想到这，他不禁感到明天将是漫长的一天。焱再次朝窗外望去，艾伦正向他挥手，菲利普满脸歉意地捡起掉落在地上的器具。

“对不起，无意冒犯。”萨菲娜走进房间，鞠了一躬，“菲利普主人请您前去帮助他。”

焱听到被萨菲娜修饰过的话，不禁一笑，因为他知道菲利普绝不会这般礼貌。他点点头，从桌上拿起一个苹果放在女孩手中，说：“作为女孩子，一件饰物都没有真是可惜，但我希望没有什么规定是不让你吃水果的。”焱朝她眨眨眼睛。

萨菲娜摇摇头，心脏不住地猛烈跳动。等焱走后，萨菲娜默默地倚在门边，看着手里新鲜的苹果。

☆　☆　☆　☆　☆　☆　☆

夜幕降临，一弯新月发出皎洁的光芒，呵护着无数一闪一闪的小星星。或许这是他们此生见过的最迷人的夜晚。大家围坐在篝火旁，美味的食物传来浓郁的香气，木头燃烧发出清脆的声响，整个场面轻松而又愉快。虽然经历过这么多艰难曲折，但此刻大家都并排围坐着谈笑风生，很多人把艰难困苦编成动听的故事讲了出来。

派对如火如荼地进行，布莱恩坐在篝火旁的一个大木桶上，毫不客气地抢过主导权，他手舞足蹈地讲述着他们前两个多月的旅程。当然，他也自吹自擂地往故事里添了不少自己的英雄事迹。几阵掌声响起后，布莱恩开始讲述自己是如何帮助朋友们通过芭布拉女士的三道门，竟然都是他自己的功劳。塞拉终于愤愤不平，揭竿而起，悄悄地点燃了布莱恩脚下的木桶。“我好像闻到了一股焦味。”话还挂在嘴角，布莱恩已经狂奔着跳进水桶里，他生气地握着拳头，一瞬间，塞拉坐着的地面出现了一个陷阱，她冷不丁地跌倒，一整盘食物撒了一身。然后又是那幅“追命”的画面，塞拉把手举起来，朝布莱恩发射小火球并愤怒地叫喊着：“好！你有本事就跑快点，不然你就等着被烤熟了当菜吃吧！”

被人追命的时候，布莱恩还是闭不上嘴巴，他还不断向塞拉喊道：“你最好也小心一点，吃了我会让你身材走样。”

菲利普在一旁哈哈大笑，他突然想到了一个好主意，如果六颗星共同表演出自己的绝技，那必定十分有趣。他的建议马上得到了大家的认同，那些被艾瑞克皇帝召集起来的孩子们从来没机会见识到七星的威力，而且大部分孩子明天就要离开了，他们都想看一看传说中七星的神通，毕竟他们是被七星给拖到这个世界来的。

艾薇斯建议阿玛蓝莎唱支歌助兴，众所周知，美人鱼拥有世界上最美妙的歌喉，阿玛蓝莎前身是个美人鱼，所以她的歌喉肯定是最为动听的。当然有好声音的地方需要演奏好的音乐，艾薇斯毛遂自荐，吹长笛为阿玛蓝莎伴奏。在埃里森布拉的时候艾伦好像还蛮喜欢，所以她渴望在场的每个人都能喜欢。布莱恩也停止了逃跑，他想用土变些戏法赢得好评。不过塞拉又发射了一些火球，迫使他不得不从舞台上退出。至于小弓箭手自己嘛，她和烈焰一起为这个派对制造出一些美丽的烟花。“你应该先准备点水，以防万一。”布莱恩对一个仆人低语，说完又跑了。

对表演的提议唯一不乐意的是焱，他从来就不喜欢表演，尤其是菲利普建议他为大伙跳舞。“不要！”焱立刻拒绝。他学过那么多的武术，就是不曾学过跳舞。不过，菲利普早已想到了这一点，所以他建议焱为大家舞剑。在大伙儿的几番请求下，焱终于投降了。菲利普朝艾伦挤挤眼，做出胜利的手势。

舞剑即将开始，菲利普把剑递给了焱。在焱抓过剑柄的时候，小魔法师默念几句咒语，轻轻点了一下剑鞘。表演正式开始，首先是艾薇斯吹奏长笛，这次她选择了一首欢快的乐曲，声音好似白兔在草丛里跳动，又好似鸟儿在树林里嬉戏，许多人沉迷其中，竟跟着调子拍起手掌。

醉人的乐曲清脆悠扬，阿玛蓝莎双手紧握放在胸口，曼妙的歌喉如花绽放：

“浩瀚海洋，我曾徜徉；
浑厚大地，生机昂扬。
绿草芬芳，惠风和畅；
美丽河山，流连忘返。

珊瑚林立，我曾嬉戏；
壮哉大地，我已心怡。
创伤苦痛，有人能懂；
心中温暖，酣饮甜蜜。

挚爱姐妹，相伴相偎，
亲密友人，战斗无惧。
妙语良言，浸润心田；
意兴阑珊，杯碗斟满。
朋友一时，相许一世；
守护人生，宁死不负。

未来之光，暂无定数；
我亦不悔，勇敢面对。
了然于心，心如明镜；
众志成城，凡事必胜。
了然于心，心如明镜；
热情激荡，斗志昂扬。
美好天地，成就壮举。”

在阿玛蓝莎美妙的歌声中，焱拔出了剑。人群中立刻发出一阵惊呼。剑刃被一圈白光环绕，稍一挥动就散落出点点星光，像无数飞舞着的萤火虫。焱看着菲利普施下的奇妙魔法，爽朗一笑，开始舞动身体。剑随着他的身体舞动，晶莹的星光随着剑浮动。每次剑刺向前方时，一束亮光便射入人群，点点流光如雪花般落在人们头顶;每次旋转跳跃时，他的身体也会消失在荧光之中，仿佛舞者在云端漫步。

菲利普得意地上前，这样的场景让他想起安娜。他深吸一口气，抓起一把灰尘扔向空中,一道金光闪过,灰尘竟幻化成千千万万只漂亮的蝴蝶,翩然飞舞在三位表演者身边。

看到眼前这美丽的景致，许多孩子都不由自主地伸出双手要抓一只蝴蝶或者捧一把荧光。至于塞拉，她转向烈焰说:“是时候登场了，可不能让他们占尽风头。”一声鸣啼之后,烈焰冲入天际,全身燃起熊熊火焰,化成一只凤凰。小弓箭手射出一支带火的短箭，把观众的目光引向夜空。随着火箭爆炸，火星在空中排布成环形，而烈焰则甩动燃烧着的凤尾，俯冲、滑翔、盘旋上升，每个动作都极尽美丽，塞拉和烈焰用自己的激情装饰了整片夜空。

“姐姐，我们的男主人和女主人都好厉害啊，对不对?”萨夫德在一旁欢呼。萨菲娜点点头,可是她的视线从没离开过焱。荧光随着小战士的剑腾起,变成雪花降落下来，其中一片轻轻落在了萨菲娜手上，女孩满怀希望地握着这片雪花，紧紧地贴在心口。

☆　☆　☆　☆　☆　☆　☆

派对持续了几个小时，艾伦的眼皮渐渐止不住下垂。菲利普见状站起来，建议派对到此为止，明天还要觐见艾瑞克皇帝，必须要好好休息一下。孩子们开始四散离去，塞拉目送一个个离去的少年，发现萨菲娜站在原地左右观望。她走过去，问萨菲娜在寻找什么，女孩脸色绯红，羞怯地说:“我……我怎么没看到……焱主人……”

“喔!”塞拉咯咯一笑。

“我……呃……我是说……焱主人在舞剑之后肯定是又累又渴……所以我……”萨菲娜的脸变得更红了，她紧张地掐着手指。

塞拉笑得更放肆了，她指着田地边上的一垛干草堆，说:“我看到他往那儿去了，玩得高兴点哟!”她在萨菲娜身后强调最后一句话,然后迅速捂住嘴巴,不让自己笑出声来。

干草堆差不多有两米高，萨菲娜借着皎洁的月光，在草堆间安静穿行。她发现焱在一个草堆旁盘腿坐着，他眼睛紧闭，双手握成心形放在腿上，头发随微风飘动，身体没有移动分毫。如果不近看，可能会误认为是一尊佛像呢!

“萨菲娜，你有事找我吗?”焱突然问道，不过眼睛还是紧闭着。

萨菲娜很是吃惊，她不知道焱具有如此敏锐的察觉力。她慌慌张张地从藏着的地方走了出来，说:“对不起，我没想打扰你。”

焱微微一笑:“没必要责怪自己，‘在喧嚣中找寻宁静’是把练气付诸实践的一种方式，这是我多年来坚持做的功课。”

“‘练气’?听起来很有趣。”萨菲娜看着焱一动不动的身体。然后,她鼓起所有勇气,问道："我……我能坐这里吗？我会很安静的。"

这个问题倒是出乎焱的意料，他睁开眼睛，平和地看着女孩，问道："你确定吗？现在有点冷，而且会很无聊。"可是萨菲娜执着地点点头，蜷缩着身体坐在草堆旁，安静地注视着焱。其间，焱已经完全进入冥想状态，切断了和外界的一切交流。女孩坐在旁边真的很无聊，不过，从她的脸上看，她已经非常满足了。

附近的一棵树顶上，一只小鸟藏在树枝间观看着两人对话的全过程。这只小鸟正是烈焰，通过她的眼睛，塞拉也看得一清二楚。不过她越看越是生气，于是躺在床上嘀咕："真不敢相信这些男孩怎么就这么笨，这么不成熟！尤其是焱！他能带领一支军队赢得胜利，怎么一点都不懂女孩的心呢？我甚至把烈焰派出去了，这样我就能看到全过程……哎……他太让我失望了。"

"什么？焱做了什么错事吗？"一旁的艾薇斯好奇起来。

塞拉不耐烦地摇摇头，说："没有，就是他什么都没做，这才是问题所在。"她又通过烈焰的眼睛观察，发现焱还跟雕像一样盘坐着。她再次重复道："他什么都没做，甚至一动不动！噢，可怜的萨菲娜。"她叫着做了个掐人的姿势。"那个焱，我真想……哎……"艾薇斯见状，咯咯一笑，她靠在窗栏上，想象着一个真正浪漫的人会是什么样的。

先不管这两颗爱偷窥的星，回头看看焱和萨菲娜。时间安静地走过，焱就这样沉醉在自己的世界里，让"气"在身体里一圈圈地循环，他满脑子都是师父们教给自己的东西。不知不觉，今晚的练气已经功德圆满。一睁眼，他就呆了，因为萨菲娜正躺在离自己一米远的地方。罪过！他完全忘记了萨菲娜。

焱轻轻地转身，意识到萨菲娜已经睡着了。女孩身体蜷缩成一团，钻到厚厚的草堆里。她的面色平静，还带着浅浅的微笑，一阵冷风刮过，她双腿一缩，两臂颤抖着紧紧抱住。焱摇了摇头。他不明白萨菲娜为什么就这样睡着了，自己劝告过她晚上会很冷的，不过现在已经这样了，得先让她暖和暖和。人家正睡得熟，把她吵醒有些不合适，抱着她回房去更不合适，因此，焱迅速跑回房间取来自己的毛毯，轻轻地盖在了萨菲娜身上。之后，他便松了口气，坐在熟睡的少女旁边看着这轮新月。

黑夜很快被黎明取代，在清晨清新的空气飞入萨菲娜鼻子里时，她慢慢地睁开了眼。视觉清晰的那一刻，她的眼睛立刻睁得滚圆，身体里每一根骨头好像都被闪电击中了一样。就在她视线前十厘米的地方，焱也睡着了，他们两个的鼻子离得是那样近，萨菲娜能感受到焱呼出的暖流吹在她的鼻尖，有点痒。看到盖在自己身体上的毛毯，她很快就厘清了事情的缘由。

焱给自己盖毛毯的情景涌现在脑海中，就好像跳进了滚烫的浴池，少女的脸变得通红，心脏像打鼓一样跳得咚咚响。恍惚中，她飞快拉起毛毯盖住自己尴尬的表情，对于这种奇怪的感觉，女孩陷入迷惑和混乱，她不知道是应该继续留在这里还是离去。

萨菲娜沉迷于自己奇怪的感觉中，她发现眼前好像出现了幻觉。她感觉焱的脸离自己的脸越来越近，她的心在沸腾，喉咙里一阵干热。有那么一瞬间，她甚至觉得自己要窒息了，然后是一阵解脱，或者说是一阵失望。焱咳嗽了一声，把脸转到另一边，然后打了个大大的哈欠。

见焱从睡梦中醒来，萨菲娜慌乱得像只兔子，跳着站了起来。“早上好。睡得怎么样？”焱问道。可是萨菲娜没有回答，而是背对着焱，手上还紧紧地抓着毛毯。焱站了起来，真诚地问道：“你还好吗？没感冒吧？”

“没……没有……”萨菲娜轻声回答，卷起毛毯，“我……我正要把这个放回去……”说完便一溜烟跑了。不过，跑出去几米后又停了下来，她转过身，绯红的脸颊上绽放出一个笑容：“谢谢，你也早上好。”然后留下焱莫名其妙地站在那里。

萨菲娜在回廊上跑，不料撞到了塞拉。“嘿，小姐，慢点走，小心伤到自己。你每天早上都起这么早吗？”塞拉问道，不过看到少女手中的毛毯和背上残留的枯草，塞拉唏嘘不已，“噢……”

“早上好！”这时艾薇斯也走出房间，当她随着塞拉的眼光望过去时，也露出了同样惊讶的表情：“噢……”

萨菲娜手足无措，尽全力解释：“不是，不是你们想的那样，什么也没发生……”可此刻是百口莫辩啊，这下她们俩要取笑她很长一段时间喽！

不管怎样，塞拉和艾薇斯还是压抑住好奇与取笑，让萨菲娜过去了，她还是羞怯地把脸庞埋进毛毯里。看着萨菲娜的背影，艾薇斯说：“我觉得昨晚我俩把话说早了。”

“我同意。”塞拉更失望了，“那个狡猾的混蛋，竟然欺骗我们。唉，萨菲娜会选谁做导师已经显而易见了。”说完和艾薇斯一起笑了起来。

第二十三章
怪兽的袭击

昨晚的欢歌笑语还隐隐回荡在孩子们心里，大伙儿意犹未尽，希望能得到更多这样放松的机会。不过少年们还是严肃下来，整装列队准备好迎接艾瑞克皇帝的驾临。街道上，人潮也汇聚到中心广场等待皇帝。焱不时望向萨菲娜，可是女孩却有意回避。小战士不解，难道是自己做错了什么事情？当问及萨菲娜时，她只是一个劲地摇头。焱可以轻松解读一个杀手的行为，可却猜不出一个女孩的心思，只好专注于接驾的事。他把手伸入袖子，取出天眼给的那串念珠，眼见最后一颗珠子慢慢消失在掌心。时间到了！

像准备好了似的，天空准时出现一个巨大的黑洞，十艘飞船从里面驶了出来，停在城镇正上方。一艘主舰在中间，周围由九艘稍小一点的飞船围着。船舰一律是由木材建造而成，想必被施过魔法，因为船舰没有翅膀竟能飘浮在空中。那九艘小飞船看起来像十八世纪的英国战舰，船头呈尖刺状，而主舰看起来像古代中国皇家船只，船头是平面式的。

“这样的盛况可不是每天都能看到的哟！”菲利普赞叹道。

“这也不尽然，要是你住在首都，你每天都能看到。”布莱恩更正了他的话，“我能看出来，今天艾瑞克皇帝乘驾的还是小型航舰。若逢更隆重之事，他的航舰要更大。”

塞拉点点头说：“同沃尔特皇帝一样，越大越好，气势磅礴，毕竟是权力的象征嘛。”她叹了一口气，语气里夹杂着对此行径的失望和不满，“这个世界上的飞船都是用一种珍稀木材制造的，这种木材一旦被砍断就会浮于空中。喂，布莱恩，从旗帜上可以判断，那九艘小一点的飞船是亚道夫国王的 D 级战舰吧，船上驻有魔法师，两侧还配置四门魔法炮……噢，里面还应该设置了力量场？很不错嘛！”她边说边看着那几艘护卫舰，每艘上面挂着蓝色旗帜，旗帜上画着黑狼踏云的图案。

“这些装备现今都是船舰标准配置，甲板都做了加厚处理。”布莱恩颇有学识地解释，“那艘主舰明显是皇家 A 级战舰，虽不是最具战斗力的，但比起那些小船要强大得多。它能携带很多士兵，我估计可以装载三百名甲士。噢，希望有一天我也能得到一艘。”布莱恩感叹着。

说话间，皇家战舰上放下来几艘救生艇大小的船只，每艘上面站着两名士兵。菲利普悄悄地问焱：“你看这势头怎样？”

焱坦率地回答：“如果同这些士兵战斗，恐怕他们的战斗力远在我们之上。不只是因为他们数量多，我已经感觉到那几艘船上有几个气场强大的人，尤其是那艘主舰。无论如何，我们要多加小心，和他们保持距离。”

“明白了。”菲利普把艾伦拉到身边。

那些小船落地之后，船上的一个士兵大声宣布：“我奉艾瑞克皇帝之命，来请六颗星和他们的伙伴们登舰。请上船，尊贵的陛下正等着你们。”少年们没有任何有关去与不去的讨论，很明显，除了服从命令别无选择。而且，孩子们认定觐见皇帝是回家的必经程序。于是，大伙儿一个接一个登上小船，然后被带到了那艘巨大又豪华的皇家战舰上。

登舰之后，孩子们见甲板上放置着一个宝座。毫无疑问，那坐在椅子上的人就是尊贵的艾瑞克皇帝。不过，没人能看清楚他的长相，因为在他的宝座上撑着一把金色华盖，华盖边沿垂着一段金色纱帘。宝座两旁站着骑士和皇家护卫，尽管是接见孩童，他们一样盛装出席。

离皇帝最近的两个侍驾好像是极为重要的人物。右边的男子留一头金色长发，方脸，一对闪闪发光的蓝眼睛，身着一身蓝色铠甲，披着一件蓝色斗篷，头上戴着一个镶有钻石的金色皇冠；左边则是一个身材魁梧的骑士，身穿厚重的银色铠甲，披着一件黑色斗篷，身材极其魁梧。骑士表情严肃，左手握着腰间的一把宝剑。“爸！”布莱恩忍不住叫出口，不过他立刻闭嘴，不再言语。菲利普眼睛一转，看来左边的骑士就是康拉德爵士，九大骑士之一，而右边那人肯定是八大国王之一的亚道夫国王。

烈焰在塞拉耳畔低语几句，小弓箭手压低声音翻译给大家听：“艾瑞克皇帝有些奇怪，即便是凤凰之眼也只能看到帘内有一道白光，而看不出人形。”

“你是说里面的艾瑞克皇帝是假的？”菲利普悄声问道，他更加担忧了。

焱摇摇头，说：“不，我能清楚地感觉到一个人的气在流动。”但为什么烈焰看不见艾瑞克皇帝的身体？焱也有种不祥的预感。

“前来拜见艾瑞克皇帝的人，跪下！”康拉德爵士命令道。布莱恩、塞拉和阿玛蓝莎几乎是立刻跪在了地上，后面的艾薇斯和其他孩子也都跪下了，除了焱和菲利普。“男孩，没听到我说的话吗？”骑士再次命令道，气氛立刻变得紧张起来。

“唉，你们两个……”布莱恩惊慌地提示，可让他沮丧的是两人充耳不闻。

焱清了清嗓子，鞠了个躬，回复道：“陛下，请原谅我的无礼。我不是您的臣民，而是一名战士，战士不向任何人下跪。”

菲利普立刻接过话：“我也一样，我不是您的臣民，也没有任何意愿成为您的臣民，所以我也不会下跪。”话音一落，帘子里面传来一阵短暂的笑声，大部分的孩子胆战心惊。周围的士兵已经进入警戒状态，准备随时处死这两个无礼的少年。

在这如此紧张的时刻，一个士兵从宝座后方的甲板上跑过来跪在皇帝面前，打破了双方的僵持：“陛下，传感器监测到有不明物体向我们飞来。”大家面露疑色，向远方的天空望去，只有康拉德爵士一直盯着这些孩子，目光不曾游离。

“在那边！”一个男孩叫了出来，指着远处的天空。那里已经可以看到一群黑点，它们正在急速逼近。从入侵者的形状来看，它们是一种飞禽……“翼指龙！有没有搞错，这里怎么会有侏罗纪时期的翼指龙？”一个女孩惊叫不已。虽然这女孩说的不是虚言，但几个视力好的孩子发现虽然这些飞禽和翼指龙非常相像，却仍有很多不同之处。它们的身体较为肥大，黑色的表皮，矫健的利爪，脊背上还竖着一根根锋利的骨刺。

“噢，没错，它们就是翼指龙。”塞拉解释道，“许多恐龙时代巨大而古老的生物在科学世界已经灭绝了，但是在魔法世界里它们依旧生存得很好。大部分古生物生存在与世隔绝的地方，所以我们很少会碰到。”

“可是翼指龙有角吗？”

“既然逃脱了灭绝的命运，这几千年来，他们在魔法世界里都进化了。”小弓箭手剖析，但声音里有些许苦涩。

布莱恩看着她，忽然想起塞拉说过她的子民曾遭受一群食肉怪兽的袭击，她为此牺牲掉许多受伤的战士。这些不会就是故事里的怪兽吧？“你还好吗？”布莱恩关切地问道。

塞拉听到他的问候稍做迟疑，无力地一笑：“嗯，我很好。它们不是曾经袭击我部落的怪兽，但它们的外形却十分相似，给我带来了很多不好的回忆。”

怪兽渐渐现形，另一个士兵匆匆跑过来报告道：“陛下，我们监测到了三百多只翼指龙。”

右边的亚道夫国王走上前，说：“陛下，请允许我为您击退这些入侵者。”他手臂一挥，“现在听我命令！驻船魔法师发射信号，通知其他船只准备战斗。”一个身着灰色长袍的男子跑到船头，手指指向天空，只见三枚有着红、黄、绿三种颜色的彩色光球快速升入空中，炸出一道夺目的亮光。九艘船上立刻布满士兵，九艘船上的魔法师也向天空射出同样的火焰以示回应。

亚道夫国王转向刚刚跑进来的两个战士，命令道：“传令下去，三艘船留下保护陛下，其他船只都随我战斗，我将亲自率领战舰指挥作战。还有，打开底层舱口，让飞马骑士都参与作战。去吧！康拉德爵士，这里交给你了！”他看了一眼强壮的骑士，便和三个士兵一起跳到一只小船上，然后飞向一艘护卫舰。

亚道夫才离开，孩子们的脚下就传来一阵颤动。几个孩子跑到船头，发现皇家战舰平坦的船头已经打开，许多白色的飞马载着骑士冲入天空。每个骑士都是精神抖擞，他们手上拿着矛和盾，英勇神武。焱看到那些漂亮的飞马不禁想起自己的坐骑——白雪。

待舱内的飞马骑士倾巢而出，康拉德爵士抬高声音，可是眼睛还是盯着那群孩子：“升起结界，开炮！”士兵们立即投入战斗，主舰通体裹上一层魔法屏障，没有颜色、没有形状，旁人可以看见是因为太阳光会在它的表面折射。刹那间，皇家船舰两侧的四门大炮打出威力极强的炮弹，好像惊雷一般。那些魔法大炮发射的炮弹没有烟灰火花，只是一道白亮的光芒闪过，白光碰到怪兽便幻化出一个黑洞。黑洞近旁的所有生物全被吸引进去，消失不见了。飞马骑士则被分为四组，每组负责一个方向上的攻击，亚道夫国王的船只用甲板上的士兵发射利箭，让魔法师施放摧毁咒为飞马骑士提供火力支援。

虽然将士们尽力截击，但是翼指龙仍不免有一些穿过防线，开始袭击地面的民众。康拉德爵士听到这个报告，再次抬高嗓音：“传令下去，让三艘护卫舰组成一组，呈三角形包围主舰和下面的城镇，然后在整个区域外层布下一个能量场。无论如何，一定要保护好陛下和本地居民。”

三艘护卫舰以品字形定位，船头射出三道能量波彼此连接，一个能量场像巨大的屋顶一样罩着整个区域。能量结界的覆盖范围宽阔而且牢固，翼指龙前赴后继要冲破结界，不料结界表面生出一道道电光，电得怪兽四肢麻木，不得不退后。

淼饶有兴趣地观赏着整个过程，假想海洛德要是拥有一支这样的军队，那么拯救精灵族就是痴人说梦了。噢，天哪，那天我赢得好侥幸啊！在淼继续观看亚道夫国王军队的反击时，他听到地面传来不寻常的噪声。大伙儿移到船舷探头巡视，看到地面扬起浓重的灰尘，接着，许多长约十米的巨大蠕虫从地底钻了出来，蠕虫嘴里是一圈一圈的利齿，它们的身体如钻洞机一样。虫子在地面钻上钻下，经过的地方房屋坍塌，道路摧毁，安静的小镇因此变得异常喧嚣。

见到这般景象，康拉德爵士不觉为之一震，说："那是盖亚蚯蚓，它们可是被封存在地下的。到底是谁放它们出来的？"然而，爵士的注意力刚一分散，更让人意想不到的事情发生了。淼和菲利普身后射出数条黑绳，径直冲向艾瑞克皇帝。片刻间，金色纱帘被扯开，宝座被摧毁，皇帝已经被那股力量击飞到甲板上。

"什么！"

"陛下！"

"不好！"

人群顿时炸开了锅，康拉德爵士立刻拔出长剑，剑光一闪，那几根扎进皇帝身体的黑绳便被砍断了。骑士大呼："士兵们！保护我们的皇帝！"他有力的话语叫醒惊慌的士兵，短短几秒钟，这个被击倒的统治者就被里外三层的士兵环绕起来。

菲利普等人也反应过来，顺着黑绳望去，发现袭击来自少年中的一个少女。那几根坚韧的绳子是她的黑发，不知使了什么魔法让它能够伸缩自如，看起来非常吓人。这个女孩眼球深陷，脸上带着一个邪恶的笑容，好像着了魔一样。塞拉立刻认出她是在海因城堡里救下的一个女孩。她为什么要这么做呢？她又是怎样让自己的头发变得这么长、这么坚韧呢？

康拉德爵士走上前来问道："孩子们一上船，我便察觉到一股邪气，原来是你！告诉我你的名字，还有你为什么要袭击我们的皇帝？"

女孩疯狂大笑："你死之后再问我吧！"然后头一摆，那些头发像是活了一样抽向骑士。康拉德爵士拉掉肩上的斗篷，用它抵挡强有力的袭击。斗篷自然没能抵挡住头发的撕扯，但足够让其停顿。英勇的骑士利用这短暂的停顿，把剑戳向前方，剑尖划出一道力量波，完全斩断了钻进斗篷的头发，然后如飞刃般投射出去。可惜稍稍偏离了那个神秘的女孩，在船头打出了一条很深的裂缝。

"厉害！"淼对这股力量赞叹不已。他可以感觉到骑士身体里的气汇聚到剑尖，然后像炮火一样喷发出来。这和气刃十分相似，但力量上却不可同日而语。"你的爸爸好强大啊！"小战士转向布莱恩说。

不过，女孩并没被骑士的力量吓倒，反而发出一阵怪异的笑声。她惊呼着:“不愧是九大骑士之一的康拉德爵士，久仰久仰。但是我不会让你这么简单地就结束游戏。”说完她的头发再次伸展开来，这次袭击没有针对骑士，四散的头发缠绕住孩子们的腰和四肢，把他们拖到康拉德爵士的前面，想要以此挡住他的进击。

“菲尔，救我！”艾伦叫喊着，他想要扯断缠绕在腰间的头发，可是每一根头发都坚如钢索。

“艾伦！”菲利普变成一股黑烟，逃出了捆住自己的头发，他迅速施下两个咒语，可是却被另一束头发挡住了。艾薇斯的反应同精灵一样灵敏，很容易便从束缚中挣脱了出来，她顺手把几把月牙飞镖扔进头发稠密的地方。宛如切豆腐一般，旋转的刀刃轻而易举地切断了如钢丝般坚韧的头发。所有孩子都挣脱出来，唯独艾伦深陷其中。

神秘少女迅速跳上船舷，艾伦被捆绑在她的长发上。她喊道:“我的猎物到手了，现在要好好玩弄一番。我会在中心广场等着你们，七星，不要迟到。”说完，她便从船头跳了下去，艾伦也随之一起掉下船去。菲利普内心大骇，急忙跑到船舷边。只见那个疯女孩和艾伦从船上跳下去，碰到保护这艘战舰的能量结界，两人立刻被生出来的电流吞食。艾伦发出一声哀号，失去了意识，可是女孩却毫发无损地穿过结界，从五十米的高空轻巧落地。落地之后，她就带着艾伦朝中心广场跑去，一路发出邪恶的笑声。

“我们必须抓住那个女孩，不能让刺客逃脱。”康拉德爵士命令道。

没想到，布莱恩握紧拳头上前请求:“康拉德爵士，请把那个女孩交给我们吧。”他看着父亲的眼睛，努力让自己的眼神看起来沉稳且自信，“我们是把她带上船的人，我们也应该为之负责。作为一个扈从，我必须抓住她以证明我们的清白。”

“你知道你在向我要求什么吗，孩子？”康拉德爵士严肃地说，“如果没能逮捕这个刺客，你永远都不能成为一名骑士了。”

“是的，我知道。”布莱恩毫不迟疑，“您曾告诉我，骑士称号不是别人给的，而是自己去赢得的。在过去的几个月里我得到成长，变得强大，就让我证明给您看吧。”他指着地上的城镇居民，“我还记得您说过骑士的职责就是保护弱小，现在那些人需要帮助，他们的生命已经处于危险之中，我们要不惜一切代价保护他们。因此，我再次恳求您让我们来对付这个刺客，而您可以领兵前去营救其他民众。”

父子俩进行了短暂的眼神交流，康拉德爵士下令:“关闭结界，让他们下去。至于我们，准备战斗！我们必须阻止那些蠕虫杀害平民。”然后，他拔出一个士兵的佩剑交给了小扈从，“你只有三十分钟的时间。”

“足够了。谢谢您，父亲！”

“好啦！我们走吧。”焱感动地看了布莱恩一眼，转向那些没有任何御敌能力的孩子们，“你们待在这里会很安全的。萨菲娜，你也是。”望着萨菲娜担忧的面孔，小战士微微一笑，问:“大家都准备好了吗？”

“好得不能再好了！”艾薇斯召唤风之漩涡踏于脚下，嗖的一声冲入蓝色天空。塞拉为了跟上精灵少女，她让烈焰变成火凤凰，火凤凰扇动绚丽的翅膀跃过飞船，塞拉敏捷地跳到她的背上。就这样，塞拉和艾薇斯一起向地面俯冲过去。至于焱、菲利普、阿玛蓝莎和布莱恩，他们潇洒地从船舷边跳了下去，在离地面几米高的地方，菲利普伸开手臂，用一股无形的力量将伙伴们轻轻放在地上。

七星少年径直朝中心广场奔去。一路上，他们谨慎地躲避着那些蠕虫钻出来的洞并与塞拉和艾薇斯汇合。焱看着蠕虫带来的毁灭性的伤害，问道：“喂，布莱恩，你爸爸说那些蚯蚓已经被封印，这是什么意思？”

布莱恩点点头，回答：“我听过一个传言，说这个地方曾是盖亚蚯蚓的巢穴，后来艾瑞克皇帝派巫师过来将其催眠了，然后封印起来，后来这片土地就回归了平静，小镇才得以建立。据说这封印是永远有效的。”

“嘿，‘永远’这个词在这个世界总是很短。”菲利普说笑着。这时他们已抵达中心广场，那个邪恶少女正等着他们，艾伦仍旧被她的头发捆着，麻木地悬在半空。“不管你是谁，先把他放下来！”小魔法师指着女孩说。

女孩咯咯一笑：“呵呵呵呵呵……我们见过一次，你们这些孩子不记得了吗？”在她大笑时，她的头发像茧一样裹住了自己的身体。没过多久，那个女孩的身体便完全被遮盖住，长发塑成了一个高挑的女性轮廓，一顶皇冠戴在她的头上。

“不可能！你……你是……”塞拉看着眼前这个女子的轮廓简直惊呆了，那身形除了六大女王之一的奥莉薇雅皇后还会有谁？塞拉满怀仇恨地叫道：“我不再是你的仆人了，奥莉薇雅皇后，这一次我要你为你所造成的伤害付出代价。”

“这我倒要见识一下了。”皇后漫不经心地回应，“我的真身不在这里，我只是借用这个女孩的身体说话。想伤我的玩偶就请便，但要想伤我啊，你们还不配。”

塞拉握紧拳头，她也曾经被血誓所摆弄。这意味着打败面前的这个少女，只不过是伤害甚至是杀害一个无辜的人。“你难道不会对你的所作所为感到不安吗？”塞拉问道。

“能从一个职业士兵口里听到这些话我倒是十分吃惊。和你相比，我几乎是个圣人，我不曾将受伤的士兵送到战场上，更不曾让他们白白送死。”女人的头发随着声音左右摆动。

“你错了！”塞拉反驳道，“我在那个山谷里做出的决定正是为了保护子民的安全。”

“当然，从某种意义上来说，现在我做的事情也是为了保护我子民的安全。所以我们很相似。”奥莉薇雅皇后辩驳。

看着这个邪恶的皇后想用自己扭曲的逻辑来迷惑塞拉，焱插入谈话：“既然我们现在要讨论‘你在这里做什么’这个话题，那就请你告诉我，为什么要拿艾伦做人质？你想用他来做什么？”

长发把小男孩移动到奥莉薇雅皇后前面，她摸着他的脸，说：“当然是杀了他，因为他就是第七颗星啊！”皇后的话惊动了所有在场的人。六颗星面面相觑，奥莉薇雅皇后说的是事实吗？艾伦真的是大伙儿一直在苦苦寻找但毫无结果的第七颗星吗？可是这根本就说不通啊！艾伦从一开始就跟他们在一起，他遇到的危险比任何人都多，如果他是一颗星，早就应该发掘出自身的潜能了！焱闭上眼睛，用所有的感觉器官来搜寻艾伦身体里潜在的力量，可是一丝力量都感觉不到。这是怎么回事？他感到有些不正常。

“够了！我听够了你的胡言乱语。”菲利普摆了摆手臂，“不管艾伦是不是第七颗星，我要你现在就把他放下来！用一缕头发是无法保护自己的，而且现在是六对一。”

“要打赌吗？”奥莉薇雅皇后怪异地问道，地面开始摇晃，出现一条条裂缝，一股灰尘随即像火山喷发一样喷溅而出，一股恶臭扑鼻而来。裂缝中升起一头巨大无比的怪兽，它的身体呈条带状，而且是一节一节的，身体两侧长着数不清的腿，背部漆黑光滑。这个怪物看起来像一条巨大的蜈蚣，它的嘴大得仿佛能够吞掉亚道夫国王的一艘小战舰。少年们看着怪物的嘴巴，它那上颌和下颌间布满刀剑一样的牙齿，空阔的口腔里漆黑一片。“哈哈哈哈哈！跟我的新朋友打个招呼吧，她是蠕虫女王！”奥莉薇雅皇后站在蠕虫头顶叫嚣。

“这里怎么这么多‘女王’啊！”菲利普叹道。

“等等！也许我们打败了蠕虫女王，所有的蠕虫都会停止攻击。”布莱恩猜测。

塞拉点点头，拿出弓和箭，说：“我来首发！”但还没来得及动手，似乎有什么东西引起了她的注意，让她恶心不已。不！实际上是很多东西。在蠕虫女王身体的正下方，几股黑色的东西像被污染的喷泉一样从裂缝中流出来。仔细一看才发现是一种围棋黑子形状的蚂蚁，生着六条小腿，只能通过移动方向分辨它们头的位置。它们的嘴倒是很容易就能看到，因为它们面向地面的胃就是它们的嘴。“那是什么？”塞拉惊慌失措，她讨厌昆虫，尤其是那些满身是腿，像野火一样不断蔓延的昆虫。

布莱恩跳到大家面前，把拳头捶到地里，在蚂蚁袭来的路径上打出一道深沟。然后急忙解释道：“那些小虫子叫消化蚁，它们帮助消化那些蚯蚓吃剩下的东西。不要碰到它们，否则它们分泌出来的胃酸会腐蚀你们的身体。”

“噢，这一天真是越来越有趣了。”菲利普自嘲道。就在这时，蠕虫女王张开了嘴，一股散发着腐臭的绿色黏液像决堤的洪水朝孩子们涌了过来。为了抵挡这股液体，阿玛蓝莎举起手掌，营造出一个水泡覆盖了整个团队。

噼噼啪啪！

水泡结界出现得太是时候了，正好挡住了黏液。蠕虫女王不断吐出那些恶心的黏液，使得水泡表面出现了数不清的波纹。在那恶心的黏液慢慢流到结界的一旁时，消化蚁马上爬出布莱恩打出的深沟，像潮水般涌进了城镇的其他地方。“我们得在这些东西伤害到居民前除掉它们！”焱命令道，“塞拉和布莱恩，你俩设定一个范围，把那些小东西圈在里面。艾薇斯、菲利普和我去解救艾伦，阿玛蓝莎待在这里提供救援，如果有人受伤，你就马上援助。开始行动！”

“遵命！”伙伴们异口同声地回答。

阿玛蓝莎此时还在屏蔽蠕虫女王吐出来的黏液，菲利普和塞拉也举起了手臂。一个火球和一个咒语同时从他们手掌射出，在水泡表面爆炸开来，黏液从孩子们头顶消散，阿玛蓝莎、菲利普和塞拉再次召唤自己的力量，水龙、黑魔法和火蛇一同射进蠕虫女王嘴里。又是一个强烈的大爆炸，黏液被暴风硬生生地推回喉咙，蠕虫女王发出一声痛苦的哀号。可怕的咆哮声随之而来，但黏液攻击却停止了。

障碍得以消除，烈焰变成凤凰，载着塞拉飞入半空，然后迅速朝那片昆虫海洋俯冲过去，留下一道燃着火焰的轨迹。为减轻妹妹的负担，塞拉集中火力朝那密密麻麻的蚁群里射下爆焰之箭，姐妹俩通力合作，设下一道火焰圈，把蠕虫女王和她数以千计的消化蚁困在中间。塞拉在空中忙于作战时，布莱恩则开始在地表根除那些恶心的昆虫。刚开始，他在地表制造出一条接一条的裂缝吞食这些蚂蚁。虽然效果不错，但他很快意识到再这样蛮干，自己所站的地面也会塌陷，所以他停止制造裂缝，而是举起父亲给的利剑，让剑身布满神力，顺着地表一挥，一股强风就把碎石送到空中，碎石再由重力的吸引快速向地面坠落，将那如潮水般的蚂蚁砸得稀巴烂。

另一边，艾薇斯早已飞到空中，开始对付她的目标——奥莉薇雅皇后。那个邪恶的妇人张开双臂，头发像数不清的钢针一样扎过来。如果那是些普通的武器，艾薇斯定能轻松躲过，可是那些坚韧的头发像蛇缠绕猎物一样对她紧追不放，躲过袭击就变得极为困难。危急时刻，艾薇斯扔出八把飞镖，让它们在自己周围旋转，就像月亮围绕着地球旋转一样，飞镖将追来的头发斩成碎末。谁料蠕虫女王已经把嘴对准她，艾薇斯机敏地冲到高空，差点没躲过绿色黏液的袭击。可是由于飞得太高，她的动作引起了一部分翼指龙的注意。即刻，她便被一群翼指龙围住。

艾薇斯虽然暂时出局，但菲利普的进攻刚好跟上。在蠕虫女王对准艾薇斯喷射黏液时，他变成黑烟转移到奥莉薇雅皇后的背后，悄无声息地召唤出两个闪电霹雳咒准备袭击。可是他万万没有想到，捆着艾伦的头发迅速移动到自己跟前。“小人！”菲利普咒骂着，收起咒语。皇后利用小魔法师犹豫的时间，从背后扫出几缕头发，头发缠住菲利普的脚踝，拽着他向蠕虫女王铁一样的外壳上摔去。想干掉我，没那么容易！菲利普急速化成一股黑烟，瞬移到奥莉薇雅皇后的正上方，召唤出另一组攻击咒。不幸的是，皇后又故技重演，用艾伦来做挡箭牌。这一次，她迅速用头发绑住菲利普的双手，在他变成黑烟之前，用力把他拖往蠕虫女王张着的嘴里。在紧要关节之时，一道白光闪过，缠住菲利普的头发被截成了两段，一个少年抓住菲利普，把他从那满是黏液的嘴里拉了出来——是焱！

焱不会飞，他只有在阿玛蓝莎的帮助下站在水柱上才能升到空中。因此，焱加入这场战斗时就显得有点迟了，但是迟到总比不到好。他及时砍断了捆着菲利普的头发，并把菲利普拉到了奥莉薇雅皇后的头顶。菲利普立刻变成黑烟，而焱脚下的水柱也停了。没有水的支撑，焱开始坠落，不过他趁机用剑劈向敌人。他气贯长虹的剑刃削铁如泥，差点把皇后的左肩砍下来。“噢，天哪。”奥莉薇雅皇后假装惊叫一声，看了看伤口。只见伤口两边的头发重新联结在一起，困住了焱的剑刃。皇后轻蔑地嘲讽:“对不起，这是你的吗？”让焱吃惊的是，她那头发组成的身体里竟长出了第三只手臂，而这只手臂把剑拔了出来，朝它的主人刺了过去。

焱以一记敏捷的后空翻顺着蠕虫女王的背滑了下来，自然，这第三条胳膊和奥莉薇雅皇后的其他肢体一样可以无限伸长，持剑追赶着焱。“我怎么能让你用我的武器伤到我呢？”焱使了一招擒拿手法，在剑刃割到自己之前将剑柄和缠在剑柄上的头发一同握住，转身重重一挥，切段了头发组成的第三只手臂，夺回了长剑。“看到了吧……咦？”奥莉薇雅皇后受伤的胳膊重新组成一根坚硬的钢鞭，朝自己挥了过来，焱急忙在蠕虫女王背上有限的范围内跳来跳去躲避攻击。“再接我这招看看！”焱大叫着砍断了钢鞭，但是钢鞭就像一株疯长的杂草，一束变五股，从四面八方扑向焱。现在该怎么办？焱一边向后跳去，一边思索。砍断一根，就会长出更多根，就好像是在和希腊神话中的九头蛇战斗一样。

祸不单行，菲利普这时也面临着难解的困境。只要艾伦在奥莉薇雅皇后手上，菲利普就不可能全力战斗。因此，他只好在小范围内施下咒语，可是近距离作战他并不擅长，只过了几招，已是处处受制，险象环生。在这最进退两难的时刻，菲利普心想：“再这样打下去会输掉的。但即使没有艾伦，奥莉薇雅皇后的真身也不在这里。怎么办？怎么办？”

心意相通，焱也在想这个问题:必须找个办法斩断奥莉薇雅皇后和那个女孩之间的连接，如果能办到这点，一切问题就会迎刃而解。可是怎么才能做到？如果他们知道答案，塞拉在海因的城堡里就不用自杀了。

由于注意力分散，三缕头发趁此机会戳向菲利普，他的右胳膊被穿了三个洞，疼痛让他无力再支撑浮空术。几乎是同一时刻，焱的双脚也被五股钢绳中的一股绊住，其他的四股则重重打在他的背上。后背的疼痛自然不必说，而钢绳上的力道竟把他从蠕虫的身上打了下去。幸运的是，阿玛蓝莎聚集两股水柱接住了他们。

“非常感谢！”两人脚一落地，立刻齐声向阿玛蓝莎致谢。

这时，塞拉一边射出另一组爆焰之箭，一边叫道:“我们需要一个新的计划。”

“还要快！”艾薇斯插进他们的谈话，她在空中盘旋着，后面还紧紧跟着六头翼指龙。话好说事难办，焱和菲利普在心里琢磨着。就在这时，地面开始剧烈颤动，三条蚯蚓从地下钻出来包围了布莱恩，随后他脚下又钻出了第四条蚯蚓。“布莱恩！”阿玛蓝莎大叫一声，看着蚯蚓吞噬了自己的朋友，然后钻回地下消失不见了。

“不可能！”阿玛蓝莎捂住嘴巴，抑制住内心的悲伤。大伙儿惊魂未定之时，那条巨虫重新钻出地面，可是它没有来回蠕动，而是保持着一个姿势，就像一根生锈的铁杆插在地上一样。伴着一声低吼，它坚硬的表皮破开一道口子，一道银光闪过，蠕虫的身体被截成两段，布莱恩从里面跳了出来，身上全是蠕虫体内的黏液。“呕……恶心。”布莱恩喘着粗气，铭记下自己第一次差点被吃掉的经历，“也许我应该考虑做一个素食主义者。”

“噢，你还活着，我太高兴了。”阿玛蓝莎跑到布莱恩旁边扶起他，焱和菲利普都松了一大口气。可是听到艾薇斯和塞拉的呼喊声时，他们脸色瞬间变白，因为一股绿色黏液又从蠕虫女王的嘴里喷涌而出，这次的目标是阿玛蓝莎和布莱恩。菲利普强忍着右臂上的伤痛，将力量聚集在左手上，想要将两个朋友推到一旁。由于伤势严重，他不能很快聚集足够的力量，焱立即会意到菲利普来不及将那两人推开，于是他不计后果地冲上前去，在菲利普的推力上又加了一道力量。

接下来发生的事情便在意料之中了。黏稠的液体从头到脚覆盖了焱的皮肤，他感到头晕目眩。菲利普的叫声仍在耳畔，阿玛蓝莎的身影正走过来，但是自己的双腿却万分沉重，好像灌满了铅。“不要碰我！黏液有毒。”焱大声告诫，深呼吸，试图驱散缠绕在脑子里的那阵晕眩。

“太让我失望了！”奥莉薇雅皇后在空中叫嚣，“传说中的七星竟是如此弱小，这真让我大吃一惊。尤其是你，菲利普！身为黑暗魔法师，具备打倒我的力量，却不全力攻击，为什么？因为他吗？”她把艾伦移到跟前。

“卑鄙！”菲利普愤怒地吼叫。

“火气很大嘛！”她划动着手指挑衅，“我直说吧，难道为了不伤及这个孩子你才没有使出全力？既然这样……”曾经攻击过焱的五缕头发像矛一样刺进了艾伦的身体，小男孩痛苦地尖叫了一声，那几缕头发从他的身体穿过。

“艾伦！”塞拉、阿玛蓝莎、艾薇斯和布莱恩同时惊呼，伙伴们怎么能眼睁睁地看着这种事情发生！气冲顶梁，四个人聚集了身上所有的能量。艾薇斯在塞拉和烈焰的帮助下急速击退了翼指龙的攻击，两个少女狂怒不止，一个聚集了一股强风，另一个射出一个暴烈的火球。因为俩人的攻击配合得恰到好处，所谓风助火势、火借风威，两股力量汇聚在一起，变成了一团火焰旋涡，从空中冲了下来。另一边，布莱恩把几波力量送入地下，缝隙像蜘蛛网一样在他脚下展开。阿玛蓝莎随布莱恩一起将手掌上举，一条混杂着碎石块的水龙从裂缝里升起，直扑向皇后。

为了对抗少年们强有力的攻击，奥莉薇雅皇后发出一声刺耳的吼叫。翼指龙成群结队聚集到皇后面前，牺牲自己挡住了风火的袭击。但地下六条巨蚓从地底钻了出来，和蠕虫女王发出的毒液混在一起，轻松挡住了布莱恩和阿玛蓝莎的水土之龙。

在这尖叫声和爆炸声中，有一个少年本应该参加战斗却没有行动。菲利普盯着艾伦的身体，脸色惨白，就好像心里的一盏灯被熄灭了。“啊啊啊啊啊啊啊！”菲利普怒吼着，

魔杖出现在他的左手中，他的身体被黑色光芒笼罩着，散发出一层层可怕的能量。

“菲尔！你……你在做什么？”焱叫了出来。虽然身体被绿色黏液封住了不能动，但他还是能感觉菲利普的力量不断膨胀，越来越强，像是一个吹胀了的气球。他本能地感到厄运就要临头。焱不是唯一注意到这一点的人，其他星辰也感受到了这股力量的波动，纷纷停止了攻击。“不要这样，控制住自己，菲尔！”焱再次喊了出来，试图叫醒自己的朋友。

可是已经太迟了。菲利普早已越过理智的界限，他满身力量，站在蠕虫女王面前，复仇般地吼叫：“你这个杀人犯！我要你付出代价，我要取你性命，抚慰艾伦在天之灵！”他没有丝毫迟疑地把魔杖指向天空：

“以吾星之名，我召唤于你，

故黑暗之神，我誓必效忠于你……”

随着咒语念起，无论是空中还是地面，无论是人类还是怪兽，每个生物的动作都开始变慢，世界上最愚蠢的人也能感觉到周围的气氛突然变得冷峻起来。

“请赐予我惩戒之力，

驱除邪恶之力，摧毁一切恶魔之力。

现在！用黑暗掩埋光明！

黑暗之光！”

一道黑色光芒在魔杖尽头喷涌，那一刻，每一个动作、每一丝声音都停止了。整个战场都注视着从地上升起的这束黑暗之光，如同地狱的召唤一般，照射在蠕虫女王身上，将其淹没。再没有毒液，没有可怕的嚎叫，它的头部完全被黑暗吞噬。但是黑暗之光并没有就此停下，它继续扩散，冲到了亚道夫国王布置的结界，并像击碎玻璃一样冲破了能量场，然后直射进蓝色的天空。一瞬间，整个天空都被蒙上了黑暗的阴影。

虽然这片黑暗之光笼罩战场不过片刻，但它却好似能带走所有的情感。欢乐、仁慈、勇敢，甚至恐惧都被带走了，此前覆满拼杀和悲鸣的战场现在完全静了下来，这一刻，整个世界充满了死寂。是的，此刻，比起深陷死寂和虚空，就算一阵悲伤的哀号也能让人们感觉好一点。可是，什么也没有，什么也没有。

黑暗之光消失后，那个曾经强悍的蠕虫女王便不复存在。黑暗之光穿透的事物都消失了，一点残渣都没剩下。同时，结界的破裂给三艘护卫舰带来了一连串爆炸，那几艘船的船长只能下令弃船，不一会儿，三艘战舰全部坠毁于地面。至于怪兽，他们都开始逃离了，当然最害怕的应该是那些蚯蚓，因为它们伟大的女王已经不复存在；至于士兵们，他们也开始移动，好像在追赶那些怪兽，也很难说他们不是在试图逃离。

再来看看星辰少年们，布莱恩吓得目瞪口呆，他还是不能相信菲利普能释放出那样冷酷无情的攻击。“我的乖乖……这难道是黑暗之星真正的力量吗？”他深吸一口气，觉得自己从未经历过类似的事情，好像自己的灵魂都要被卷入那永恒的黑暗之中。不，不能去想，要在疯掉之前完全忘掉这件事，他甚至连做梦都不敢再回忆这样的攻击了，再也不要了！

“好可怕的力量！”艾薇斯也颤抖着将双手紧握于胸前。“这感觉……这感觉……这感觉像死亡一样！”塞拉和阿玛蓝莎心里同时想着。她们曾经尝到死亡的滋味，此时此刻，她们不禁听到了心脏加速跳动的声音。

而焱在心里痛苦地尖叫着：“菲尔，看你做了什么？他看着菲利普，站在那儿像雕塑一样，继续用魔杖指着天空。等到焱望向空中时，一个黑色轮廓慢慢飘了下来，那是奥莉薇雅皇后，她竟然还活着！

“很精彩，要是我没有及时跳开，这个身体肯定已经不存在了。”说完，便落在地面上，艾伦仍旧挂在她的头发上，“我必须承认你刚刚施下的那个咒语是我这一生中所见过的最可怕的攻击，对一个少年来说真的非常精彩，但……”皇后面不改色地一笑，使焱咬紧了嘴唇，心想：她知道了！皇后充满自信地看着菲利普。突然，菲利普开始颤抖，魔杖从他手中消失，血液从他嘴里冒出来。没过多久，菲利普就瘫倒在地上，咳出了更多血，身体不停地抽搐。

“不好！菲尔！”阿玛蓝莎还有整个团队都把心提到了嗓子眼。

奥莉薇雅皇后疯狂地笑着：“我还以为你知道杀生咒用在生物身上会对施放者产生同等力量，当然了，那些反击回去的力量可以被使用者内在的力量中和。照现在的情况来看，你刚才把所有能量都注入那个咒语里，也就是说你并无任何能量可以用来化解反作用力。你这个可怜的小娃娃，哈哈哈哈哈……”皇后邪恶的笑声和菲利普痛苦的呻吟回荡在广场上。

第二十四章
无名士兵

艾伦的身体还挂在皇后的头发上，菲利普痛苦不堪的呻吟以及焱慢慢被毒液侵蚀的身体……这简直是祸不单行啊！尽管菲利普的黑暗之光消灭了蠕虫女王，吓跑了所有怪兽，可是引起这场灾难的奥莉薇雅皇后却依然健在。光明与黑暗之星现在一个倒地不起，一个被困于原地，如此一来，其余四星能撑多长时间便成了未知数。

皇后踩在菲利普扭曲的身体上，发出阵阵冷笑："很痛吧？挣扎吧，一个人死前的哀鸣是给我带来快乐的音乐。"皇后低头望着俘虏，一副假惺惺的样子。奥莉薇雅皇后哈哈大笑："不同意也无妨，毕竟这是后天才有的品位。好了，再见吧。"皇后抬起右手对准菲利普，手掌射出一阵发丝雨。

然而，就在那些尖锐的发丝要将菲利普刺穿时，一个人冲到跟前用自己的身体护住了他。一阵惨叫后，攻击被成功挡了下来。布莱恩颤抖着尖叫："阿玛蓝莎！"可是此时阿玛蓝莎已听不到朋友的呼喊，情急之下冲上去保护菲利普时，她根本没时间唤出保护罩。于是，那钢针般锐利的发丝便深深插进了她的身体里，穿透了她纤柔的四肢，在她身体上造成无数个细小的孔洞，阿玛蓝莎的蓝色短裙很快就染成了猩红色。

"阿玛蓝莎！"布莱恩悲恸地呼喊，拔剑向前。只见几缕长发如生根般扎入奥莉薇雅皇后脚下，未及布莱恩靠近，那烦人的发束便从他脚下钻出地面，如地狱之手紧紧地抓住他的双腿，把他困在不能造成威胁的地方。布莱恩咆哮着，聚集体内所有力量想要挣脱束缚，不料挣扎得越厉害，身体被捆得越紧。

狠毒的皇后把布莱恩捆牢之后，再回过头来收拾打断自己计划的阿玛蓝莎。因为皇后右臂所发出的丝线尚和少女的身体连在一起，只抬手间，小治疗师就发出一声痛苦的呻吟，转眼身体已被举在半空。"放下她，你这个禽兽！"艾薇斯早已忍无可忍，她招出一股旋风从天空卷来，强大的气流径直朝皇后脸部扇去。

"真烦人！"奥莉薇雅皇后左臂一挥宛如宝剑出匣，这用头发制成强劲有力又具备无穷伸缩力的手臂立刻延展开来，不仅将旋风斩成两半，还朝艾薇斯扑打过来。艾薇斯仍旧扔出飞镖，试图切碎攻击，让她惊讶的是，那头发集合成的手臂竟变成数以千计的细线，一根根尖韧而锋利，恰似绣花针。因为目标又小又多，扔出去的飞镖根本斩不完，艾薇斯忙唤起一阵强风把自己围住，期望能避开攻击。千万根发针势如暴雨，强烈来袭，其中一根针扎破了艾薇斯的防守，待这一根发针进入风壁之后，它衍生出更多发丝捆绑住艾薇斯的四肢，随后她的身体被拖拽着从半空摔向地面，撞上一堵坍塌的墙壁，最终身体被砖土掩埋。

"哼，像无头苍蝇一样，我还没怎么没动手呢……"皇后讽刺道，可是她的话被一阵细微的嚓嚓声打断了。循声望去，她这才发现艾薇斯的飞镖还在地面旋转，刀刃已经割断她和阿玛蓝莎身体之间的发丝。皇后恍然大悟，原来那个精灵少女一开始就是为了解救她的朋友，所以她没用飞镖来保护自己。"雕虫小技，自不量力！"虽然她这么说，可是也无力阻止飞镖解救阿玛蓝莎。

失去支撑后，阿玛蓝莎的身体开始坠落。距离她数米之外的地方，布莱恩被那些柔韧的发丝缠绕成木乃伊状，可是看到阿玛蓝莎的下坠，他的极度渴望引爆了体内的热血。布莱恩用尽全力伸展四肢，束缚身体的头发当即断裂。他及时跳出来，用双臂接住了阿玛蓝莎。

“阿玛蓝莎，能听到我说话吗？”布莱恩摇动阿玛蓝莎的肩膀急切地问道。直到阿玛蓝莎发出一声微弱的呻吟，他才松了一口气。“感谢上天，她还活着。”布莱恩准备抱起阿玛蓝莎跳到一个相对安全的地方，然而他还没移动到奥莉薇雅皇后的攻击范围之外，脸上就感到一阵清凉——脸颊被划出一个浅浅的刀口。只是稍微一犹豫，布莱恩全身上下已布满同样的伤口。“怎么……”布莱恩很是奇怪，忽然无数条黑丝线引了他的注意。原来当他把注意力集中在阿玛蓝莎身上时，那些发丝已经悄悄把他织入网中。这次，皇后将发丝变成了无数细小的刀片，只要布莱恩稍不留神，那些发丝就能将他切割成碎片。布莱恩马上想到把阿玛蓝莎快速扔出这个大网，可谁料那些发丝已经悄无声息地缠在阿玛蓝莎的脖颈上。

“我建议你不要动，布莱恩·康拉德，康拉德爵士之子。除非你想看到女朋友的脖子被切断。”奥莉薇雅皇后扬声告诫，“这话也是对你说的，艾琳公主。如果不想看到你的朋友被切成碎片，就停止一切攻击。”正准备和烈焰一起俯冲下来的塞拉听到这些话，也只能当即停在半空。“这样才是个好女孩，你一直以来都是我最喜欢的人偶。”

“放开我的朋友！”塞拉端着弓箭对准皇后，“如果你敢伤害他们，我会让你死无全尸。我是认真的。”

“放马过来啊！”皇后挑衅道，她的声音里没有一丝担忧，“我不在乎我所控制的这个女孩，你的箭也许很快，但我的头发更快，我可以在你的箭刺到我之前就结束掉你朋友们的性命。不信的话，你可以试试。不过我不太建议你这么做。”虽然塞拉不愿意承认，但奥莉薇雅皇后说的是实话。她狡黠地冷笑着：“既然我们的意见已经达成一致，那么现在就放下武器，臣服于我。”

“做梦！”塞拉坚定地拒绝，可是看到布莱恩和阿玛蓝莎衣服上渗出的血，她只好落回地面，收起弓箭，烈焰也变回小金鸟，落在塞拉肩上。

“跪下！”奥莉薇雅皇后命令，“我说，跪下！”她看到小弓箭手眼里依然有抵触情绪便再次喝道。塞拉放弃自尊，屈膝跪倒在地，愤怒地抓着地上的泥土。“命运真是很有趣，你不觉得吗？两个月前你从我手中逃脱，现在你又被我控制。天意，这就是天意。”皇后打了个响指，地面又钻出几缕头发，变成一个笼子，罩住塞拉和烈焰。随后，头发笼子竟向里生出许多尖刺，抵着塞拉身体的各个部位。“好鸟就需要一个特别的鸟笼，噢，公主，你真的是我所拥有的最漂亮的人偶。”

“你到底想干什么？”塞拉问道。

“当然是杀了你们。我已经打败了预言中的六颗星，不管谁是第七颗星，胜负已分！”

奥莉薇雅皇后狂妄地笑着。

“你这是什么意思？”布莱恩不顾自己的艰难处境，“你不是说艾伦是第七颗星吗？不，不会！”他尖叫着，声音里满是被欺骗的愤怒。“你利用了艾伦和我们之间的友谊，其实你也不知道谁是第七颗星，对不对？你只是想用他当盾牌，说他是第七颗星只是让我们多一层顾虑，这样一来，我们势必在发动攻击时犹豫不前。”

“啊！终于明白了！但谁知道你会是第一个看穿我的人呢，布莱恩·康拉德，康拉德爵士之子。人不可貌相啊，你还是挺聪明的，你的父亲会为你而感到自豪的！”奥莉薇雅皇后扬扬得意地回答。

“你太下作了！”塞拉喊道。

“这里没有什么下作不下作。只要我能赢，我会不惜任何代价！既然一切都要结束了，不妨告诉你们一些事情，算是为你们送终的礼物吧。”奥莉薇雅皇后收回还捆着艾薇斯的头发，顺便把她从砖土堆里拽了出来，“现在大家都在这儿了，就让我来教育教育你们吧。首先，我没想伤害你们任何人。很惊讶吧？不错，我早就知道关于七星的预言，而且我也明白解读预言很容易出错。可惜我儿子海因没有搞明白这一点，他一直认为自己是预言里的皇帝，正是这个信念让他一败涂地。哈哈！好一个蠢儿子！”皇后难掩心中的尴尬，苦笑出来，“七星可以是任何人。如果海因有他哥哥姐姐一半的聪明，就不会蠢到把一切都赌在这么不确定的事情上。”

“你难道没有帮助他追杀我们吗？”塞拉愤怒地追问。如果奥莉薇雅皇后不曾相信海因的计划会成功，那她又是为了什么而在海因的城堡控制自己呢？

“到底为什么呢？”皇后轻轻地叹了口气，“我想应该是你们所说的血浓于水吧。同他的哥哥姐姐相比，海因还不够成熟，在那种情况下，任何一个母亲都不会袖手旁观，我便给了他一点点帮助。当然我也对你们的力量十分好奇。从某种程度上来说，塞瑞拉女士对我的评价是正确的，我为了满足自己的好奇心，而放纵了儿子。”

“好奇心？”

“是的，从古至今，天眼预言所提及的每一个人都将载入史册，而且不管有谁来干预，预言中的事都会发生。我只是想陪你们玩玩，要是玩死你们固然有趣，玩不死也没有什么风险。”皇后脸上又浮现出一抹奸笑，“随着星辰数量增加，制服你们变得越来越困难。我通过玩偶的眼睛不断观察，终于明白一个道理：要想成功，就必须先打倒菲利普——黑暗魔法师，还有焱——光之战士。如果这两个人还行动自如，那么这个团队就坚不可摧。当然，为了完成这个任务，完备的计划是必要的。还有问题吗？”

“有……一个……”焱强忍着毒液侵蚀身体的疼痛，极度虚弱地问，“我……我很清楚我们自身的实力……但是以你的力量……要暗中杀死我们……并不是很难的事，为什么……为什么要等到现在呢？”

“总有人能问到关键的地方，很好！”奥莉薇雅皇后十分乐意向人展示自己的聪明才智，“就像我所说的，我原本没想杀死你们，只是想试试你们的能力，尽可能久地玩弄你们。可是后来我听说你们要带着所有孩子前往艾瑞克皇帝的领地——索拉。我曾听闻艾瑞克皇帝和海因一样在收集来自异界的孩子，很明显他对那个预言的结果也很感兴趣。”皇后看了一眼头上的皇家战舰，继续解释：“如果七星真的踏上他的领地，他迟早都会出现在你们面前。所以，我的新目标变成了艾瑞克皇帝。”

“我才不相信。”布莱恩十分不解，“你为什么要刺杀他呢？”

“魔法沙漠之所以会出现是因为两个皇帝争夺领地发动战争，艾瑞克皇帝没有子嗣继承王位，在他死后，国家政权便会土崩瓦解，魔法沙漠也会随之消失。那时候我将率领我的孩子们征服艾瑞克的领土，统治整个帝梵格林。这也是我帮助你们的原因。”

“你才没有帮助过我们呢。”

“没有？那你们怎么不想想，一条被偷走的魔毯怎么可能自由地飞过沃尔特皇帝的领土而没受到一点阻拦？我儿子海因可是在天上地下追寻你们啊！但是我下了一道密令，让你们顺利通过。当然，我二儿子海洛德的行动却是个意外……唉……没想到他也是个废物！”

焱战栗着责骂自己缺乏远见。听了皇后的解释，曾经相互扶持的旅程变得缥缈而痛苦，大伙儿所得到的顺畅，焱原以为是团结打拼的结果，万万没想到是奥莉薇雅皇后的一个计划。翼指龙和蠕虫想必也是计划中的一部分，她为了分散守卫的注意，特别是康拉德爵士和亚道夫国王，这样她就能成功刺杀皇帝了。绑架艾伦是为了玩完她所谓的游戏，打败七星。“为什么我现在才看清楚？”焱暗骂自己。

“既然我们都已交底，我想是时候结束游戏了。首先，我得把这个小男孩的尸体扔掉。”奥莉薇雅皇后把艾伦移到自己跟前，虽然经过这么长时间，小男孩的手指和嘴唇还在微弱地颤动。“挺顽强的嘛，还活着？”她轻轻地抚摸着艾伦的脸颊。“乖孩子，你的痛苦就要结束了。”说完，皇后露出邪恶的笑容，把小男孩抛向天空，那些插进他身体里的头发拔出来时带出一股股鲜血。

“救救我……”艾伦奄奄一息地叫着，他的声音似一道闪电击打在六颗星的心上。大家异口同声地叫出男孩的名字：“艾伦！”

时间好像静止了，明亮的天空变得漆黑一片，亮起无数璀璨的星辰。随着黑暗的降临，空中响起天籁之音。那一刻，不同颜色的光环分别包围了六颗星，菲利普是黑色，焱是白色，阿玛蓝莎是蓝色，艾薇斯是青色，布莱恩是棕色，塞拉和烈焰是红色。这些彩色光环将每一颗星的身体都缩小成足球大小的光球，飞进艾伦的身体里，六个光球被小男孩的身体吸纳后，他的身体闪出一道夺目的金光。

艾伦醒来时，发现自己站在一个充满爱的世界里。“怎么回事？我死了吗？”他环顾四周，菲利普、焱、布莱恩、塞拉、艾薇斯和阿玛蓝莎都在身边，“这是天堂吗？”

阿玛蓝莎微微一笑：“很抱歉打碎了你的美梦，这里不是天堂……”

“……对，现在还不是你该死的时候，你要知道我们绝不甘心让你受到伤害……”烈焰也在塞拉肩上叽叽叫着。

艾薇斯点点头:“我们决定把所有力量都给你……”

“……为了保护这个国家的每一个人，保护他们不再受到奥莉薇雅皇后的伤害……”焱补充道。

“……还要让这个女魔头为自己的罪孽付出代价……”菲利普接过话，把手放在艾伦头上。

“……对，给这皇后换一个独特的发型吧。”布莱恩滑稽地说。

小男孩回以微笑，自信而坚定地答道:“我会的。”艾伦睁开眼睛，回到真实世界，发现自己正稳稳地站在地上，所有伤口都已愈合，男孩能感受到朋友们在他的体内，而自己不仅具备他们的力量，还能感受到他们的智慧、勇气、仁爱、愤怒。这种感觉真的很棒。

“不，怎么可能？你真的是第七颗星？”奥莉薇雅皇后不敢相信眼前这个事实。

艾伦抬起头望着天空，喊道:“朋友们，这次让我们一起去战斗。”他张开双臂，像是在拥抱整个宇宙，自信地喊道：

“阴阳五行，听我号令！

风、火、水、光、暗、土，

我请求你们，我召唤你们。

合成星辰之光，附于我身。

筑成战神，摧毁敌人！”

话音刚落，满天繁星闪耀，万丈光芒包裹住艾伦的身体，他仿佛置身舞台灯光下。地面开始震动，刮过两股强风，一股如冰寒冷，一股如火炽热，两股气流对撞形成了一股龙卷风，把艾伦卷入其中。旋风越来越迅疾地卷向天空，突然，一股惊雷般的力量将旋风从中炸开，一个青年的轮廓随风落在皇后面前。

这人不是艾伦，也不是其他星辰，从身高和体格判断，他已是成年人。他的面孔无法看清，因为他戴着一顶金色的头盔，身上的铠甲也是金光闪闪。虽然此人浑身紧束铠甲，但是他的步伐矫健有力。他的手上并无武器，只是肩上披着一件白色斗篷。

“你是谁？报上名来！”奥莉薇雅皇后命令。

星星随着夜空一起消失，神秘战士睁开眼睛，他的回答清脆嘹亮:“我没有名字，我是七星之力聚集而成的一个战士。”他指着皇后，“而且他们每个人都希望看到你为罪恶付出代价。”

“哈哈哈！笑话！”奥莉薇雅皇后冷笑一声，举起双手，她那坚韧的头发便当面射来，无名战士脚下也有发丝。眨眼之间，发丝就缠满了他的脖颈和四肢，皇后满意地点点头，说，“一个区区士兵，怎敢幻想打败一个皇后呢？现在你的性命握在我手里，只要我的手指轻轻一拉，这些发刃就会把你切成碎片。我要先切哪里呢？你的胳膊？还是双腿？噢，这多么让人兴奋啊！”

面罩里传出一阵浅笑。无名战士回答道：“真遗憾，你执意决斗，而不是投降。既然这样……”熊熊火焰瞬间包裹了战士的身体，缠绕在他身体上的头发顷刻间化成灰烬。

奥莉薇雅皇后大吃一惊：“我美丽的头发，怎么会？就算是艾琳公主也无法释放出如此炽热的火焰。”

战士收起火焰，左右摇晃着食指，笑道：“拜托，我的火焰是火之星的进化版，比现在火之星的火焰要强大得多。既然你决定和我战斗，那我就奉陪到底。不过我要你记住，除了烈火，我还拥有其他所有星辰的力量。要开始了吗？这场决斗一定会非常有趣。”

“是啊！不过那个享受乐趣的人是我。”奥莉薇雅皇后叫嚣着，她的长发幻化成无数长矛投向身披铠甲的敌人。战士没有移动躲避的意思，他只是摆了摆手，跟前的土层便向上凸起，形成了一堵坚实的墙壁。待那些长发插进土墙时，战士从另一侧挥拳，土墙立刻变成碎石，杂糅着发丝向皇后打去。皇后急忙收回头发，不料发丝夹杂着土砾，她这一收反把沉重无比的石头加速打到自己身上，一时将她压倒在地无法动弹。无名战士重重地跺向土地，皇后身下立刻出现一个深坑，湍急的水花涌了出来，把她冲到了空中。作为最后一击，战士朝皇后逃走的方向送出一掌，一股风暴追捕而去，把她吹到了更高的地方。

看到奥莉薇雅皇后像个排球一样被击飞出去，战士高声喊道：“不要说我没警告过你，太不经打了吧！”

奥莉薇雅皇后恼羞成怒，她尖叫着伸展头发，将自己停在半空，大叫：“你敢愚弄我？我是一个皇后！一个皇后！”尽管人尚在空中，可头发组成的皇后轮廓不复存在，无尽的长发织成茧状，紧接着，发丝如潮水一般不断生长，形成了一个可与蠕虫女王体形相媲美的巨型怪兽。怪兽是成人状，四肢明显可见，只是没有皇后那样完美的身材，愤怒的怪兽张开大口咆哮着：“哈！看我现在怎么样？”

战士轻轻一笑：“终于表里如一了，哈哈。”

“你会为你的无礼付出代价的！”它一巴掌向战士拍了过来。砰！战士被拍倒在地，如坠落的流星般在地上形成一个土坑。怪兽并不收手，一把按住战士的身体，在土地中拖拽。不一会儿，地面竟被划出一条深沟来。可是怪兽怒火难平，又将战士抛向了高空，它庞大的身体竟也随之飞了起来，在空中奋力击打战士，战士再次被捶到尘土里。作为撒手锏，怪兽在空中一翻身，将庞大的身体压在战士身上，大地不禁为之震了三震。

“现在什么话都不说了，你这个小混蛋！哈哈哈哈哈哈！”怪兽使劲踩着双脚，直到觉得战士被踩扁了才移到旁边，满意地看着自己的杰作。至于那个战士，他躺在地上一动不动。他死了？他肯定死了！可是，他的胳膊动了！怪兽又惊又怕地看着无名战士从土砾中站起来，弹掉了铠甲上的灰尘。

“告诉我，皇后，你就这点能耐吗？”战士一边嘲讽，一边驾着一阵强风飞到空中，在怪兽头部上方停了下来，“如果你的三板斧抡完了，那我就不客气了。现在就让我来给你剪剪头发，免费的哟！”说完，他便一手做刀，在空中劈了两下，两道无形的气刃顺着手臂飞了出去，怪兽巨大的身体立刻被割成四部分：头颈、左右臂膀和下肢。战士撇开怪兽的肢体任其坠落，唯独把怪兽的头置于旋风中。旋风中的气流不断增强形成风刀，削着怪兽的脑袋，怪兽那头发组成的头颅慢慢变小，没过多久，一个女孩的身体显现出来。

“我受够你了！”女孩愤怒的声音宛如鬼号，驱使保留下来的发丝继续攻击。

“彼此彼此！”无名战士双手一挥，砍断女孩疯狂生长的最后一缕头发后，以迅雷不及掩耳之势冲到皇后跟前，在她面前打开手掌。“下去！”一个夹杂着火焰的旋风击在少女身上，把她送到了她刚才亲手为敌人准备的大坑里。

无名战士缓缓飘落下来。当他走近时，女孩竟吐出一串怪异的声音，如着魔一般，随即慢慢站了起来。此时她的脸上还粘连着干枯的头发。“也许你没弄明白我受到攻击的时候真正受到伤害的是谁。”奥莉薇雅皇后借助女孩的身体说话，指使女孩摊开双手，“看看，这就是你带给一个无辜少女的伤害。来吧！请再次攻击，直到杀死这个可怜的女孩。”战士立刻停止了前进，皇后见状狂笑不止，“很好，就这样别动，不然这个女孩就死定了。等等！你在做什么？停下来！”

无名战士张开双臂，喊道：“净化之光……”只见一个白色光球萦绕在他的左手掌上。“水之治愈力……”一个蓝色光球出现在他的右手掌上，“二者合一……”战士双手移动到胸前，一道明亮的光芒立刻在两掌中间流动。战士两掌合并，光芒自行流转，形成一柄闪着蓝白光的长剑。“看好了，这是生命之剑！”无名战士大吼一声，宝剑刺出。

快！太快了！蓝光凌空一闪，无名战士已经收剑站在少女身后。奥莉薇雅皇后反观玩偶的身体，剑在小女孩身上留下一道很深的伤口，可是伤口没有流血，而是发出一道白色光芒。小女孩的身体开始颤抖，她将双手按于心口。“你……你对这个身体做了什么？”皇后急忙问道。这时，黑色血液从女孩的眼角和鼻孔中涌出，奥莉薇雅皇后发现自己对玩偶的控制力正迅速消失。

战士解释道：“生命之剑不会带来伤害，相反，它可以驱除一个人身体里所有邪物，并治愈一切伤病。看！”女孩身体上的伤口开始愈合，僵硬的头发也开始变得柔软起来。终于，女孩发出一声痛苦的尖叫，一股邪气从生命之剑的切口飘出，在空中形成一片乌云。战士立刻将那个无意识的小女孩抱在手中，女孩身体上的伤口已完全愈合，面色变得红润起来。

“干得漂亮！”奥莉薇雅皇后的声音从那片乌云里传过来，“你竟然净化了她的血液，把我的法术逼了出来。但我不是早说过，你可以摧毁玩偶，却无法伤害到我。后会有期，我相信我们会再见面的。”

“等等！”无名战士直视着那片乌云，“光、水、火、土、风的愤怒已经平息了，可是黑暗之星却怒气未消。你必须为你所做的事情付出代价。”战士举起右手，念起咒语：

“剖开乌云戾气，

直击奸邪秽体。

洞穿离奇诡异，

鬼祟即刻现形。”

战士手指在空中一划，不祥的乌云立即被分成两半，两片乌云首尾相连，呈环形转动，其中心出现一个黑洞。洞里是一个女人的形象，她面孔漆黑，无法辨认，可是头上戴着一顶皇冠。“我们终于见面了，可惜这是初见……也是永别！”无名战士右手握成爪状，向洞口推出一股力量，口中念念有词：“怒气难消，弑杀奸魈。鬼魅煎熬，花容亦凋！”无形的能量进入云洞，洞口随着乌云随即消失。

万里之外，在沃尔特城堡皇后寝宫的一个小黑屋内，有个女人于六角形的魔法圈中正襟危坐，她的面前有一鼎沸腾的汤锅。突然大锅里涌出一阵热风，在她的面前爆炸。爆炸的力量如此之大，竟把她掀到魔法圈外，并一口气将她重重地撞在坚硬的墙壁上。她大叫一声，愤怒地站了起来，可是当她靠近烛光时，愤怒变成了恐惧。因为她那光滑而细腻的皮肤在急速变得干枯而粗糙。“不！”皇后发出悲鸣。

梭黎的中心广场上，战士依旧站在那里，他的手臂抱着一个柔弱的小女孩。周围传来一阵嘈杂的声音，是康拉德爵士和亚道夫国王带领将士赶到了。二人还没来得及上前祝贺无名战士，这神秘战士的身体便散发出一道金光，碎成无数光子，只留下一个小男孩站在原地。那是艾伦，他还抱着那个被救下的小女孩。星光消散，六个光球从艾伦身体里飞出来，在他周围扩散。不久，菲利普、燚、布莱恩、艾薇斯、阿玛蓝莎、塞拉和她肩上的烈焰恢复了原形。

“我没做梦吧？”布莱恩看看站在土坑边缘的父亲，又把目光转向艾伦，“好像不是。”

塞拉点点头：“如天眼所说，我们七星，都在这里了。”

怎么会是他！菲利普咬咬嘴唇，燚在一旁看到他的脸色便清楚他在想什么了。所有的祸乱、所有的苦难都是因为这个预言，都只是为了让七星会聚。他们一路上历经了太多危险，谁会知道未来的路途中还有多少磨难呢？望着团队中新加入的小伙伴，燚同样被菲利普的思绪所困扰——为什么一定要是他呢？

第二十五章
预言中的皇帝

战争带来了什么？当然是一堆问题。失去了什么？剩下了什么？其实，从战争中真的能得到什么东西吗？答案就在眼前。

曾经房屋林立、充满生机的小镇已成为一片废墟，站在这里根本无法想象这个地方曾是孩子们的安全港湾。散发着血腥味的大街上到处都是死去的士兵和平民，当然也有他们拼命杀死的怪兽。乌鸦成群聚集于此，成为清理战场的先锋部队。无家可归的孩子们、失去亲人的民众们哭成一片，哭声撕裂了寂静的天空。

尽管如此，刚刚打了胜仗的少年们却显得无比兴奋，因为他们关上了一道喋血之门。可上天在关闭一扇门的时候，也会打开另一扇门。即将来临的真的就是快乐吗？从古至今，幸福与悲伤并存，希望与绝望共生，既然已经如约到达艾瑞克皇帝的领地，那么等着少年们的会是什么呢？对于星辰来说，这无疑是一个值得关注的问题。随着艾伦身份的揭晓，接下又将发生什么？

艾伦在菲利普的帮助下，抱着那个曾被控制的女孩走出土坑，并走到著名的骑士——康拉德爵士面前。布莱恩迫不及待地要向父亲报告他的成功了，可是当他看到父亲称赞的目光便明白不必多说什么，随即又想：再说又不是我一个人做成这件事的。

这时，几艘小飞船脱离皇家战舰向地面驶来，上面搭载着其他孩子，其中包括萨菲娜和萨夫德。这些船中有一艘非常特别，因为站在它上面的人是艾瑞克皇帝，皇帝依然被骑士和皇家护卫包围着。年迈的皇帝竟然是站着的，这倒是出乎孩子们的意料，因为他们亲眼看见奥莉薇雅皇后用锐利的头发刺穿了皇帝的身体。“难以置信，一把年纪遭受这样的重创还能活下来。”阿玛蓝莎说道。

布莱恩扬起头，说：“拜托，你们说的可是皇帝啊！在他那铠甲里面，肯定藏着什么东西……”

布莱恩口若悬河地颂扬皇帝的伟大，以至于少年们都迫不及待地想看清楚皇帝到底是什么模样。艾瑞克皇帝脸形消瘦，苍白无力，无神的双眼深陷在眼窝里，除去这些他确是一个体格健硕的魁梧男子。阿玛蓝莎倒更想搞清楚那些头发是否伤害到了艾瑞克皇帝，可是所有受伤的地方都已被金色的披风缠住，她无法看见。不过，以她的经验看来，这个伟大皇帝的气色十分不好。“他应该待在床上，而不是四处走动。”阿玛蓝莎想着。

不管小治疗师的诊断是否正确，待所有船只落到地面上时，萨菲娜已无法压抑自己急切的心情，她和其他孩子飞快地跳下船来。“焱主人，你没事真是太好了！”萨菲娜兴奋地叫着。

艾薇斯有意挑逗萨菲娜，她忙摆了摆手，说：“谢谢你，我也没事。”萨菲娜不得不羞愧地道歉，这种窘迫的景象在少年中间引起一阵哄笑。在大伙儿继续谈话之前，艾伦恐慌地叫了一声，他抱着的那个少女的身体开始闪闪发光，很快，女孩的重量便消失了，不多时，她的身体也消失了。

“她不会是……”艾伦颤抖着问道，但只问到一半便收口了。

“没有，她没死。”一个清亮的声音从身后传来。接着，街道上传来一阵紧促的马蹄声，一个鹤发童颜的老人骑着一匹漂亮的白马疾驰而来，停到孩子们面前几米外的地方。布莱恩、阿玛蓝莎和焱立刻认出了这个人——天眼。看到预言家天眼的坐骑，焱又惊又喜，那是白雪——在海因城堡前他不得不放生的那匹飞马。

天眼从白雪背上跳下来，重复道：“不要担心，她没死。现在七星已经聚齐，那些因时空扭曲而误入此地的孩子们就要被送回家了，瞧！”天眼指着少年行列中那些没有被星辰召唤的孩子们，他们的身体和那个长发女孩一样开始发光，继而他们表情凝重，目光涣散，仿佛感觉不到发生在自己身上的任何事情。自然而然，他们就这么消失不见了，连一句“再见”都没来得及说。那些孩子离开后，天眼再次说道：“你们也看到了，被七星之力卷进帝梵格林的孩子都被送回去了。”

“不是所有的吧？”菲利普把手掌放在艾伦肩上，“艾伦还在这里，不是吗？”

“但他现在是一颗星……”

“不，他不是！”菲利普矢口否认，“你想告诉我，他也是注定要留在这里的吗？他只有七岁啊，谁给你权力来安排这一切的？你到底是谁啊！”

老人保持着平静，用清晰而温和的声音说：“我可以探寻过去和未来。我的职责就是保护伟大而美好的未来，我是星辰的向导，你可以称我为‘天眼’。”人群里传来一阵窃窃私语，里面夹杂着震惊和兴奋。可是菲利普心中只有愤怒。

“原来你就是天眼。”菲利普咬咬牙，愤怒地质问，“这么说来，你就是那个带给我们不幸的人喽！现在，你还要毁掉艾伦的一生吗？你竟然声称他是一颗星，你怎么能够让他丢掉幸福的生活和亲密的家人，难道只是为了实现你那愚蠢的预言吗？你以为你是谁啊？你觉得你是个神吗？艾伦还只是个孩子啊。”艾伦看着菲利普激动的神情，满怀感激，却不知该说些什么。

天眼对菲利普所提的问题并不吃惊，他泰然自若地回答：“对，他只是一个孩子，但你不也是个孩子吗？可是你打败了黑暗魔法师普西瓦，杀掉了一头从地狱招来的恶魔，破解了一个复杂的案件，消灭了强大的蠕虫女王。如今，你成了这片土地上最年轻、力量也数一数二的黑暗魔法师。所有星辰在心灵和能力方面都是强大的，艾伦也会挖掘自身潜在的力量，走出他精彩的人生。”

“如此一来，就应该把他和他的家人分开吗？”菲利普讥讽地说。

天眼摇摇头转向艾伦，问：“告诉我，小朋友，你想你的父母吗？更多的是好奇吧。你对过去完全没有了记忆，怕是也没有什么好想念的吧？”小男孩的表情十分茫然，虽然老人的话有点刻薄，可全都是实话。他并不想念自己的父母，和菲利普与其他星辰在一起的经历是他所有的记忆，对他来说，伙伴们就是家人。天眼和蔼地朝他微微一笑，再转向菲利普，说：“由此说来，我并没让艾伦放弃他的生活。从他自身的角度来看，他没有家庭生活。相反，如果把他放到一个他完全陌生的世界才会使你我更担心。”

“够了！”菲利普怒火中烧，魔杖在他的右手显形，“我向他保证过要保护他，要把他送回家，这是我要做的事情。我不会让你控制他的，听懂我的话了吗？‘天生的鸡眼’？”菲利普用魔杖指着预言家的脸讽刺道：“你最好不要惹我，尤其是今天。”

“菲尔……”艾伦紧张地吸了口气，周围出现一片死寂，没有人动，甚至没有人低语。这里的每一个人，包括战士和平民都清楚菲利普能做出什么，大家不久前才领教过他的力量。当然他们也非常清楚天眼的预知能力。这样就出现了一个问题，要是菲利普真的杀了天眼，那么对于可以预知未来的天眼来说，他难道就不知道自己会被杀掉吗？

预言家依旧平心静气地说：“你说我试图控制他，但是你告诉我你自己在做什么？你一心要把他送回家而不征求他的意见，这难道不是控制吗？”菲利普皱了皱眉头，紧紧地握着手中的魔杖。天眼接着说：“我们让他自己做决定怎么样？问问他自己的真实想法。信不信由你，我个人并不在意我的预言会不会成真。如果预言是关于一场灾难，我希望它不会实现，可叹的是我的预言是绝对的。”尽管天眼试图让自己的处境听起来更伤感一点，可话语中还是透露着炫耀的意味。

“如果你说的是真的，那为什么一定要预言呢，为什么就不能放过我们这些无辜的孩子们呢？”

“如果能让你好受一点，我可以袖手旁观。不过我也向你保证，不管我做没做出这个预言，结果都是一样的。不管你想不想成为黑暗之星，你都会被星辰召唤。”

“不，我只想成为我愿意成为的人。”

“错！你注定要成为一颗星，在这件事上你别无选择。一股你无法控制的力量在指引你，除非你认同这股力量的存在，否则你永远都不会走上你想要走的路。”天眼提高声音，看着余下的星辰，“问问你们自己，看看你们内心深处，星辰之力是你们生命的一部分，否认这个事实就是否认你们自己。不要把我的话和你们的命运混淆了，难道你们就没想过我为何要把你们命名为‘七星’吗？这是因为每颗星都有自己的轨道。不要觉得我在试图控制你们，想想你们在这段旅程中所做出的一切决定。谁做的这些决定？是你们，你们所做的每一件事都是自己的决定。”

菲利普仍然指着老人，说：“可是归根结底，你做出了预言。你安排安娜和她的家人，你和雪之女王达成了协议，你和芭布拉女士密谋算计我们，最后，你还出现在塞瑞拉女士的森林里。你还敢说你没有试图控制我们吗？”

“啊，原来你是这样看待那些事情的。”天眼仔细玩味，“如果你把‘协助’和‘操纵’混为一谈，那我便不能否认了。但我要明确地告诉你，我只是帮助你们改善处境，仅此而已。”

“这个和我们的处境没有任何关系。”

“我认为有。”天眼辩驳道：“如果我没有介入其中，你来这个世界时就只能独自在森林里，为了不被冻死，你还会从某个暴脾气的店主那里偷走几件可以御寒的衣服；如果我没有介入，焱会花费更多的时间才能遇到阿玛蓝莎和布莱恩；如果我没有介入，你们在水晶宫殿里便不会得到优厚的待遇；如果我没有介入，阿玛蓝莎会在一种更加危险的情况下变成一颗星；如果我没有介入，精灵们就会花更长时间决定救不救治艾薇斯。”天眼停顿片刻，“我只是为你们除掉一些不必要的麻烦，试图让你们的旅程更顺畅。无论如何请记住一点，即便我什么都不做，你们七人最终还是要会面的。你们依然会陷入危险的境地，只有这样，你们才能激发自身潜力，使自己变得强大。如果你们实在想找个地方泄愤，那么就怪罪召唤你们的星辰吧，它们可是很喜欢恶作剧的。”

菲利普盯着天眼。假如没有这个老人的指引，还真的不知道伙伴们会遇到多少艰难困苦，天眼的理由听起来是那么的不合情理，可也并不是没有可能。既然这样，或许应该让艾伦自己来决定命运。在一阵冗长的沉默之后，菲利普手中的魔杖消失了。“行，让艾伦自己决定吧。”菲利普望着艾伦的眼睛，“你真的想留在这个世界里吗？如果不想，我向你保证我会找到其他方法把你送回去的。”

在艾伦做出回答之前，布莱恩先提出了一个有趣的问题：“等等，假如，我是说假如，艾伦是一颗星，现在七星都在这里了。”布莱恩之所以要强调这个“假如”，是因为他明白此刻惹菲利普生气是十分不明智的，“那谁是预言里的皇帝呢？”

阿玛蓝莎摇摇头，反问：“想一想，布莱恩，七星之中只有一个是与众不同的，这还不明显吗？”

“艾伦？艾伦是皇帝？”布莱恩更加诧异。就像阿玛蓝莎说的那样，除了艾伦之外其他六人都有自己的元素，然而艾伦变成一颗星时，他的力量却源于其他六人，他们就像是他的护卫，而这正如那个预言所描述。“艾伦？皇帝？什么皇帝？”布莱恩继而问道。不过第二个问题的答案也一样明显地放在他眼前，他迎面望着艾瑞克皇帝——帝梵格林南部的统治者。“不是吧！”

人群的注意力立刻转移到艾瑞克皇帝身上。虽然大多数人都不知道预言，但此刻就算是一个不很聪明的人也能看出即将发生大事。艾瑞克皇帝鉴于自己的身份和地位，从下船以来他还没说过一句话，一直在耐心等待菲利普和天眼之间的争论结束。

亚道夫国王察觉到皇帝的想法，他举起手掌，示意众人安静。艾瑞克皇帝径直走到艾伦跟前，握起了他的双手。艾伦立刻感觉到一股凉意在背部流动，从艾瑞克皇帝手上感觉不到一丝温暖，这一点吓到了他。可是他并没有挣脱自己的双手，为什么？他也无法解释。他本能地觉得面前这个老人肩上挑着一个十分沉重的担子，而让这个人握着自己的手，或许可以稍微减轻他的压力。

过了一会儿，艾瑞克皇帝才放开小男孩的手，说：“天眼，我的老朋友，是我眼前出现了幻觉吗？这个男孩竟有一颗无比纯洁的心灵，不过他真的能拯救我的子民吗？”

天眼坚定地回答：“最微弱的光在黑暗中却是最明亮的。陛下，那正是星辰的力量。”

“哈哈哈，那么我离开的时刻终于到来了。”艾瑞克皇帝松了一口气，转向小男孩，

“你叫艾伦，对吧？”艾伦点点头，显得有点紧张。年迈的统治者接着说：“我的请求可能难以接受，如果你要拒绝完全是你的自由……”艾瑞克皇帝停了下来，再次深吸一口气，用清晰的声音询问：“艾伦，你愿意成为我的继承人吗？”

虽然是意料之中的问题，不过听起来依然像个晴天霹雳，人群中爆发出阵阵喧哗。不过这喧哗只持续了数秒，大家重新平静下来，盯着艾伦的面孔。小男孩已经完全惊呆了，他的表情凝滞，脑子里一片空白。他既不感到高兴也不觉得害怕，只是不知道该如何应对这惊天动地般的事情。

艾瑞克皇帝看到小男孩疑惑的表情，便后退了几步，拉开披风。披风下面的铠甲上露出几个小孔，这些伤口自然是奥莉薇雅皇后攻击时所造成的。当艾伦仔细查看皇帝的伤口时，他更是吃了一惊，他竟然能够透过小孔看到皇帝背后。铠甲里没有一丝血迹，也没有半块肉体。“皇帝还活着吗？”几乎所有人都在思考这个问题。

艾薇斯在布莱恩耳根悄悄地说：“哎，你刚刚不是还说皇帝铠甲里面一定藏着什么东西吗？”

“我错了还不行嘛！”布莱恩张大嘴巴，表情呆滞。

“你们看到了吧！”艾瑞克皇帝为那些好奇的目光解释，“我的真身已经死去，若不是皇家长老和顶尖巫师的帮助，我根本没有能力阻止自身的灵魂消散。”“这就是烈焰看不到皇帝的原因，凤凰是一种可以超越生死轮回的生物，它的眼睛能洞悉生死。”焱想着。我没有子嗣，如果我提前死去，这个国家无疑会陷入一场混乱。最后受到伤害的是无辜的子民啊，我不能允许这样的事情发生。我曾发誓要保护他们，就算我只剩下灵魂也要做到。”艾瑞克皇帝最后一句话像剑一样刺在艾伦心上，也刺在了周围广大群众的心上。所有的子民双膝跪地，将右拳放在心口上，呼喊着艾瑞克皇帝的名字。

“我……我只是一个孩子……”艾伦低头嘀咕，试图避免和皇帝眼神接触。

“可是你有帝王之心。”艾瑞克皇帝再次恳求道，“一个帝王的灵魂是不可能带领国民走向未来的，因为死人是没有未来的。这正是我要到这里的原因，我要亲自来问你，不，我是来请求你。”说罢，皇帝居然跪在了艾伦面前，恳求道：“成为我的继承人吧，不是为了我，而是为了这片土地上的人民。”皇帝的行动和言语都令人震惊不已。让艾伦更加不安的是，在年迈的皇帝跪地请求的那一刻，亚道夫国王、康拉德爵士以及所有皇室成员都跪在了地上。

“噢，天哪，我该怎么办？”不止艾伦在想这样的问题，布莱恩也在想这样的问题。他看着自己的父亲，甚至皇帝都跪在了自己的朋友面前，那么自己是不是也要跪下？从某种意义上来说，他是应该这样做的，因为他是艾瑞克皇帝的臣子。但他不能，因为这样做会给艾伦增加更多压力，不仅是因为自己不想对朋友这样做，他还要顾及那个正在气头上的黑暗魔法师。

至于艾伦，他感觉自己的胸口上压着什么沉重的东西。特别是艾瑞克皇帝跪下的那一瞬间，仿佛年迈的统治者肩上的重担一下子过渡到了自己身上。他很痛苦，很害怕，可是在内心深处也有一股想帮助艾瑞克皇帝的冲动。

犹豫间，艾伦将眼神转向菲利普，想要得到一点提示。可是菲利普却冷漠地看着他，说："你必须和其他星辰一样自己做出决定。至于我，我说过，不管发生什么事都会保护你，直到把你送回家。所以，如果你想回家，我会尽我所能地帮助你。不过，如果你选择成为一位皇帝而放弃回家，那我之前说的话便不作数。从此以后，你要自己面对所有的危险……我也不会再陪着你了。"

菲利普的话字字如针，无情地刺在艾伦心上，他的眼睛里立刻噙满泪水。布莱恩能感觉到菲利普的行为已经激起民愤，不过他似乎并不在乎。焱也盯着菲利普，似乎想说些什么，可是很快又将脸转向一旁。显然，焱和菲利普的想法是一致的，如果菲利普不这么做，或许自己也会这么做。况且，焱也清楚艾伦在菲利普心中的位置，要知道菲利普说出这些话时，他自己是多么心痛。

塞拉伸手拉住菲利普，轻声说："菲尔……"

"走开！"菲利普一把将塞拉的手推开，愤怒地说，"艾伦也要面对事实。你们看看这周围，这些灾难都是因为我们引起的。仔细想想过去几个月里所经历的事情，先是士兵和土匪，然后是皇子和皇后，现在又是巨大的怪兽。接下来会是什么？神龙吗？你难道没有一点逻辑吗？如果这一切继续下去，等着我们的势必是更强大的敌人！我想活着！此前我做过许多胆大的事情，但是我绝对没有自杀倾向，我拒绝糟践自己的生命。"

"可是我们能够保护彼此……"阿玛蓝莎说。

"……我们也可能一起死去！"菲利普吼了回去，不耐烦地挥着手臂，"你们难道没发现吗？每一次我们遇到的敌人都比上一次更强大。刚刚，我们六个人全部倒下了，我觉得我们并不需要'天生的鸡眼'告诉我们接下来会发生什么。"说完这些，菲利普转向艾伦，相对温和地说："他们只是在问你，而不是在命令你，所以你不想做就可以不做。你怎么看？让我们忘掉这些没有意义的事情吧，我保证找到送你回家的方法。"

菲利普的爆发一停下，所有人都跟着陷入了沉默。毫无疑问，他说的每句话都是值得大伙儿认真考虑的，眼下的一切只是个开端而已。艾伦必须在安宁的生活和皇权宝座之间做出选择，他低下头，想要理清头脑中的矛盾。其实艾伦想帮助艾瑞克皇帝，真心地想，可是他又承受不了失去好友的打击。可是，如果说自己在这段旅程中学到了什么东西的话，那就是为了伟大而美好的未来不惜牺牲个人利益。但是话又说回来，这是自己的生活，谁又能指责他自私呢？

眼泪不自觉地从艾伦的眼眶流出，他用颤抖而清楚的声音说道："好，我决定成为您的继承人，艾瑞克皇帝。"很多人即刻松了一大口气，只有菲利普痛苦地闭上了眼睛。他知道艾伦正在看着自己，但他却无法与其对视，他化作一股黑烟从所有人的视野中消失了。

艾伦再也禁不起心中的悲痛，他扑倒在阿玛蓝莎的怀中号啕大哭起来。艾薇斯生气地说："那个菲尔，也太固执了。"

"你能怪他吗？"焱把手放在艾伦头上以示抚慰，"我去和他谈谈。"

"真的？……呜呜……真的吗？"艾伦止住眼泪望着焱。

焱微微一笑，抚摸着男孩的脸颊，用拇指擦去他的泪水："我会用尽一切办法，把他带回来。"

"那你应该需要它的帮助。"天眼把飞马牵到焱跟前，"我想是时候把白雪还给你了。"

飞马急切地把头往焱的脸上蹭，兴奋地嘶鸣。"我也很想你。"小战士焱抚摸着马背，"我们走吧！"他跳上马背，白雪热切地抬起前蹄。此时，马身两侧出现了两道亮光，一对白色羽翼随之闪现。看到同类光鲜亮丽地现身，亚道夫国王麾下的飞马齐鸣一声，表示欢迎。白雪自豪地拍打着美丽的翅膀，载着焱飞到空中，朝附近的一片树林飞去。

看着远去的两个朋友，艾伦心情极度低落，可是他坚信焱会把菲利普带回来。毕竟，能让菲利普回心转意的人，除了焱再无他人。现在，他必须解决自己和艾瑞克皇帝之间的事情。年迈的统治者再次握住艾伦的手，面向群众大声宣布："南境之民，听我说！"他那浑厚的声音混着魔法传了出去，传遍领地的每一个角落。"我，艾瑞克皇帝，现在宣布艾伦成为皇位的继承人，我希望由他带领大家走向一个更加美好、更加辉煌的未来。所以，我恳请你们尽忠于他，效命于他，谢谢你们！"皇帝转向亚道夫国王，他的声音变回正常，"我最亲爱的朋友……"

国王跪在皇帝面前拔出剑，发誓道："我以生命和佩剑起誓，我会效命于他。"

"我很欣慰。"艾瑞克皇帝再次转向了艾伦，"我把如此沉重的担子放在你稚嫩的肩上，似乎是太强人所难。不过请相信我，你是唯一能阻止灾难的人。原谅我吧。"皇帝恳求着，在男孩的额头上轻轻一吻。"请接受我的祝福，艾伦皇子。"他温柔地看着小男孩，一行热泪从眼角滑落。突然，艾瑞克皇帝的身躯被一道白光淹没，继而闪闪发光的躯体碎成无数细小的光子飞向蓝色的天空，渐渐消失不见。

皇室成员、士兵、普通民众全都失声痛哭，可是，亚道夫国王明白还有更重要的事情要去完成。他跪在艾伦面前，亲吻男孩的手背，然后毅然站了起来，面对整个军队振臂高呼："让我们有请……艾伦殿下，艾瑞克皇帝的继承人，南帝梵格林下一任君主！"

又是一段沉默，显然大家难以调整好这两种极对立的心情。不过康拉德爵士还是带领几个骑士举起佩剑，大喊："向艾伦殿下致敬，向艾瑞克皇帝的继承人致敬，向南帝梵格林下一任君主致敬！"所有士兵跟着举起自己的武器，大喊："向艾伦殿下致敬，向艾瑞克皇帝的继承人致敬，向南帝梵格林下一任君主致敬！"

☆ ☆ ☆ ☆ ☆ ☆ ☆

欢呼声还没有停息，亚道夫国王便转向艾伦，说："殿下，我们必须马上离开，尽快举行皇位继承仪式。而只有在首都——银色之梦，这个仪式才能举行。"艾伦点点头，在国王、骑士、卫兵的陪护下同朋友们一起登上了皇家战舰。

此时，焱正在努力劝说固执的菲利普。借助星辰之间的感召力，焱没花多长时间便找到了菲利普。不过就算没有这种联结，附近树林里的爆炸、扬尘以及轰然倒下的树干一样暴露了菲利普的行踪。不用说，菲利普化怒气为魔力，肆意地摧打着这片树林。焱让白雪飞得稍微低一点，他看到菲利普站在一处高高的山丘上，周围是一圈被打倒的残枝断木。菲利普没有再发动任何暴击，好像是在等待焱的到来。假如焱没有来，菲利普可能会一直毁坏树木直到把自己累趴下。

焱从白雪背上跳了下来，望着菲利普那副伪装出来的镇定模样咯咯一笑："你看起来很平静啊！"

"走开！"菲利普扭过头嚷嚷，甚至懒得看焱一眼，"如果你是来劝我回去的，那不仅是在浪费你的时间，也是浪费我的时间。"

"我才没想让你回去呢，是艾伦。"

"哼，他在答应继承皇位的时候就应该有思想准备。他究竟在想什么啊？那个小蠢货！"菲利普怒不可遏。

"他在试图帮助那些可怜的民众……"

"我在试图帮助他。"

"相信我，他是知道的。毕竟你比我们几个更用心地在保护着他。"

"那又怎样？我讨厌再这样下去。结束了！听懂了吧！"菲利普有气无力地道出这些违心的话语。

"你谎话说得不错，不过这次我是不会相信的。"焱微微一笑，"你能保证以后再不关心艾伦了吗？此前，你可是没有一刻不担心他的安危啊！"

菲利普这才把脸转过来望着焱，说："可恶的天眼，可恶的预言，可恶的皇帝！他们把一切都毁了。"他重新看着皇家战舰的方向，"我是很关心艾伦，但是我不会像天眼预言的那样成为他的护卫，效命于他。"

"那就不要啊。"焱立即迎合，"不要成为护卫保护他，而是作为朋友待在他身旁。不要强迫自己效命于他，而是心甘情愿地帮助他。"焱看着菲利普的表情，"如果到这里来的是艾伦而不是我，相信这也是他想对你说的话。"

菲利普思考着焱的话，不停地摇头："不好意思，我做不到。绝不是因为我不关心他，我只是不想成为伤害他的人。"他看到焱疑惑的表情，进而解释道，"今天艾伦受伤时，我的情绪失去了控制，我让仇恨的火焰控制了自己。那一刻，我施下杀生咒。如果奥莉薇雅皇后没能及时从蠕虫女王身上跳开，我的黑暗之光一样会让她连同艾伦一起消亡。"

"但是你没有杀死艾伦啊！何况，你的黑暗之光还逼退了蚯蚓、翼指龙等怪兽，使民众得以存活。"

"可是我所做下的事情是不能够被原谅的。我是黑暗之星，我是邪恶的。"

“这一点我决不能苟同。”焱拍着菲利普的肩膀，“到目前为止，你不过才杀死了一条蠕虫而已。而我呢，作为光明之星，在埃里森布拉时，我的战略赔上了数以百计的精灵，更不知道杀死了多少人类！如果论邪恶的话，我应该是最为邪恶的。我告诉你，我时时刻刻在为那些战死的灵魂祈祷，那一天我说过的每一句话，做过的每一件事都已铭记于心。我将用我的一生来忏悔，那才是不可原谅的！”焱突然变得无比失落，和菲利普认识的那个冷酷战士截然不同。“我想说的是，就像剑可以用来杀戮，也可以用来保护一样，黑暗并不总是意味着邪恶。”焱低着头把话说完，然后陷入沉默之中。

“黑暗不总是意味着邪恶。”菲利普一遍又一遍地琢磨着这句话。他曾认为自己是个坏人，焱的话好像从某种特殊的角度点醒了他。“也许我应该回去。”他告诉自己。可是稍一犹豫便又否定了自己的想法，他一遍一遍地说：“不，不，不。我不要回到艾伦身边，现在不会，以后也不会。”

“那你的原因是？”

“我得保持我的形象。”菲利普红着脸，“我是说我不能就这样回去，这多伤面子……哎呀……黑暗魔法师得要自尊嘛……”

“换句话说，你为了维护自己的形象而不愿去安慰哭泣中的朋友？”焱讽刺道，他抢在菲利普争辩前又加了一句，“不要担心，我完全可以理解，但不要指望我给你保密。”

“你在恐吓我吗？这行为可有点低级噢。”

焱哈哈一笑：“在和你这样狡猾的朋友交涉时，我得用尽一切行得通的办法。”

“你这话说得我就像是瘟神一样。”菲利普终于放下心头的恼怒，笑作一团。他看到盘旋在小镇上空的皇家战舰，说：“我想必须得回去了，是吗？”

焱跳到白雪背上回答：“这是你自己的决定。”

“呵呵。”菲利普浮入半空，“看谁先到！”随着一串咯咯的笑声，菲利普幻化成一股黑烟消失了。

☆　☆　☆　☆　☆　☆　☆

皇家战舰上，艾伦焦急地等待着两位朋友的归来。战舰的正前方出现一个黑洞，一个士兵报告，已经做好开船准备。艾薇斯敏锐的目光里透露着喜悦，她激动地指着天空中的一个白点——是焱和白雪。此时，菲利普也在一股黑烟的伴随下出现在了甲板上。“菲尔！”艾伦满眼泪水，冲进菲利普的怀抱中，“对不起……呜呜……对不起！”小男孩抽泣着。

“好啦，好啦。”菲利普紧紧地抱着艾伦，安慰着他。当艾伦稍稍平静下来时，他才开口说：“事先说清楚，我回来既不是因为焱去求我，也不是因为我原谅了你。我知道你需要足够的时间，你会同意我的建议的，只是现在你是个皇帝，我不好让你难堪。”

萨夫德在后面小声说道：“哇，菲利普主人说得比唱得还好听。”砰！菲利普以迅雷不及掩耳之势敲了敲萨夫德的额头，比萨菲娜下手还重。萨夫德眼前直冒金星，好在阿玛蓝莎检查后说没有受伤。艾伦看到这滑稽的一幕，脸上终于露出了笑容。

待淼和白雪登船后，亚道夫国王下令全速前进，皇家战舰快速驶入黑洞。刚进入隧道，一阵清爽的风迎面吹来，天空和地面被一道微光取代。隧道里除了这几艘小型战舰，其他什么也看不到。菲利普对比这个隧道和通灵隧道之后，不禁赞叹人类的聪明才智完全不比精灵差。

觅得机会，布莱恩开始向朋友们解释："这是A级战舰将能量汇聚到一点后，在时空屏障中打开的一条密道。虽然这条密道比精灵族的隧道宽敞，但是光束的方向决定了这个隧道只能是单向通行，并且穿行完毕后会立刻消失。"

不久，菲利普转向艾伦，问道："你现在想要做些什么吗？在皇家战舰上参观一圈，然后到厨房搜刮些食物怎么样？同那些蠕虫打斗之后，我是又饿又累啊！"

"我想要休息一下。"

菲利普拍了拍小男孩的肩膀，说："说的也是，这一天太漫长了。"

"我担心这一天会变得更长！"亚道夫国王走上前来，"两小时之后就能达到首都，由于我们在超空间中穿行，到首都的时候应该是早晨。那时候，殿下必须立刻参加皇位继任仪式，同时要接受议会主席——艾希拉夫·康斯坦丁的审议。"

康拉德爵士在一旁点点头："你和主席说话时要格外小心，他是个好人，但他非常严厉，几乎没有一丝幽默感。他是有智慧的大臣，在议会中有很大的影响力，得到他的认可对你来说是很重要的事情。"

亚道夫国王接着说："仪式结束之后，会立刻举办一场宴会来庆祝新皇帝即位。按照传统，新皇帝必须前去接待所有皇室成员。这么大一个国家，皇室成员的数目也不容小觑啊。"

亚道夫国王每说一句话，艾伦都要皱一皱眉。身旁的布莱恩还不停地添油加醋，说什么此后会被一堆文件追着跑，而不是被怪兽追着跑。"听起来好刺激啊！"艾伦自嘲后就跟随一名士兵走进了船舱，多亏亚道夫国王准备周到，早已备好一间休息室。

艾伦穿过狭长的走廊，走进一间他认为是船长室的房间。那里面有一张漂亮的书桌，桌上放着一个烛台，烛台上燃着一根蜡烛。对面摆着一张宽大舒服的床，床旁边是一个大衣橱。侧面墙上挂着几幅油画，另有一张导航图。不过艾伦似乎没什么兴趣，他独自待在房间里，回想起命运的急剧转变，感觉极其混乱。

"非常抱歉打扰您休息了，殿下。"一个人突然从角落走了出来，这人正是天眼。

"你在这里做什么？"艾伦十分困惑。也许是受到菲利普影响，他对这片土地上最强大的先知也怀有厌恶之意。当然，他不会像菲利普那样用武器指对方，但是他的心情却很烦躁。

天眼微微一笑："我察觉到你需要我的帮助。"

"我更需要安静与休息！"艾伦竟然愤怒地指着房门，"出去！"

先知轻松地笑着说:“我怎么闻到空气中充满了火药味呢？我原本期待同一个叫艾伦的小男孩进行一场友好的谈话呢，难道权力真的会使人改变吗？”

“你错了！”艾伦辩驳，“我还是我，只是我不再害怕说出自己的想法了。”

“我为你高兴。你要成功肩负起新的职责，这种素质是必备的。”

“职责？”艾伦大喊大叫，“我看不到任何职责，我不需要任何职责。我没有要求成为一个王子，或者一个皇帝，我只是想做一个普通的孩子，和我的朋友们待在一起。这种要求过分吗？”

“艾伦……”

“我只想成为一个普通的男孩，现在不管我到哪里，都会出现恶人或者怪物要杀死我。虽然我丢失了记忆，但是我万分确定，一个普通孩子的生活要比我现在安全很多。”

“艾伦……”

“我爱我的朋友们，爱他们每一个人，我的关怀比起他们的帮助简直微不足道。他们支持我、营救我，甚至是拿生命来保护我，我怎么能辜负他们呢？我不配成为一个皇子，不配成为一个皇帝。”

“艾伦！”天眼第三次叫到男孩的名字，语气强硬压倒了男孩的叛逆，“可是你已经选择要成为一位皇帝！”

“是！那时不管我做出什么样的决定，总会有人受伤。但是却没有一个人来问我，关心我是否已经强大到可以面对这一切苦难。”男孩提高嗓音，他完全忘记了“友好的谈话”这回事，他的眼睛里饱含着泪水。“我的确打败了奥莉薇雅皇后，可那是因为菲利普他们借给了我力量，所以不要说我是最强大的星辰，我很清楚自己的能力。我明白当他们从我身体里散去，我又变回了那个弱小的孩子，而且我一直都会这么软弱！”艾伦趴在床上，把头埋进了枕头里。

“那你是觉得自身很软弱，害怕没有能力成为一个领袖，对吗？你知道吗，能承认自身软弱这一点就胜过世间无数狂妄自大的人。而且，你并不软弱。”

“呜呜……证明……呜呜……给我看……”艾伦模糊的声音从枕头里传了出来，他还是不愿意抬起头。

“好，我们现在就来看看。”天眼坐到艾伦旁边，温和地抚摸着他的头发，“你还记得菲利普他们是怎样获得星辰的力量吗？你回过头来想一想，你会发现他们觉醒时都是为了救你。不过，这并不能说明你很软弱，完全不是这样的，爱钻牛角尖的小朋友，这里有一股更神奇的力量，而且那并不是星辰的力量。”

小男孩把脸转到另一边，以示不信。

天眼继续说:“想一想，为什么焱和菲利普这两个性格完全不同的人为了救你能够并肩作战？为什么塞拉能在灰烬里重生？为什么艾薇斯能克服她的恐高症？想想是谁给了布莱恩打败灭龙骑士的信心？又是谁给了阿玛蓝莎揭露自己真实身份的勇气？正是你，是你给了他们机会，让他们为了自己的信念变得勇敢、变得强大，继而来帮助其他人。你于无形之中引导他们成就自己，你给了他们解救苍生的信念。当然，对从来没做过好事的菲利普来说，这倒是第一次。”艾伦轻轻地笑了一下。“再想一想，你为什么能把六个人的力量融合在一起呢？不仅是因为你需要帮助，更重要的是，你是他们最亲爱的朋友。”

“可是我没有任何力量。”

“没有力量？”天眼质问道，“仁慈不算是一种力量吗？谁能说友情、关爱、感恩不能带给人们力量？你难道还没看到吗？你是联结星辰的纽带啊！每一颗星都有自己独特的性格和力量，但是他们能组成一个团队却是因为你。他们在哪里，你便会在哪里，你的出现会让他们变得更强大，使他们满怀信心，战胜强敌，甚至是六大女王之一的奥莉薇雅也要甘拜下风。”天眼的声音里流淌着兴奋之情，他拍着艾伦的肩膀，“小朋友，菲利普他们对你的需要远远超出你的估量。”

“我从来都不知道……”

“你现在知道了，”天眼站起身来朝门口走去，“我的工作结束了，我建议你好好休息一下。”

“等等，”艾伦从床上滚下来，急忙问，“我对那个预言还有一些疑问……”

天眼抬起手掌阻止了男孩：“我知道你们对未来有太多的不确定，但是现在告诉你只会给你带来困扰。不过，我可以把几周前对焱说的话重复给你听。我可以预见未来，但我无法创造未来，只有你们才能创造美好未来。”

“怎么做？”

“首先要学会自己做出决定，有勇气去承担决定的风险，毕竟生活是一场游戏，而风险是游戏中不可或缺的一部分。”天眼意味深长地说，“你看，虽然我有神一样的预知力，可是我从来不去预测自己的未来，因为我已经决定了我的未来，所以我知道，不管发生什么我都会去面对，直到实现我的理想为止，既然如此又何必去偷看自己的未来？当然成功的道路会有各种意想不到的苦难，有时我也想去偷懒，但最后还是忍住了，因为这正是生活的真实面目，这也是生活充满乐趣的缘故。预先知道自己的未来，生活的神秘感便会消失，可这神秘感才是值得我们追求的。如果你想创造美好的未来，那就做出决定，做自己要做的事情。例如现在，我决定离开，所以我应该对你说声再见。祝您一切顺利，艾伦殿下。”老者鞠躬离去，门在他身后轻轻地关上了。

艾伦终于可以独自待在房间里，他静静地躺在床上，思绪在睡梦与现实之间徘徊。过去的事情和现在的感情夹杂在一起，让他疑惑又矛盾，他还能听到朋友们的笑声和欢呼声，但是，他也记得朋友们受伤时的痛苦呻吟。还有什么事在等着我们呢？我们的未来会是什么样的呢？天眼的话浮现在他的脑海里：“我从来不去预测自己的未来，因为我已经决定了我的未来。”

咚！咚！敲门声把男孩的思绪拉回现实，一个士兵在外面通报战舰已经到达了首都——银色之梦。艾伦毅然从床上跳了下来，他抹去脸上的泪痕，坚定地对自己说：“我已经……我已经决定了……”

第二十六章
学校和老师

“殿下，那就是银色之梦，艾瑞克帝国的首都！”皇家战舰飞出时空隧道，亚道夫国王自豪而激动地说。

柔和的晨曦中，一座辽阔宏伟的城市展现于众人眼前。城市由两部分组成：一部分是内里盆地，另一部分是外围平原。平坦的地面上排布着整齐的房屋，绵延数千米，环绕在冠形山峰周围。整个城市面积约为塞瑞拉女士森林的三倍，虽然在空中俯瞰，还是很难望到城市的尽头，很多房屋直达地平线。冠形山峰内部的盆地上矗立着皇家宫殿，皇冠形的山峰恰是君王的象征，整个山峰都被筑成了一座巨大的宫殿。准确地说，建筑师们用魔法和人类手工智慧塑造了一座宫殿，山上的每一棵树、每一块石头、每一个洞穴都是精心排布而成，极为壮观。两扇大门直通城堡：一扇位于山脚洞穿山体，用钢铁灌筑而成，坚实而气派；另一扇位于山顶，一块宽敞平坦的石头凭空突出宛如跳台。台面四周伫立着十二根雕龙画凤的石柱，仿佛在庄严肃穆地迎接空中访客。冠形山峰东侧有一断崖，迎着朝阳送出一帘蔚为壮观的瀑布，清澈的水花从崖上飞泻而下，顺势流入密布于城市中的河道中。阳光照耀大地，飞瀑飘散雨花，水珠折射出清亮的银光铺满宫殿及山冠，“银色之梦”这个美丽的名字形容得毫不为过，这片土地真是人类文明和自然环境的完美结合。

陶醉于壮阔绚丽的美景中，阿玛蓝莎极为震撼，作为人类居住在如此令人赏心悦目的景观中该是多么幸福啊！如布莱恩此前描述的那样，城市上空飞行着各种各样的交通工具，比如魔毯、扫帚、战船，甚至还有滑雪板和浮空的马车。地面上满是喧闹的集市，嘈杂的工厂，众多餐馆和旅社，忙碌的人们穿行其中，筹划着自己的日常生活。河面上漂浮着形态各异的船只，有的运送货物，有的旅游观光，热闹非凡。

这么宏伟壮观的都城，卫兵的数量自然不少。布莱恩给伙伴们指出停靠着五十艘A级战舰和S级战舰的皇家空战指挥中心，战舰上挂着不同颜色的旗帜，旗帜的颜色以三种色彩为基调：金色，红色和绿色。布莱恩解释道：“艾瑞克皇帝，现在应该是艾伦皇帝的旗帜是金色，表面镶着一条飞舞于祥云之上的金色神龙。另外的两种旗帜，一种红色背景衬着背带斧子的愤怒公牛，另一种绿色背景衬着一头巨大的白象，它们分别代表扎多克国王和德瑞克国王。同亚道夫国王一样，此二人也是八大国王中的成员。换句话说，两个皇帝割据这片土地的南北，在他们的统治下，另有八大国王将这片土地分割成更小的区域。”

“从国王的数量来看，我觉得沃尔特皇帝的势力更强大。”艾薇斯说。

布莱恩笑道：“单按数字计算确实是这样。但八大国王统治的区域大小有别，艾瑞克皇帝下属的三个国王和沃尔特皇帝下属的五个国王的统治面积相当，因此南北实力不相上下。”

“数量与质量的对决。”菲利普兴奋地说。

最高兴的人要属萨夫德了，他左顾右盼，生怕漏掉什么盛景。这也难怪，小男孩从没出过远门，甚至没有离开过那座单调的宅院，第一次见到这么宏伟壮丽的城市，他那幼小的心灵绝对是无比震撼。萨菲娜注意到弟弟的行为，生怕这样会招致男女主人们的厌烦。这想法当然是可以理解的，如果与七星同行的除了姐弟俩还有其他少年，那就比较容易掩饰小动作，不被人注意到。可如今那些因时空扭曲误入魔法世界的少年们已回到自己的世界，萨菲娜和萨夫德两人的行为便非常显眼了，而萨菲娜最不习惯的就是被人注意。

“你看起来很紧张啊，怎么了？”塞拉的声音恰好从萨菲娜背后传来，吓了她一大跳。塞拉微笑道：“看见了吧？就说你平时太紧张了，放松点嘛！”塞拉把手放在萨菲娜肩膀上轻轻揉着，让她放松一点。这反而让萨菲娜更不舒服了，毕竟她从小就被当作奴隶使唤，屈服怯懦的性格一朝一夕怎么能彻底转变呢！当女主人安抚她让她放松时，她却感觉这更像是个警告而不是关怀。话又说回来，换了其他人多半也会难受，毕竟塞拉的手是用来射箭扔火球的，如今在脖子周围活动，谁能不紧张？

萨菲娜提心吊胆地从塞拉的手掌下移开脖颈，不过，塞拉这么一打岔，最终还是让她慢慢放松了下来。奴隶少女有意无意地瞄了焱一眼，焱正站在旁边，望着远方的天空。她才不在乎被人嘲笑为一个心怀浪漫的梦的女孩，自从焱走进她的生活之后她就迷恋上了他。“唉……”女孩深深地叹了口气，里面夹杂着崇拜与她根本不敢想的爱慕。不过，在萨菲娜的浪漫思绪向更深一步发展时，她这时才记起塞拉此刻正站在自己身旁，当她转身回望塞拉时，塞拉的表情告诉她——自己的心思已被完全看穿。

“啊，你脸红啦！”塞拉咯咯一笑，用手指轻轻按着萨菲娜柔软的脸颊。“噢，等等，那是什么？”塞拉发现奴隶少女的衣领下藏着一根细绳。一条项链？塞拉十分好奇，因为她清楚萨菲娜不曾拥有任何首饰。

“你说这个？”奴隶女孩把细绳拉出来，绳端系着一个极其精致的玻璃瓶。“这是……呃……焱……我是说，我……”她结结巴巴地解释。

“我明白了，这是在梭黎时焱送给你的吧？你把它做成了一个项链，很聪明啊！”

“你怎么知道的？”

“我会读心术啊。噢，别紧张，我只是开个玩笑，高兴一点嘛，不然会长皱纹的哟。”塞拉满脸笑容，拉着萨菲娜站到焱身边一起遥望天空。

皇家战舰安稳地停在峰顶殿门前的迎接台旁，一架步梯从战舰侧面伸出，将战舰和平台连接起来。此时，平台上的士兵已经站成两排，为艾伦开辟出一条安全通道。艾伦在亚道夫国王的引领下，同朋友们一起走下船来。

当少年们就要走进敞开的大门时，两个人上前拦住了他们。左边的人身板硬朗，皮肤黝黑，满脸胡子乱糟糟的，他稍微矮一些，不过满身厚实的肌肉完全可以弥补身高的不足。此人穿着厚重的精钢铠甲，披着一件红色斗篷，两臂肩甲耸立着坚硬的尖角。右边的那个人又高又瘦，身披一件绿色斗篷，他看起来并不十分强壮，一副仁慈模样，可是他的眼睛里仿佛有一层神秘的浓雾。

“亚道夫国王，很高兴见到你。”披着绿色斗篷的人上前问候，他冷冷地瞥了艾伦一眼，然后才不紧不慢地鞠躬示意，“想必这位就是我们的新皇帝了。我是德瑞克国王，愿意为您效劳。”

“殿下您好，我是扎多克国王。”旁边穿着红色斗篷的国王说。他的声音铿锵有力，但却充满悲伤，他的眼窝又黑又红，看来是有段时间没好好睡觉了。

“见到你们俩真是太高兴了，我们南帝梵格林的三王好久没能聚到一起了。”亚道夫国王回应两个同伴，同他们一起走进宫殿。

五颜六色的玻璃窗在晨光照耀下折射出绚丽的光芒，宫殿四壁全是金碧辉煌的装饰，墙上挂着几幅圣洁的油画，数对巨大的水晶灯悬挂在殿顶，晶莹的灯光铺洒到各个角落。一条红地毯从门口延伸到宫殿内部，尽头放着一个黄金宝座，宝座侧面站着一位白袍长者，他的手里握着一根白色权杖。这人面色和蔼，可不知什么原因使菲利普心生厌恶。三个国王在长者跟前停下脚步，鞠躬作揖，然后各自走到地毯两边，把这群少年留在宫殿中间。

“我是艾希拉夫·康斯坦丁，皇家议会首脑。先皇所选择的继承人，请走上前来。”长者强调。艾伦回头看了朋友们一眼，便转身走上前去。长者接着说：“你就是那个叫作艾伦的人？虽然年轻，但你无疑是这个帝国皇室的继承人，也将成为南帝梵格林下一任的合法统治者。不过，在众议员接受你作为皇帝之前，你必须在全国人民面前起誓。”长者举起权杖，抵住小男孩的额头，点点金光如雪花般在艾伦周围飞散。“你可以决定誓言的内容，但需谨慎。因为这些微小的光子将把你的誓言传到国家的每个角落，起誓后光子的亮度会反馈民众对你的支持度。你只有一次机会，请开始吧。”

艾伦紧张不安地转向殿内人群。不曾有人告诉他要准备一次公众讲话，如果失败了该怎么办？要是出丑了怎么办？要是……噢，见鬼去吧！脑袋掉了碗大个疤，再说他们又不会真的杀了自己，对不对？艾伦尽力把恐惧推到身后。沉默片刻，他用清亮的声音虔诚地宣誓：“我是艾伦，我曾是这片土地上的一个陌生人，数月过去，我发现自己深深地爱着这片土地，我已视这片土地为自己的家乡。我领略过这里的灿烂文化，见识了你们伟大的城市，感受到民众的热情与真诚。虽然有些经历饱含着苦难，但是弥足珍贵，它使我下定决心留下来做我认为必须要做的事情。今天，我站在这里庄严宣誓，我要保护这个国家，让和平与安宁永驻。我将把我的誓言铭记于心，激励自己不断努力为民众带来温暖。我将重视公平、正义好比重视生命。最后，我会尽自己所能保护这个国家，保护这片土地，不让它受到任何侵害。”

艾伦话音一落，飘散在周围的光子便聚集在一起形成一道耀眼的光芒，这道光芒将他吞没。等到亮光消散，艾伦的轮廓才渐渐清晰，他的服饰完全改变了：破旧的外衣变成金光闪闪的龙袍，胸前缀着七颗亮晶晶的星星，一件镶有金边的紫色斗篷从他肩上垂落下来，他的腰上也挂着一柄金色长剑。艾伦抬起头来环视众人，当他的目光经过菲利普和其他朋友时，人人都感到一种庄严，他周身仿佛围绕着一道仁慈而尊贵的光环。大家都明白，他现在已不再是一个小男孩了，他的身上瞬间承载起更多的东西。虽然现在艾伦的肩膀看起来还十分瘦弱，但他却挑起了保卫国家的重担。

康斯坦丁再次举起权杖，说："让我的话传到国家的每个角落，我，艾希拉夫·康斯坦丁——南帝梵格林议会的首脑，同意艾伦成为新的皇帝！三大国王，请上前！"

亚道夫国王、德瑞克国王和扎多克国王一起跪在艾伦面前，他们异口同声宣誓："我等恭听艾伦皇帝的誓言，只要他忠于自己的誓言，我们愿意作为仆人来辅助他。"

康斯坦丁点了点头，挥动手臂，大声说："记下这些话吧，让誓言成为现实！向艾伦——南帝梵格林的新皇帝，致敬！"热烈的欢呼声不仅响彻大厅，也响彻了整个银色之梦。这里的欢呼声比在梭黎废墟中的欢呼声要响亮数千倍，整个城市仿佛都沉浸在欢乐之中。

一刻钟过后，欢呼声终于平息下来。艾伦坐在皇帝宝座上，康斯坦丁在他侧面鞠了一躬，问道："陛下，我们能否开始您的继位庆典？"小皇帝似乎想起了些什么事，他轻声在康斯坦丁耳边说了几句话，康斯坦丁随即点点头，然后走到了康拉德爵士身旁。

小声地说了几句话之后，著名的骑士眼里竟闪烁着欢乐的光芒，他忘乎所以地对着人群叫喊："骑士扈从布莱恩·康拉德，请上前来。"

布莱恩的脸颊唰地一下变得通红，若不是塞拉、艾薇斯和菲利普拉着他的胳膊，他肯定会像个胆小鬼一样躲在阿玛蓝莎身后。要是在平日，布莱恩是非常喜欢那种备受关注的感觉的，可如今要在众目睽睽之下走到大殿中央，他立刻变得紧张起来。怀揣着惊慌与好奇，布莱恩跪在议会首脑和父亲面前："是……是的……咳咳……我是说，我在这里。"

康斯坦丁指着布莱恩说道："布莱恩·康拉德，康拉德爵士的训练使你具备了成为骑士的潜能。在梭黎的战争期间，你充分展现了自己的力量和勇气，捍卫了皇家的尊严，更为重要的是，你让众将士看到了你的责任感。虽然要成为一名真正的骑士你还比较年轻，但是你的能力已经得到我皇的认可，在艾伦皇帝的见证下，现在便赐予你'骑士'的称号。"

"什么！"这两个字一不小心从布莱恩的嘴里溜了出来，不过他很快意识到自己的唐突，随即捂住嘴巴，可是人群里已经是一阵哄堂大笑了。"对不起。"布莱恩尴尬地致歉，再怎么说，一个人不是随随便便就能被封为骑士的。正常情况下，一个人成为名副其实的骑士要经过三个阶段。首先，幼年的时候要学习骑士所要具备的知识；十五岁之后，表现优秀便可以晋升为扈从；扈从要再接受五年的磨炼，才有资格被选拔受封为骑士。布莱恩才十五岁，今年才刚刚开始进行扈从训练，如此年轻便受封为骑士真乃史无前例。

"我们开始吧？"康斯坦丁问康拉德爵士。

布莱恩立刻收住自己的兴奋，问道："碰上这样的恩赐，我非常荣幸。可是我真的够资格吗？"

这个问题对现场大多数人来说有点不可理喻，但是康拉德爵士对儿子提出这个问题感到十分高兴。因为他曾教育布莱恩，"骑士"的称号是一种责任，而不是炫耀的资本。从这个简单的问题里，他知道儿子没有忘记自己的教诲。爵士郑重其事地回答道："能力和勇气你都已经具备，不过，能够使我认定你有资格成为一名骑士的不是你的力量，而是你的责任感。你当时在战舰上重申作为一个骑士的责任，你站在骑士的角度告诉我人民需要救助，厘清了我的思绪。布莱恩·康拉德，那些话只能从一个真正的骑士口中说出。"爵士赞许地点点头，"所以答案是肯定的，你已经够资格了。"

布莱恩欣喜万分，倒不只是因为被赐予骑士的称号，更多的是得到父亲的当众赞扬。"谢谢您，康拉德爵士。"他心里再无半分疑惑。

现在，唯一缺少的就是骑士册封仪式。艾伦从御座上走过来，拔出金色剑鞘里的利剑，将剑身搭在布莱恩的肩膀上，从左肩移到右肩。同时，小皇帝宣布道："我册封你为布莱恩·康拉德爵士。"大厅里再次响起欢呼声。

布莱恩站起身来，重新回到朋友中间去。焱对菲利普点点头，说："我们每个人都有了合适的称号。"

"的确，而且喊起来还挺带劲儿的，不是吗？"菲利普在心中默念着他们的称号，"艾伦，南帝；焱，光之战士；塞拉·艾琳，烈焰弓箭手；阿玛蓝莎，水之治疗师；艾薇斯·安妮莫尔，追风者；布莱恩·康拉德，大地骑士；还有自己，黑暗魔法师。"现在，七星终于名副其实地会聚在一起。

☆ ☆ ☆ ☆ ☆ ☆ ☆

接着，康斯坦丁举起权杖宣布："为了纪念艾瑞克皇帝，为了迎接艾伦皇帝，宴会正式开始！"

城堡大门前，宽阔的广场上立刻奏起醉人的音乐，盛装打扮的舞女在舞伴的陪伴下走上舞台翩翩起舞。皇帝的宴会厅内坐着各级官员，这是艾伦与皇室成员见面的最好时机。刚开始，菲利普还觉得自己应该陪着小朋友，不过他很快便意识到没有这个必要。每当艾伦拜见一位新客人时，康斯坦丁议员和至少两个国王以及数名骑士都会陪伴他左右，所以"安全"是根本不需要考虑的事情。

决定让艾伦自行去进行传统的接见后，菲利普自己想找点乐子。可让他困惑不已的是，他觉得自己被孤立在人群之外，好像众人都很害怕他似的。坦白说，菲利普一点也不介意自己会吓到别人，自幼生长在充满罪恶的村庄里让他分不清畏惧和敬重，不过他不知道那些人为什么畏惧则让他十分窝火。

菲利普想从朋友们那里得到一些安慰，不幸的是，他们每一个人都抽不开身。布莱恩和他的父亲沉浸在与其他骑士的兴奋交谈之中，事实上，这对父子的声音是人群中最响亮的;阿玛蓝莎走进舞池，这是她作为人类的第一支爵士舞，她学得非常快，没过多久就像明星一般引人注目;艾薇斯和塞拉不知怎么找到了舞者的衣橱，她俩已经很久没见过这么漂亮的服饰了，兴奋欢快的情绪洋溢在两人脸上，她们欢喜地褪去战甲，换上舞会礼服;烈焰则和萨夫德待在一起，虽然这个男孩完全听不懂鸟语，不过他们倒有一个共同的爱好，那便是果汁和点心;萨菲娜没有弟弟那样无忧无虑、轻松自在，过去的生活习惯好像一个枷锁束缚着她，不知不觉地，她自动去帮助其他仆人为宾客递送食物和饮料;让菲利普意外的是，往日里冷峻的焱竟然和一个不知名的战士聊了起来，他们的表情不愠不火，显然在进行一场严肃却友好的武学交流。

菲利普无聊之至，于是他爬上宫殿顶端，站在高处俯瞰这个热闹的城市。没想到在这样一场盛大的欢庆宴席上自己会如此无聊。“也许我能够为你提供一些帮助？”一个熟悉的声音传入菲利普的耳窝。

“怎么又是你。”菲利普嚷嚷道，他清楚是天眼在回应自己。

天眼看到菲利普的反应，哈哈大笑:“啊，我来陪你解闷还不乐意？”

“解闷就不劳烦你了，你到底想要什么？”

“什么都不要，我来做我应该做的事。”天眼并不在意菲利普话语里的火药味，他平和地回答，“刚才我给自己拿食物时看到你一脸百无聊赖的样子，什么事情让你如此郁闷？”

“很多事情。”

“这包括所有人都在疏远你这件事吗？”天眼看到菲利普的眉毛跳动了一下，“你听说过‘谣言传得比光速快’这句话吗？”

“听过类似的。”

“那么听到我说‘你很出名’，你应该不会惊讶吧？事实上七星之中，人们谈论最多的就是你，最害怕的也是你。现在大家都称赞你是‘一击便平息了整个战场的黑暗魔法师’。听起来很不错，对吧？”

菲利普只是微微一笑。现在一切都说得通了，而且他现在自我感觉真的是非常好，于是他说:“嘿嘿，我突然有施放黑暗之光的欲望了，肯定可以成为宴会镇静剂。”

“是啊，只需一击，你就可以将一座热闹的城池变成一片死寂之地。想想看，如果你真的这么做了，那将会是一种什么样的奇观啊。”天眼顺势助涨少年的气焰，不过他马上语气急转，“如果你化沮丧为动力，亲自去和那些尊敬崇拜你，甚至愿意和你做朋友的人待在一起，我觉得这倒是一个打发无聊的更好方式，不是吗？”

“你什么意思？”

“唉……我碰巧知道一个地方，在那里你可以交到新朋友，也不会吓到任何人。宴会要持续三天，好好享受吧。第四天，我就带你到那里去。我保证。”

菲利普考虑着老人的建议，然后谨慎地问道:“要是我不喜欢那里怎么办？”

“没人会阻止你离开。”

“那艾伦呢？”

“他会好好的。事实上，我可以向你保证，你走的这段时间，艾伦不会受到任何伤害。”

虽然菲利普不大喜欢天眼的预言，但先知对未来的预知能力是毋庸置疑的。菲利普最后点了点头，准备回到宴席上去，可是康斯坦丁吸引了他的注意。菲利普再次萌生出厌恶、敌对的感觉。“你在担心尊敬的议会首脑吗？”天眼顺着菲利普的目光望去，随即露出一个意味深长的微笑，“他对你的感觉肯定也是一样的。他也不喜欢你。”

“为什么？”

“因为康斯坦丁议员是一个光明魔法师，而且他非常强大，他比你遇到的那个黑暗魔法师普西瓦还要强大得多。光明魔法师和黑暗魔法师在使用魔法方面有很多分歧，所以他们之间总是充满敌意，这是很正常的事情。”

“所以我能放心地把艾伦交给他？”

天眼没有直接回答这个问题：“至少在众人眼里，他对皇帝十分忠诚，信不信他还是在于你。总而言之我的预言不变，你走的这段时间艾伦不会受到任何伤害。”老者重复着自己的话，和菲利普一起走下楼梯。

☆ ☆ ☆ ☆ ☆ ☆ ☆

整个城市都沉浸在喧闹之中，两天时间很快便过去了。到了第三天晚上，艾伦在康斯坦丁的指导下开始学习一个皇帝的日常工作。从国家法律到国际外交，这些文书让小男孩头晕眼花。“儿童服务中心应该很想听我的故事，真是虐待孩童。”艾伦不断嘀咕着，他已经有了强烈的逃离欲望，这种慢节奏的生活真是太过无聊。“首脑，我有个问题要问你。你能告诉我成为一个皇帝有什么好处吗？”男孩的语气里已经充满了反叛的味道。

康斯坦丁随手拿起一份文件认真地说：“过去的三天里，您收到了五百多份求婚信。”

“我太幸运了！”艾伦苦笑着，把头再次埋入面前的一堆文件里。

第四天，菲利普醒得非常早，他满怀期望地走进大厅，发现天眼正站在艾伦身旁，而且焱和其他几个朋友都在，包括萨菲娜和萨夫德。

“早上好，菲利普主人！”萨菲娜鞠了一躬。

“早上好，有人能告诉我这是怎么回事吗？”

“开启新的冒险之旅。”布莱恩回答道，“不要忘记我们只有两年时间可以培训萨菲娜和萨夫德，好让他们重获自由。何况，这里太无聊了。”

塞拉拉着萨夫德的手说：“我们决定让萨夫德跟着布莱恩学习骑士之道。虽然我个人比较担心布莱恩会毁了他的一生，可是布莱恩坚持这么做。”

“喂，你是什么意思嘛！”布莱恩抗议道。

“萨菲娜呢？”此话一出，菲利普便看到躲在焱身后的少女红了脸颊。“哦！”菲利普恍然大悟，艾薇斯和塞拉在一旁哈哈直笑。“还有谁要走吗？”

烈焰拍打着翅膀落在艾薇斯的肩膀上。“我和塞拉，当然还有烈焰，我们要开始一段长途旅行。”精灵少女回答，“我想到许多地方走走，塞拉正好是最合适的导游。”

阿玛蓝莎站在她们身旁说：“我也想同她们一起去，可是我发现城里的日常生活十分吸引人，所以我决定暂时留下来。你要去哪里呢？”

菲利普看了看天眼，他还不知道要去哪里呢。“多半是个很无聊的地方。”他转向艾伦，“那么就这样决定了，没有我在你能行吗？”

艾伦手上拿着一份文件回答道：“除非这些东西攻击我，否则我是不会有事的。”

少年们都笑了。大伙儿互相道别，离开前焱提醒大家：“六个月之后英雄比武大会就开始了。按照规定，艾伦必须前去出席这次比武大会，他在那里肯定会和沃尔特皇帝见面。所以我们要在比武大会开始之前赶回来。”

“同意。”所有的星辰都点点头，然后各自离去。

菲利普跟着天眼走出大厅，走进了宫殿的最深处。穿过无数扇门，两人来到一个隐藏于巨型雕像后面的房间里，屋子里没有什么特别的东西，但此时菲利普已经见怪不怪，他没有问什么，只是看着天眼对着墙壁默念几句古语，然后从口袋里取出一个泪珠状的玻璃瓶。这个玻璃瓶和塞瑞拉的蓝色之泪非常相似，只不过里面的液体是红色的。当天眼把红色液体洒向面前的墙壁时，入口便打开了。

少年跟着先知走进魔法隧道，夺目的亮光遮蔽了他的视线，他感觉身体被什么东西推着向前。等到亮光消失，他却发现自己和天眼已经站在一片祥和的绿地上，前面山体上一道岩石裂缝深入地下，裂缝的另一端是陡峭悬崖。向天边看去，阳光渐渐明朗起来，现在正是黎明。“那个是通灵隧道吗？感觉有点不一样。”菲利普提出了离开皇宫之后的第一个问题。

“的确是通灵隧道，是供人类使用的通灵隧道。”天眼向裂缝走过去，“古时候，银色之梦是一座精灵城市，后来，精灵抛弃了它，因为他们更喜欢森林而不是山峰。不过，艾瑞克皇帝和塞瑞拉皇后关系良好，所以宫殿里的人们得以保留这个隧道，并将其修缮一番。但是它和真正的通灵隧道是相反的，它可以把一个人带到这个国家除了精灵城以外的所有地方，不过一次只能带五个人通过，而且你应该也注意到了，它是单向的。”少年看了看他们身后，已经没有了隧道的痕迹。“至关重要的是，这个隧道只能用一种叫‘塞瑞拉的红色之泪’的魔水才能激活，这魔水是我劝说精灵救助艾薇斯时，请塞瑞拉女士赏赐的。嗯，这个隧道的好处就是你不需要在里面狂奔。还想知道什么吗？”

“不用了。”菲利普摇摇头。此前的旅程中他见识过各种各样的交通方式，他已经放弃去搞懂它们是怎么运行的了。“我们在哪里？喂！你要去哪里？”菲利普看着天眼走到裂缝边缘，急忙问道。令他惊异的是，天眼并没有掉入深缝，而是稳稳地凭空走在裂缝中，仿佛他的脚下是平地。当天眼到达裂缝的另一端时，他并未停下而是继续向前走，直到身体完全消失在对面的山石里。

幻象？菲利普如此断定，他向下望着深不见底的裂缝。为什么幻象都要搞得如此逼真呢？他抱怨着，向前跳了一步。以防万一，他悄悄地准备了一个浮空咒。如他所料，他的双脚踏到了什么坚硬的物质，他立即冲向对面的山体中，一阵魔风在他周身刮过。等他再次向脚下望时，那陡峭的山崖已经被绿草覆盖的山丘取代了，山丘上有一所大宅子，菲利普能感觉到里面传出的强大魔力。

他们俩走向山丘顶，天眼介绍："我年轻的朋友，那个就是艾伦皇帝领土中最优秀的魔法学校——汉屋。这里教授各种形式的魔法，有来自各地的学生、魔法师、女巫、男巫等等。"

"噢，什么情况？难道我要在此上学吗？天眼这老家伙在想什么呢？"菲利普皱了皱眉。自己已经是个黑暗魔法师了，虽然没经过任何考试，但是他不觉得有什么考试能难过与一位黑暗魔法师的死战、杀死一头地狱来的恶魔或覆灭巨大的蠕虫。"如果我不喜欢，我马上离开就是啦！"菲利普寻思着，随即问道："你说这里是最优秀的，可是这房子看起来很小啊。"

"不要被外表所蒙蔽，很快你就会充分理解我的意思。"天眼哈哈一笑，带菲利普一起走到门前。两个比菲利普年纪要大的学生走上前来，将右手贴在胸口鞠躬致敬。先知也以同样的动作回礼，然后对他们说："我是天眼，这是我的朋友。我们来拜见莱姆伯特校长。"

"当然，校长已经带着所有老师和学生在会议厅等候你们，请跟我来。"其中一个学生非常兴奋地打开了大门。"哇！"菲利普感叹道。眼前是一个美丽的花园，里面比外面看起来要大得多。如果只是大那么一点或者是漂亮那么一点，倒也不会引起菲利普过多的注意，可这个花园的四个角落里有截然不同的四季美景，气温也是截然不同的。北面角落全被盛开的樱花覆盖，那些红白相间的小花随风飘落，昭示着春光明媚；南面角落开满了美到让人窒息的绛红色牵牛花，那艳丽醉人的植物为火热的夏季增添了几分动人的元素；东边角落是盛开的金色菊花，它们面对着太阳，绽放圆满的笑脸呈现出秋天的美丽；西边角落傲骨的梅花花枝上覆满了晶莹剔透的白雪，还有白兔和棕兔在寒冷松软的雪地上跳来跳去。不愧是魔法学院，菲利普面带微笑走进了古老而富有艺术气息的殿堂，这座宅院完全不比海因的城堡小。

穿过三扇子母门后，他们停在了一扇镶着珠宝的门前。带他们过来的两个学生推开大门，上百名学生排着整齐的队列立于殿内两侧，中间留出一条宽阔的道路，一直通向房间的另一头，那里放着一张长长的桌子，许多导师坐在桌子后面。

两人进入大殿的一刹那，空气立刻安静下来，恐怕连根针掉在地上都能听到。所有的目光都汇聚到两人身上，天眼吸引了大部分人的目光。等二人走到导师座席前，天眼便停下来说："天眼向汉屋及其奇观致意。"

"你们的到来让汉屋蓬荜生辉，欢迎你们。"坐在正中间的一个男子回应。他是一位年逾古稀的老人，似乎比天眼还要年迈，这个人的眼睛里蕴含着无穷无尽的智慧，而且他的声音洪亮如狮吼。基于这些，菲利普做了一个推断，这人便是莱姆伯特——汉屋的校长。

“再次踏进这个校园感觉真是太好了，看到这么多朝气蓬勃的学生将学风、校风四处弘扬，我真是非常欣慰。”天眼一边说，一边扫视大殿里所有的学生，“我能看到你这里的学生都前途无量。”

“哈哈哈！你的话还是一如既往地宽慰人心啊，我的老朋友。”莱姆伯特客套两句，然后转向一脸紧张的菲利普。无论如何，这可是菲利普第一次会见这么多研习魔法的人。确实，菲利普经常表现出居高自傲，可是这一次他却萌生出一种低调顺从的态度。“这难道就是你带过来的黑暗魔法课程的助教？”校长话音一落，菲利普就感觉大殿里的每一双眼睛都在看着自己。

天眼点点头，提高嗓音：“是的，我找不出第二个人比七星之一的黑暗之星更适合这份工作。”他的话在大厅里引起一阵轩然大波。天眼迅速挥动双手示意大家安静下来，接着说道：“你们全体学生都可以检验我的话，我年轻的朋友会通过展示自己的能力来介绍自己。”

“我会？”菲利普对于这突如其来的安排一时不知所措，好在他迅速平静下来，“是，我当然会。压根没给我其他选择嘛！”他在心里抗议道。一把椅子在莱姆伯特身边现形，天眼坐下后，留菲利普独自面对全体师生。

“放松，你可以做到的。”菲利普告诉自己。他挤出一个微笑：“嘿！大家好，一切都还好吗？”他自觉这样的开场白真不是一般的无聊。“加油，菲尔。冷静！冷静！给他们看看你的真才实学！”他内心思索着，做了个深呼吸：“我叫菲利普，是一个黑暗魔法师。我可以为你们描述我的才能，但口说无凭，你们也不会轻易相信。所以，最简单的方法就是展示给你们看，让你们自己去评判。既然如此……”他转向正望着自己的莱姆伯特校长，“我可以要求大家转移到墙壁旁边吗？”校长点点头，命令所有学生靠着墙壁站好。“谢谢，现在我只希望你们的屋顶足够高。”只见一位女教师打了个响指，大厅屋顶立刻向上伸高一段。“唔，好方便啊！”菲利普称赞道。

上百双好奇的眼睛盯着菲利普，有些人甚至像黑暗魔法师普西瓦一样轻轻地打着响指，企图测试他体内的力量。当然他们很快就会明白这种小把戏对他根本不起作用。经过数月的气功修行，菲利普已经能很好地隐藏体内流动的力量，并且修炼也使他自身的力量有所增加。“好吧，以星辰之名，就让你们见识一下黑暗魔法师的真正实力。”菲利普集中注意力，想起初到这里的一些事情。那是和安娜一家在一起的时候，他看到了一个自称是普西瓦学生的少年。“哈哈。”他莞尔一笑，记起那时自己的想法——成为比那个少年还要出色的魔法师。现在他站在了这里，觉得实现自己梦想的机会来了。

忽然，如汹涌的潮水一般，菲利普释放出自己的能量。他先变成一股黑烟消失，然后重新出现在大殿中央。人群开始骚动起来，一部分是因为“黑烟脱壳”，还有一部分是因为魔力涌动的强大气场，这些一下子击垮了他们对少年先入为主的印象。

“我需要一个目标。”菲利普清脆的声音落地后，大厅陷入一片沉寂。菲利普心中突然涌现了一个冒险的想法，于是他自信地打了个响指，双手从斗篷中伸出来，对着屋顶低声念起了咒语：

“黑暗之星映苍穹，应我召唤。凶狠恶魔前来见，一决生死。”

一个六角星形的魔法圈出现在菲利普头顶，魔法圈变得越来越明亮，周围的空气充满诡异的味道。菲利普熟悉这种感觉，与黑暗魔法师普西瓦决战时，老魔法师用同样的咒语召唤了一头恶魔。现在这种感觉就跟那时一模一样，唯一的区别在于菲利普召唤的恶魔要更强大。“准备好了！”菲利普在心里默念，同时把手掌推向前方，头顶的魔法圈顺势落在他跟前几米的地面上。

此后，他双手一摆，魔法圈开始旋转，一股巨大的能量在圈内爆炸，带来阵阵难闻的黑烟，同时混杂着风雷之声。一些学生惊叫起来，差点跌倒。这时，多数老师也从座位上站起来，他们绕着大厅走动，布施下屏障保护学生。“准备感受头晕目眩的震撼吧！”菲利普轻声说。只见一束强光从魔法圈里射了出来，在地上燃起熊熊烈火，一头十几米高的恶魔出现在大殿中。

“谁胆敢召唤我？”恶魔问道。亮光随即消散，恶魔的身体清晰展现在众人面前，它躯体宛如人形，皮肤为猩红色，一部分还被火焰石包裹着。它的背上生有尖角，角上还滴着鲜红的血珠，甚至还挂着枯骨。最可怕的是，这头恶魔竟穿着一身头颅织成的铠甲。“我闻到了许多魔法使用者的味道，太好了，好久没尝到带有魔法的血液了。”恶魔兴奋地伸出如蛇信一样的舌头。

“这头恶魔的个头比我想象得要大。”菲利普看着自己召唤出来的庞然大物，不禁有些后悔。如果一头恶魔的能力由它的智商来决定，这只确实要比普西瓦召唤的那头强大很多，毕竟这只还会说话。不幸的是，它们的下场都会一样。他大声叫道：“很抱歉，我得取消你的用餐计划。”

“是你在召唤我吗？你在想什么呢，少年？”恶魔嘴里喷出一道火焰，差点击中菲利普。

“你妈妈没教过你和人谈话要有礼貌吗？”菲利普讥讽道，“听着，如果你能够杀死我，那么你就可以饱餐一顿，就怕你没这个本事。”恶魔疯狂大笑，朝大殿的各个角落喷射出几波热浪，许多学生因此而颤抖起来。突然，恶魔以闪电般的速度抬起前爪向菲利普抓了过去。

菲利普并没刻意闪躲，他直接在自身周围塑造出一个力量场，硬生生地将魔爪挡在身体两米以外。见状，恶魔举起另一只巨爪，不断用两爪拍打魔法结界。不过这结界实在强得邪门，它的每一击都被弹了回去，菲利普朝它勾勾手指头，嘲笑道：“加油啊！你就只有这么点力量吗？”恶魔听罢极度愤怒，它奋力跳到空中，用尽全身力量朝菲利普砸过来。菲利普摇摇头，失望地说：“我还以为会说话的恶魔会聪明一点呢。”说完便抬起手掌，对准恶魔的身体，两个强劲的雷击咒同时爆炸开来。像是被打碎的玻璃一样，恶魔身上的铠甲碎成了一块块，骷髅像冰雹一样从半空中落下，撒满整个大殿。这场景再次引起学生们的惊呼。至于那头恶魔，它被击打出去后重重地摔落在地上，险些将地板震裂。

“等着，等我抓到你，我要把你吃得连骨头都不剩！”恶魔怒吼着，伸出两只巨爪从两侧袭击菲利普。菲利普一眼识破，在魔掌抓到他之前变成黑烟消失了。随后，菲利普瞬移到恶魔敞着的大嘴前，手臂一摆，一个咒语便射进它的血盆大口。爆炸声听起来就像深水中爆破的鱼雷，恶魔立时七窍生烟，眼看着菲利普从它面前升到空中，自己却无法还击。“我要杀了你……咳咳……你这个臭小子！”它一边叫骂着，一边轻抚自己的喉咙。

“有本事就来啊！”菲利普故意刺激怪兽，只见它张开巨嘴，地狱之火汇集在口腔内。像支上了膛的枪，砰！一个火球射到半空，击中菲利普的庇护罩。一声巨响，一场爆炸，屋顶浮动着好几波密集的热浪。在这片奔腾的热气中，菲利普依然悬浮在那里，他的庇护罩没有损坏，自己也毫发无伤，不过这股力量还是把他推出去好几米，他的双臂都被震麻了。“这才像样嘛！”菲利普继续叫嚣。如果不是在旅途中特意学过抵挡火球的诀窍，恐怕现在非利普已经负伤了。少年往下看看，发现恶魔准备喷射另一个火力弹。“既然你要来真的，那么我就动真格了。准备好！”菲利普伸出手，召唤出自己的魔杖，他目光闪亮，娓娓念起咒语，身体周围开始环绕一圈黑色光芒：

“以吾星之名，我召唤于你，故黑暗之神，我誓必效忠于你，我请赐予我惩戒之力，驱除邪恶之力，摧毁一切恶魔之力。现在！用黑掩埋光明！黑暗之光！”

密集的光束从魔杖顶端射出，黑暗力量四下扩散，随即柔和的黑色光芒笼罩了恶魔的头部，它那丑陋而愤怒的面孔和那聚集在口腔中的地狱之火一并被吞没。没有反抗，没有声音，甚至没有一丝挣扎，恶魔的头不见了。此时，大殿陷入黑暗之光所带来的寂静之中，每样东西、每个人都被阴森的黑暗笼罩着，就连透过玻璃窗射进大殿的阳光也变得苍白灰暗。

虽然只是一瞬间，感觉却像是永恒。黑暗之光消失后，无头恶魔摔倒在地，倒地声宛如地震。菲利普缓缓地落回地上，他非常满意自己的杰作。“不算太坏嘛！恶魔并不算活着的生物，所以我也不会受到黑暗之光的反作用。”虽然心里明白，菲利普还是暗自检查了一遍内息。上次已经得到教训，这次自然不能不计后果地贸然施放这种杀生咒了。

菲利普深呼一口气，感到一阵劳累。虽然他尽量掩饰着不让旁人看出，可他毕竟召唤出了一头恶魔并将其打败，这种行为耗费了巨大的体能。不过看到周围学生脸上吃惊的表情，少年觉得值了。成本虽高，可收获也不小。现在还需最后一击，他把注意力转移到怪兽的残骸上。这种来自地狱的东西一旦被击溃，聚集在它体内的恶灵便会化成黑色液体出来作祟，菲利普必须在那些恶灵造成伤害之前将它们净化。他用魔杖指着怪兽尸体，默念道：

“净化之火光绚烂，
淬炼恶灵焰四溅。
剔除奸邪归仁善，
涤荡罪恶塑良贤。”

怪兽的身体和地上散落的骷髅都燃烧在金赤火焰之中，随着最后一段焰火熄灭，所有的肢体都化为乌有，甚至没留下一点灰烬。菲利普满意地点点头，让魔杖消失在手中，然后化为一股黑烟重新回到桌子前。

大殿仍旧是一片寂静，只能听到菲利普急促的呼吸声。现场的每个人都被这令人窒息的魔法表演给镇住了，这显然超出了他们的想象。莱姆伯特校长从椅子上站起来鼓掌，其他老师和学生快速而兴奋地跟着鼓起掌来。菲利普看着大家崇敬的神情，疲倦劳累顿时消去一半，甚至自己对未来的不确定也化成黑烟消散了。菲利普看看天眼，他也在真诚地鼓掌，脸上带着满意的微笑。

那一刻，菲利普领悟到——未来我知之甚少，可是没有必要担心，只要时机成熟它便会显露出来。至于现在……少年伸出两根手指，向大家敬礼，愉悦之情难以言表。